Ensuite

Chantal P. Thompson

Brigham Young University

Bette G. Hirsch

Cabrillo College

Ensuite

Cours intermédiaire de français

Trosième édition

Boston   Burr Ridge, IL   Dubuque, IA   Madison, WI   New York   San Francisco   St. Louis
Bangkok   Bogotá   Caracas   Lisbon   London   Madrid
Mexico City   Milan   New Delhi   Seoul   Singapore   Sydney   Taipei   Toronto

McGraw-Hill This is an ⊟⎵ book.

*A Division of The **McGraw·Hill** Companies*

Ensuite Cours intermédiaire de français

This book is printed on acid-free paper.

1 2 3 4 5 6 7 8 9 0 DOC DOC 9 0 2 1 0 9 8

ISBN 0-07-029230-2 (Student's Edition)
ISBN 0-07-029231-0 (Instructor's Edition)

Editorial director: *Thalia Dorwick*
Developmental editor: *Gregory Trauth*
Marketing manager: *Cristene Burr*
Project manager: *Robert A. Preskill*
Production supervisor: *Rich DeVitto*
Designer: *Lorna Lo/Juan Vargas*
Cover designer: *Juan Vargas*
Cover photo: © Erich Lessing/Art Resource, NY
Compositor: *GTS Graphics, Inc.*
Typeface: 10/12 Garamond
Printer: *R. R. Donnelley & Sons*

Library of Congress Cataloging-in-Publication Data
Thompson, Chantal P.
    Ensuite : cours intermédiaire de français / Chantal P. Thompson,
Bette G. Hirsch.—3 ed.
        p.   cm.
    Includes index.
    ISBN 0-07-029230-2 (SE). — ISBN 0-07-029231-0 (TE)
    1. French language—Textbooks for foreign speakers—English.
I. Hirsch, Bette G..   II. Title.
PC2129.E5H57   1998   97-50546
448.2'421—dc20   CIP

Contents

To the Instructor

Welcome to the third edition of **Ensuite,** a complete program for intermediate college French. Aimed at building students' proficiency in all four language skills (reading, writing, listening, and speaking) and enhancing their knowledge of the cultures of French-speaking people, **Ensuite** invites your students to a fascinating journey through the Francophone world via engaging readings, listening passages, video segments, and the Internet.

The *Ensuite* Program

Ensuite consists of a main text and a combined workbook / laboratory manual (*Cahier de laboratoire et d'exercices écrits*). Through the readings in the main text and the listening passages, video segments, and Internet activities in the *Cahier,* students not only learn to understand "real" French; they also encounter a wealth of information about the ideas, interests, and values of the French-speaking people. The task-based activities in the main text and *Cahier* help students use their critical-thinking skills to interpret this information and provide them with guided opportunities for listening, speaking, reading, and writing. Vocabulary practice and a systematic review of French grammatical structures support the functional and communicative goals of the text.

New in the Third Edition

Based on extensive input from instructors and students alike, we have implemented a number of changes in the third edition, without altering the essence of **Ensuite**.

- The third edition of *Ensuite* presents a new approach to prereading:
  - The **Avant de lire** sections are now given in simple French, with short activities to be done in class or assigned as homework on the day before the reading is to be covered.
  - **Stratégie de la lecture** sections begin with **Anticipation,** a set of activities designed to help students activate their background knowledge about the topic and anticipate the content of the reading.
  - Specific reading strategies, such as **Devinez le sens par le contexte** and **Approche globale**, train students in the skills they need to infer meaning.
  - A new feature, **Culture et contexte,** provides students with pertinent cultural or contextual information that will help them integrate cultural comprehension and reading comprehension.
- The readings in four chapters are new in this edition:
  - **Chapitre 1:** "Morphologies régionales"; "Le vêtement est de moins en moins un signe extérieur de richesse ou un moyen de frimer"; and "La chaussure en France," these short readings shed light on how people are characterized by their physical traits and by the clothing they wear.
  - **Chapitre 10:** "Ce que mangent les Français," which offers fascinating insights into way French eating habits have evolved over the years.
  - **Chapitre 14:** An excerpt from the novel *L'Aventure ambiguë,* by the renowned Senegalese writer Cheikh Hamidou Kane, about cultural conflicts in the colonial school system of Senegal in the 1960s.
  - **Chapitre 15:** "La France est-elle toujours terre d'accueil?", a provocative article that gives an update on France's immigration policy for contemporary French society.
- The opening activities for each unit now consist of a series of multiple-choice questions designed to pique students' curiosity and help them anticipate the content of the three chapters in the unit.
- The sequence of two units has been changed in order to improve the progression from simpler to more advanced functions: The unit on food, which deals with concrete topics, now precedes the unit on issues of the modern world, whose concepts are more abstract.
- New activities in the **Paroles** section help students master the vocabulary by working more closely with it.
- A new "To the Student" introduction to the text provides students with an overview of the course and offers strategies for reading and learning grammar. This special preface can be used in class or for self-study as an introductory chapter to the book.
- The *Ensuite* program now includes a new authentic materials video, with footage from French-language television and topics coordinated with the unit themes of the main text. Viewing activities for each unit are found in the *Cahier.*

+ **Branchez-vous!**, optional Internet activities in the *Cahier,* offer students a guided opportunity to learn more about the Francophone world.
+ In addition to the unit tests, the ***Ensuite*** *Instructor's Manual* now contains a set of quizzes for every chapter.

Organization of *Ensuite*

Ensuite consists of six thematic units of three chapters each. The opening section of each unit introduces the themes and functions of the unit, and provides multiple-choice questions designed to spark students' interest, activate their background knowledge, and help them anticipate the content of the three chapters of the unit. Each chapter has four main sections: **Paroles, Lecture, Structures,** and **Par écrit.**

• **Paroles**

Presenting the essential vocabulary of the chapter, **Paroles** targets words that, while possibly familiar to students, may not yet be part of their active vocabulary. The activities provide students with opportunities to practice the chapter vocabulary in personalized, communicative settings and set the stage for the reading and grammar activities that follow.

• **Lecture**

Each **Lecture** section consists of a reading and, to aid students in reading authentic materials with greater comprehension and enjoyment, prereading strategies and activities. Postreading activities verify students' comprehension of the reading and help them relate what they read to their own experience.

• **Structures**

Ensuite presents grammar points inductively, thereby requiring students to participate actively in the learning process. First, students observe the structures in contexts taken directly from or closely related to the chapter reading. In **Déduisez,** they infer on their own how those structures work in French. In **Vérifiez,** they verify their hypotheses and learn more details about the concept. Quick self-check exercises in **Essayez!** enable students to confirm their comprehension and pinpoint where they may need further study. Finally, **Maintenant à vous** begins with contextualized, form-focused exercises and ends with an array of open-ended, communicative activities for pair or group work. Grammar explanations in English make it possible for students to work through the **Structures** on their own and save valuable class time for communicative practice.

• **Par écrit**

With its focus on writing, a skill given short shrift in many "communicative" textbooks, the **Par écrit** section offers strategies that develop good writing skills, such as techniques for generating interesting ideas, ways of anticipating the reader's expectations, and guidance in organizing descriptive or narrative passages. Prewriting tasks help students take the first step toward writing the chapter essay. Essay topics are genuine writing tasks, not oral exercises that have been turned into written assignments.

Teaching for Proficiency

Foremost among the underlying organizational principles of *Ensuite* are the proficiency guidelines developed by the American Council on the Teaching of Foreign Languages (ACTFL). The guidelines identify four major levels of linguistic development. These levels and their subdivisions are as follows:

- Superior
- Advanced High
- Advanced

- Intermediate High
- Intermediate Mid
- Intermediate Low

- Novice High
- Novice Mid
- Novice Low

Many instructors have learned to use this terminology to measure students' oral proficiency; however, the notion of proficiency can also be applied to reading, writing, and listening. *Ensuite* provides a wide variety of contexts and activities aimed at developing students' proficiency in all four skills simultaneously. For example, proficiency goals are inherent in the sequence of grammar presentations. Those structures needed most by learners at the lower proficiency levels are treated first and recycled frequently, while more demanding structures are added and spiraled along with the simpler ones as the text progresses.

We have made three key assumptions about the development of oral proficiency. First, most students at the beginning of the second year of college language study (especially after a summer hiatus) would prove to be at the lower end of the ACTFL scale (Novice High or Intermediate Low) if tested in an oral interview. Second, a reasonable goal for second-year students is to attain proficiency at the middle range (Intermediate Mid or Intermediate High). Third, students should be exposed to the structures needed to achieve the highest levels of proficiency (Advanced High to Superior), even though such achievement is not likely after two years of language study.

Equivalent levels of proficiency for the other skills are equally desirable, but the four skills will not evolve at an equal pace. Students can generally read and understand at a level higher than that at which they can speak. *Ensuite* provides an opportunity for students to develop all four skills, although such development depends on the ability and effort of the individual.

Before beginning our work on *Ensuite,* we identified the following ten basic language functions, the mastery of which is necessary to progress up the ACTFL scale.

1. asking and answering questions
2. describing in present time
3. narrating in present time
4. surviving a simple (predictable) situation
5. describing in past time
6. narrating in past time
7. describing and narrating in future time
8. surviving a situation with a complication (an unpredictable situation)
9. supporting an opinion
10. hypothesizing

Each unit of the text targets one or two of these functions, progressing from the simplest (1 and 2) to the most difficult (9 and 10).

Program Components

Ensuite, Third Edition, includes the following components, designed to complement your instruction and to enhance your students' learning experience. Please contact your local McGraw-Hill sales representative for information on the availability and cost of these materials.

Available to adopters and to students:

- *Student Edition.* (See Organization of *Ensuite,* above.)
- *Cahier de laboratoire et d'exercices écrits.* This combined workbook and laboratory manual, coordinated thematically with the chapters of the main text, offers guided, form-focused grammar and vocabulary exercises that supplement the interactive material in the main text. The workbook section includes six transcribed interviews, in which French speakers from various walks of life discuss diverse topics related to the unit themes. These authentic interviews provide students with additional reading practice while giving them a greater understanding of the French-speaking people. The laboratory portion contains additional authentic interviews that form the basis of listening comprehension activities in the **A l'écoute!** section. Guided by

pre- and postlistening tasks, students hear brief excerpts from unscripted conversations. The aim of these tasks is to teach students how to understand natural spoken French through a step-by-step process. In addition, the laboratory program builds listening and speaking skills via pronunciation practice and focused practice on the chapter's vocabulary and grammar. Finally, new guided Internet activities, as well as viewing activities for the *Video to accompany **Ensuite,*** are also included in the *Cahier.*

- *Audiocassette Program to accompany **Ensuite.*** Corresponding to the laboratory portion of the *Cahier,* the *Audiocassette Program* contains all of the recorded materials for review of vocabulary and grammatical structures, passages for extensive and intensive listening practice, and guided pronunciation practice.

- *MHELT 2.1 (McGraw-Hill Electronic Language Tutor).* This computer program, available for both IBM™ and Macintosh™, includes a broad selection of the form-focused grammar and vocabulary activities found in ***Ensuite,*** Third Edition.

Available to adopters only:

- *Instructor's Edition.* This special edition of the main text contains on-page annotations with helpful hints and suggestions for introducing the chapter topics, presenting vocabulary, working with the readings, explaining grammatical concepts, and implementing the activities.

- *Instructor's Manual / Test Bank.* Revised for the Third Edition, this handy manual offers theoretical and methodological guidance in teaching for proficiency and for getting the most out of the ***Ensuite*** program. It also contains guidelines for developing exams consistent with proficiency-oriented instruction and a complete set of sample chapter quizzes and unit tests.

- *Tapescript.* This is a complete transcript of the material recorded in the *Audiocassette Program to accompany **Ensuite.***

- *Instructor's Resource Kit.* This is a collection of transparency masters containing grammar review exercises, enlarged realia from the main text, new realia thematically related to each chapter, and optional activities and role-plays.

- *Video to accompany **Ensuite.*** Coordinated topically with each of the five units of the main text, this 30-minute video presents authentic footage from French-language television. Viewing activities are located in the *Cahier;* a videoscript can be found in the *Instructor's Manual.*

- *The McGraw-Hill Library of Authentic French Materials.* Two 30-minute videos, each with an Instructor's Guide, offer a selection of French-language television commercials (Vol. 1) and music videos (Vol. 2).

Acknowledgments

We would like to express our gratitude to the following instructors whose valuable suggestions contributed to the preparation of this new edition. The appearance of their names does not necessarily constitute an endorsement of *Ensuite* or its methodology.

Joel Goldfield, Fairfield University
Françoise Arnaud Hibbs, Salt Lake Community College
Christine Gidds, Ricks College
Sharon Nichols, Rochester Community College
Eileen F. Chao, US Military Academy West Point
James M. Kaplan, Moorhead State University
Aurora Wolfgang, California State University, San Bernardino
Virginia A. Schubert, Macalester College
Nancy Virtue, Indiana University-Purdue University, Fort Wayne
Laurie Corbin, Indiana University-Purdue University, Fort Wayne
Michael S. Henderson, Juniata College
Marie-Agnes Sourieau, Fairfield University
Kathleen Kimball, Fairfield University
Lee Hilliker, Eckerd College
Daniel Morris, Southern Oregon State College
John Westle, William Jewell College

Many other individuals deserve our thanks. We are especially grateful to Nicole Dicop-Hineline who, as the native reader, edited the language for authenticity, style, and consistency, and to Eileen LeVan, who edited the manuscript. We also wish to acknowledge the editing, production, and design team at McGraw-Hill: Karen Judd, Diane Renda, Francis Owens, Eva Strock, Robert Preskill, Lorna Lo, and Nicole Widmyer. Margaret Metz, Cristene Burr, and the marketing and sales staff of McGraw-Hill are much appreciated for their loyal support of *Ensuite* through its three editions. Finally, many thanks are owed to our editor, Gregory Trauth, who followed the book through writing and production phases and provided us with encouragement and assistance, as well as to our publisher, Thalia Dorwick, for her continuing support and enthusiasm.

To the Student

A language course is like a journey. Will you approach it as a tourist or as a traveler? The tourist gathers facts and forms like Polaroid photos, and may not have the time to analyze and internalize the experiences of the journey. The traveler, on the other hand, is a reflective observer who uses the language as an instrument of discovery, a way to understand other social and cultural realities. The traveler takes the time to ask questions and develop insights into other people's views and patterns of behavior, observing differences and similarities on their own terms. The traveler realizes that a new way of saying things is often a new way of seeing things. Take the word *bread,* for example. When you think of bread, what images are conjured up in your mind? A loaf of evenly sliced bread wrapped in plastic? other images? To the French, the word *pain* is likely to evoke the taste and smell of a warm baguette or the heavier texture of a *pain de campagne (country bread).* Language learning is not simply a matter of learning different words, but one of acquiring a new set of concepts associated with the words—a chance to expand one's horizons. As you begin this course, we encourage you to be a reflective traveler.

A cultural journey

Each unit of **Ensuite** will take you to a different realm of the Francophone world, such as the concept of self and family, school, work, leisure activities, food and health, and various social issues. The unit openers, through multiple choice questions, will prompt you to anticipate and reflect on cultural differences as well as similarities. In each chapter, a section entitled **Culture et contexte** will set the stage for the readings and will help you understand why people in the Francophone world think and act the way they do. The key to a successful journey is understanding others on their own terms. Before embarking on the journey, let's see what we mean by the "Francophone world."

Without consulting a reference work, how many French-speaking countries can you name? Now look at the map on pages xxvi–xxviii. How many French-speaking countries or regions do you see in Europe? in Africa? in the Americas? in the Pacific?

As a leading world power through the last four centuries, France sent out explorers, merchants, soldiers, and missionaries to different parts of the world, building a vast colonial empire in which the official language was French. Today, most of those former colonies are independent countries, yet most of them continue to use French as an official language. Why? In Quebec, for example, the French-speaking inhabitants preserve their heritage by using their native language. In contrast, the use of French in certain African countries establishes an administrative unity between various ethnic groups within a nation, while simultaneously enabling the inhabitants to belong to a larger economic community referred to as *la Francophonie.*

In each unit (**Thème**), the readings in ***Ensuite*** will open some fascinating windows onto the Francophone world. Let's take a peek into some of those windows, asking some of the questions a reflective traveler might ask.

Thème I

- Comment sont les Français? Est-ce qu'il y a un «type» français? Comparez le Français stéréotypique et l'Américain stéréotypique.
- Le climat et la géographie jouent un rôle très important dans l'identité culturelle d'un peuple. Sachant que le ciel est souvent gris et les températures fraîches dans le Nord de la France, et que le Midi (le Sud) de la France est connu pour son ciel bleu et son soleil, anticipez-vous des différences culturelles entre les Français du Nord de la France et ceux du Midi? Lesquelles? Ces différences existent-elles entre les diverses régions de votre pays?
- Dans la francophonie, il y a aussi les Québécois (habitués aux longs hivers), les Tahitiens (un peuple polynésien), les Marocains (un peuple arabe de l'Afrique du Nord), les Sénégalais (un peuple musulman d'Afrique Noire), pour n'en citer que quelques-uns. Comment les voyez-vous? Pouvez-vous donner quelques traits qui sont sans doute universels dans chacune de ces cultures, et deux ou trois traits qui sont sans doute différents ou uniques?

Thème II

- L'enfance est un thème universel. Les souvenirs d'enfance et d'adolescence sont généralement liés à la famille, à l'école, aux copains, au premier travail, aux rêves. L'enfant français typique passe 180 jours de l'année à l'école (par rapport à 173 aux Etats-Unis), mais appréhende déjà le problème du chômage *(unemployment)* qui paralyse 22-25% des jeunes en France. Un enfant africain, s'il vient d'un petit village, ne va sans doute pas à l'école; comme plus de 50% de ses compatriotes, il n'apprendra jamais à lire ou à écrire. Il est peut-être le quinzième enfant d'une famille polygame qui vit des maigres ressources de la terre. Imaginez la vie et les aspirations de ces enfants, et comparez-les aux enfants que vous connaissez.

Thème III

- Les vacances! Savez-vous que les Français ont droit à cinq semaines de congés payés *(paid vacation)* par an? Imaginez les routes de France au mois d'août, quand plus de 20 millions de Français partent en vacances. Beaucoup d'entreprises *(companies)* et de magasins ferment leurs portes pendant un mois en juillet ou août. Qu'est-ce que cette situation révèle sur les Français? Comparez avec les habitudes américaines. Quelles conclusions en tirez-vous?

Thème IV

- Un proverbe français dit qu'il faut manger pour vivre et non vivre pour manger, mais les Français ont souvent la réputation de vivre pour manger, car les repas sont très importants pour eux. Les repas sont-ils importants pour vous? Combien de temps dure un repas typique dans votre famille? Qu'est-ce qui caractérise un «bon» repas pour vous?
- Mais même en France, les traditions changent. La durée moyenne *(average length)* d'un dîner ordinaire en famille est aujourd'hui de 38 minutes, c'est-à-dire deux fois moins qu'il y a 20 ans, et la part du budget familial consacrée à l'alimentation est passée de 33% en 1960 à 18,2% en 1995. A votre avis, qu'est-ce qui explique cette évolution? Est-ce un bon changement? Comparez avec la situation aux Etats-Unis ou dans un autre pays que vous connaissez.

Thème V

- Le monde moderne évolue presque aussi vite que la technologie. Le «progrès» est-il toujours une bonne chose? Pour les pays en voie de développement *(developing countries)*, comme les pays africains, à jamais marqués par la colonisation et l'occidentalisation, le progrès est une «aventure ambiguë». Les nouvelles valeurs sont-elles supérieures aux anciennes? Qu'en pensez-vous?

Thème VI

- L'espérance de vie en France est l'une des plus longues du monde: 81,8 ans pour les femmes et 73,6 ans pour les hommes (contre 79, 1 et 73,3 aux Etats-Unis). A votre avis, quels sont les facteurs qui pourraient contribuer à cette longévité?
- Selon un sondage récent, si vous demandez aux Français quelles sont les principales composantes du bonheur, 57% d'entre eux citent d'abord la santé. Puis vient l'amour (55%) et la famille (51%). Cette trilogie du bonheur correspond-elle à la vôtre? Quelles sont les trois premières composantes de votre bonheur?

These are just some of the questions a reflective traveler might ask. As you travel through **Ensuite** and practice new ways of saying things, don't forget to look for new ways of seeing things. The Internet activities and the authentic listening texts and video segments, with their accompanying activities in the *Cahier de laboratoire et d'exercices écrits,* will give you additional exposure to the Francophone world.

A "strategic" journey

Like travel, becoming proficient in a foreign language can be strenuous at times and may even require a concentrated effort. However, with a few strategies, you can make the journey easier and more enjoyable.

- Reading in a foreign language can be frustrating and time-consuming if you try to translate word-for-word, constantly referring to a dictionary or the glossary at the end of the book. Instead, learn to read strategically! Effective readers use strategies more than dictionaries. If you take the time to do the activities in the **Avant de lire** section and apply the strategies presented there, you will save yourself much time and frustration.
- When you think of the reading process, do you imagine that the key to comprehension is what happens between your eyes and the words on the page? In fact, what happens between your eyes and what is already in your *head* is much more important. When you draw upon your past experience and knowledge of the world, you are more likely to make intelligent guesses that facilitate reading. The **Anticipation** section is designed to help you activate your background knowledge before you start reading. When you think about the topic of a story, discuss personal experiences related to that topic, and make predictions about the story, you are already "taming" the text, making it easier to understand.
- Occasional reminders about the point of view **(le point de vue)** of the author or narrator can also help you approach a text with a proper mindset. For example, if you know that the reading relates a child's outlook on a

given situation, you can adjust your expectations of the text and thereby improve your comprehension.

- Looking at unknown words in isolation and jumping to the dictionary is usually unproductive. On the other hand, learning to look at new words in context and to guess their meaning from the context (**devinez le sens par le contexte**), and using what you already know to guess what you don't know yet, will lead you to success and independence in reading.

- Another way to tame the unknown is to look for cognates (**mots apparentés**), that is, words that are identical, or almost identical, in French and English. Once you learn to recognize the similarities, you will find that your vocabulary has increased significantly!

- A global approach (**approche globale**) is a very useful strategy for approaching a new reading, especially if it looks challenging. Before you start reading, skim the whole text to get a general idea of what it is about, or map the text out in your mind. If you start with a global picture, you will find it much easier to make sense of the details.

- Another useful strategy is to pay attention to word order (**l'ordre des mots**). When we read, we have certain expectations of the words on the page. For example, we know that sentences generally contain a subject, a verb, and one or more objects. Sometimes, however, especially in literary texts, sentence structures defy expectations. When this appears to be the case, take a moment to look at the order of the words and identify the parts of speech. At times, matching verbs and subjects is all it takes to solve an apparent mystery!

- An understanding of cultural and historical background of a text will make your reading—and your journey!—more meaningful. The **Culture et contexte** section will provide you with information that is essential to understanding the text.

- Take a problem-solving approach to grammar. When you memorize rules, you are involved in short-term, or lower-order, learning. To achieve lasting, higher-order learning you must use your critical-thinking skills—that is, you must analyze, draw analogies, make and verify predictions, and infer meaning, among others. Take the time to observe grammatical structures in context and answer the questions in the **Déduisez** section before you work on the exercises in the **Vérifiez** section. In doing so, you will find it much easier to remember what you have studied, making your study time more efficient. Hint: If the **Vérifiez** section appears on the same page as the **Déduisez** section, cover it up while you work on the **Déduisez**. When you figure things out on your own, somehow they seem to make a lot more sense—even French grammar!

Bon voyage!

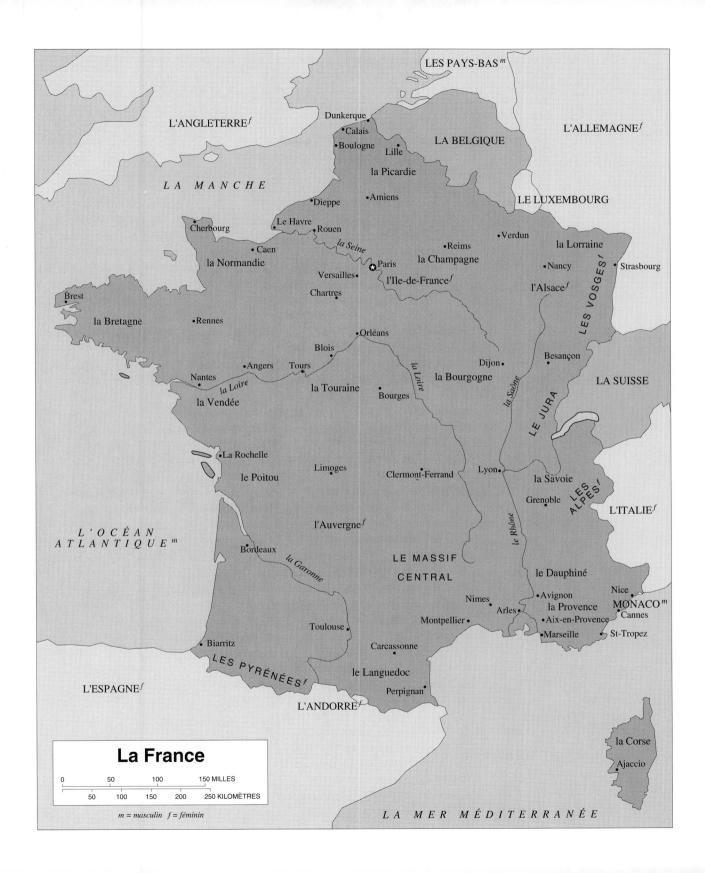

L'ANGLETERRE *f*

LES PAYS-BAS *m*

LA MANCHE

Dunkerque
•Calais
•Boulogne
Lille
la Picardie

LA BELGIQUE

L'ALLEMAGNE *f*

LE LUXEMBOURG

•Amiens

•Dieppe

Cherbourg•
Le Havre•
•Rouen

•Caen

la Normandie

la Seine

Paris

Versailles•
Chartres•

l'Ile-de-France *f*

Verdun•

•Reims
la Champagne

la Lorraine

•Nancy

Strasbourg•

l'Alsace *f*

LES VOSGES *f*

Brest
•

la Bretagne

•Rennes

•Orléans

Blois•

•Angers Tours•

Nantes•

la Loire

la Vendée

la Touraine

•Bourges

la Loire

Dijon•

la Bourgogne

Besançon•

la Saône

LE JURA

LA SUISSE

La Rochelle•

le Poitou

Limoges•

Clermont•Ferrand

Lyon•

la Savoie

L'OCÉAN
ATLANTIQUE *m*

l'Auvergne *f*

LE MASSIF

CENTRAL

le Rhône

Grenoble•

LES
ALPES *f*

L'ITALIE *f*

Bordeaux•

la Garonne

le Dauphiné

Nice•

Toulouse•

Nîmes•

Avignon•

la Provence

MONACO *m*
•Cannes

Montpellier•

Arles•

•Aix-en-Provence

•Marseille

•St-Tropez

Biarritz
•

Carcassonne•

LES PYRÉNÉES *f*

le Languedoc

L'ESPAGNE *f*

Perpignan•

L'ANDORRE *f*

la Corse

•Ajaccio

La France

0	50	100	150 MILLES

| 50 | 100 | 150 | 200 | 250 KILOMÈTRES |

m = masculin   f = féminin

LA MER MÉDITERRANÉE

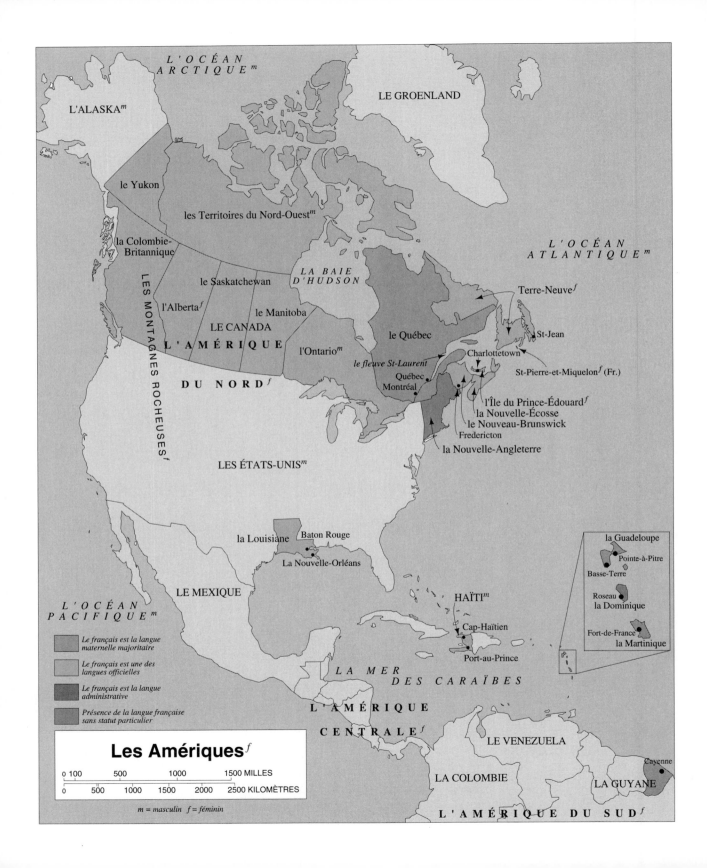

L'OCÉAN
ARCTIQUE^m

LE GROENLAND

L'ALASKA^m

le Yukon

les Territoires du Nord-Ouest^m

L'OCÉAN
ATLANTIQUE^m

la Colombie-
Britannique

LA BAIE
D'HUDSON

le Saskatchewan

Terre-Neuve^f

LES MONTAGNES ROCHEUSES^f

l'Alberta^f

le Manitoba

St-Jean

LE CANADA

L'AMÉRIQUE

le Québec

Charlottetown

l'Ontario^m

le fleuve St-Laurent

St-Pierre-et-Miquelon^f (Fr.)

DU NORD^f

Québec

Montréal

l'Île du Prince-Édouard^f
la Nouvelle-Écosse
le Nouveau-Brunswick
Fredericton

la Nouvelle-Angleterre

LES ÉTATS-UNIS^m

la Louisiane

Baton Rouge

La Nouvelle-Orléans

la Guadeloupe

Pointe-à-Pitre

LE MEXIQUE

Basse-Terre

HAÏTI^m

Roseau
la Dominique

L'OCÉAN
PACIFIQUE^m

Cap-Haïtien

Fort-de-France
la Martinique

Le français est la langue
maternelle majoritaire

Port-au-Prince

Le français est une des
langues officielles

LA MER
DES CARAÏBES

Le français est la langue
administrative

L'AMÉRIQUE

Présence de la langue française
sans statut particulier

CENTRALE^f

LE VENEZUELA

Les Amériques^f

0 100   500   1000   1500 MILLES

Cayenne

0   500   1000   1500   2000   2500 KILOMÈTRES

LA COLOMBIE

LA GUYANE

m = masculin   f = féminin

L'AMÉRIQUE DU SUD^f

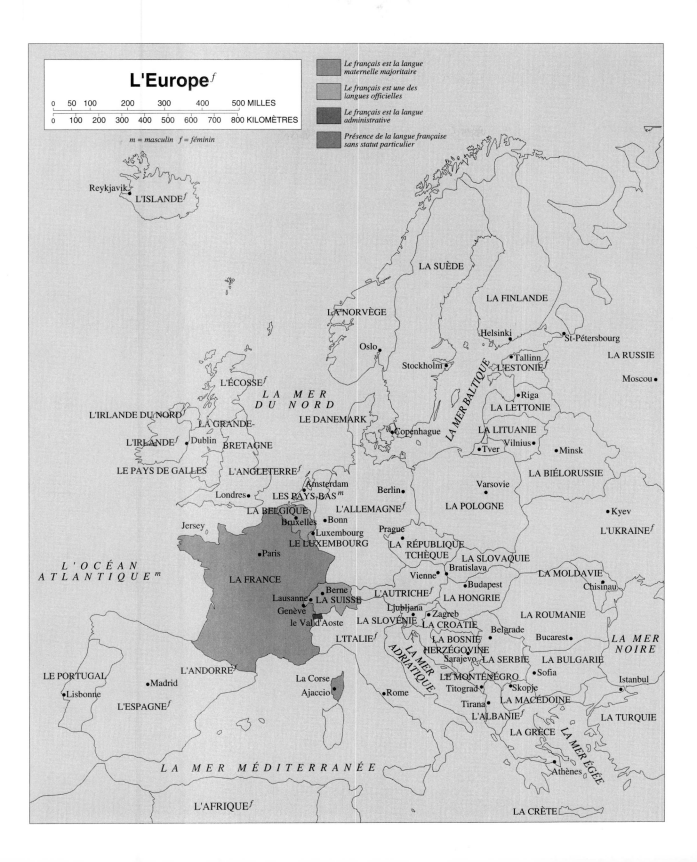

L'Europe*f*

| 0 | 50 | 100 | 200 | 300 | 400 | 500 MILLES |
| 0 | 100 | 200 | 300 | 400 | 500 | 600 | 700 | 800 KILOMÈTRES |

m = masculin   f = féminin

Le français est la langue maternelle majoritaire

Le français est une des langues officielles

Le français est la langue administrative

Présence de la langue française sans statut particulier

Reykjavik
L'ISLANDE*f*

LA SUÈDE

LA FINLANDE

LA NORVÈGE

Helsinki
St-Pétersbourg

Oslo

Tallinn
L'ESTONIE*f*
LA RUSSIE

Stockholm
Moscou

Riga

L'ÉCOSSE*f*
LA MER DU NORD
LA MER BALTIQUE
LA LETTONIE

L'IRLANDE DU NORD
LA GRANDE-
LE DANEMARK
LA LITUANIE
Vilnius
Minsk

L'IRLANDE*f* Dublin
BRETAGNE
Copenhague
Tver

LE PAYS DE GALLES
L'ANGLETERRE*f*
Amsterdam
Berlin
Varsovie
LA BIÉLORUSSIE

Londres
LES PAYS-BAS*m*
LA POLOGNE

LA BELGIQUE
L'ALLEMAGNE*f*

Bruxelles Bonn
Prague
Kyev

Luxembourg
LA RÉPUBLIQUE
L'UKRAINE*f*

Jersey
LE LUXEMBOURG
TCHÈQUE

Paris
LA SLOVAQUIE

L'OCÉAN
LA FRANCE
Vienne
Bratislava
LA MOLDAVIE

ATLANTIQUE*m*
Budapest
Chisinau

Berne
L'AUTRICHE*f*

Lausanne
LA SUISSE
LA HONGRIE
LA ROUMANIE

Genève
Ljubljana
Zagreb

le Val d'Aoste
LA SLOVÉNIE
Belgrade
Bucarest
LA MER

L'ITALIE*f*
LA CROATIE
NOIRE

LA MER
LA BOSNIE
Sofia

LE PORTUGAL
L'ANDORRE*f*
ADRIATIQUE
HERZÉGOVINE
LA BULGARIE

La Corse
Sarajevo
LA SERBIE
Istanbul

Madrid
Ajaccio
Rome
LE MONTÉNÉGRO

Lisbonne
Titograd
Skopje

L'ESPAGNE*f*
Tirana
LA MACÉDOINE
LA TURQUIE

L'ALBANIE*f*

LA GRÈCE
LA MER ÉGÉE

LA MER MÉDITERRANÉE

Athènes

L'AFRIQUE*f*
LA CRÈTE

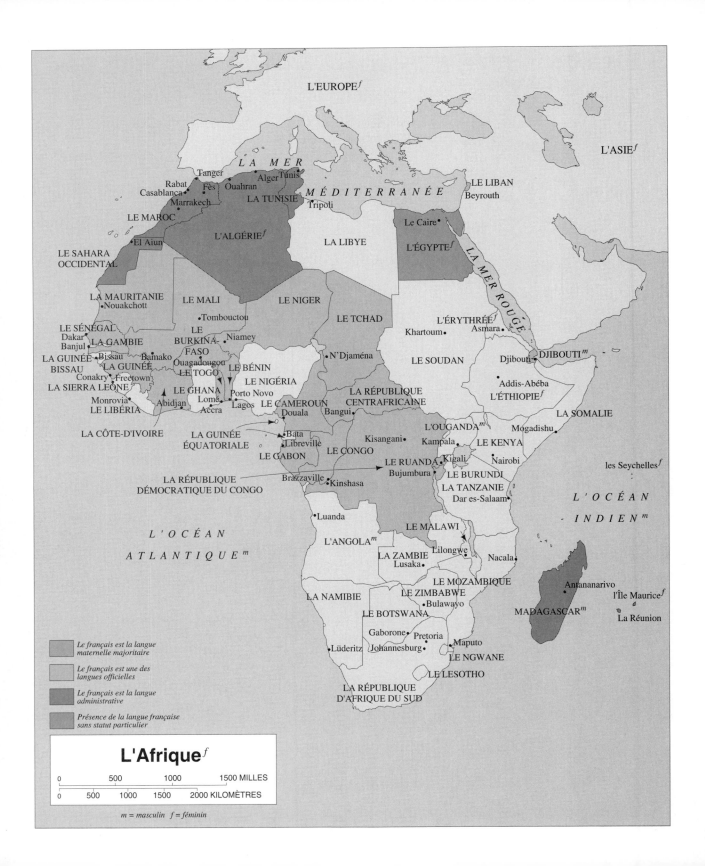

L'EUROPE*f*

L'ASIE*f*

LA MER
MÉDITERRANÉE

Tanger
Alger Tunis
Rabat Fès Ouahran
Casablanca
Marrakech
LA TUNISIE
LE LIBAN
Beyrouth

LE MAROC

L'ALGÉRIE*f*
Le Caire
El Aiun
LA LIBYE
L'ÉGYPTE*f*

LE SAHARA
OCCIDENTAL

LA MER ROUGE

LA MAURITANIE
LE MALI
LE NIGER
Nouakchott

Tombouctou
LE TCHAD
L'ÉRYTHRÉE*f*
Khartoum Asmara

LE SÉNÉGAL
Niamey
LE
BURKINA-
FASO
Dakar
Banjul
LA GAMBIE
Ouagadougou
N'Djaména
LE SOUDAN
Djibouti DJIBOUTI*m*

Bissau
Bamako
LA GUINÉE
BISSAU
LE TOGO
LE BÉNIN
Conakry Freetown
LA GUINÉE
LE GHANA
LE NIGÉRIA
LA RÉPUBLIQUE
CENTRAFRICAINE
Addis-Abéba
L'ÉTHIOPIE*f*

LA SIERRA LEONE
Lomé
Porto Novo
Monrovia
Abidjan Accra
Lagos
LE CAMEROUN
LE LIBÉRIA
Douala
Bangui
LA SOMALIE

LA CÔTE-D'IVOIRE
Bata
LA GUINÉE
ÉQUATORIALE
Libreville
L'OUGANDA*m*
Mogadishu
Kisangani
Kampala
LE KENYA

LE GABON
LE CONGO
Kigali
LE RUANDA
Nairobi

les Seychelles*f*

LA RÉPUBLIQUE
DÉMOCRATIQUE DU CONGO
Brazzaville
Kinshasa
Bujumbura
LE BURUNDI
LA TANZANIE
Dar es-Salaam

L'OCÉAN
INDIEN*m*

Luanda
LE MALAWI

L'OCÉAN

ATLANTIQUE*m*
L'ANGOLA*m*
Lilongwe
LA ZAMBIE
Lusaka
Nacala

Antananarivo

LE MOZAMBIQUE
l'Île Maurice*f*

LA NAMIBIE
LE ZIMBABWE
MADAGASCAR*m*
La Réunion
Bulawayo

LE BOTSWANA
Gaborone Pretoria
Lüderitz Johannesburg Maputo
LE NGWANE

LE LESOTHO

LA RÉPUBLIQUE
D'AFRIQUE DU SUD

Le français est la langue
maternelle majoritaire

Le français est une des
langues officielles

Le français est la langue
administrative

Présence de la langue française
sans statut particulier

L'Afrique*f*

| 0 | 500 | 1000 | 1500 MILLES |

| 0 | 500 | 1000 | 1500 | 2000 KILOMÈTRES |

m = masculin *f* = féminin

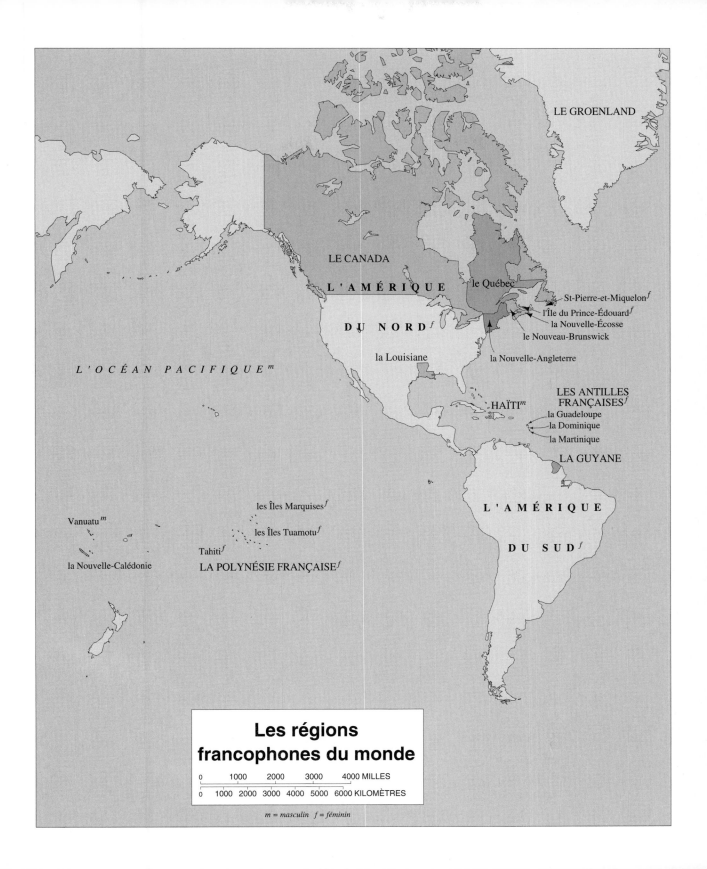

LE GROENLAND

LE CANADA

L'AMÉRIQUE

le Québec

St-Pierre-et-Miquelon^f

l'Île du Prince-Édouard^f

la Nouvelle-Écosse

DU NORD^f

le Nouveau-Brunswick

la Louisiane

la Nouvelle-Angleterre

L'OCÉAN PACIFIQUE^m

HAÏTI^m

LES ANTILLES
FRANÇAISES^f

la Guadeloupe

la Dominique

la Martinique

LA GUYANE

les Îles Marquises^f

L'AMÉRIQUE

Vanuatu^m

les Îles Tuamotu^f

Tahiti^f

DU SUD^f

la Nouvelle-Calédonie

LA POLYNÉSIE FRANÇAISE^f

Les régions
francophones du monde

| 0 | 1000 | 2000 | 3000 | 4000 MILLES |

| 0 | 1000 | 2000 | 3000 | 4000 | 5000 | 6000 KILOMÈTRES |

m = masculin   f = féminin

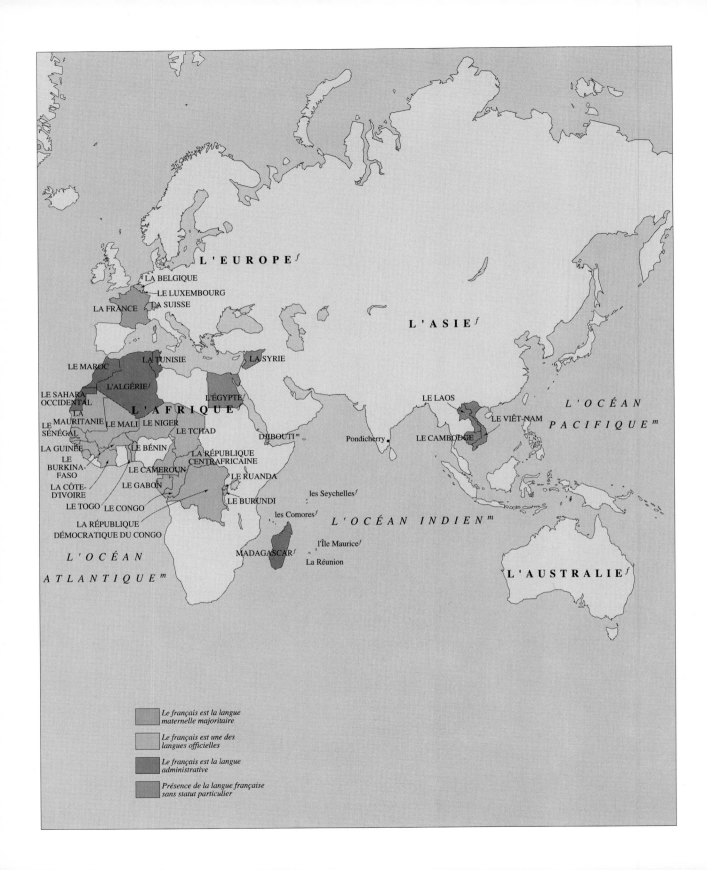

L'EUROPE *f*

LA BELGIQUE

LE LUXEMBOURG
LA SUISSE

LA FRANCE

L'ASIE *f*

LE MAROC   LA TUNISIE   LA SYRIE

LE SAHARA   L'ALGÉRIE *f*   L'ÉGYPTE *f*
OCCIDENTAL   LE LAOS   L'OCÉAN
LA   L'AFRIQUE   PACIFIQUE *m*
LE   MAURITANIE   LE MALI   LE NIGER   LE VIÊT-NAM
SÉNÉGAL   LE TCHAD   DJIBOUTI *m*   LE CAMBODGE
LA GUINÉE   LE BÉNIN   Pondicherry
LE   LA RÉPUBLIQUE
BURKINA-   LE CAMEROUN   CENTRAFRICAINE
FASO   LE RUANDA
LA CÔTE-   LE GABON
D'IVOIRE   les Seychelles *f*
LE TOGO   LE CONGO   LE BURUNDI
                                                          les Comores *f*   L'OCÉAN INDIEN *m*
LA RÉPUBLIQUE
DÉMOCRATIQUE DU CONGO   l'Île Maurice *f*
                                                              MADAGASCAR *f*
L'OCÉAN   La Réunion   L'AUSTRALIE *f*

ATLANTIQUE *m*

	Le français est la langue maternelle majoritaire
	Le français est une des langues officielles
	Le français est la langue administrative
	Présence de la langue française sans statut particulier

Ensuite

Qui êtes-vous?

En bref

Each of the units (**Thèmes**) in *Ensuite* is designed to help you master specific skills; the vocabulary and grammatical structures presented were chosen with these skills in mind. In **Thème I,** for example, one of your aims will be to learn how to ask questions and get information in French; therefore, one of the grammar points concerns interrogative forms and how to use them. The functions and structures are listed at the beginning of each unit. Try to keep your overall goals in mind as you work through the chapters.

These are the functions and structures presented in **Thème I.**

Functions

◆ Describing in the present tense

◆ Narrating (telling what is happening)

◆ Asking questions

Structures

◆ Adjectives

◆ Verbs in the present tense

◆ Interrogative forms

Anticipation: selon vous...

1. La majorité des Français ont les yeux
   a. bleus   b. marron   c. verts

2. Autrefois en France, on prenait surtout les photos de
   famille
   a. le mercredi   b. le dimanche   c. le samedi

3. Quel pays d'Afrique du nord est un ancien protectorat
   français?
   a. l'Egypte   b. la Libye   c. le Maroc

4. Combien de paires de chaussures les Français achètent-ils
   par an?
   a. 4   b. 6   c. 8

Vous allez avoir la réponse à ces questions—et à bien
d'autres!—dans les chapitres un, deux et trois.

Le look

Comment sont-ils?
Qu'est-ce qu'ils portent?

Paroles

La description physique

Le corps: on peut être **petit** *(short),* **grand** *(tall),* **de taille moyenne** *(of average height),* **mince** *(slim),* **maigre** *(skinny),* **gros** *(fat),* **beau, laid/moche** *(ugly),* **mignon** *(cute),* **musclé, athlétique.**

Les cheveux: on peut avoir les cheveux **blonds, bruns, châtains** *(dark blond),* **roux** *(red),* **longs, courts, bouclés** ou **frisés** *(curly),* **ondulés** *(wavy),* **raides** *(straight),* **clairs** *(light)* ou **foncés** *(dark),* avec ou sans **frange** [f.] *(bangs).* On peut aussi être **chauve** *(bald).*

Les yeux: on peut avoir les yeux **bleus, marron, verts** ou **gris;** on peut porter des **lunettes** [f.] *(glasses)* ou des **lentilles** [f.] *(contact lenses).*

4

La personnalité

ON PEUT ETRE		OU AU CONTRAIRE	
agréable	égoïste	désagréable	altruiste
aimable	idéaliste	froid	réaliste
sympathique	intelligent	antipathique	bête, stupide
agressif	intéressant	doux	ennuyeux
ouvert	optimiste	réservé	pessimiste
bavard	têtu, obstiné	timide	facile à vivre
dynamique	travailleur	mou	paresseux

Les sentiments

On peut se sentir...

fatigué, confus, en colère, hystérique, triste, effrayé, dégoûté, embarrassé, anxieux, nerveux ou au contraire **sûr de soi, confiant.**

Les vêtements

Qu'est-ce qu'on fait avec les vêtements? On les **met** *(puts on)*, on les **porte** *(wears)*, on les **enlève** *(takes off)*, on **s'habille** ou on **se déshabille.** Et bien sûr, on les **choisit** selon l'occasion.

Pour hommes: un **costume** *(suit)*, une **chemise** *(shirt)*, un **veston** ou une **veste** *(suit coat)*, une **cravate** *(tie)*.

Pour femmes: un **tailleur** *(suit)*, une **jupe** *(skirt)*, un **chemisier** *(blouse)*, une **veste** *(jacket)*, une **robe** *(dress)*.

«Unisexe»: un **pantalon**, un **jean**, un **short**, un **jogging;** un **tee-shirt** avec ou sans **poche** [f.] *(pocket)*, un **pull** (à **manches** longues ou courtes), un **polo;** des **sous-vêtements** [m.] *(underwear)*; des **chaussettes** [f.] *(socks)*, des **baskets** [f.] ou des **tennis** [f.] *(tennis shoes)*, des **chaussures habillées** *(dress shoes)*, des **bottes** [f.] *(boots)*, des **sandales** [f.], des **pantoufles** [f.] *(slippers)*; un **manteau** *(coat)*, un **imperméable** *(raincoat)*, un **blouson** *(waist-length jacket)*.

Les accessoires [m.]: une **ceinture** *(belt)*, un **chapeau** *(hat)*, une **écharpe** *(scarf)*, des **gants** [m.] *(gloves)*; une **montre** *(watch)*; un **collier** *(necklace)*; une **bague** *(ring)*.

Les tissus [m.]: un vêtement en **coton** *(cotton)*, en **laine** *(wool)*, en **polyester,** en **soie** *(silk)*; un **tissu uni** *(solid-color fabric)*, à **carreaux** *(plaid)*, à **rayures** *(striped)*, **imprimé** *(print)*; **assorti** *(matching)*.

A. Quels adjectifs peut-on utiliser pour décrire les têtes suivantes? A quel moment de la journée avez-vous les mêmes sentiments?

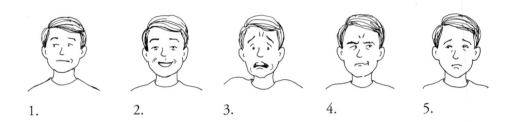

1.   2.   3.   4.   5.

B. Vous avez gagné un voyage de deux semaines aux Bahamas et vous devez partir demain. Vous n'avez pas encore commencé à faire vos valises. Pour être sûr(e) de ne rien oublier, faites une liste de tout ce que vous devez mettre dans votre valise. Puis faites la même chose en imaginant qu'il s'agit d'un voyage dans les Alpes pendant les vacances de Noël.

tiré du journal français *Le Figaro*

C. En groupes de deux, décrivez les traits physiques et les vêtements des personnes que vous voyez sur la première photo. Essayez aussi de deviner leur âge, leur profession et leur personnalité.

D. Vingt ans après. Est-ce que le temps change les gens? Faites un nouveau portrait de ces personnes en élaborant le plus possible sur leur personnalité et leurs goûts vestimentaires maintenant qu'elles sont plus âgées.

Lecture

Avant de lire

Stratégie de la lecture

❖ ❖ ❖ ❖ ❖ ❖

Anticipation

1. Stéréotype: d'après vous, à quoi ressemblent un Français et une Française «typiques» (cheveux, yeux, taille, etc.)? Décrivez-les rapidement.
2. Quels genres de vêtements aimez-vous porter pendant la semaine? Pourquoi? Est-ce que vos vêtements reflètent votre personnalité? Expliquez.
3. Combien de paires de chaussures avez-vous? Combien en achetez-vous chaque année? Portez-vous des chaussures ou des pantoufles à l'intérieur de la maison?

Culture et contexte

✦ ✦ ✦ ✦ ✦ ✦

Les Français font généralement très attention à leur façon de s'habiller et de se chausser, élégance oblige. Il faut dire que le regard critique de l'«Autre» a plus d'importance en France qu'aux Etats-Unis.

La pantoufle est également une caractéristique européenne et surtout française. Cela est dû en partie aux planchers des maisons qui privilégient les matériaux durs comme le bois, le linoléum ou le carrelage *(tiling)* et que les chaussures du dehors pourraient facilement abîmer *(damage)* ou salir. Quand on n'utilise pas de pantoufles, on se sert généralement de «patins», deux «coussins» de feutre *(felt)* sur lesquels on pose les pieds et avec lesquels on glisse sur le sol.

Les textes suivants, extraits de *Francoscopie* 1997, ont pour but de vous présenter les Français et leur apparence. Mais attention, l'habit ne fait pas le moine!*

Types et stéréotypes

MORPHOLOGIES REGIONALES

La morphologie des Français varie[a] selon les régions, bien que les mélanges de plus en plus fréquents tendent à estomper[b] les caractères spécifiques:

- Les gens du Nord ont en général une taille haute, des cheveux
5   et des yeux clairs.
- Dans l'Est, la taille est semblable à celle du Nord, mais les cheveux et les yeux sont foncés.
- Dans le Sud, la taille moyenne est inférieure, les cheveux et les yeux sont foncés.
10 • Les Bretons sont aussi de petite taille et leurs cheveux sont de couleur plutôt claire, ainsi que leurs yeux.
- Les Basques ont une taille haute, des cheveux très foncés et des yeux clairs.
- 55% des Français ont les yeux foncés (le plus souvent marron),
15   31% les ont bleus (ou verts) et 14% gris.

LE VETEMENT EST DE MOINS EN MOINS UN «SIGNE EXTERIEUR DE RICHESSE» OU UN MOYEN DE «FRIMER».[c]

L'importance du «look», typique des années 80, est en régression, de même que la sophistication. On observe aujourd'hui des com-

[a]change   [b]diminuer   [c]*showing off*

————————————————

**You can't judge a book by its cover!*

8 | Chapitre 1   *Le look*

portements[d] nouveaux, qui tentent[e] de concilier l'individualisme et
le conformisme. L'élégance ne doit pas être ostentatoire,[f] la person-
20 nalisation ne doit pas être artificielle. Les «vêtements kleenex», que
l'on jetait lorsqu'apparaissait une nouvelle mode, tendent aujour-
d'hui à être remplacés par des «valeurs sûres». Confort, discrétion,
simplicité et naturel sont des revendications croissantes.[g]

Les Français cherchent plus à s'insérer dans leur milieu social
25 ou professionnel qu'à se faire plaisir ou à jouer avec leur
apparence. Les hommes mélangent plus facilement les genres (une
veste habillée avec un jean, un parka sur un costume) et
privilégient les vêtements et accessoires qui permettent de changer
d'apparence à moindre coût (cravates...). Les femmes se sentent
30 moins tenues[h] de suivre la mode; elles achètent des vêtements qui
se renouvellent[i] moins souvent, aussi bien pour le travail que pour
les sorties ou le sport.

La garde-robe[j] des Français compte en moyenne[k]
une centaine d'articles, dont le quart est renouvelé

LA CHAUSSURE EN FRANCE

35 En 1995, les Français ont acheté 343 millions de
paires de chaussures, soit 5,9 paires par personne. Ces
achats comprennent en moyenne deux paires de
chaussures de ville, une paire de chaussures de sport,
une paire de pantoufles et deux paires d'autres chaus-
40 sures (bottes en caoutchouc,[l] sandales, espadrilles...).
La dépense globale s'est élevée à 46 milliards de
francs, soit un montant moyen de 2000F par ménage,
ou 800F par personne.

Précisons aussi que les Français sont les champions
45 du monde de la pantoufle. Ils en achètent chaque
année un peu plus d'une paire en moyenne, soit trois
fois plus que les Allemands, quatre fois plus que les Danois, sept
fois plus que les Italiens, cent fois plus que les Portugais!

Quant aux chaussures de sport, après la vogue du jogging dans
50 les années 70, celle de l'aérobic dans les années 80, c'est le basket
américain qui connaît un engouement[m] spectaculaire en France. Ce
phénomène est entretenu[n] par l'innovation technologique, avec
notamment l'apparition des chaussures «à ressorts» (coussin d'air)
qui ont fait rêver tous les adolescents. Les exploits de Michael Jor-
55 dan et de Magic Johnson au début des années 90 ont aussi joué un
rôle d'entraînement considérable: 57 millions de paires de baskets*
ont été achetées en 1991, soit 10 millions de plus qu'en 1986.

Mode shopping

[d]behaviors [e]essaient [f]un signe de vanité [g]revendications... désirs de plus en plus
nombreux [h]obligées [i]se... *are replaced* [j]*wardrobe* [k]en... *on the average* [l]*rubber*
[m]enthousiasme [n]*sustained*

*Pour 58 millions de Français

◆ Avez-vous compris?

A. Terminez les phrases de gauche par une expression choisie dans la liste de droite.

1. _____ Le vêtement est de moins en moins...	a. plus facilement les genres de vêtements.
2. _____ Les hommes mélangent...	b. ont été achetées en 1991.
3. _____ Dans l'Est de la France...	c. un signe extérieur de richesse.
4. _____ 57 millions de paires de baskets...	d. en moyenne six paires de chaussures par an.
5. _____ Les Français achètent...	e. les cheveux sont foncés.

B. Morphologie. Faites un tableau récapitulant l'apparence des Français pour chaque région.

C. Le vêtement. Quelle est la place du vêtement chez les Français? Est-ce un moyen de montrer sa classe sociale? de s'exprimer? de se faire plaisir? L'attitude des Français est-elle différente aujourd'hui par rapport aux années 80?

D. Les chaussures. Qu'est-ce qui explique l'enthousiasme des Français pour les chaussures de sport?

E. *Francoscopie* précise que la pantoufle matérialise le passage de l'agressivité dans l'arène du travail à la douceur chez soi. Expliquez ce commentaire. Ce genre d'analyse vous semble-t-il approprié et révélateur de la mentalité d'un peuple?

◆ Et vous?

A. Avec un(e) partenaire, comparez votre garde-robe. Quel(s) genre(s) de vêtements avez-vous? Quels vêtements est-ce que vous remplacez souvent? Pourquoi? Lesquels gardez-vous longtemps?

B. Nous vivons à une époque où la marque des vêtements est importante. Est-ce une bonne chose?

1. Parlez des choix que vous faites quand vous achetez des vêtements. A quoi donnez-vous le plus d'importance: au style? au prix? à la marque? à autre chose?
2. Est-ce qu'une marque connue assure la qualité du vêtement?
3. Pourquoi les gens cherchent-ils à acheter ce qui est en vogue? Est-ce du snobisme, ou autre chose?

C. En petits groupes, adaptez les trois textes à votre pays.

Structures

Elle et lui

LUI: Il est **grand, fort, brun;** il a les yeux **marron,** les cheveux **raides;** il est **optimiste, intelligent, studieux,** mais il sera le **premier** à reconnaître qu'il est trop **réservé;** il aime les styles **classiques** et les couleurs **neutres.**

ELLE: Elle n'est ni **grande** ni **brune;** elle est plutôt **mince** et **blonde;** elle a les yeux **bleus,** les cheveux **bouclés;** elle est **optimiste, intelligente, studieuse,** mais elle sera la **dernière** à reconnaître qu'elle est trop **bavarde;** elle aime les styles **modernes** et les couleurs **vives.**

Ils sont tous les deux très **gentils,** mais sont-ils **compatibles**?

Describing: Agreement of Adjectives

Gender Agreement

Déduisez

Judging from the preceding description *(Elle et lui),* how do you form the feminine of such adjectives as these?

- grand, brun, intelligent
- optimiste

- studieux
- premier/dernier

Vérifiez

Most adjectives can be made feminine by adding an **e** to the masculine form.

grand → grand**e**   brun → brun**e**   intelligent → intelligent**e**

If the masculine form already ends with a mute **e,** there is no change for the feminine.

optimiste → optimiste   dynamique → dynamique

Several groups of adjectives, however, follow particular rules.

ENDINGS	EXAMPLES
-x → **-se**	studieux → studieuse; jaloux → jalouse **Exceptions:** faux → fausse; roux → rousse; doux → douce
-er → **-ère**	premier → première; dernier → dernière
-et → **-ète**	inquiet → inquiète; complet → complète **Exceptions:** muet → muette; coquet → coquette
-f → **-ve**	actif → active; vif → vive; naïf → naïve
-il → **-ille** **-el** → **-elle** **-eil** → **-eille**	gentil → gentille spirituel → spirituelle pareil → pareille
-en → **-enne** **-on** → **-onne**	moyen → moyenne; ancien → ancienne bon → bonne; mignon → mignonne
-c → **-che**	franc → franche; blanc → blanche; sec → sèche **Exceptions:** public → publique; grec → grecque
-g → **-gue**	long → longue
-eur: 1. If the adjective is derived directly from the verb: → **-euse** 2. If the root of the adjective is not the same as the verb: → **-rice** 3. Adjectives of comparison: → **-eure**	(**travaill**er) **travaill**eur → travailleuse; (**ment**ir) **ment**eur → menteuse (**conserv**er) **conservat**eur → conservatrice; (**cré**er) **créat**eur → créatrice meilleur → meilleure; inférieur → inférieure

A few adjectives are totally irregular and must be learned individually.

beau	→	belle	gros	→	grosse
épais	→	épaisse	nouveau	→	nouvelle
favori	→	favorite	vieux	→	vieille
frais	→	fraîche			

Beau, nouveau, and **vieux** have alternate masculine forms that must be used with singular masculine nouns beginning with a vowel or a mute **h.** Compare the following.

un **beau** garçon	un **bel** homme
un **nouveau** blouson	un **nouvel** imperméable
un **vieux** monsieur	un **vieil** ami

Plural Forms

Elle a de **beaux** yeux **bleus** et les cheveux **bouclés;** avec ses vêtements **originaux,** elle a un style original.

Déduisez

How are plurals formed for adjectives such as these?

- bleu, bouclé
- beau
- original

Vérifiez

General rule: plurals are formed by adding an **s** to the singular.

> Elles sont belle**s** avec leurs yeux bleu**s.**

If the singular form ends with an **s** or an **x,** there is no change.

> Il a les cheveux rou**x** et les yeux gri**s.**

Endings in **-eau** take an **x** to form the ending **-eaux.**

> Tes nouv**eaux** vêtements sont vraiment b**eaux.**

Endings in **-al** change to **-aux.**

original	→ originaux	idéal	→ idéaux
Exceptions:			
banal	→ banals	final	→ finals

*La haute couture—un
look désirable pour tous
les jours?*

Invariable Adjectives

The following adjectives do not have feminine or plural
forms.

- Compound adjectives

  une robe **bleu clair**   *light blue*
  une robe **bleu marine**   *navy blue*
  des chaussettes **vert foncé**   *dark green*

- Adjectives that are also nouns: **or, argent, marron, kaki, turquoise**

  des chaussures **marron**

- The words **chic** and **bon marché (meilleur marché)**

  Les vêtements en toc sont **meilleur marché** et peuvent être **chic.**

Essayez!

Quel est le féminin?

1. Ce pantalon est neuf, marron et cher. Et cette robe? Elle est ———,
   ——— et ———.
2. Ce monsieur est professionnel, généreux, innovateur et discret. Et cette
   dame? Elle est ———, ———, ——— et ———.

Donnez le pluriel des expressions suivantes.

3. un problème familial → des problèmes ———
4. un nouvel étudiant → de(s) ——— étudiants
5. un objet banal → des objets ———
6. un cheveu châtain → des cheveux ———; un cheveu châtain foncé →
   des cheveux ———

(Réponses page 20)

Placement of Adjectives

Il aime les styles **classiques** et les couleurs **neutres;** il est de nature **conservatrice.**

Déduisez

Would you say that most adjectives precede or follow the nouns that they modify?

Vérifiez

The general rule is that adjectives in French follow the nouns that they modify. A few adjectives, however, precede nouns and must be learned as exceptions. They are grouped here by category.

Size: **grand, gros, petit, long**

> une **grande** personne avec un **gros** nez, une **petite** bouche et de **longues** jambes

Beauty: **beau, joli**

> un **beau** garçon et une **jolie** fille

Goodness: **bon ≠ mauvais; gentil ≠ vilain**

> Un **gentil** garçon est un **bon** exemple; un **vilain** garçon est un **mauvais** exemple.

Age and order: **jeune, vieux, nouveau, premier, dernier**

> La **nouvelle** mode rappelle aux **vieilles** dames les styles de leur **jeune** âge: ce n'est pas la **première** fois qu'on porte des choses comme ça.

Resemblance: **même, autre**

> un **autre** contexte, mais les **mêmes** problèmes

In careful speech, when an adjective precedes the noun, the indefinite article **des** becomes **de.** This usage is now changing, except in the case of **autre.**

> **des** amis intéressants   **de/des** vieux amis   **d**'autres amis

A few other adjectives can be used either before or after the noun, and meaning changes accordingly. When used before the noun, they usually take on a figurative, that is, a nonliteral meaning.

ancien	mon **ancien** professeur l'histoire **ancienne**	my **former** teacher **ancient** history
cher	ma **chère** amie une robe **chère**	my **dear** friend an **expensive** dress
dernier	la semaine **dernière** la **dernière** semaine des vacances	**last** week (most recent) the **last** week (in a series) of vacation
même	le **même** look le look **même**	the **same** style the **very** style, the style **itself**
pauvre	une **pauvre** femme une femme **pauvre**	a **poor** (unfortunate) woman a **poor** woman (penniless)
propre	mes **propres** chaussettes des chaussettes **propres**	my **own** socks **clean** socks
seul	le **seul** homme un homme **seul**	the **only** man a **lonely** man

Essayez!

Ajoutez les adjectifs suivants aux noms donnés, en faisant les accords nécessaires.

> MODELE: une écharpe (beau/vert) →
> une belle écharpe; une écharpe verte

1. un garçon (grand/agréable/sérieux)
2. une fille (sportif/gentil/joli)
3. des chaussures (autre/chic/vieux)

(Réponses page 20)

Possessive Adjectives

Possessive adjectives such as **mon, ton,** and **son** are always placed before the nouns they modify and before all other modifiers.

> **mon** pull   **mon** vieux pull

Remember that the choice of the possessive adjective reflects the possessor (**je** → **mon, ma, mes**), but the adjective agrees in gender and number with the thing possessed.

> **Elle** aime **son** vieux **pull; il** aime **sa** nouvelle **cravate.**
> **Nous** aimons **nos chaussures** neuves.

POSSESSOR	SINGLE POSSESSION		PLURAL POSSESSIONS
je	{	**mon** copain **ma** copine / **mon*** amie	**mes** amis
tu	{	**ton** copain **ta** copine / **ton*** ancienne amie	**tes** amis
il/elle	{	**son** copain **sa** copine / **son*** autre copine	**ses** amis
nous	**notre** copain		**nos** amis
vous	**votre** copain		**vos** amis
ils/elles	**leur** copain		**leurs** amis

Essayez!

A qui appartiennent ces choses? A toi, à Paul ou aux enfants?

> MODELE: (toi) des chaussures → Ce sont **tes** chaussures.

1. (Paul) une voiture / une auto
2. (enfants) un parapluie (*umbrella*) / des bottes
3. (toi) une montre / une autre montre

(Réponses page 20)

Maintenant à vous

A. Et elle? Cette fois-ci, «elle et lui» du début de **Structures** se ressemblent en tous points. Déduisez comment elle est, d'après son portrait à lui.

> MODELE: Il est grand. → Alors, elle est grande aussi!

1. Il est assez beau.
2. Il n'est pas gros, mais il n'est pas maigre non plus.
3. Il n'est ni blond ni brun; il est roux.
4. Il est intelligent et travailleur.
5. Il est sportif et très actif.
6. Il est gentil et affectueux.
7. Il est doux et pas du tout jaloux.
8. Il n'est pas menteur; il est franc.

B. Mais lui seul (*But only he*). Complétez les phrases suivantes en ajoutant les adjectifs entre parenthèses. Comme ce sont tous des adjectifs qui changent de sens selon leur place, réfléchissez au sens de chaque phrase avant de répondre.

---

*Note that **mon, ton,** and **son** are the forms used directly in front of *feminine* nouns beginning with a vowel. **Mon, ton,** and **son** are also used with most feminine nouns beginning with **h.** Exceptions to the rule, such as **ma hache,** are marked with an asterisk in the vocabulary at the end of the book and in many dictionaries.

1. (cher) Mais lui seul a des goûts *(tastes).* 2. (propre) Lui seul a sa voiture. 3. (ancien) Lui seul voit toujours ses camarades de lycée. 4. (dernier) Lui seul refuse de s'habiller à la mode. 5. (même) Et bien sûr, il est la gentillesse.

C. Etes-vous détective? Plusieurs personnes ont disparu. En inspectant la garde-robe *(wardrobe)* des personnes disparues, pouvez-vous trouver des indices de leur identité? Faites l'inventaire selon le modèle.

MODELE: pantalon / beau / gris →
Cette personne a un beau pantalon gris.

La garde-robe numéro 1:

1. chemisier / joli / rose
2. tailleur / petit / habillé
3. jupe / vert / et / pull / assorti
4. robe / beau / blanc / et / robes / autre / élégant
5. chaussures / gris / et / chaussures / bleu marine
6. imperméable / beau / neuf
7. vêtements / cher

La garde-robe numéro 2:

1. blue-jean / vieux / et / pull / gros / noir
2. chemise / vieux / à carreaux
3. baskets / blanc / et / bottes / gros / marron
4. blouson / kaki / avec / poches / grand
5. tee-shirt / et / short / rouge
6. vêtements / bon marché

L'identité. Maintenant que vous avez tous les vêtements, décrivez les deux personnes à qui ces garde-robes appartiennent (sexe, âge probable, occupation, personnalité).

D. Et votre garde-robe à vous? Tournez-vous vers un(e) camarade qui jouera le rôle de votre mère ou père. Essayez de le (la) convaincre que vous «n'avez rien à vous mettre». Comme preuve, vous faites l'inventaire de votre «pauvre» garde-robe. Vous pouvez même suggérer quelques vêtements que vous aimeriez avoir. Soyez précis(e) dans vos descriptions. Ensuite, inversez les rôles.

E. A chacun ses goûts. Lisez d'abord la description de chacune des personnes suivantes; puis, pour éviter les répétitions maladroites, remplacez les noms propres répétés par des adjectifs possessifs.

MODELE: Jean est gentil; la sœur **de Jean** est gentille aussi. →
Sa sœur est gentille aussi.

1. Jean aime la couleur bleue. Le pantalon de Jean est bleu. La chemise de Jean est bleue. Les chaussettes de Jean sont bleues. Même les chaussures de Jean sont bleu marine. Et le blouson de Jean est bleu marine aussi.

2. Jean a une sœur. La sœur de Jean s'appelle Béatrice. Quelle est la couleur préférée de Béatrice? Le short de Béatrice est jaune, le tee-shirt de Béatrice est jaune et blanc. La ceinture de Béatrice est jaune. Même les baskets de Béatrice sont jaunes! Est-ce que vous avez deviné la couleur préférée de Béatrice?

3. Jean a une amie, Viviane. L'amie de Jean n'aime pas le bleu. Les goûts de Viviane et de Jean sont d'ailleurs très différents. Mais la relation de Viviane et de Jean n'en souffre pas du tout!

F. A vous! En reprenant le plus possible des adjectifs présentés dans ce chapitre, décrivez les personnes suivantes. Faites particulièrement attention à la place et à l'accord des adjectifs.

1. un copain ou une copine à vous
2. votre camarade de chambre
3. le jeune homme idéal ou la jeune fille idéale (selon vous)
4. le père ou la mère typique (selon vous)
5. votre acteur / actrice préféré(e) (ne dites pas qui c'est—essayez de faire deviner à votre partenaire ou à la classe de qui il s'agit!)

G. Les différentes facettes de votre personnalité. En groupes de deux, décrivez quel genre de personne vous êtes...

1. quand vous êtes en vacances
2. la veille d'un examen
3. quand vous sortez avec vos amis
4. quand vous vous réveillez
5. ?*

H. «L'habit ne fait pas le moine.» (Literally, "Clothes don't make the monk"; that is, "You can't judge a book by its cover.") Est-ce vrai? Décrivez deux personnes que vous connaissez en comparant...

1. l'extérieur (description physique, vêtements favoris), et
2. l'intérieur (caractère et personnalité)

I. Jeu de rôles. Role-play the following situation with a classmate.

Student A: You work for a large advertising firm in France, and your boss has asked you to conduct a survey of current trends in men's and women's clothing styles. Introduce yourself to the person you are interviewing and find out what he or she does, what kinds of clothing styles he or she prefers, and what kinds of clothing (colors, designs, etc.) he or she chooses to wear to work (or school) and various other places. Be polite and tactful.

Student B: You may assume your own identity or a fictitious one. Elaborate as much as possible to make your answers lively and interesting.

---

*Throughout **Ensuite,** a question mark at the end of an activity is used to encourage you to create a new item of your own.

Par écrit

Avant d'écrire

Simplification. In approaching the task of writing a short composition in French, you may be feeling unnecessary frustration. Most of your thoughts may come to you in your native tongue, but at this stage that is normal. When you try to convert complicated ideas into French, you may lack the vocabulary and structures you need. Remember, however, that every language has many ways of saying the same thing, including *simpler* ways. Learning to restate the same concept in simpler terms will help you write clearly in a foreign language. Consider the following English sentences. Rephrase them in simpler English, and then convert them into French, using words and structures that you already know—no dictionary, please! Although your version may be less detailed, you will probably be able to convey your general idea clearly.

1. He is a good-looking, lithe young man of twenty-five with ebony eyes.

   Simpler English: ———————————————————

   French: ———————————————————

2. She has inherited her striking blond hair from her mother.

   Simpler English: ———————————————————

   French: ———————————————————

◆ Sujet de composition

Vous avez un nouveau correspondant (une nouvelle correspondante) francophone! Dans une courte lettre, présentez-vous à votre correspondant(e). Décrivez votre physique, votre personnalité, vos goûts en matière de vêtements, vos ambitions, etc. Commencez votre lettre par «Cher (Chère) ———» (choisissez un nom bien français) et terminez par «Bien amicalement».

Réponses: Essayez!, page 14: 1. neuve / marron / chère 2. professionnelle / généreuse / innovatrice / discrète 3. familiaux 4. nouveaux 5. banals 6. châtains / châtain foncé
Réponses: Essayez!, page 16: 1. un grand garçon / un garçon agréable / un garçon sérieux 2. une fille sportive / une gentille fille / une jolie fille 3. d'autres chaussures / des chaussures chic / de(s) vieilles chaussures
Réponses: Essayez!, page 17: 1. C'est sa voiture. / C'est son auto. 2. C'est leur parapluie. / Ce sont leurs bottes. 3. C'est ta montre. / C'est ton autre montre.

Photos de famille

Paroles

Les photos

Une **photo** peut être **en noir et blanc** ou **en couleurs; réussie** *(came out well)* ou **ratée** *(didn't come out)*.

Avec un **appareil-photo** *(camera)*, on peut aussi prendre des **diapositives** [f.] *(slides)*. Avec une **caméra** *(movie film camera)*, on filme. Avec un **caméscope** *(camcorder)*, on fait de la vidéo.

Le **photographe** *(photographer)* **prend** quelqu'un ou quelque chose **en photo.**

Beaucoup de gens mettent leurs photos dans un **album** ou dans leur **portefeuille** [m.] *(wallet)*, pour les regarder quand leur famille leur **manque.***

---

*Quand le verbe **manquer** signifie *to miss (someone)*, il se construit à l'inverse de l'anglais. *I miss you* = Tu me manques; *I miss my family* = Ma famille me manque; *Does your family miss you?* = Est-ce que tu manques à ta famille / Est-ce que tu leur manques?

L'apparence

Sur une photo, on peut **avoir l'air** *(to look)* **souriant, sérieux, espiègle** *(mischievous)* ou **fier** *(proud)*; on peut **paraître** *(to appear, to seem)* **jeune** ou **âgé.** Quelquefois, on **fait semblant** *(pretends)* d'être heureux, même quand on **éprouve** *(feels)* des émotions contraires. D'autres fois, on **se cache** derrière quelqu'un. Parfois aussi on **fait la grimace** *(makes a face)*; on peut le **faire exprès** *(do it on purpose)*, ou parce qu'on a le soleil dans les yeux. En tout cas, il vaut mieux **faire attention** au photographe et **sourire** *(to smile)*.

La famille

L'**arbre généalogique** montre **les ancêtres** [m.] et **les descendants** [m.]

Tous les membres de la famille sont *des* **parents** [m.] *(relatives)*. *Les* **parents** *(parents)* sont le **père** et la **mère** (le **mari** et la **femme**).

Les enfants: le **fils**, la **fille**; le **frère**, la **sœur**; le **demi-frère** *(half- or stepbrother)*, la **demi-sœur**; l'**aîné(e)** *(the eldest)*, le/la **plus jeune**, un enfant **unique**; des **jumeaux** ou des **jumelles** *(twins)*

Les grands-parents: le **grand-père**, la **grand-mère**

Les arrière-grands-parents *(great-grandparents):* l'**arrière-grand-père**, l'**arrière-grand-mère**

Les petits-enfants *(grandchildren):* le **petit-fils**, la **petite-fille**

Le **beau-père** *(father-in-law or stepfather)*, la **belle-mère** *(mother-in-law or stepmother)*

Le **beau-frère** *(brother-in-law)*, la **belle-sœur** *(sister-in-law)*

L'**oncle**, la **tante** (le **grand-oncle**, la **grand-tante**)

Le **neveu**, la **nièce**

Le **cousin germain**, la **cousine germaine** *(first cousin)*

Des **parents éloignés** *(distant relatives)*

L'état civil

On peut être **célibataire, marié(e), séparé(e), divorcé(e)** ou, si la femme ou le mari est **décédé** *(deceased)*, on est **veuf/veuve.** Un autre statut maintenant reconnu par la loi française est celui de **concubin**—quand un homme et une femme vivent ensemble sans être mariés, ils vivent **en concubinage.**

Parlons-en

A. Une photo de mariage. La mariée, Joëlle, a une sœur un peu plus jeune qu'elle; le marié, Fernand, a un frère et une sœur, tous les deux plus âgés que lui. Les autres membres de la famille présents sur la photo sont les parents, des oncles, des tantes, des cousins, des neveux et des nièces. Devinez (ou inventez!) la relation de chacun aux nouveaux mariés.

B. Certaines personnes sur cette photo sont à moitié ou complètement cachées. Supposez que vous êtes le photographe: comment allez-vous «placer» tout le monde pour que la photo soit plus réussie ou plus artistique?

C. Choisissez deux personnes sur la photo et décrivez-les en détail.

D. Tracez votre arbre généalogique et décrivez brièvement chaque personne.

E. Aujourd'hui, vous fêtez vos quatre-vingts ans avec toute votre famille. Décrivez vos descendants tels que vous les imaginez.

Annie Ernaux

L'auteur

◆ ◆ ◆ ◆

Annie Ernaux est née à Lillebonne, dans le nord de la France. Auteur de plusieurs romans, elle este également professeur de lettres. Le passage suivant est extrait de *La Place* (Gallimard, Paris, 1983), pour lequel elle a obtenu le prix Renaudot, un prix littéraire important. Ce roman présente les coutumes, les valeurs et les goûts de la classe ouvrière française.

Avant de lire

Stratégie de la lecture

◆ ◆ ◆ ◆ ◆ ◆

Anticipation. Le premier passage du texte décrit une photo. Comment réagissez-vous devant une photo de vous quand vous étiez enfant, avec d'autres membres de votre famille? Etes-vous fier/fière? amusé(e)? embarrassé(e)? nostalgique? Pouvez-vous décrire vos parents ou les membres de votre famille à cette époque? A quoi pensez-vous quand vous regardez ces vieilles photos?

Devinez le sens par le contexte. Si vous ne comprenez pas un mot dans le texte pendant que vous lisez, il est parfois utile de lire les deux ou trois phrases qui suivent: le contexte peut souvent vous aider à comprendre. Pouvez-vous deviner le sens des mots suivants? (Référez-vous à la lecture. La ligne est indiquée.)

«...les deux bras tendus sur le **guidon** de mon premier vélo...» (7–8)

«...**déjouer**... le regard critique des autres, par la politesse» (20–21)

«...en **parcourant** des yeux les champs... il paraissait heureux» (27–29)

Culture et contexte

◆ ◆ ◆ ◆ ◆ ◆

Les classes sociales sont beaucoup plus marquées en France qu'aux Etats-Unis. Aujourd'hui encore l'appartenance à une classe sociale détermine souvent le genre de culture et de loisirs auxquels on est exposé depuis l'enfance. Il est vrai que ces différences ont tendance à diminuer grâce aux médias.

Dans ce roman autobiographique, l'auteur tourne son regard sur la vie de son père, tout d'abord fermier, puis ouvrier *(manual laborer)* et enfin propriétaire d'un petit café. Son combat pour nourrir sa famille et trouver sa place dans le monde est au centre des souvenirs d'Ernaux.

La Place [extrait]

ANNIE ERNAUX

Alentour de la cinquantaine, encore la force de l'âge,[a] la tête très droite, l'air soucieux, comme s'il craignait que la photo ne soit ratée, il porte un ensemble, pantalon foncé, veste claire sur une chemise et une cravate. Photo prise un dimanche, en[b] semaine, il
5 était en bleus.[c] De toute façon, on prenait les photos le dimanche, plus de temps, et l'on était mieux habillé.* Je figure à côté de lui, en robe à volants,[d] les deux bras tendus sur le guidon de mon premier vélo, un pied à terre. Il a une main ballante,[e] l'autre à sa ceinture. En fond, la porte ouverte du café, les fleurs sur le bord de
10 la fenêtre, au-dessus de celle-ci la plaque de licence des débits de boisson.[f] On se fait photographier avec ce qu'on est fier de posséder, le commerce, le vélo, plus tard la 4 CV,[g] sur le toit de laquelle il appuie une main, faisant par ce geste remonter exagérément son veston. Il ne rit sur aucune photo. [...]
15 Devant les personnes qu'il jugeait importantes, il avait une raideur timide, ne posant jamais aucune question. Bref, se comportant avec intelligence. Celle-ci consistait à percevoir notre infériorité et à la refuser en la cachant[h] du mieux possible.

Obsession: «*Qu'est-ce qu'on va penser de nous?*» (les voisins,
20 les clients, tout le monde). Règle: déjouer constamment le regard critique des autres, par la politesse, l'absence d'opinion, une attention minutieuse aux humeurs[i] qui risquent de vous atteindre.

Il n'a jamais mis les pieds dans un musée. Il s'arrêtait devant un beau jardin, des arbres en fleur, une ruche,[j] regardait les filles bien
25 en chair.[k] Il admirait les constructions immenses, les grands travaux modernes (le pont de Tancarville[l]). Il aimait la musique de cirque, les promenades en voiture dans la campagne, c'est-à-dire qu'en parcourant des yeux les champs, les hêtrées,[m] en écoutant l'orchestre de Bouglione,[n] il paraissait heureux. L'émotion qu'on
30 éprouve en entendant un air, devant des paysages, n'était pas un sujet de conversation. Quand j'ai commencé à fréquenter la petite-bourgeoisie d'Y... , on me demandait d'abord mes goûts, le jazz ou la musique classique, Tati ou René Clair,[o] cela suffisait à me faire comprendre que j'étais passée dans un autre monde.

[a]la force... *in the prime of life* [b]pendant la [c]vêtements des ouvriers (travailleurs) [d]à... *with a flounce* [e]qui tombe [f]plaque... permis de vendre des boissons alcoolisées [g]petite voiture [h]≠ montrant [i]changements de tempérament [j]*beehive* [k]bien... aux formes prononcées [l]village normand [m]plantations d'arbres [n]un cirque [o]Tati... cinéastes

---

*Cette tradition des habits du dimanche commence à disparaître, mais la littérature comporte de fréquentes allusions aux «habits du dimanche», et l'expression «être endimanché» est encore utilisée.

◆ Avez-vous compris?

A. Sur la photo... (premier paragraphe)

1. Qui sont les deux personnes sur la photo dont parle l'auteur?
2. Trouvez les adjectifs du texte qui décrivent l'homme.
3. Comment est-il habillé?
4. Quel jour est-ce? Quel rapport y a-t-il entre le jour et les vêtements?
5. Et elle? Comment sont ses vêtements?
6. Dans quel commerce la famille est-elle établie?
7. De quoi le père est-il fier, selon la narratrice?

B. Dans le reste du texte... (les paragraphes 2 à 4)

1. Soulignez le mot **il** chaque fois qu'il apparaît dans le passage. Sur une feuille de papier, préparez deux colonnes où vous indiquerez les caractéristiques du père, selon le modèle.

MODELE:

CE QU'IL AIME	CE QU'IL N'AIME PAS
un beau jardin	*poser des questions*

Maintenant, consultez les deux listes. Quel(s) adjectif(s) choisiriez-vous pour décrire la personnalité du père? Ces traits de caractère sont-ils liés à sa classe sociale? Expliquez.

2. Quel est le sujet de la dernière phrase du texte? De qui s'agit-il? Après toutes les répétitions du mot **il,** quel effet le mot **je** a-t-il sur vous?
3. La narratrice juge que son père est obsédé par l'opinion des autres. Quelle phrase du père exprime cette obsession?
4. Comment le père essaie-t-il de gagner le respect des autres?
5. Quels aspects de la vie culturelle ne font pas partie de sa vie?
6. A quel moment est-ce que la narratrice a découvert les différences entre la formation (l'éducation, la famille) de ses amis et sa propre formation?
7. Quelle est l'attitude de la narratrice envers son père? Distance? Tendresse? Dépit? Sarcasme? Un mélange d'émotions? (Lesquelles?)

◆ Et vous?

A. D'après l'écrivain, «on se fait photographier avec ce qu'on est fier de posséder». Quels exemples Annie Ernaux donne-t-elle? Etes-vous d'accord? Est-ce vrai pour tout le monde ou seulement pour ceux qui ont vécu pauvrement?

B. Vous souvenez-vous de votre première bicyclette ou d'un autre jouet favori? Tournez-vous vers un(e) camarade de classe et décrivez-lui cet objet. Donnez beaucoup de détails pour qu'il (elle) puisse le «voir».

C. Apportez ou rappelez-vous une photo de votre enfance et décrivez-la à la classe. Commencez par donner votre âge («Sur cette photo, j'ai ——— ans.») et continuez votre description au présent, avec le plus d'adjectifs possible. Décrivez aussi les objets qui figurent sur la photo, et la signification qu'ils ont peut-être pour vous. Servez-vous de la description d'Annie Ernaux comme modèle.

D. A votre avis, est-ce qu'admirer un tableau, une sculpture ou une composition musicale indique un plus haut niveau culturel qu'admirer la beauté d'une fleur? Expliquez.

E. Quelle est votre définition d'une personne cultivée? Interviewez plusieurs camarades de classe et comparez vos définitions.

Structures

Une photo de famille

Voici une photo de ma famille: vous **voyez** mon petit frère, là, devant; il **fait** toujours la grimace sur les photos. Il **est** difficile à prendre en photo; il **court**, il **saute**, il **joue**, il **bouge** tout le temps. Ma sœur, par contre, **adore** se faire photographier. **Regardez** comme elle **sourit**. Parfois on **se moque** d'elle parce qu'elle **pose** sur toutes les photos. Mes parents **n'aiment pas** tellement se faire photographier; ils **veulent** se cacher derrière leurs enfants et ils **mettent** toujours leurs mains sur nos épaules—je **ne sais pas** pourquoi. Est-ce que vous **avez** une photo de votre famille?

The Present Tense

Regular Verbs

Déduisez

Circle the regular **-er** verbs you find in the preceding paragraph. Which part is the *stem* and which is the *ending* in each of those verbs?

Vérifiez

Regular verbs ending in **-er** are by far the most common verbs in French. **Sauter, jouer, bouger, adorer, regarder, se moquer, poser,** and **aimer** are all regular **-er** verbs. There are two other categories of regular verbs: verbs ending in **-ir** (such as **finir** and **obéir**) and verbs ending in **-re** (such as **attendre** and **répondre**). The *stem* is what is left when the infinitive ending is dropped (**sauter → saut-; finir → fin-; attendre → attend-**). To conjugate a verb in any tense, you must add specific endings to the stem. Here are the conjugation patterns for each of the three categories of regular verbs.

Infinitive:	étudier	obéir	répondre
Stem:	étudi-	obé-	répond-
Present tense:	j'étudie	j'obéis	je réponds
	tu étudies	tu obéis	tu réponds
	il/elle/on étudie	il/elle/on obéit	il/elle/on répond
	nous étudions	nous obéissons	nous répondons
	vous étudiez	vous obéissez	vous répondez
	ils/elles étudient	ils/elles obéissent	ils/elles répondent

Irregular Verbs

Rappelez-vous

Many verbs are irregular in the present tense. The following are the most common. Practice conjugating each one, checking the appendix at the end of *Ensuite,* as needed.

> **aller, avoir, connaître, courir, croire, dire, écrire, être, faire, lire, mettre (permettre, promettre), ouvrir (offrir, souffrir), pouvoir, prendre (comprendre, apprendre), recevoir, rire (sourire), savoir,** verbs like **sortir (partir, servir, mentir, sentir, dormir), tenir, venir, voir,** and **vouloir**

Les vieilles photos de famille: «on se fait photographier avec ce qu'on est fier de posséder»... Que peut-on dire de cette famille?

Essayez!

Un jeu. Dans cette liste de verbes irréguliers, identifiez...

1. 2 verbes dont la forme **vous** se termine en **-tes**
2. 3 verbes avec un infinitif en **-ir** mais qui se conjuguent comme des verbes réguliers en **-er**
3. 2 verbes qui se conjuguent comme **dire** aux trois personnes du singulier
4. 2 verbes où la racine (*root*) **-oi-** se transforme en **-oy-** aux formes **nous** et **vous**
5. 2 verbes où la racine **-ou-** se transforme en **-eu-** à toutes les formes sauf **nous** et **vous**
6. 2 verbes où la racine **-en-** se transforme en **-ien-** à toutes les formes sauf **nous** et **vous**

(Réponses page 37)

Pronominal Verbs

Pronominal verbs, such as **se coucher,** are conjugated just like other verbs, but they require an extra pronoun before the verb (je **me,** tu **te,** il/elle/on **se,** nous **nous,** vous **vous,** ils/elles **se**).

Je **me lève** à 7h; je **me lave,** je **me peigne**, puis je **me dépêche** toute la journée; je n'ai jamais le temps de **me reposer**!	*I get up at 7:00; I wash, I comb my hair, then I hurry all day; I never have time to rest.*

Pronominal verbs can indicate a reflexive action—an action the subject does to or for himself or herself—as just shown. They can also indicate a reciprocal action—an action two or more subjects do to or for one another.

—Est-ce que vous **vous connaissez** depuis longtemps?	*Have you known one another a long time?*
—Oui. Quand nous **nous voyons,** des fois nous **nous serrons** la main, des fois nous **nous embrassons.**	*Yes. When we see each other, sometimes we shake hands, at other times we kiss.*

Some pronominal verbs, such as **se souvenir,** indicate neither reflexive nor reciprocal actions. They are idiomatic and their object pronouns cannot be translated literally.

Je **me souviens** bien de leur photo de famille; ils **s'entendent** bien dans cette famille.	*I remember their family photo well; they get along well together in that family.*

Des mamans et des enfants dans un jardin public de Paris

Essayez!

Mettez les verbes suivants à la forme voulue du présent.

1. Je _____ (rire) parce que quand tu _____ (se servir) d'un appareil-photo, tu le _____ (tenir) de façon bizarre.
2. Est-ce que vous _____ (se serrer) la main quand vous _____ (se dire) bonjour?

(Réponses page 37)

◆ Maintenant à vous

A. Quand est-ce qu'on prend des photos? Répondez selon le modèle en conjuguant les verbes au présent.

MODELE: Quand est-ce qu'on prend des photos? (on / aller en vacances) → Quand on va en vacances.

1. quelqu'un / fêter son anniversaire
2. quelqu'un / se marier
3. un enfant / apprendre à marcher
4. un enfant / recevoir son premier vélo
5. on / finir ses études
6. on / avoir un grand repas de famille
7. on / rendre visite à ses grands-parents
8. on / sortir avec des amis
9. quelqu'un / partir pour longtemps
10. quelqu'un / revenir après un long voyage
11. ?

MAJUSCULES : ANNIE ERNAUX

Avec soixante-dix-neuf pages très aérées (une minceur que beaucoup lui reprochent), Annie Ernaux réussit à se placer très vite parmi les grands succès de ce début d'année. Son roman, « Passion simple », chez Gallimard, est le récit libéré d'un coup de foudre et d'un amour malheureux. Une plongée dans le tumulte intime des sentiments.

J. B.

LIVRES EN TÊTE

ROMANS

TITRES	AUTEURS	EDITEURS	CLASSEMENT PRÉCÉDENT	NOMBRE DE SEMAINES
1 PASSION SIMPLE	Annie Ernaux	Gallimard	1	3
2 L'AMANT	Marguerite Duras	Minuit	2	2
3 À L'AMI QUI NE M'A PAS SAUVÉ LA VIE	Hervé Guibert	Gallimard	7	22
4 L'HOMME AU CHAPEAU ROUGE	Hervé Guibert	Gallimard	-	-
5 TOUS LES MATINS DU MONDE	Pascal Quignard	Gallimard	3	9
6 PORFIRIO ET CONSTANCE	Dominique Fernandez	Grasset	11	2
7 LA DÉRIVE DES SENTIMENTS	Yves Simon	Grasset	4	23
8 COLÈRE	Patrick Grainville	Seuil	-	-
9 UN LONG DIMANCHE DE FIANÇAILLES	Sébastien Japrisot	Denoël	6	19
10 MINUIT 4	Stephen King	Albin Michel	8	3
11 L'AMANT DE LA CHINE DU NORD	Marguerite Duras	Gallimard	-	16
12 LA SEÑORA	Catherine Clément	Calmann-Lévy	-	-

8 FÉVRIER 1992 · **LE POINT** · NUMÉRO 1012

B. Et vous? Quand est-ce que vous prenez des photos? Tournez-vous vers un(e) camarade et donnez au moins cinq situations où vous sortez votre appareil-photo.

C. Le grand frère. Qu'est-ce qui arrive quand le grand frère fait quelque chose? Les autres enfants l'imitent! Répondez selon le modèle.

MODELE: Qu'est-ce qui arrive quand le grand frère désobéit? →
          Les autres enfants désobéissent aussi!

Qu'est-ce qui arrive quand le grand frère...

1. veut des bonbons?   2. va dehors? (*goes outside*)   3. joue à la balle?
4. choisit un autre jeu?   5. fait du vélo?   6. lit un livre?   7. dort par terre?   8. fait la grimace pour la photo?   9. se sert à boire?   10. ?

Adverbs

Cet homme parle **beaucoup**, et il **a peut-être** raison; **malheureusement**, je suis **déjà** fatigué de l'entendre. **Peut-être qu'**il va **bientôt** s'arrêter...

Déduisez

Do most adverbs go before or after a verb in the present tense? What happens when **peut-être** is used at the beginning of a sentence?

Vérifiez

Most adverbs are placed after a verb in a simple tense. Adverbs of opinion and time (**malheureusement, bientôt,** etc.) usually go at the beginning or at the end of the sentence. When **peut-être** and **sans doute** are used at the beginning of a sentence or a clause, they are usually followed by **que.**

> **Sans doute qu'**ils ont le même âge.   *They are probably the same age.*

Here are some commonly used adverbs, grouped according to kind.

<table>
<tr><td>TIME</td><td>OPINION</td></tr>
<tr><td>aujourd'hui, demain, hier</td><td>heureusement (fortunately)</td></tr>
<tr><td>bientôt (soon)</td><td>malheureusement (unfortunately)</td></tr>
<tr><td>d'abord, ensuite, enfin</td><td>peut-être</td></tr>
<tr><td>maintenant</td><td>sans doute, probablement</td></tr>
<tr><td>tôt ≠ tard</td><td></td></tr>
<tr><td>PLACE</td><td>QUANTITY</td></tr>
<tr><td>ici</td><td>assez</td></tr>
<tr><td>dedans (inside)</td><td>autant (as much)</td></tr>
<tr><td>dehors (outside)</td><td>beaucoup</td></tr>
<tr><td>là / là-bas</td><td>trop</td></tr>
<tr><td>quelque part (somewhere)</td><td>un peu</td></tr>
<tr><td>FREQUENCY</td><td>MANNER</td></tr>
<tr><td>déjà</td><td>bien ≠ mal</td></tr>
<tr><td>encore</td><td>vite ≠ lentement</td></tr>
<tr><td>jamais</td><td>CONSEQUENCE</td></tr>
<tr><td>parfois, quelquefois</td><td></td></tr>
<tr><td>souvent ≠ rarement</td><td>ainsi, donc (therefore)</td></tr>
<tr><td>toujours (always or still)</td><td>alors (so, then)</td></tr>
</table>

◆ **Maintenant à vous**

D. Deux sœurs qui se ressemblent peu. Complétez les phrases suivantes avec les adverbes qui correspondent aux adjectifs donnés.

1. L'aînée a de **mauvais** résultats à l'école; elle travaille _____.
2. Mais la plus jeune est **bonne** élève; elle travaille _____.
3. Elle est **rapide;** elle étudie _____.
4. L'aînée, au contraire, est très **lente** quand elle fait ses devoirs; elle travaille _____.
5. Ses parents pensent qu'elle s'amuse de façon **excessive**, c'est-à-dire qu'elle s'amuse _____.

Ressemblez-vous davantage à l'aînée ou à la plus jeune? Dans quel sens?

E. Pour prendre une photo de famille. Complétez les phrases suivantes de façon logique avec des adverbes de la liste donnée dans ce chapitre.

1. _____, il faut réunir tout le monde.
2. _____, c'est difficile parce que les adultes parlent et les enfants jouent.
3. Il faut aussi trouver un cadre agréable, _____ dans la maison ou dehors.
4. En général, les parents crient aux enfants: «_____, dépêchez-vous!» _____, tout le monde arrive.
5. _____, il faut «placer» tout le monde.
6. Aux petits, on dit: «Mettez-vous _____, devant!»
7. On attend _____ un peu—avec le sourire!
8. _____, tout le monde est prêt, et la photo est prise.

Negative Forms

Ne... pas

Ne... pas is the basic negative form. **Ne** precedes the conjugated verb and **pas** follows it.

> Vous avez un caméscope? —Non, je **n**'ai **pas** de caméscope.

In spoken French, **ne** is often dropped.

> J'ai pas de caméscope; je sais pas pourquoi, j'aime pas les machines.

But in written French or in careful speech, always use the **ne.**

Note that in a negative statement, the indefinite articles **un, une,** and **des,** as well as the partitive articles **du, de la,** and **de l',** become **de.** There is one exception: in negative sentences with **être,** indefinite and partitive articles do not change.

> Ce n'est pas **un** caméscope.

Here are several other useful negative forms, listed with the affirmative expressions they negate.

AFFIRMATIVE	NEGATIVE
Vous prenez **encore / toujours** *(still)* des photos en noir et blanc?	—Non, je **ne** prends **plus** de photos du tout.
Vous prenez **parfois / toujours** *(always)* des diapositives?	—Non, je **ne** prends **jamais** de diapos.

AFFIRMATIVE	NEGATIVE
Vous prenez **déjà** des photos?	—Non, il **n'**y a **pas encore** assez de lumière.
Vous voyez **quelque chose**?	—Non, je **ne** vois **rien.**
Tout va bien?	—Non, **rien ne** marche aujourd'hui!
Vous voyez **quelqu'un**?	—Non, je **ne** vois **personne.**
Tout le monde est là?	—Non, **personne n'**est là.
Vous avez des photos de votre grand-père?	—Non, je **n'**ai **pas une** seule photo de lui; je **n'**ai **aucune** photo de mon grand-père.
Où est votre appareil-photo? Il est sûrement **quelque part.**	—Je **ne** le vois **nulle part** (*nowhere*).
Vous avez une caméra ou un caméscope?	—Je **n'**ai **ni** caméra **ni** caméscope.
Vous photographiez **toujours tout**?	—Non, je **ne** photographie **plus rien**!
Vous avez seulement ce petit appareil-photo automatique?	—Oui, je **n'**ai **qu'**un petit appareil ordinaire, mais ça me suffit.
Vous ne prenez jamais de photos de famille?	—**Si!** tous les Noëls.

Here are some other things you should know about these expressions.

- **Rien** and **personne** may be used as subjects. The word order is then:

  Rien (Personne) + **ne** + *verb*

  A preposition may precede **rien** and **personne:**

  Je ne pense **à** rien; je ne sors **avec** personne.

- **Aucun(e):** Because of its meaning (*not a single one*), **aucun(e)** is always singular.

  Aucun de mes amis **n'a** de magnétoscope.

- With **ni... ni,** note that all articles are dropped except definite articles.

  Je n'aime **ni la** photographie **ni le** film.

- In using multiple negatives, remember that **pas** *cannot* be combined with other negative expressions. When other negative expressions are used together, remember simply that **rien, personne,** or **aucun** always comes last.

> Je **ne** comprends **plus jamais rien.**
> Je **ne** comprends **jamais plus rien.**
> On **ne** voit **jamais personne.**

> *I never understand anything anymore.*

> *We never see anyone.*

- **Ne... que** is not really a negative expression. Equivalent to **seulement** (*only*), it does not affect indefinite and partitive articles as negative expressions do.

> Je ne prends que **des** photos en couleur.

- To reply affirmatively to a negative question, use **si** instead of **oui.** Note that **n'est-ce pas** or **non** placed at the end of the question does not make it a negative question.

> Tu comprends, n'est-ce pas? —**Oui.**

Essayez!

Répondez négativement.

1. Faites-vous parfois de la vidéo?   2. Vous avez des neveux ou des nièces?
3. Ce sont des jumeaux?   4. Vous écrivez encore à tout le monde?
5. Plusieurs de vos amis connaissent votre famille, n'est-ce pas?

(Réponses page 37)

Maintenant à vous

F. Devinez! Votre ami(e) cache une photo dans sa main et veut que vous deviniez ce que la photo représente. Malheureusement, vous n'êtes pas sur la bonne piste et toutes les réponses sont négatives, sauf la dernière.

1. Est-ce que je connais déjà cette photo? (pas encore)
2. C'est une photo de ta famille? (pas)
3. Est-ce que je connais quelqu'un sur la photo? (personne)
4. Est-ce que quelqu'un sourit? (personne)
5. Est-ce que quelqu'un fait quelque chose sur la photo? (personne, rien)
6. Est-ce qu'il y a quelqu'un sur la photo? (personne)
7. Est-ce qu'il y a des animaux sur la photo? (aucun)
8. Est-ce qu'il y a des maisons sur la photo? (aucune)
9. Alors, c'est un monument célèbre, n'est-ce pas?
   (Oui, c'est la tour Eiffel!)

G. Une interview négative. On interroge l'auteur de *La Place* qui répond négativement à toutes les questions, selon le modèle. Remontez dans le temps et jouez le rôle d'Annie Ernaux.

> MODÈLE: Est-ce que votre père sourit parfois sur les photos? →
> Non, il ne sourit jamais sur les photos.

1. Est-ce que vous ressemblez à votre père? 2. Est-ce qu'il a toujours sa 4 CV? 3. Est-ce qu'il va souvent au musée? 4. Est-ce qu'il a plusieurs disques de musique classique? 5. Est-ce qu'il comprend quelque chose au jazz? 6. Est-ce qu'il connaît quelqu'un dans le milieu artistique? 7. Est-ce qu'il va parfois au cinéma? 8. Est-ce qu'il pose beaucoup de questions aux gens?

H. La routine journalière. Décrivez certaines personnes que vous connaissez. En combinant les éléments des colonnes ci-dessous, faites autant de phrases que possible, affirmatives et/ou négatives. N'hésitez pas à élaborer.

je	se réveiller	d'abord
un membre de ma famille	se dépêcher	tôt, tard
	travailler	souvent
mon/ma camarade de chambre	étudier	toujours
	s'amuser	jamais
mon meilleur ami/ma meilleure amie	faire du sport	parfois
	se reposer	beaucoup
?	regarder la télé	pas beaucoup
	se coucher	encore
	?	?

I. Interview. En groupes de deux, posez les questions suivantes à tour de rôle. Essayez d'utiliser plusieurs verbes différents pour chaque réponse.

1. Quand vous avez du temps libre, qu'est-ce que vous aimez faire?
2. Qu'est-ce que vous ne faites jamais pendant les vacances?
3. Qu'est-ce que vous ne faites pas souvent pendant l'année scolaire?
4. Qu'est-ce que vous faites parfois avec votre famille?
5. Maintenant, réfléchissez à votre famille et à vous-même et complétez chacune des phrases suivantes en élaborant le plus possible.
   Malheureusement,...
   Heureusement,...
   Peut-être que...

J. Jeu de rôles. Change partners and role-play the following situation in French.

You and your partner are well-known photographers, and you have been asked by a French magazine to do a story in pictures about the American family. Discuss what you want to show in each picture. Why? Be ready to justify your choices to the editor of the magazine.

Par écrit

Avant d'écrire

Description. Descriptive writing evokes images by using expressions and comparisons that appeal to the imagination and the senses. Such writing can be organized in several different ways.

1. From *outside* to *inside,* or from physical characteristics to personality traits. This can be done in two ways: you may begin with the external description and then finish with the internal, or you can go back and forth, to associate external characteristics with internal traits.
2. From *general* to *more specific,* or from an overall description of the person, both external and internal, to one or several specific traits, such as the eyes, the look of confidence or timidity, etc.
3. From *specific* to *more general,* or from one or more characteristics that are unique to the person, such as the way he or she laughs, to an overall description.

Note: To make a description lively, add specific details or a brief story whenever possible. To illustrate a character trait, give precise examples of specific behavior. Using this technique creates a much more vivid picture than simply calling the person generous, creative, etc.

PREWRITING TASK

Look through *La Place* to see how the description is organized. Next, read the following composition topic and decide on *two* different ways to approach the description. Make an outline for each, jotting down key words and showing clearly the progression from *outside* to *inside,* from *general* to *more specific,* or from *specific* to *more general.* Then choose *one* of your outlines and develop it into a paragraph. Turn in a copy of both outlines along with your paragraph.

◆ Sujet de composition

Faites le portrait d'un membre de votre famille tel qu'il ou elle paraît sur une photo, réelle ou imaginaire. Indiquez ce qui est typique de cet individu sur la photo. Faites *vivre* cette personne par votre description.

Réponses: Essayez!, page 29: 1. dire, faire (vous dites, vous faites) 2. ouvrir, offrir, souffrir 3. écrire, lire 4. croire, voir 5. pouvoir, vouloir 6. tenir, venir
Réponses: Essayez!, page 30: 1. ris / te sers / tiens 2. vous serrez / vous dites
Réponses: Essayez!, page 35: 1. Je ne fais jamais de vidéo. 2. Je n'ai ni neveux ni nièces / Je n'ai pas de neveux ou/ni de nièces. 3. Ce ne sont pas des jumeaux. 4. Je n'écris plus à personne. 5. Non, aucun de mes amis ne connaît ma famille.

CHAPITRE 3

Les choses de la vie

Qu'est-ce qu'il aime écouter?

Paroles

La maison

On peut habiter dans **une maison** ou dans **un appartement,** dans **un immeuble** (un bâtiment d'appartements). Quand on change de domicile, on **déménage** *(moves out)* puis on **emménage** *(moves in).* Si on **loue** *(rents),* on est **locataire** *(renter);* autrement, on est **propriétaire** *(owner).*

Les **pièces** principales sont **le salon** ou **la salle de séjour, la salle à manger** et **les chambres** [f.]; il y a aussi **la cuisine, la salle de bains,** les **W.-C.,** le **bureau** *(den, study),* **le couloir** *(hallway),* **l'escalier** [m.] *(stairs)* et peut-être **un balcon** ou **une terrasse.**

Les étages [m.] *(floors):* on entre au **rez-de-chaussée;** on descend au **sous-sol;** on monte au **premier étage,** au deuxième étage, etc.; le **grenier** *(attic)* se trouve sous le **toit** *(roof).*

L'ameublement

Qu'y a-t-il comme **meubles** [m.] *(furniture)* dans un salon? Un **canapé** ou un **sofa,** des **fauteuils** [m.] *(armchairs)* et peut-être une **table basse,** de style moderne, ancien ou rustique.

Dans la salle à manger, un **buffet** *(china cabinet)* accompagne souvent la table et les **chaises** [f.].

Dans une chambre, il y a bien sûr un **lit,** peut-être aussi une **table de nuit,** une **commode** *(chest of drawers),* un **bureau,** une **armoire** ou un **placard** *(closet).*

Les **planchers** [m.] *(floors)* peuvent être recouverts d'une **moquette** *(wall-to-wall carpet)* ou d'un **tapis** *(rug).*

Les appareils ménagers

La **cuisinière** électrique ou à gaz, le **four** *(oven),* le **four à micro-ondes,** le **réfrigérateur (le frigo),** le **congélateur** *(freezer)* et le **lave-vaisselle** *(dishwasher)* se trouvent dans la cuisine. Pour **faire la lessive** *(do the laundry),* on se sert d'une **machine à laver** et d'un **sèche-linge** *(clothes dryer).* On utilise un **séchoir** pour se sécher les cheveux, un **fer à repasser** *(iron)* pour repasser le linge et un **aspirateur** *(vacuum cleaner)* pour **faire le ménage.**

Les autres choses de la vie

Avec une **chaîne stéréo** on peut écouter la **radio,** des **disques** [m.] et des **cassettes** [f.]; pour écouter un **disque compact** ou un **CD,** il faut un **lecteur de disques compacts (lecteur de CD).**

La **télévision (la télé)** est souvent accompagnée d'un **magnétoscope** pour regarder des **vidéocassettes** [f.] et d'une **télécommande** *(remote control).*

L'**ordinateur** [m.], un Mac ou un PC, est de plus en plus présent dans la vie moderne.

Luxe ou nécessité? On peut mentionner les objets de valeur comme les **bijoux** [m.], les **tableaux** [m.] et les **objets** [m.] **d'art,** ou les **voitures** [f.] de **sport,** les **caravanes** [f.] *(camping trailers),* les **bateaux** [m.], une **résidence secondaire** ou une **villa** *(vacation home)* et une **piscine** *(swimming pool).* Quelle vie de **loisirs** [m.] *(leisure)*!

A. Décrivez la maison de vos rêves. Combien d'étages a-t-elle? Combien de pièces? Lesquelles?

B. Vous emménagez dans un studio le mois prochain. Faites une liste des meubles et des appareils ménagers qu'il vous faut acheter.

C. En groupes de trois, jouez la situation suivante.

Personne A: Vous êtes l'agent immobilier *(realtor)* qui essaie de vendre cette maison en Normandie. Posez quelques questions personnelles à vos clients pour vous assurer que cette maison convient à leurs besoins, puis, avec tout votre pouvoir de persuasion, mettez en valeur l'arrangement des pièces et tous les autres avantages de la maison. N'ayez pas peur d'exagérer.

Le lys
Construction : traditionnelle sur vide sanitaire.
Surface habitable : 220 m2.
Couverture : petites tuiles normandes.
Murs : agglos de 0,25, briques creuses de 0,225. Enduit extérieur hydrofugé.
Chauffage : au fuel, radiateurs extra-plats. Gaz ou électrique en option.
Menuiseries : sipo ; petits bois ; volets en sapin ; porte d'entrée en chêne massif rustique.
Sanitaires : blanc ou couleur. Porcher.
Revêtements de sol : Grès de Saintonge, parquet.
Prix : 530.000 F. Sur sous-sol : 598.000 F.
A Noter : une maison traditionnelle dans son aspect, ses proportions, ses matériaux. Le plan intérieur réserve tout le rez-de-chaussée au jour, (cheminée à feu de bois), les chambres étant isolées à l'étage. Prestation d'un très bon niveau, finitions soignées.
Les Constructions Traditionnelles, Route Nationale 13 bis. Vironvav. 27.400 Louviers

Personnes B et C: Vous êtes le couple qui cherche à acheter une maison en Normandie. D'abord, avant de parler à l'agent immobilier, mettez-vous d'accord sur la taille et les besoins de votre famille. Puis, pendant la visite de la maison, faites des commentaires sur l'ameublement que vous imaginez pour chaque pièce. Posez à l'agent immobilier toutes les questions qui vous viennent à l'esprit. A la fin de la visite, discutez votre décision.

Lecture

Driss Chraïbi

L'auteur

❖ ❖ ❖ ❖ ❖ ❖

Né au Maroc en 1926, Driss Chraïbi va à l'école française à Casablanca, où il gagne plusieurs prix de poésie. Il obtient tout d'abord un diplôme d'ingénieur chimiste à Paris, puis commence des études de neuropsychiatrie, qu'il abandonne très vite pour voyager et écrire. Son premier roman, *Le Passé simple* (1954), fait beaucoup de bruit parce qu'il critique certaines coutumes et traditions islamiques. Dans *La Civilisation, ma Mère!...* (1972), le protagoniste est une femme qui, avec l'aide de ses fils, devient l'avocate de l'émancipation féminine au Maroc.

Avant de lire

Stratégie de la lecture

❖ ❖ ❖ ❖ ❖ ❖

Anticipation. Décrivez la couverture du livre. A votre avis, que représente cette femme? Le progrès? La civilisation? La tradition? Autre chose? Selon vous, à quel appareil ménager le fil électrique fait-il référence? Y a-t-il opposition ou parallélisme entre la femme et l'objet? D'après vous, quelle va être la réaction de la femme au progrès?

Mots apparentés *(Cognates)*. Beaucoup de mots français sont identiques ou presque aux mots anglais. Il est facile de deviner leur sens dans un contexte. Maintenant, vous pouvez sans doute lire beaucoup de textes sans utiliser de dictionnaire. En général, pour les textes d'*Ensuite,* n'utilisez votre dictionnaire qu'en dernier ressort. D'après votre connaissance de l'anglais, pouvez-vous deviner le sens des mots apparentés suivants tirés du premier paragraphe de la lecture?

Dans le première moitié du dix-neuvième siècle, la France s'établit en Afrique du Nord, en Algérie et au Maroc. Le Maroc devient un protectorat français en 1912. C'est alors que la France apporte petit à petit dans le pays sa culture et sa technologie comme l'électricité et les appareils ménagers. Avant l'arrivée de l'électricité, le repassage *(ironing)* se faisait avec un fer en métal lourd qu'on posait sur le feu pour le chauffer.

chromé   habituée
brillant   grilla
joie

Le passé simple. Ce texte a de nombreux verbes au passé simple, un temps littéraire à peu près équivalent au passé composé. (Voir l'Appendice 2 pour la conjugaison du passé simple.)

La Civilisation, ma Mère!... [extrait]
DRISS CHRAÏBI

C'était un fer à repasser, en acier chromé et brillant comme la joie. Electrique. Habituée aux plaques en fonte,[a] ma mère le mit sur le brasero.[b] Pour le chauffer. Si la résistance grilla, personne ne l'entendit. Les produits de la technologie ont-ils une âme[c]? Je
5 l'ignore. Ce que je sais, c'est que ce fer à repasser ne dit rien quand il mourut, ne poussa pas un cri de douleur. Ce jour-là, je commençai à comprendre le Zen et le yoga dont parlait mon père.

Mais, même cuit,[d] il repassa toute une pile de linge. L'Art survit à l'homme, n'est-ce pas? Mû[e] comme par un skieur, il glissa,[f] glissa
10 sur les serviettes, les draps, les mouchoirs, avec une aisance enthousiaste. Quand il eut fini sa tâche d'acier poli et civilisé, ma mère l'accrocha. A la prise de courant.[g] Pensive, elle considéra le résultat. Puis elle secoua la tête et me dit:

—Tu vois, mon fils? Ces Européens sont malins,[h] ma foi oui. Ils
15 ont prévu deux trous,[i] deux clous[j] et un fil[k] pour le suspendre après usage. Mais sans doute ne connaissent-ils pas les maisons de chez nous. Sans cela, ils auraient fabriqué un fil plus court.

En conséquence, elle fit un nœud[l] au milieu du cordon. Pendu ainsi à la prise de courant, le fer arrivait à quelques centimètres du
20 sol. Nagib fit:

—Ha, ha!... Hmmm!... Très bien, très très bien... Houhouhou!...

Je lui lançai une banane à la tête. Il dit:

—Quoi? quoi?... Ah oui! Ne t'en fais pas, mon petit. Je les ai bien cachés.

[a]plaques... ancêtres des fers à repasser [b]une sorte de cuisinière [c]*soul* [d]comparez: cuisine [e]poussé [f]*slid* [g]prise... *plug* [h]intelligents [i]*holes* [j]*nails* [k]*cord* [l]*knot*

25   Il faisait allusion aux ciseaux[m] de ma mère. Si elle les avait eus
sous la main, peut-être eût-elle coupé[n] le fil électrique? A l'époque,
il n'y avait pas de disjoncteur[o] et les fusibles étaient incapables de
fondre[p] en cas de court-circuit: ils étaient en cuivre[q] rouge. Dans
mon manuel de physique, un chapitre était consacré au secouris-
30 me.[r] Téléphoner à la caserne de pompiers[s] la plus proche.

[...]

    Apprendre à ma mère les rudiments de l'électricité? En quelle
langue? J'ai essayé de lui traduire les lois d'Ohm et de Faraday, en
cherchant mes mots avec soin. Elle m'a dit, pleine de sollicitude:

    —Voilà que tu bégaies[t] à présent? Tu apprends trop. Ça se
35 bouscule[u] dans la tête.

    J'ai adopté une autre méthode. J'ai essayé de lui expliquer les
théories en termes aussi concrets qu'une brique à neuf trous. Et, à
partir de ces matériaux, de broder[v] une histoire de fées et de bri-
gands,[w] à la manière orientale.

40   —Il y avait une fois un génie invisible...

    —Comme Monsieur Kteu? m'a-t-elle demandé, les yeux bril-
lants.

    —Oui. Comme Monsieur Blo Punn Kteu.* Donc ce génie luttait
contre le diable,[x] comme la lumière contre les ténèbres.[y]

45   —Et alors? il l'a vaincu?

    —Attends. Le diable avait éteint le soleil et la lune...

    —Les étoiles aussi?

    —Les étoiles aussi. Les cœurs, la joie, il avait tout éteint. Il fai-
sait sombre, noir, c'était la désolation.

50   —Tais-toi. Tu me fais peur. Je n'aime pas du tout cette histoire.

    —Mais le génie —il s'appelait Monsieur Ohm—mit dans toutes
les maisons, dans toutes les villes des fils électriques: un positif et
un négatif.

    —Qu'est-ce que tu racontes?

55   —Je veux dire un fil animé par le Bien et un autre par le Mal.
Et alors, quand ils se touchaient...

    —Ce n'est pas vrai. Un génie ne peut faire que le Bien.

    Je l'ai prise dans mes bras et j'ai conclu:

    —Je t'aime, maman. Tu as raison.

60   Dix ans plus tard, je suis devenu ingénieur. Simplement pour
comprendre la différence entre les êtres humains et les objets purement physiques.

[m]*scissors* [n]*eût... she would have cut* [o]*circuit breaker* [p]*melt* [q]*copper* [r]*aide en cas
d'électrocution* [s]*caserne... fire station* [t]*stutter* [u]*mélange* [v]*inventer* [w]*fées... fairies and
villains* [x]*Satan* [y]*darkness*

---

*Blaupunkt is a German radio brand.

Avez-vous compris?

A. Terminez les phrases de gauche par une expression choisie dans la liste de droite.

1. _____ La mère a repassé son linge...
2. _____ Elle ne comprenait pas...
3. _____ Le narrateur se demandait...
4. _____ Le frère Nagib a dit «Très bien»...
5. _____ Après l'avoir utilisé, la mère a accroché le fer...
6. _____ Nagib a caché...

a. comment se servir d'un fer électrique.
b. avec un fer à repasser «cuit».
c. pour se moquer (gentiment) de sa mère.
d. comment expliquer l'électricité à sa mère.
e. les ciseaux, parce qu'il avait peur que sa mère ne coupe le fil.
f. à la prise électrique.

B. Complétez.

1. La mère _____ le fer à repasser sur le brasero comme on le fait avec une plaque en fonte.
2. Le fer «cuit» était tout de même capable de _____ son linge.
3. Le narrateur a essayé d'expliquer les principes de _____ à sa mère.
4. Plus tard, le narrateur a choisi la profession d(e) _____.

C. Le narrateur a essayé d'expliquer les lois de l'électricité à sa mère. Cochez (√) les méthodes qu'il a employées.

_____ Il a fait des dessins sur le mur de la maison.
_____ Il a défini les termes scientifiques.
_____ Il a présenté des formules mathématiques.
_____ Il a raconté une histoire du Bien et du Mal.
_____ Il a parlé de Dieu et des anges.

D. Répondez.

1. Parlez de la personnification du fer à repasser dans le premier paragraphe du passage. Quels verbes montrent que le fer est comparé à une personne?
2. Commentez l'interprétation que la mère donne du fil électrique et de la prise.
3. Expliquez l'humour des lignes 14–17.
4. Comment le narrateur essaie-t-il d'expliquer le fonctionnement du fer à sa mère? Laquelle des deux explications est la plus efficace?

Et vous?

A. Le titre du roman, *La Civilisation, ma Mère!...*, suggère l'intérêt de l'auteur pour les diverses formes de civilisation dans le monde. Quelle civilisation le fer

*Une petite rue à
Fez au Maroc*

à repasser représente-t-il? Et la mère? D'après le passage, quelles conclusions tirez-vous sur les différences entre les deux civilisations? Pourront-elles jamais se comprendre?

B. Le narrateur essaie d'expliquer l'électricité à sa mère—ses possibilités et ses dangers—par une histoire de fées dans laquelle un génie invisible lutte contre le diable. Imaginez une situation où vous devez expliquer un principe compliqué à un enfant. Créez une histoire tirée d'un conte de fées populaire pour l'expliquer. Racontez cette histoire à un(e) camarade de classe; par exemple, pourquoi il/elle ne devrait pas mettre des ciseaux dans la prise électrique; pourquoi il/elle ne devrait pas boire du savon liquide, etc.

C. Comparez la relation entre le narrateur et sa mère avec celle entre la narratrice et son père dans le passage du **Chapitre 2.** Quelles sont les similarités? les différences?

D. La technologie moderne est-elle forcément synonyme de progrès? Avec un(e) camarade de classe, discutez le pour et le contre.

Structures

> **Une mère bien perplexe**
>
> —Un fer à repasser avec un fil? **Pourquoi** faut-il l'attacher au mur? **Est-ce qu'**on a peur de le perdre?
> —Mais non, maman, c'est un fil électrique. Regarde...
> —**Comment est-ce que** ça marche?
> —L'électricité fait chauffer le fer.
> —Alors ce fil va chercher la chaleur dans le mur? Et s'il fait froid dehors?
> —Ce n'est pas du tout ça, maman. Ecoute...
> —Mais **où** est le feu qui fait chauffer le fer?
> —Avec l'électricité, on n'a pas besoin de feu.
> —**Quelle** histoire me racontes-tu là?

Interrogative Forms

Déduisez

1. In the preceding passage, find two different kinds of questions to which the answer would be *yes* or *no*. How are those questions formed?
2. What are the two ways to ask information questions starting with **pourquoi** and **comment**?
3. What does the interrogative adjective **quel** agree with?

Vérifiez

1. YES/NO QUESTIONS

There are three basic ways to ask yes/no questions. The first two are the most common interrogative forms used in conversation.

- Intonation change (the voice rises at the end of the sentence)

    Le fer marche bien? Tu l'aimes?

- **Est-ce que** (added to the beginning of the sentence)

    Est-ce que le fer marche bien? Est-ce que tu l'aimes?

Note that the word order of the sentence is not changed with **est-ce que.**

- Inversion (the subject and the verb are inverted)*

    Le fer **marche-t**-il bien? L'aimes-tu?

With inversion, note that when the verb form ends in a vowel, a **-t-** is inserted before **il, elle,** and **on (marche-*t*-il?).** If the subject is a noun, do not invert the noun, as in English; add a pronoun after the verb.

    Le fer **marche-t**-il bien?

With negative questions, negative expressions remain in their usual place.

    Tu **ne** travailles **pas**? Est-ce que tu **ne** travailles **pas**? **Ne** travailles-tu **pas**?

2. INFORMATION QUESTIONS

Interrogative adverbs **(où, quand, comment, combien, pourquoi)** can be used with **est-ce que** or with inversion.

- Word order with **est-ce que**
  Interrogative adverb + **est-ce que** + subject + verb

    Quand est-ce que vous partez?
    Pourquoi est-ce que vous ne revenez pas?

- Word order with inversion
  In short sentences introduced by **où, quand, comment,** or **combien,** a noun subject can be inverted directly (interrogative adverb + verb + subject).

    Combien **coûte la croisière**?   Où **vont tes parents**?
    Quand **part le bateau**?   Comment **va ton beau-père**?

If the sentence is longer, regular inversion rules must be followed.

    Quand **tes parents** partent-**ils** en vacances?

With **pourquoi,** regular inversion rules must be followed whether the sentence is long or short.

    Pourquoi **tes parents** partent-**ils**?

3. QUEL(LE)

As an interrogative adjective, **quel** *(which, what)* agrees with the noun it modifies. It precedes the noun or the verb **être.**

    Quel temps fait-il? **Quelle** est la date?

Quel may follow a preposition.

    A quelle heure partez-vous? **De quel** aéroport?

---

*Inversion does not usually occur with **je** (**est-ce que** is used instead) except in a few fixed expressions that are usually formal: **ai-je?; suis-je?; puis-je?** *(may I?).*

Quel can be used with inversion or with **est-ce que.**

Quels bagages **est-ce que** vous prenez?

Essayez!

A. Posez trois questions (intonation, **est-ce que**, inversion) qui donneraient la réponse suivante: Oui, j'ai un magnétoscope.

B. Pour chacune des réponses ci-dessous, posez deux questions (**est-ce que**, inversion) et utilisez l'adverbe interrogatif qui convient.

1. Elle met les cassettes **dans un tiroir** *(drawer).* 2. Un magnétoscope coûte **assez cher**. 3. Les vidéos sont une belle invention **parce qu'on n'est plus obligé de sortir pour voir un film.**

C. Complétez avec la forme appropriée de **quel.**

_____ est le problème? De _____ cassettes parles-tu?

(Réponses page 56)

◆ Maintenant à vous

A. Comment? Vous écoutez une dame qui parle de ses meubles, mais parce qu'il y a beaucoup de bruit et parce que vous avez du mal à entendre, vous posez des questions selon le modèle.

MODELES: Je préfère les fauteuils **de style ancien**. →
Comment? Quels fauteuils préférez-vous?

J'ai plusieurs fauteuils de ce style **dans mon salon**. →
Comment? Où sont vos fauteuils?

1. Mon mari aime les meubles **rustiques**. 2. Il préfère les meubles rustiques **parce qu'**ils ont plus de charme. 3. Nous avons **deux** armoires rustiques. 4. Nous allons acheter une salle à manger rustique **le mois prochain**. 5. La salle à manger que nous voulons coûte **très cher**. 6. Il y a des meubles modernes **dans la chambre des enfants**. 7. Les enfants préfèrent le style **scandinave**. 8. Le style scandinave est très populaire depuis **les années soixante**.

B. Le déménagement. Pendant un déménagement, toutes sortes de questions se posent. Formulez des questions logiques en fonction des réponses données.

MODELE: Les déménageurs arrivent **à 10h**. →
Quand (A quelle heure) arrivent les déménageurs?

1. Les boîtes *(boxes)* sont **dans le placard**.
2. Le placard **de la chambre**.
3. Il reste **une dizaine** de boîtes.
4. Bien sûr que je la garde! **Cette commode** est encore bonne...

5. L'aspirateur est **dans le salon**.
6. Je vais nettoyer *(to clean)* **plus tard**.
7. Je n'aime pas les déménagements **parce qu'on perd des choses**.

Maintenant, en groupes de deux, imaginez que c'est vous qui déménagez. Faites une liste des questions qui vous viennent à l'esprit pendant le déménagement.

More About the Present Tense: *-er* Verbs with Stem Changes

Moi, je n'ach**è**te presque plus de cassettes; je préf**è**re les disques-compacts. Quand j'écoute de la musique, je ne m'ennu**i**e jamais. Tu te rappe**ll**es cette vieille chanson?

Déduisez

What happens to verbs like ach**e**ter, préf**é**rer, s'ennu**y**er, and se rappe**l**er when the stem is followed by a mute **e**?

Vérifiez

	SPELLING CHANGE	EXAMPLES
Verbs like **acheter**	**e → è** in front of mute ending	Ils ach**è**tent (mute ending) Nous ach**e**tons (sounded ending)
Verbs like **préférer**	**é → è** in front of mute ending	Tu préf**è**res (mute ending) Vous préf**é**rez (sounded ending)
Verbs ending in **-yer***	**y → i** in front of mute ending	Je netto**i**e/nous netto**y**ons
Appeler, épeler *(to spell)*, **jeter** *(to throw)*, and their derivatives	Doubling of the consonant (**l** or **t**) in front of mute ending	Je m'appe**ll**e Astérix. Comment épe**l**ez-vous ça? Ça s'épe**ll**e comme ça se prononce.
Verbs ending in **-cer**	**c → ç** in front of **a, o, u** (to keep the *s* sound)	Je commen**c**e/nous commen**ç**ons
Verbs ending in **-ger**	**g → ge** in front of **a, o, u** (to keep the same consonant sound)	Je man**g**e/nous man**ge**ons

Essayez!

Identifiez chacun des verbes suivants et conjuguez-les à la première personne du singulier et du pluriel. Ressemblent-ils à **acheter** (A), **préférer** (B), **appeler/jeter** (C), **s'ennuyer** (D), **commencer** (E) ou **manger** (F)?

1. se lever tôt   2. rejeter cette solution   3. envoyer une lettre
4. exagérer un peu   5. essuyer la vaisselle *(dry the dishes)*   6. corriger une faute   7. répéter une phrase   8. agacer *(irritate, bother)* les autres

(Réponses, page 56)

---

*For verbs ending in **-ayer**, like **essayer** or **payer**, the spelling change is optional: **il essaie** (pronounced [ɛsɛ]) or **il essaye** (pronounced [esɛj]); **ils paient** (pronounced [pɛ]) or **ils payent** (pronounced [pɛj]).

C. Des choix. Qu'est-ce que vous faites... ? Choisissez un des verbes entre parenthèses pour répondre à ces questions.

1. ...quand vous vous ennuyez?   (se promener, appeler des ami(e)s, manger quelque chose)
2. ...quand vos ami(e)s et vous avez un examen le lendemain?   (commencer à étudier très tôt/très tard, essayer d'oublier l'examen)
3. ...quand vous avez une heure libre le soir?   (envoyer des lettres à mes ami(e)s, préférer ne rien faire, nettoyer la maison)
4. ...quand vous et votre famille avez besoin de discuter une question importante?   (manger ensemble, considérer les options calmement)

D. Des listes révélatrices. En groupes de deux, faites une liste de plusieurs choses...

1. ...que vous préférez mais que vous n'achetez pas quand vous faites des courses. (Indiquez pourquoi vous ne les achetez pas, et ce que vous achetez à la place.)
2. ...que vous espérez posséder un jour.
3. ...que vous employez tous les jours.
4. ...qui vous agacent (c'est-à-dire qui vous irritent).

Après la discussion à deux, comparez vos listes avec celles des autres groupes et voyez ce que tous les étudiants ont en commun.

*D*epuis and Similar Expressions

—**Depuis quand / Depuis combien de temps** avez-vous votre ordinateur?	*How long have you had your computer?*
—Je l'ai **depuis** deux ans. / **Ça fait** deux ans **que** je l'ai. / **Il y a** deux ans **que** j'ai cet ordinateur.	*I've had it for two years.*

Déduisez

• What tense is used in French to express an action that *has been* going on for a period of time and is continuing?
• Give three ways to say "I've been studying for an hour."

Vérifiez

- If the action begins in the past and continues in the present, use the present tense.
- J'étudie depuis une heure. / Ça fait une heure que j'étudie. / Il y a une heure que j'étudie.

Maintenant à vous

E. Les *choses* **et le tempes.** Depuis combien de temps...

1. ...habitez-vous dans votre logement actuel?
2. ...vos parents ont-ils leur voiture actuelle?
3. ...avez-vous les vêtements que vous portez aujourd'hui?
4. ...vous servez-vous d'un magnétoscope?
5. ...savez-vous vous servir d'un ordinateur?

F. Des choses précieuses. En groupes de deux, faites une liste des choses précieuses dans votre vie (au moins cinq pour chaque personne) et dites depuis combien de temps vous possédez ces choses.

The Imperative

Des ordres un peu injustes?

> Vous, les garçons, **restez** ici et **dépêchez-vous** de finir vos devoirs!
> Toi, ma fille, **va** au centre commercial, **achète** ce que tu veux, **prends** ton temps, **amuse-toi** bien!

Déduisez

How is the imperative formed? With pronominal verbs, what happens to the reflexive pronouns?

Vérifiez

To form the imperative, use the present tense of the verb and drop the subject pronoun.

Tu finis	→	Finis!
Nous finissons	→	Finissons!
Vous finissez	→	Finissez!

If the **tu** form of the present ends in **-es** or **-as,** the **s** is dropped in the imperative.

Tu achètes.	→	Achète ce que tu veux.
Tu vas.	→	Va t'amuser.
Tu ouvres la porte.	→	Ouvre la porte!

There are three irregular verbs in the imperative.

AVOIR	ENTRE	SAVOIR
aie	sois	sache
ayez	soyez	sachez
ayons	soyons	sachons

In an affirmative command with a pronominal verb, the reflexive pronoun is placed after the verb and connected to it with a hyphen. **Te** becomes **toi.**

Tu **te** dépêches.	→	Dépêche-**toi,** ou tu vas être en retard.
Vous **vous** souvenez.	→	Souvenez-**vous** de la dernière fois!
Nous **nous** amusons.	→	Amusons-**nous** le plus longtemps possible.

In a negative command, reflexive pronouns *precede* the verb.

Ne **te** dépêche pas, tu as le temps.   Ne **nous** fâchons plus.

Maintenant à vous

G. Pauvre Cendrillon! Vous êtes la méchante belle-mère de Cendrillon; dites-lui ce qu'elle doit faire, selon le modèle.

MODELE: se réveiller → Réveille-toi!

1. se lever tout de suite
2. ne pas rester au lit toute la journée
3. être plus énergique
4. se préparer vite
5. aller voir si ses demi-sœurs ont besoin de quelque chose
6. ne pas oublier de faire la lessive aujourd'hui
7. ?

H. Des instructions. En groupes de deux, faites une liste des instructions, ordres ou conseils que vous donneriez dans les situations suivantes. Utilisez l'impératif à la forme affirmative ou négative, selon le cas.

1. Votre enfant se comporte très mal à table: il parle la bouche pleine, il mange avec ses doigts, il se sert toujours le premier, il refuse de manger ses légumes, etc. Essayez de le corriger!
2. Avant de partir pour la journée, vous donnez des instructions à votre bonne *(your maid)* concernant le ménage, la cuisine, le soin des enfants, etc. Donnez beaucoup de détails.
3. Un étudiant français, qui vient d'arriver à votre université et qui ne connaît pas du tout votre ville, a besoin d'instructions pour aller au centre commercial le plus proche.
4. Un professeur que vous connaissez a un groupe d'étudiants très difficiles. Ils bavardent ou ils s'endorment en classe, ils ne font jamais leurs devoirs, rien ne semble les motiver.
5. Une adolescente que vous connaissez n'est pas heureuse; pourtant, elle possède toutes les «choses de la vie». Avec toute votre sagesse, vous lui donnez des conseils pour trouver le bonheur.

I. Un petit sondage

1. Imaginez que vous faites une enquête pour un cours de sociologie. En groupes de deux, préparez une liste de vingt questions que vous aimeriez poser à d'autres étudiants de la classe sur leur vie à l'université. Préparez dix questions auxquelles on peut répondre par *oui* ou *non*, et dix questions d'information avec les expressions étudiées dans ce chapitre.
2. Circulez dans la classe et interviewez trois autres étudiant(e)s. Posez-leur vos questions et notez leurs réponses. Laissez-vous aussi interviewer par d'autres étudiants. *(Let other students interview you as well.)*
3. Revenez à votre partenaire, comparez vos résultats et préparez un petit rapport pour la classe.

J. Comment est ta chambre? Changez de partenaire et posez toutes les questions nécessaires pour obtenir une description détaillée de sa chambre. Demandez d'abord s'il (si elle) est dans un dortoir, dans une résidence universitaire, dans une maison particulière ou dans un appartement. Demandez aussi pourquoi il/elle aime ou n'aime pas sa chambre. Ensuite, renversez les rôles. A la fin, décrivez à la classe la chambre de votre partenaire.

K. Jeu de rôles. Role-play the following situation in French with one of your classmates.

Student A: You are at a party with a good friend of yours, and someone whom you have never seen before enters. You would like to know more about this person, but you are too shy to begin a conversation. Your friend seems to know the newcomer, so you decide to ask some questions. Find out who the new person is (name), where he or she lives, what he or she is like, etc. Is he or she a student? Is he or she interested in sports, music, movies? What kind? Keep asking questions until your friend becomes very annoyed and asks you to stop!

Student B: Tease your friend by answering with as little information as you can, to keep your partner guessing.

Avant d'écrire

The Reader's Role. Every piece of writing is intended for a reader. That prospective reader affects what and how you write—what you choose to emphasize or omit, for example, and what language you use to present your topic. In an article about a trip to Florida written for a group of schoolchildren, you would emphasize entirely different things from those you would emphasize in an article meant for an audience of retired people, and your writing style would change significantly as well.

As you prepare your essay on **La jeunesse américaine et le matérialisme,** think about who your readers might be:

> French students reading a French student newspaper?
> French-speaking tourists about to embark on their first trip to the U.S., reading a cultural brochure on American life today?
> American students reading the French Club newsletter at your school? Others?

PREWRITING TASK

1. With a partner in class, identify *two* possible audiences and decide what each audience would be interested in reading about. Design a set of questions in French based on those interests.
2. Now, choose the audience and the set of questions that interest you more and, using those questions, interview two or three of your classmates. Take detailed notes on their answers.

Sujet de composition

«La jeunesse américaine et le matérialisme.» Identifiez les lecteurs à qui vous vous adressez. Puis, avec les renseignements obtenus dans l'activité préparatoire, composez un petit article.

II

L'enfance

En bref

In **Theme II** you will continue learning to talk and write about yourself and your world in French. Now, you will focus on your past. The readings are about children and adolescents, both real and fictional.

Functions

✦ Narrating in the past

✦ Describing in the past

✦ Asking questions about people, things, and ideas

Structures

✦ Verbs in the **passé composé**

✦ Verbs in the imperfect **(imparfait)**

✦ Interrogative pronouns

Anticipation: selon vous...

1. *Le Petit Prince* est le titre _____.
   a. d'une chanson
   b. d'un livre
   c. d'un tableau

2. Qu'est-ce qu'on appelle la «négritude»?
   a. avoir la peau noire
   b. la revalorisation des coutumes et traditions noires
   c. la saison des pluies en Afrique

3. En 1996, le taux de chômage (*unemployment*) en France a atteint _____.
   a. 5,5%
   b. 12,1%
   c. 15,3%

4. Quelle(s) langue(s) parle-t-on en Guadeloupe?
   a. le wolof
   b. l'espagnol et le français et le créole
   c. le français

Vous allez avoir la réponse à ces questions—et à bien d'autres!—dans les chapitres quatre, cinq et six.

*La rentrée scolaire:
quels trésors y a-t-il
dans ce cartable?*

Je me rappelle...

Paroles

L'école

De 2 à 6 ans, les enfants français vont à **l'école maternelle;** de 6 à 11 ans, c'est **l'école primaire,** puis de 11 à 15 ans, **le collège** (collège d'enseignement secondaire). Enfin, de 15 à 18 ans, on va au **lycée.** Dans l'enseignement primaire et secondaire, on est **élève;** ce n'est que dans l'enseignement supérieur qu'on devient **étudiant(e).** Les enseignants s'appellent des **professeurs** au collège, au lycée et à l'université, mais dans les écoles primaires, ce sont des **instituteurs** et des **institutrices.**

Quels **cours** peut-on **suivre** à l'école?

SCIENCES HUMAINES	SCIENCES	AUTRES MATIERES
la **géographie**	les *mathématiques* [f.]:	les *arts* [m.]: la **danse**,
l'**histoire** [f.]	l'**algèbre** [f.]; le **calcul**,	le **dessin**, la **musique**,
les **langues étrangères**	la **géométrie**, etc.	la **peinture**
la **littérature**	les *sciences naturelles:*	l'**éducation** [f.] **physique**
la **philosophie**	la **biologie**, la **chimie**,	
la **psychologie**	la **physique**, la **zoologie**,	
les **sciences politiques**	etc.	
(**sciences po**) [f.]	**les sciences économiques**	
	la **technologie**	
	l'**informatique** [f.]	
	(computer science)	

Pour bien se débrouiller à l'école, il faut **faire ses devoirs, travailler dur** *(hard)* et **réussir à** *(to pass)* ses examens. Quand on **passe** *(takes)* un examen, il ne faut pas **tricher** *(to cheat)*. Ce n'est pas non plus recommandé de **sécher ses cours** [m.] *(to skip classes)* ou de **faire l'école buissonnière** *(to play hooky)*, car on risque d'**échouer** *(to fail)*. **Le but** *(goal)* des études est généralement d'**obtenir un diplôme** *(to get a diploma, to graduate)*.

Les fournitures scolaires

De quoi a-t-on besoin pour aller à l'école? Outre *(Besides)* les livres et les cahiers, il faut peut-être **un classeur** *(binder)*, avec des **feuilles** [f.] de **papier** [m.], **une règle** *(ruler)*, **une calculatrice** *(calculator)*, **un taille-crayon** (pour **aiguiser** les crayons), des **ciseaux** [m.] *(scissors)*, de **la colle** *(glue)*, etc. Tout cela se met dans **un cartable** *(schoolbag)*, **une serviette** *(briefcase)* ou **un sac à dos** *(backpack)*.

J'ai hâte de...

Les enfants emploient beaucoup cette expression. **Ils ont hâte de** *(They can't wait to)* **grandir** *(to grow up)*; ils ont hâte d'être en **récréation** *(recess)* pour pouvoir **jouer**. Ils ont hâte de commencer l'école, puis ils ont hâte d'être en vacances; ils ont hâte de finir leurs devoirs pour pouvoir **dessiner** *(to draw)*, ou **colorier** des **images** [f.] avec des **crayons** [m.] **de couleur**. Et vous, qu'est-ce que vous avez hâte de faire?

A. Faites une liste de ce que vous avez dans votre sac à dos.

B. Comparez avec un(e) partenaire votre emploi du temps. Quels cours suivez-vous? Quand? Avez-vous du temps libre en commun?

C. L'école buissonnière. En groupes de deux, essayez de reconstruire l'histoire des deux petits garçons à la page 62. Pourquoi ont-ils décidé de faire l'école buissonnière? Quand se sont-ils «échappés»? Où sont-ils allés? Qu'ont-ils fait toute la journée? Comparez ensuite votre histoire avec celles des autres groupes et déterminez par un vote qui a fait preuve du plus d'originalité.

Lecture

L'auteur

◆ ◆ ◆ ◆ ◆ ◆

Né à Lyon en 1900, Saint-Exupéry obtient un brevet de pilote pendant son service militaire et transporte le courrier par avion entre Toulouse, Casablanca et Dakar. Ses voyages inspirent plusieurs de ses œuvres *(Courrier Sud, Vol de nuit, Terre des hommes).* Saint-Exupéry disparaît en 1944 vers la fin de la Deuxième Guerre mondiale, au cours d'une mission de reconnaissance. Le texte suivant est extrait du premier chapitre du *Petit Prince,* un classique pour enfants et adultes!

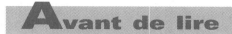

Stratégie de la lecture

✦ ✦ ✦ ✦ ✦ ✦

Anticipation. Nommez trois ou quatre grandes différences entre un adulte et un enfant dans leur manière de comprendre la vie. En général, qu'est-ce que les enfants pensent des adultes et vice versa? Est-ce qu'ils vivent dans des mondes séparés? Quels sont les sujets de conversation préférés des adultes? Et des enfants?

Approche globale. Parcourez *(Skim)* rapidement le texte pour identifier les idées générales. Pour vous aider, remplissez le tableau suivant.

AGE DU NARRATEUR	ACTION OU COMMENTAIRES DU NARRATEUR	REACTION DES ADULTES
6 ans		
Plus âgé		
Adulte		

Culture et contexte

✦ ✦ ✦ ✦ ✦ ✦

Saint-Exupéry écrit *Le Petit Prince* en 1943, à New York. Derrière cette histoire simple et enfantine, l'auteur inscrit un message caché sur la guerre qui ravage le monde. «C'est pour avertir mes amis d'un danger qu'ils frôlaient depuis longtemps, comme moi-même, sans le connaître...» écrit-il. Le livre est dédié à une grande personne qui «habite en France où elle a faim et froid». Le conte pour enfants se transforme rapidement en méditation pour adultes et pour tous ceux qui «ont oublié de voir avec le cœur».

Le Petit Prince [extrait]*
ANTOINE DE SAINT-EXUPERY

Lorsque j'avais six ans j'ai vu, une fois, une magnifique image, dans un livre sur la Forêt Vierge qui s'appelait «Histoires Vécues[a]». Ça représentait un serpent boa qui avalait[b] un fauve.[c] On disait dans le livre: «Les serpents boas avalent leur proie[d]

[a]vraies [b]mangeait [c]animal sauvage [d]victime

---

*Dessins par Antoine de Saint-Exupéry

SAINT EXUPERY

Œuvres
complètes
en 7 volumes
illustrés
par Mühl et
Sarthou.

LE TOME 4
EST PARU

Aux Editions
du Club de
l'Honnête Homme.

5 tout entière, sans la mâcher.[e] Ensuite ils ne peuvent plus bouger et ils dorment pendant les six mois de leur digestion.»

J'ai alors beaucoup réfléchi sur les aventures de la jungle et, à mon tour, j'ai réussi, avec un crayon de couleur, à tracer mon premier dessin. Mon dessin numéro 1. Il était comme ça:

Le Petit Prince, p. 1

10 J'ai montré mon chef-d'œuvre[f] aux grandes personnes et je leur ai demandé si mon dessin leur faisait peur.

Elles m'ont répondu: «Pourquoi un chapeau ferait-il peur?»

Mon dessin ne représentait pas un chapeau. Il représentait un serpent boa qui digérait[g] un éléphant. J'ai alors dessiné l'intérieur
15 du serpent boa, afin que[h] les grandes personnes puissent comprendre. Elles ont toujours besoin d'explications. Mon dessin numéro 2 était comme ça:

Le Petit Prince, p. 2

Les grandes personnes m'ont conseillé[i] de laisser de côté les dessins de serpents boas ouverts ou fermés, et de m'intéresser
20 plutôt[j] à la géographie, à l'histoire, au calcul et à la grammaire. C'est ainsi que j'ai abandonné, à l'âge de six ans, une magnifique carrière de peintre. J'avais été découragé par l'insuccès de mon dessin numéro 1 et de mon dessin numéro 2. Les grandes personnes ne comprennent jamais rien toutes seules, et c'est fatigant,
25 pour les enfants, de toujours et toujours leur donner des explications.

J'ai donc dû choisir un autre métier[k] et j'ai appris à piloter des avions. J'ai volé un peu partout dans le monde. Et la géographie, c'est exact, m'a beaucoup servi. Je savais reconnaître, du premier
30 coup d'œil,[l] la Chine de l'Arizona. C'est très utile, si l'on est égaré[m] pendant la nuit.

J'ai ainsi eu, au cours de ma vie, des tas de[n] contacts avec des tas de gens sérieux. J'ai beaucoup vécu chez les grandes personnes. Je les ai vues de très près. Ça n'a pas trop amélioré[o] mon
35 opinion.

[e]*chew* [f]*masterpiece* [g]comparez: digestion [h]afin... pour que [i]suggéré [j]de préférence [k]profession [l]coup... regard bref [m]perdu [n]des... beaucoup de [o]changé en mieux

Quand j'en rencontrais une qui me paraissait un peu lucide, je faisais l'expérience sur elle de mon dessin n° 1 que j'ai toujours conservé. Je voulais savoir si elle était vraiment compréhensive.[p]
Mais toujours elle me répondait: «C'est un chapeau.» Alors je ne lui
40 parlais ni de serpents boas, ni de forêts vierges, ni d'étoiles.[q] Je me mettais à sa portée.[r] Je lui parlais de bridge, de golf, de politique et de cravates. Et la grande personne était bien contente de connaître un homme aussi raisonnable.

Les grandes personnes aiment les chiffres.[s] Quand vous leur
45 parlez d'un nouvel ami, elles ne vous questionnent jamais sur l'essentiel. Elles ne vous disent jamais: «Quel est le son de sa voix? Quels sont les jeux qu'il préfère? Est-ce qu'il collectionne les papillons[t]?» Elles vous demandent: «Quel âge a-t-il? Combien a-t-il de frères? Combien pèse-t-il? Combien gagne son père?» Alors seule-
50 ment elles croient le connaître. Si vous dites aux grandes person- nes: «J'ai vu une belle maison en briques roses, avec des géra- niums aux fenêtres et des colombes[u] sur le toit... » elles ne par- viennent[v] pas à s'imaginer cette maison. Il faut leur dire: «J'ai vu une maison de cent mille francs.» Alors elles s'écrient: «Comme
55 c'est joli!» Elles sont comme ça. Il ne faut pas leur en vouloir.[w] Les enfants doivent être très indulgents envers les grandes personnes.

[p]verbe: comprendre   [q]points brillants dans le ciel, la nuit   [r]sa... son niveau   [s]nombres
[t]*butterflies*   [u]oiseaux   [v]réussissent   [w]leur... avoir de mauvais sentiments envers elles

◆ Avez-vous compris?

A. Complétez chaque phrase selon les idées de la lecture. Mettez le verbe que vous choisissez au passé composé. *Possibilités:* **comprendre, demander, faire, montrer, tracer, voir.**

Le narrateur _____[1] l'image d'un serpent boa qui avalait un fauve. Après beaucoup de réflexion, il _____[2] son premier dessin. Il _____[3] son chef-d'œuvre aux grandes personnes. Il leur _____[4] si le dessin leur faisait peur. Elles n' _____[5] son dessin. Alors, il _____[6] son dessin numéro 2.

Possibilités: **améliorer, apprendre, avoir, devoir, vivre, voler.**

Enfin, il _____[7] choisir un autre métier que celui d'artiste. _____[8] à piloter des avions. Il _____[9] un peu partout dans le monde. Il _____[10] des tas de contacts avec des gens sérieux. Il _____[11] chez les grandes personnes. Cela n' _____[12] son opinion des grandes personnes.

Possibilités: **vouloir, devoir, préférer, s'intéresser.** Cette fois, mettez le verbe au présent.

Les grandes personnes _____[13] les chiffres aux descriptions. Elles _____[14] toujours savoir combien gagne une personne pour la connaître. Les enfants _____[15] plutôt à l'essentiel: les collections de papillons, etc. Les enfants _____[16] avoir beaucoup de patience avec les grandes personnes.

B. Trois dessins sont décrits dans ce passage. A votre tour de décrire chacun d'entre eux.

1. Dans le livre sur la Forêt Vierge...
2. Le dessin numéro 1 du narrateur...
3. Le dessin numéro 2 du narrateur...

C. Comment les grandes personnes interprètent-elles le premier dessin du narrateur? Qu'est-ce que leurs conseils à l'enfant révèlent sur leur système de valeurs?

D. Après ses déceptions en tant qu'artiste, le narrateur a changé de «métier». Quelle est cette deuxième carrière? Dans quelle mesure ses études ont-elles été utiles?

E. Une fois adulte, quand le narrateur ose-t-il montrer son premier dessin? Quelle est la réaction générale? Que fait-il alors?

F. Comparez la manière dont un enfant et un adulte décrivent une personne et une maison.

G. Trouvez dans le texte plusieurs détails qui indiquent que le narrateur voit le monde à travers les yeux d'un enfant.

Et vous?

A. Réfléchissez un moment et essayez de vous souvenir d'un livre favori de votre enfance. Racontez à un(e) camarade votre passage préféré du livre et décrivez une illustration que vous aimez beaucoup. Votre professeur vous demandera de dire à la classe le nom du livre et de raconter les souvenirs de votre camarade.

B. Quand vous décrivez un nouvel ami à quelqu'un, de quoi parlez-vous? Etes-vous davantage comme une grande personne ou comme un enfant dans votre description?

C. Trop souvent, malheureusement, les adultes ne comprennent pas les idées, les craintes et les émotions des enfants. D'après vous, quelle en est la raison? Pensez à votre enfance. Pourriez-vous mentionner un incident où vos parents, votre instituteur (institutrice) ou un autre adulte a mal compris quelque chose que vous avez dit ou fait? Décrivez l'épisode brièvement.

D. Le narrateur dit que «Les grandes personnes ne comprennent jamais rien toutes seules, et c'est fatigant, pour les enfants, de toujours et toujours leur donner des explications.» C'est exactement ce que sentent quelquefois les adultes à l'égard des enfants. Ce sentiment suggère un fossé *(gap)* entre les générations dû à deux manières différentes d'envisager le monde. Tournez-vous vers un(e) camarade de classe. Un(e) de vous va jouer le rôle d'un enfant. L'autre sera l'adulte. Choisissez un sujet de controverse entre générations (par exemple, l'argent dépensé par l'enfant, l'heure de rentrer le samedi soir, la musique rock, le style punk, etc.) et parlez-en pendant deux minutes. Essayez d'expliquer ce qui est évident, vu de votre perspective, et de résoudre vos différences d'opinion si possible.

E. Le narrateur suggère que certains sujets surtout intéressent les grandes personnes: le bridge, le golf, la politique et les cravates. Qu'est-ce qu'il semble impliquer par cette liste? Est-ce qu'il faut jouer le jeu pour être accepté, pour avoir l'apparence d'un «homme raisonnable»? Quelles sortes de jeux sociaux sont nécessaires dans votre vie, avec vos amis, avec vos parents, au travail et à l'université? Faites une liste de ces jeux sociaux et lisez-la à la classe.

Structures

Une rencontre inattendue

Il était une fois, dans le désert du Sahara, un avion cassé et un pilote désespéré. Et puis voilà qu'**est arrivé,** au milieu du désert, un petit bonhomme tout à fait extraordinaire, un petit prince. Il **n'a pas dit** bonjour, il **ne s'est pas présenté,** il a simplement **demandé** au pilote de lui dessiner... un mouton! Incapable de dessiner autre chose que des boas fermés et des boas ouverts, le pilote **a fait** son dessin numéro 1. Le petit prince **a répondu:** «Non! Je ne veux pas d'un éléphant dans un boa. J'ai besoin d'un mouton.» Surpris, impressionné, le pilote **a obéi...**

Mais les trois moutons qu'il **a dessinés n'ont pas plu** au petit prince. Il **a** donc **fini** par dessiner une caisse, en disant: «Ça c'est la caisse.

Le mouton que tu veux est dedans.» Un autre dessin fermé? Le petit prince, qui savait voir avec le cœur, **a été** ravi. C'est ainsi que le pilote et le petit prince **se sont connus.**

The *passé composé*

The **passé composé** is the tense used to *narrate* events in the past; it tells *what happened*. It is the tense you will use most often to talk about the past. The use of the **passé composé** with other past tenses (**imparfait, plus-que-parfait**) will be practiced in **Thème III**. The focus of this chapter is the **passé composé** itself, to help you become more familiar with its forms.

Déduisez

Judging from the preceding text **(Une rencontre inattendue),** how is the **passé composé** formed? What two verbs serve as auxiliary or helping verbs? How is the past participle formed for regular **-er** verbs, such as **arriver**? What about **-ir** and **-re** verbs? Among the irregular verbs, which do you readily recognize?

Vérifiez

To form the **passé composé,** combine the present tense of the auxiliary verb **avoir** or **être** and the past participle of the verb you are conjugating. The past participle of regular verbs is formed as follows:

INFINITIVE ENDING		PAST PARTICIPLE	
-er	(arriver, demander)	**-é**	(arrivé, demandé)
-ir	(finir, obéir)	**-i**	(fini, obéi)
-re	(répondre)	**-u**	(répondu)

Le moment préféré de la journée scolaire: la récréation?

Past Participles of Common Irregular Verbs

PAST PARTICIPLE ENDING	INFINITIVE	PAST PARTICIPLE	EXAMPLE
-u	boire	bu	Il a trop bu.
	connaître	connu	Je l'ai connu au lycée.
	courir	couru	On a couru.
	devoir	dû	J'ai dû attendre.
	falloir	fallu	Il a fallu partir.
	lire	lu	Avez-vous lu *Le Petit Prince*?
	plaire	plu	Ce dessin m'a beaucoup plu.
	pleuvoir	plu	Il a plu hier soir.
	pouvoir	pu	Les enfants ont pu jouer.
	recevoir	reçu	J'ai reçu une lettre.
	savoir	su	Elle a su toutes les réponses!
	tenir	tenu	J'ai obtenu mon diplôme.
	venir	venu	Il est venu chez nous.
	voir	vu	Quand il nous a vus...
	vouloir	voulu	...il a voulu nous parler.
-is	mettre (promettre, etc.)	mis	J'ai mis deux heures à faire mes devoirs.
	prendre (comprendre, etc.)	pris	J'ai pris mon temps, mais j'ai tout compris.
-it	dire	dit	Je t'ai dit...
	écrire	écrit	...que j'ai déjà écrit.
-ert	découvrir	découvert	J'ai découvert quelque chose.
	offrir	offert	Il m'a offert un dessin.
	ouvrir	ouvert	J'ai ouvert la fenêtre.
	souffrir	souffert	Nous avons beaucoup souffert.
Individual exceptions	avoir	eu	On a eu peur.
	être	été	On a été surpris.
	faire	fait	Il a fait semblant...
	mourir	mort	...d'être mort.
	naître	né	Où es-tu né(e)?
	rire	ri	Elle a ri de ma faute!
	suivre	suivi	J'ai suivi un cours de dessin.

Verbs Conjugated with *avoir*

Most French verbs form the **passé composé** with **avoir.**

j'**ai** parlé	nous **avons** parlé
tu **as** fini	vous **avez** fini
il/elle/on **a** attendu	ils/elles **ont** attendu

The past participle of a verb conjugated with **avoir** does not change form unless it has a *preceding direct object*. In that case, the past participle agrees with the preceding direct object in gender and number.

Il a posé les questions.
Quelles questions a-t-il pos**ées**?
Il **les** a pos**ées.**
Les trois moutons qu'il a dessin**és** n'ont pas plu au petit prince.

Verbs Conjugated with *être*

Some verbs, often referred to as "verbs of motion or change of state," use **être** as the auxiliary verb. The past participle of a verb conjugated with **être** must agree in gender and number with its subject.

je **suis** allé**(e)**	nous **sommes** allé**(e)s**
tu **es** venu**(e)**	vous **êtes** venu**(e)(s)**
il **est** entré	ils **sont** entré**s**
elle **est** sortie	elles **sont** sorti**es**
on **est** parti	

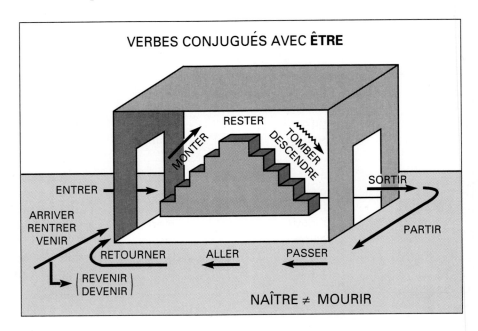

VERBES CONJUGUÉS AVEC **ÊTRE**

RESTER
MONTER
TOMBER
DESCENDRE
ENTRER
SORTIR
ARRIVER RENTRER VENIR
PARTIR
RETOURNER   ALLER   PASSER
REVENIR DEVENIR
NAÎTRE ≠ MOURIR

Verbs Conjugated with *avoir* or *être*

The verbs **monter, descendre, sortir, rentrer, retourner,** and **passer** are usually conjugated with **être;** however, when used with a direct object, they are conjugated with **avoir.** Compare:

Elle **est** montée au 2ème étage.	Elle **a** monté l'escalier.
Elle **est** descendue.	Elle **a** descendu sa valise.
Elle **est** sortie seule.	Elle **a** sorti le chien.
Elle **est** rentrée à la maison.	Elle **a** rentré sa voiture au garage.
Elle **est** passée par là.	Elle **a** passé quinze jours en France.

Pronominal Verbs

All pronominal verbs are conjugated with **être.** The past participle usually agrees with the preceding pronoun (which acts as a preceding direct object).

Ils se sont connu**s**.   Elle s'est amusé**e**.   Nous nous sommes reposé**s**.

In a few cases, however, there is no agreement of the past participle.

- With verbs such as **se parler, se demander, se dire, s'écrire, se sourire,** and **se téléphoner** (where the reflexive pronoun is an indirect object: **on parle *à*, on demande *à* quelqu'un**):

  Ils ne se sont pas écri**t**, ils se sont téléphon**é**.

- When the pronominal verb is followed by a direct object; compare:

  Elles se sont lav**ées**.   Elles se sont lav**é les mains.**

Essayez!

A. Avoir ou être? Mettez au passé composé.

1. Elle monte dans sa chambre.   2. Elle monte l'escalier.   3. Nous tombons par terre.   4. Tu rentres les chaises?   5. Non, les chaises restent dehors.

B. Accord ou pas d'accord du participe passé? Mettez au passé composé.

1. Ils se dépêchent.   2. Elle s'ennuie.   3. Nous nous serrons la main.
4. Ils se disent bonjour.

(Réponses page 76)

Word Order with the *passé composé*

> J'ai **bien** regardé, mais je **n'**ai **rien** vu, je **n'**ai vu **personne.** Il faut dire que je **ne** suis **pas** resté **longtemps. Avez-vous vu** quelqu'un?

Déduisez

- Where are **ne** and **pas** placed with verbs in the **passé composé**? Where is **rien** placed? **Personne**?
- With inversion, where is the inverted subject pronoun placed?
- Where is an adverb such as **bien** placed? Is it the same for **longtemps**?

Vérifiez

- Negative Patterns
  With **ne... pas, ne... plus, ne... jamais,** and **ne... rien, ne** comes before the auxiliary verb (and before the reflexive pronoun, in the case of pronominal verbs); the other part of the negative expression is placed *between* the auxiliary and the past participle.

  > Nous **n'**avons **rien** fait de spécial, mais nous **ne** nous sommes **pas** ennuyés.

  With **ne... personne, ne... aucun, ne... ni... ni, ne... nulle part,** and **ne... que, ne** comes before the auxiliary verb; the other part of the negative expression is placed *after* the past participle.

  > Il **n'**a écouté **personne,** mais il **n'**a fait **aucune** faute.

- Interrogative Patterns
  Basic interrogative patterns, except inversion, remain the same with the **passé composé.** Note that only the auxiliary verb and the subject pronoun are inverted; the past participle follows.

  > **Est-ce que** le petit prince a dit bonjour? **S'est-il** présenté? Le pilote **a-t-il** été surpris?

- Placement of Adverbs
  Most adverbs are placed *between* the auxiliary and the past participle.

  > J'ai **déjà** lu cette histoire; je l'ai **beaucoup** aimée.
  > J'ai **complètement** oublié de faire mes devoirs! Le professeur l'a **sûrement** remarqué...

  In negative sentences, **pas** usually precedes the adverb, except with **peut-être, sans doute, sûrement,** and **probablement.**

Je n'ai **pas bien** compris votre question.
Vous n'avez **peut-être pas** écouté...

Adverbs of time and place generally follow the past participle.

Il est arrivé **tard;** il s'est assis **là;** il n'est pas resté **longtemps.**

Essayez!

Mettez au passé composé.

1. Je ne sèche jamais mes cours.   2. Faites-vous déjà l'école buissonnière?
3. Les enfants s'amusent-ils bien?   4. Je ne reconnais personne.   5. Est-ce
que vous vous reposez assez?   6. Je ne dors pas vraiment.

(Réponses page 76)

 Maintenant à vous

A. «Hier, c'était mercredi, et il n'y avait pas école, alors...» Mettez les
phrases suivantes au **passé composé.** C'est Thierry, un enfant de six ans, qui
nous fait ce récit.

Je (me lève)[1] assez tard; je (descends)[2] en pyjama et j'(appelle)[3] ma maman.
Elle (répond)[4]: «Je suis dans la cuisine!» J'(entre)[5] dans la cuisine. Comme
d'habitude, j'(embrasse)[6] ma maman. Elle me (demande)[7]: «Tu (dors)[8]
bien?» Elle (prépare)[9] mon petit déjeuner—un bol de chocolat et deux
grosses tartines—et elle (met)[10] de la confiture de fraise sur une des
tartines. Je (choisis)[11] la confiture d'abricot pour l'autre tartine. Après mon
petit déjeuner, je (vais)[12] dans le salon. J'(allume)[13] la télé et je (regarde)[14]
les dessins animés *(cartoons)* pendant une heure. Après ça, je (m'habille),[15]
et juste après, mon copain Stéphane (arrive).[16] On (joue)[17] ensemble
jusqu'à midi. On (s'amuse bien).[18] A midi, mon copain (part)[19] pour aller
manger. L'après-midi, maman et moi, on (rend)[20] visite à ma grand-mère.
Je (m'ennuie)[21] un peu là-bas, mais je (dessine)[22] en attendant, et puis, à
4h, on (a)[23] des gâteaux! En rentrant, on (s'arrête)[24] au centre commercial,
et maman (m'achète)[25] une nouvelle boîte de crayons de couleur! Elle est
chouette, ma maman!

B. Maintenant, comparez le mercredi de Thierry avec le samedi d'un petit
garçon américain du même âge. Qu'est-ce qu'il a fait samedi dernier? Discutez
en groupes de deux, puis faites un rapport à la classe sur les différences principales que vous voyez entre le mercredi d'un petit Français et le samedi d'un
petit Américain.

C. Un bilan assez négatif *(A rather negative evaluation).* Au retour d'un petit
voyage, une maman inquiète demande à son fils ce qu'il a fait la veille.
Comme l'enfant est de mauvaise humeur, il répond presque toujours négativement, sur un ton obstiné. Questionnez, puis répondez selon le modèle.

MODELE: passer une bonne journée

ETUDIANT A (**la maman**): Est-ce que tu as passé (As-tu passé) une bonne journée?
ETUDIANT B (**l'enfant**): Non, je n'ai pas passé une bonne journée.

1. travailler bien à l'école   2. rentrer tout de suite après l'école   3. rester jouer avec tes copains   4. ranger ta chambre   5. descendre la poubelle 6. faire tes devoirs   7. prendre ton bain   8. te brosser les dents   9. être sage

Résumez la journée de cet enfant.

D. Et vous? En groupes de deux, faites le bilan *(evaluate)* de la journée d'hier. Qu'est-ce que vous avez fait? Qu'est-ce que vous n'avez pas fait? Notez trois choses que vous avez faites mais que votre partenaire n'a pas faites.

E. Un sondage. Avec la liste des trois choses notées dans l'exercice précédent, circulez dans la classe, interrogez les autres étudiants et voyez combien de vos camarades ont fait une, deux ou trois de ces mêmes activités. Faites un rapport à la classe sur ce que vous avez trouvé, ou résumez les réponses au tableau.

F. Les grandes personnes sont-elles bizarres? Voici une petite scène vue par les yeux d'un enfant. Mettez les verbes au passé composé. Il y avait un monsieur et une dame dans un parc, et...

1. Quand ils se voient, ils se sourient.   2. Ils se serrent la main.   3. Ils se regardent longtemps.   4. Mais ils ne se disent rien.   5. Ils ne se parlent pas!   6. Finalement, ils s'embrassent.   7. Et puis ils se quittent.   8. Ils se retournent plusieurs fois pour se regarder.

Expliquez pourquoi un enfant trouverait cette scène bizarre.

G. En effet, les grandes personnes sont parfois bizarres. En groupes de deux, racontez à tour de rôle deux ou trois incidents que vous avez observés et qui vous ont fait penser que les grandes personnes étaient parfois bizarres. Si vous n'avez pas d'expériences personnelles à raconter, inventez ensemble une histoire sur des grandes personnes vues par les yeux d'un enfant. Soyez prêts à présenter une de vos histoires à la classe après la discussion en groupes.

H. Quelques souvenirs d'enfance. Changez de partenaire et racontez à tour de rôle quelques souvenirs de votre enfance. Est-ce que vous vous rappelez...

1. votre premier jour à l'école primaire?   2. votre premier jour à l'école secondaire?   3. une expérience embarrassante à l'école?   4. un anniversaire particulier?   5. un voyage en famille?   6. un autre souvenir d'enfance?

I. Jeu de rôles. Role-play the following situation in French with one of your classmates.

You are twelve years old, and you are three hours late coming home. Your father demands an explanation. *(Where have you been all this time?)* Your excuse can be that you had to stay after school to retake a test; then you stopped at your friend's house, you did some homework together, you even helped him or her with some chores, and on the way home you saw an accident, and of course you had to stay to give your report to the police, etc. Try to convince your father, who is very skeptical, that you are telling the truth. Then reverse roles, using a different alibi.

A-t-elle hâte de grandir?

Par écrit

Avant d'écrire

Organizing a Narration. As you plan your essay on the following topic, focus especially on chronology. You'll be writing about past events. What is the most interesting way to present them? In a linear way, beginning with the earliest and finishing with the latest? Through flashbacks? Beginning in the middle of a sequence of events? These are all common patterns, and any one of them might be appropriate in your essay.

After you have established the order of presentation, think about the kinds of connecting words you will use as you write your essay. Words such as **auparavant** *(before that),* **d'abord, ensuite, puis, après, alors, ainsi** *(thus),* **donc** *(therefore),* and **finalement** give your reader clues about relationships among events.

Begin your essay with a brief introduction that sets the stage (**Quand j'avais ___ ans...**). Include enough detail to make the story come alive, but avoid extraneous material that might distract or bore your reader. Conclude with something that you think is especially memorable or striking.

PREWRITING TASK

Prepare an outline of the sequence of events in the composition you will write. Check the organization. Is it logical? Are all the points relevant to the story?

Sujet de composition

Reconstituez une page de votre journal intime en racontant en détail une journée particulièrement mémorable de votre enfance. Si votre mémoire vous fait défaut, vous pouvez toujours faire appel à votre imagination—c'est peut-être l'occasion rêvée de réinventer votre enfance!

Réponses: Essayez!, page 71: A. 1. Elle est montée dans sa chambre. 2. Elle a monté l'escalier. 3. Nous sommes tombé(e)s par terre. 4. Tu as rentré les chaises? 5. Non, les chaises sont restées dehors. B. 1. Ils se sont dépêchés. 2. Elle s'est ennuyée. 3. Nous nous sommes serré la main. 4. Ils se sont dit bonjour.
Réponses: Essayez!, page 73: 1. Je n'ai jamais séché mes cours. 2. Avez-vous déjà fait l'école buissonnière? 3. Les enfants se sont-ils bien amusés? 4. Je n'ai reconnu personne. 5. Est-ce que vous vous êtes assez reposé(e)? 6. Je n'ai pas vraiment dormi.

Le monde de l'enfant

Ce qu'il adore: les hamburgers,
le vélo tout-terrain, les copains.

Paroles

Le comportement

Un enfant peut être **bien élevé** *(well mannered)*, **mal élevé**, **gâté** *(spoiled)*, **poli**, **malpoli**, **obéissant**, **désobéissant**, **affectueux** *(affectionate)*, **indépendant**, **précoce**, **mûr** *(mature)* pour son âge, **méchant** *(naughty)*, **sage** *(good)*.

Certains enfants aiment **se disputer** *(to argue)* ou **se battre** *(to fight)*. On les **gronde** *(scolds)*; on les **punit** *(punishes)*; peut-être même qu'ils **méritent** *(deserve)* **une fessée** *(a spanking)*. Ils **pleurent** *(cry)*, puis ils **demandent pardon** *(apologize, ask for forgiveness)*.

Activités et loisirs

Les petits jouent avec des **jouets** [m.], comme par exemple une **poupée** *(doll),* une **petite balle** ou un **gros ballon;** ils jouent aussi à **cache-cache** *(hide-and-seek)* ou à d'autres **jeux** [m.]. Ils aiment qu'on leur raconte des histoires, comme les **contes** [m.] **de fée** *(fairy tales).*

Les plus grands sortent avec leurs **copains** et **copines:** il vont **prendre un pot** *(to have a drink)* ensemble, ils **font des balades** [f.] (à pied, en vélo ou en voiture), ils vont au **cinéma,** à une **boum** *(party),* ou danser en **boîte** [f.] **(de nuit);** ils écoutent des cassettes ou des disques compacts; ils regardent la télé ou des **vidéos** [f.]; ils jouent aux **cartes** [f.], aux **échecs** [m.] *(chess)* ou à d'autres **jeux de société.**

Les jeunes font souvent du sport: de l'**athlétisme** [m.] *(track),* **du basket, du cyclisme** ou **du vélo, de la danse, de l'équitation, du foot** *(soccer),* **de la gymnastique, du jogging, de la musculation** *(weightlifting),* **de la natation** *(swimming),* **du patinage** *(skating),* **de la planche à voile** *(windsurfing),* **du ski, du ski nautique, du tennis, de la voile** *(sailing),* **du volley.**

◆ Parlons-en

A. Quel genre d'enfant étiez-vous? Quelles étaient vos activités préférées?

B. Quels sont les sports que vous aimez regarder à la télé? A quels sports aimez-vous participer?

C.   Des enfants... ? Ce vieux pêcheur breton *(fisherman from Brittany)* et sa femme ont été jeunes, eux aussi, n'est-ce pas? En groupes de deux, imaginez comment cet homme et cette femme étaient quand ils étaient enfants, puis quand ils étaient adolescents (leur caractère, leurs activités favorites, etc.). Comparez ensuite vos «caricatures» avec celles des autres groupes et déterminez par un vote général quel groupe a fait preuve du plus d'originalité.

L'auteur

✦ ✦ ✦ ✦ ✦ ✦

Guy Tirolien (1917–) est un poète né et éduqué à Pointe-à-Pitre, en Guadeloupe. Il a étudié en France et a servi dans le corps diplomatique français en Afrique. «Prière d'un petit enfant nègre» est extrait de sa collection de poèmes la plus célèbre, *Balles d'or.*

Avant de lire

Stratégie de la lecture

✦ ✦ ✦ ✦ ✦ ✦

Anticipation. Que savez-vous de la Guadeloupe? Qu'est-ce que cette île évoque pour vous? Quelle langue parle-t-on en Guadeloupe? Pourquoi?

Lisez le titre et les six premières lignes du poème. Qui parle? A qui l'enfant s'adresse-t-il? A qui «leur» fait-il référence?

L'ordre des mots. Trouver le sujet et son verbe est parfois très important pour pouvoir comprendre une phrase, surtout dans un poème. Parfois le verbe précède le sujet. Identifiez le sujet des verbes suivants.

glissent (ligne 9)	**mugit** (14)	**gonfle** (31)
cuisent (11)	**sont** (30)	**dit** (34)

Culture et contexte

✦ ✦ ✦ ✦ ✦ ✦

Les écrivains des anciennes colonies françaises choisissent d'écrire en français pour différentes raisons: ces pays n'ont pas de langue nationale unique, les auteurs ont été éduqués dans des écoles françaises, ou encore ils veulent s'adresser à un plus large auditoire.

Dans ce qu'on appelle la littérature francophone, deux thèmes reviennent souvent: la fierté de sa race et de ses traditions, et le refus de se conformer aux normes de la culture dominante. Dans la littérature négro-africaine d'expression française, le thème de la négritude (c'est-à-dire, la revalorisation de la civilisation noire) est souvent très important.

Prière d'un petit enfant nègre

GUY TIROLIEN

Seigneur je suis très fatigué.
Je suis né fatigué.
Et j'ai beaucoup marché depuis le chant du coq
Et le morne[a] est bien haut qui mène à leur école.
5 Seigneur, je ne veux plus aller à leur école,
Faites, je vous en prie, que je n'y aille plus.
Je veux suivre mon père dans les ravines fraîches
Quand la nuit flotte encore dans le mystère des bois
Où glissent[b] les esprits que l'aube[c] vient chasser.
10 Je veux aller pieds nus par les rouges sentiers[d]
Que cuisent les flammes de midi,
Je veux dormir ma sieste au pied des lourds manguiers,[e]
Je veux me réveiller
Lorsque là-bas mugit[f] la sirène des blancs
15 Et que l'Usine[g]
Sur l'océan des cannes[h]
Comme un bateau ancré[i]
Vomit dans la campagne son équipage[j] nègre...
Seigneur, je ne veux plus aller à leur école,
20 Faites, je vous en prie, que je n'y aille plus.
Ils racontent qu'il faut qu'un petit nègre y aille
Pour qu'il devienne pareil[k]
Aux messieurs de la ville
Aux messieurs comme il faut.[l]
25 Mais moi je ne veux pas
Devenir, comme ils disent,
Un monsieur de la ville,
Un monsieur comme il faut.
Je préfère flâner[m] le long des sucreries[n]
30 Où sont les sacs repus[o]
Que gonfle[p] un sucre brun autant que ma peau brune.

Je préfère vers l'heure où la lune amoureuse
Parle bas à l'oreille des cocotiers[q] penchés[r]
Ecouter ce que dit dans la nuit
35 La voix cassée[s] d'un vieux qui raconte en fumant
Les histoires de Zamba et de compère Lapin[t]
Et bien d'autres choses encore

[a]petite montagne (mot créole) [b]slip [c]dawn [d]paths [e]mango trees [f]roars, bellows [g]factory [h]sugarcane fields [i](mot ap.) [j]crew [k]identique [l]comme... bien élevés, corrects [m]stroll [n]usines de sucre [o]pleins [p]swells [q]coconut trees [r]courbés [s]broken [t]Zamba... personnages de fables guadeloupéennes

Qui ne sont pas dans les livres.
Les nègres, vous le savez, n'ont que trop travaillé.
40 Pourquoi faut-il de plus apprendre dans des livres
Qui nous parlent de choses qui ne sont point d'ici?
Et puis elle est vraiment trop triste leur école,
Triste comme
Ces messieurs de la ville,
45 Ces messieurs comme il faut
Qui ne savent plus danser le soir au clair de lune
Qui ne savent plus marcher sur la chair[u] de leurs pieds
Qui ne savent plus conter les contes aux veillées.[v]
Seigneur, je ne veux plus aller à leur école.

[u]*flesh* [v]réunions familiales ou entre amis après le dîner

Avez-vous compris?

A. Qu'est-ce qu'il veut, le petit enfant? Qu'est-ce qu'il ne veut pas? Complétez le tableau suivant.

IL VEUT...	IL NE VEUT PAS...
suivre son père	*aller à leur école*

B. Le concept du temps dans le poème. Trouvez les expressions associées à chaque moment de la journée.

1. l'aube *(dawn)*
2. le matin
3. le milieu de la journée
4. l'après-midi
5. la fin de la journée de travail
6. le soir

a. «lorsque... mugit la sirène des blancs»
b. «les flammes de midi»
c. «l'heure où la lune amoureuse parle bas»
d. «le chant du coq»
e. «quand la nuit flotte encore»
f. «ma sieste»

C. Les images. Trouvez et commentez les images qui évoquent les choses suivantes.

1. la présence nocturne des esprits parmi les arbres
2. la chaleur du sol
3. les champs de canne à sucre

Guadeloupe:
«Je veux aller pieds nus par les rouges sentiers
Que cuisent les flammes de midi,...»

4. l'usine de sucre
5. les travailleurs noirs
6. la ressemblance entre le sucre de canne et la peau des noirs
7. le fait que les blancs ont perdu contact avec la nature
8. l'abandon des traditions par les blancs

D. Quel est le refrain (phrase répétée) du poème? Pourquoi le mot **leur** est-il si important dans le refrain? Considérez le point de vue du narrateur.

◆ **Et vous?**

A. D'après le petit enfant noir, la «civilisation» est-elle synonyme de progrès? Expliquez.

B. Analysez ce que c'est que les «messieurs comme il faut» dans le contexte de ce poème. Pourquoi l'enfant résiste-t-il à l'idée de devenir un monsieur «comme il faut»? A-t-il raison?

C. Etre «comme il faut» est un idéal souvent proposé aux enfants. Est-ce que c'était le cas dans votre enfance? dans celle d'un de vos amis? Expliquez.

Structures

Votre enfance

Est-ce que vous **aimiez** aller à l'école quand vous **étiez** petit(e)? Quel genre d'enfant **étiez**-vous? Est-ce qu'on vous **punissait** souvent? Qu'est-ce que vous **faisiez** pour vous amuser? A quels jeux **jouiez**-vous? Qu'est-ce qu'il y **avait** dans le paysage de votre enfance?

The Imperfect

Usage

Déduisez

Look at the verbs in **Votre enfance.** They are in the imperfect tense. Is the imperfect used to tell what happened at a specific time or to describe how things were?*

Vérifiez

The imperfect (**l'imparfait**) tells how things were or used to be; it is used to describe. More specifically, when do French speakers use the imperfect?

---

*The use of the imperfect tense, in contrast with the **passé composé** and the **plus-que-parfait,** will be reviewed and practiced in **Thème III.** The focus of this chapter is the imperfect itself, so that you will become adept at describing in the past, telling how things were or used to be.

To answer, match the categories that follow with the corresponding example sentences.

1. _____ actions in progress that are interrupted
2. _____ habitual actions
3. _____ physical, mental, or emotional states
4. _____ weather, seasons, time of day
5. _____ outward appearances
6. _____ wishes or suggestions (with **si**)

a. Il **faisait** beau et l'air du soir **était** tiède. C'**était** au mois de juillet; il **était** 8 ou 9h du soir; le soleil **se couchait** à l'horizon.
b. L'enfant **était** grand pour son âge; il **avait** les cheveux bruns; il **portait** un blue-jean.
c. Il **était** fatigué mais il ne **voulait** pas rentrer. Il **était** trop occupé à jouer pour penser à manger.
d. Il **jouait** depuis des heures quand son père est venu le chercher.
e. On **mangeait** généralement assez tard pendant l'été.
f. Et s'il **restait** jouer encore un quart d'heure?

(Réponses page 89)

The imperfect is also used with the following constructions.

- **être en train de** + infinitive

    J'étais en train d'étudier quand vous êtes arrivés.   *I was (in the process of) studying when you arrived.*

- **aller** + infinitive

    J'allais sortir quand le téléphone a sonné.   *I was going to leave when the telephone rang.*

- **venir de** + infinitive

    Je venais de manger, alors je n'avais plus faim.   *I had just eaten, so I wasn't hungry anymore.*

These constructions can be used in only two tenses: the present and the imperfect. If the event took place in the past, use the imperfect.

Essayez!

Présent ou imparfait? Encerclez. (Regardez ce qui suit pour savoir quelle expression utiliser.)

1. Ils **sont** / **étaient** en train de lire, ne faites pas de bruit.
2. Quelle coïncidence! Je **viens** / **venais** de lui écrire quand il a téléphoné.
3. On **vient** / **venait** de lui parler; il n'y a plus de problème.
4. Soyez patients; nous **allons** / **allions** partir dans un instant.
5. **Je vais** / **J'allais** dire la même chose, mais vous ne m'avez pas interrogé.

(Réponses page 89)

_____

Réponses: Vérifiez, page 84: 1. d; 2. e; 3. c; 4. a; 5. b; 6. f

Formation

To form the imperfect, drop the **-ons** ending from the **nous** form of the present (**nous punissons** → **puniss-; fais-; nous avons** → **nous faisons** → **av-**). To this stem add the imperfect endings: **ais, ais, ait, ions, iez, aient**.

je	fais**ais**	nous	fais**ions**
tu	fais**ais**	vous	fais**iez**
il/elle/on	fais**ait**	ils/elles	fais**aient**

The only exception to this pattern is **être.**

j'	ét**ais**	nous	ét**ions**
tu	ét**ais**	vous	ét**iez**
il/elle/on	ét**ait**	ils/elles	et**aient**

Essayez!

Mettez à l'imparfait.

1. a. je mange
   b. tu commences
   c. elle se rappelle
   d. nous étudions
   e. vous dites
   f. ils achètent

2. Le petit enfant nègre **s'ennuie** à l'école; il ne **veut** plus y aller. Il **préfère** explorer la nature pendant que les autres élèves **étudient.**

(Réponses page 89)

◆ Maintenant à vous

A. Je n'en reviens pas! *(I can't believe it!)* Vous retrouvez à l'université un camarade que vous n'avez pas vu depuis longtemps, et vous remarquez qu'il a beaucoup changé. Résumez vos impressions en terminant vos phrases par des caractéristiques contraires.

MODELE: Maintenant, il a beaucoup d'amis... →
alors qu'avant *(whereas before),* il n'avait pas beaucoup d'amis
(...il n'avait aucun ami).

1. Maintenant il est plutôt mince...
2. Il dit qu'il se lève tôt...
3. Et il fait du sport tous les matins...
4. Il est devenu assez bavard...
5. Il sort souvent avec ses amis...

6. On voit qu'il prend même ses études au sérieux...
7. Il dit qu'il ne s'ennuie plus...
8. ?

En somme, a-t-il changé pour le pire ou pour le mieux?

B. Avez-vous changé? En groupes de deux, expliquez en quoi vous avez changé ou non, selon le cas.

MODELE: pleurer souvent →
Quand j'étais petit(e), je pleurais souvent parce que j'étais très sensible; maintenant, je ne pleure plus jamais—en public!

1. être gâté
2. s'ennuyer facilement
3. faire du sport
4. avoir peur du noir
5. ?

Continuez de façon personnelle.

A la fin de l'activité, faites chacun(e) un rapport à la classe sur deux caractéristiques particulièrement intéressantes de votre partenaire.

C. Circonstances et impressions. Joëlle est une étudiante française qui est venue passer un an dans une université américaine; elle se rappelle son premier jour à l'université. Mettez les phrases à l'imparfait, selon le modèle.

MODELE: C'est au mois d'août. →
C'était au mois d'août.

1. Je viens d'arriver. 2. J'ai peur parce que tout est nouveau. 3. Le campus semble énorme. 4. Je ne connais personne. 5. Je ne trouve pas les bâtiments qu'il faut. 6. Les gens sont gentils mais impersonnels. 7. Je partage ma chambre avec une fille qui s'appelle Caroline. 8. Elle est très sympathique mais elle parle tout le temps. 9. Je veux téléphoner à mes parents, mais je ne peux pas parce que je dois économiser mon argent. 10. Je me sens à la fois heureuse et triste.

Quelle impression générale Joëlle avait-elle de l'université?

D. Et vous? Est-ce que vous vous rappelez votre premier jour à l'université? En groupes de deux, comparez les circonstances et les impressions de ce premier jour: la date, le temps qu'il faisait, vos impressions du campus, de votre chambre, des gens (étudiants, administrateurs, professeurs), vos sentiments, etc. Faites une liste des choses que vous avez en commun, puis lisez cette liste à la classe.

E. La minute de vérité. Posez chacun(e) une question à votre professeur pour savoir où il/elle habitait à l'âge de dix ans, ce qu'il/elle aimait faire, etc. Exemples: Est-ce que vous aimiez l'école? Quels étaient vos jeux favoris?

F. Autrefois. Qu'est-ce que vous faisiez quand vous aviez dix ans? Où habitiez-vous? Comment était votre chambre? Comment étiez-vous à cet âge-là? Discutez en groupes de deux, puis rapportez chacun(e) à la classe un renseignement particulièrement intéressant sur votre partenaire.

G. Quinze ans. Changez de partenaire et posez le plus de questions possible pour savoir comment était votre camarade à l'âge de quinze ans: description physique, personnalité, maison, chambre, famille, amis, école, professeurs préférés, activités favorites après l'école et le week-end, émissions favorits à la télévision, acteurs et chanteurs préférés, etc. Ensuite, renversez les rôles. Choisissez chacun(e) une ou deux caractéristiques qui semblent uniques à votre partenaire et présentez-les à la classe.

H. Et si... ? Plusieurs de vos camarades, qui vont jouer les rôles indiqués ci-dessous, s'ennuient et ne savent pas quoi faire. Le reste de la classe, qui va aussi jouer les rôles indiqués, va donc faire des suggestions, à tour de rôle, jusqu'à ce que *(until)* la personne en question soit satisfaite. Exemples de suggestions: Et si tu lisais un livre? Et si on allait faire une balade? Exemples de réponses: Non, je n'ai pas envie. Bof...

CEUX QUI S'ENNUIENT

CEUX QUI SUGGERENT

1. Une petite fille de 8 ans, un jour de pluie.

    le/la babysitter

2. Deux adolescent(e)s de 14–15 ans, un jour de vacances. On est en ville, et il fait très chaud.

    des copains et des copines du même âge

3. Deux étudiant(e)s qui ont besoin de se changer les idées ce soir!

    des copains et des copines dans la même situation

La fontaine Stravinsky, près du Centre Pompidou à Paris: que font ces enfants?

I. Un jeu. En petits groupes ou en deux équipes, voyez si vos camarades de classe peuvent deviner quels personnages historiques célèbres vous décrivez. Ces personnages peuvent être réels ou imaginaires.

MODELE: C'était un personnage imaginaire; il n'était pas beau; il ressemblait à un monstre. Il vivait au Moyen Age, dans les tours de la cathédrale Notre Dame de Paris. Il aimait Esméralda. →
Quasimodo

Choisissez parmi les noms suggérés ou pensez à d'autres personnages qui vous sont plus familiers. (Napoléon, Cléopâtre, Jules César, Sherlock Holmes, Louis XIV, George Washington, Marie-Antoinette, Jeanne d'Arc, Charlie Chaplin, Henri VIII d'Angleterre, Marilyn Monroe, Le Petit Chaperon Rouge, Scarlett O'Hara, ?)

J. Jeu de rôles. Role-play the following situation in French with one of your classmates, then report on the solution you have found.

A PARENT/TEACHER CONFERENCE IN GUADELOUPE

Student A: You are the teacher of the little child who hates to come to school. Last year he seemed to like school. What has happened? Compare his previous behavior and activities with his current attitude. Find out what you can do to help.

Student B: You are the child's parent. Tell the teacher what it was like to grow up without having to go to school. Describe what you used to do as a child in Guadeloupe. Show that you sympathize with your child, yet seek a solution.

Par écrit

Avant d'écrire

Using a Dictionary. If you are looking up more than a few words when you write, you are probably translating your thoughts directly from English into French. This is very time-consuming and can lead to mistakes. Before you resort to the dictionary, always ask yourself if there is another, simpler way to express yourself. Can you convert your thought into French with words and structures that you already know? (See the writing strategy in **Chapitre 1.**) If you think it is absolutely necessary to use a dictionary, follow these guidelines.

• Determine the part of speech of the word you want for the context you have in mind. Is it a verb, a noun, etc.? For example, if you look up the

French equivalent for *fan,* you will find several nouns (**éventail, ventilateur, fanatique**) and several verbs (**éventer, souffler, attiser**). If your context is "football *fan*" (a noun), you can reject the meanings listed as verbs.

• What if you find more than one French equivalent for the part of speech you need? Before you jump to conclusions and write **Je suis un ventilateur** *(electric fan)* **de football,** consider the following strategies. If your dictionary provides example phrases or sentences, look for a similar context to help you decide on the proper equivalent. If no examples are provided, write down the French equivalents and look them up in the French-English section of the dictionary to determine which is closest to the meaning you want.

éventail	*fan; range*
ventilateur	*ventilator; electric fan*
fanatique	*enthusiastic admirer, supporter, fan*

Here, of course, **fanatique** is the correct word. As you write the following essay, make a list of the words you look up, and explain briefly next to each word how you decided on a particular meaning. Turn your list in with your composition.

◆ Sujet de composition

Les traditions familiales. Ecrivez deux paragraphes sur une ou deux traditions de votre famille quand vous étiez enfant. (Est-ce que vous alliez en vacances ensemble? Est-ce que vous aviez des traditions à «Thanksgiving», à Noël ou un autre jour de fête?)

Réponses: Essayez, page 84: 1. sont 2. venais 3. vient 4. allons 5. allais
Réponses: Essayez!, page 85: 1. a. je mangeais b. tu commençais c. elle se rappelait d. nous étudiions (Note the double **i;** the first **i** belongs to the stem, the second to the ending.) e. vous disiez f. ils achetaient 2. s'ennuyait / voulait / préférait / étudiaient

Un travail intéressant?

Le travail

Paroles

Le premier job

Quand on **cherche du travail,** la première chose à faire est souvent d'ouvrir le
journal à la page des **petites annonces** où se trouvent les «offres d'emplois».
Pour **faire une demande d'emploi** *(to apply for a job),* **le postulant** ou **la
postulante** *(job applicant)* doit généralement **remplir un formulaire** *(to fill
out a form),* puis se présenter en personne au **bureau du personnel** ou au
futur **patron** (ou à la future **patronne**) *(boss).* Parfois, il faut envoyer son
curriculum vitæ *(résumé),* avec une liste de toutes ses **compétences** [f.]. Si
tout marche bien, on **est embauché** ou **engagé** *(hired).*

Le premier job n'est pas nécessairement **un métier** *(a trade)* ou **une carrière**
(a career), c'est souvent un petit **boulot, un moyen** *(a means)* de **gagner**
(to earn) de l'argent. **Le salaire** est un facteur très important: combien

gagne-t-on **de l'heure** *(per hour)* ou **par mois** *(per month)?* **Les heures de travail** sont une autre considération; est-ce un travail **à plein temps** *(full-time)* ou **à mi-temps** *(part-time)?* Peut-on **faire des heures supplémentaires** *(to work overtime)?* Combien de **jours de congés** *(days off)* y a-t-il par an?

Les possibilités d'emploi sont très variées; par exemple, on peut être:

un(e) employé(e) de maison: **une bonne** *(a maid)* **une femme de ménage** *(a cleaning lady),* **un jardinier**
(a gardiner)

un(e) garde d'enfants/un(e) babysitter

un cuisinier/une cuisinière *(a cook)*

un serveur/une serveuse dans un restaurant ou un café

un chauffeur (de taxi ou autre véhicule)

un mécanicien *(a mechanic)* dans **un garage,** ou **un pompiste** *(service station attendant)* dans **une station-service**

un ouvrier/une ouvrière dans **une usine** ou dans **un atelier** *(worker in a factory or workshop);* il y a par exemple des ateliers de **couture** où les **couturières** *(seamstresses)* confectionnent des vêtements

un(e) employé(e) de **bureau,** de **banque,** etc; **un(e) secrétaire; un(e) dactylo** *(typist);* **un(e) comptable** *(accountant)*

un caissier/une caissière *(cashier);* **un vendeur/une vendeuse** *(salesperson);* **un représentant** (un vendeur qui voyage)

une hôtesse d'accueil/un(e) réceptionniste, ou **un(e) standardiste** *(telephone operator)* dans un hôtel ou dans **une entreprise** *(a company)*

Si on travaille trop, on est **surmené** *(overworked).* Au bout de quelque temps, on peut recevoir (ou demander) **une augmentation de salaire** *(a raise).* Si l'employeur n'est pas satisfait, on risque d'**être licencié** ou **mis à la porte** *(to be fired)* et de se retrouver **au chômage** *(unemployed).* Si c'est l'employé(e) qui n'est pas satisfait(e), il/elle peut **donner sa démission** *(to quit).*

 Parlons-en

A. Que faut-il faire pour trouver du travail hez vous? Et en France?

B. Comparez avec un(e) partenaire le(s) métier(s) que vous vouliez faire quand vous étiez enfant, puis adolescent, et enfin maintenant. Qu'est-ce qui vous attirait *(attracted)* ou vous attire encore dans ce(s) métier(s)?

A votre service!

Marketing téléphonique

IMPORTANTE
SOCIÉTÉ DE
TÉLEMARKETING

recrute

MANAGERS

POUR SON PHONE-ROOM
DU SOIR

VOUS VOULEZ GAGNER
DE L'ARGENT ?

Vous avez 25/30 ans et
le génie de l'ANIMATION.

Vous avez prouvé votre
rigueur dans une
fonction similaire,
téléphonez maintenant,
de 9 h à 18 h, au :

43.87.30.43

STÉ DE RESTAURATION
COLLECTIVE
recherche
CUISINIER-
PATISSIER
LIBRE AU 1er MARS
POUR RÉGION ÉVRY (91)
Références exigées.
Age 25-30 ans.
Tél. 47.27.23.23.

Hôtel ★★★ recherche, urgent.
Réceptionnaire femme.
Anglais. Tél 42.27.49.52.

SOCIETE A BOULOGNE

recherche

SECRETAIRE

— Expérience 3 à 5 ans.
— Sténo.
— Très bonne dactylo.
— Habitude téléphone.
— Sens des responsabilités.
— Très disponible.

Libre de suite

Tél. pour RV, Sté CLARETON
48.25.44.14

GOLDWELL

Sté internationale
cosmétiques capillaires

recherche

REPRÉSENTANTS

J.H. 25/33 ans environ,
ambitieux. dynamiques.

Secteurs : région parisienne
Oise et Eure.

Salaire fixe + commission
+ frais, etc.

Tél. ce jour pour r.-v.
M. MULLER de 9 h à 18 h.
(1) 45.33.74.63.

Enseignement

ÉCOLE
INTERNATIONALE
100 km Paris Ouest
recrute son
RESPONSABLE
DÉPARTEMENT
BILINGUE ANGLAIS
Expérience pédagogique
obligatoire
universitaire ou secondaire.
Connaissance des examens
TOFEL - A, O, LEVEL.
Pratique labo., langues.
Encadrement 39 h minimum
par semaine.
Logement de fonction.

Envoyer c.v. et photo
à Mme ESCOUSSAT,
66, bd Richard-Wallace,
92800 PUTEAUX.

Vendeurs (ses)

SPECIALISTE CULINAIRE
ART DE LA TABLE
recherche

VENDEUSES

expérimentées.

Tél. (1) 47.27.06.12.

MAGASIN ALIMENTAIRE
recherche

VENDEUSE
Parfaite présentation
Se prés. le lundi 27/08
à partir de 10 h.
SUFFREN DE CAVIAR
47, Av. de Suffren.

Vendeuse Qualifiée
prêt à porter, Paris 17e
42.67.27.58.

Rech. JEUNE VENDEUSE
expérimentée dans le Prêt
à Porter. Tél. 42.33.16.01

C. Les petites annonces. Vous cherchez du travail en France. En consultant le journal, vous avez trouvé quelques petites annonces qui semblent intéressantes.

1. Avec un(e) camarade de classe, discutez chaque petite annonce; dites pourquoi ces postes vous intéressent ou non. Comparez-les avec des emplois que vous avez déjà eus.
2. Allô? Choisissez une petite annonce qui vous intéresse et téléphonez pour avoir plus de renseignements. Votre partenaire jouera le rôle de l'employeur. Posez chacun(e) les questions appropriées; s'il le faut, inventez vos qualifications et les renseignements voulus sur le poste en question. Ensuite, renversez les rôles avec une autre annonce. Voici quelques expressions pour vous aider à commencer: Allô? C'est bien le 48-87-91-68? J'ai vu votre annonce dans le journal, et je suis très intéressé(e)...

Lecture

J. M. G. Le Clézio

L'auteur

Jean-Marie Gustave (1940–) Le Clézio est un auteur français contemporain qui combine un style réaliste avec une vision troublante de la vie urbaine. Son premier roman, intitulé *Le Procès-Verbal* (1963) et publié quand il avait vingt-trois ans, a gagné le prix Renaudot. Le text suivant est extrait de la nouvelle *(short story)* «La Grande Vie» («*Living It Up*»).

Avant de lire

Stratégie le la lecture

✦ ✦ ✦ ✦ ✦ ✦

Anticipation. Quel genre d'adolescent(e) étiez-vous: sage et réservé(e)? ou terrible? Quel genre de plaisanteries ou mauvais tours *(pranks)* aimiez-vous faire avec vos amis?

Vous souvenez-vous de votre premier travail? Que faisiez-vous? Dans quelles conditions travailliez-vous?

Mots apparentés. Le français a beaucoup de mots qui ressemblent aux mots anglais. Souvent, la différence est minime et on peut créer des catégories de préfixes et de suffixes comme celles de la liste ci-dessous.

-é	→	-y	réalité	*reality*
-ier	→	-er	quartier	*quarter (district)*
dé-	→	*dis-*	découvert	*discovered*
-ment	→	-ly	exactement	*exactly*

Pouvez-vous déduire le sens des mots suivants?

se déplacer   papier   régulièrement

Culture et contexte

✦ ✦ ✦ ✦ ✦ ✦

Le système scolaire français propose deux options au niveau secondaire. Les élèves peuvent poursuivre leurs études soit *(either)* dans un lycée d'enseignement général (option académique), soit *(or)* dans un lycée d'enseignement professionnel où l'on apprend directement un métier.

Mais les études scolaires ne garantissent pas forcément de pouvoir trouver du travail. Le taux de chômage en France a atteint des proportions alarmantes et il représentait 12,1% de la population active en 1996 (contre 5,5% aux Etats-Unis).

Comme beaucoup des nouvelles de Le Clézio, «La Grande Vie» montre la dichotomie entre la banalité de la vie et la grandeur des rêves. Le passage suivant parle de deux jeunes filles, Pouce et Poussy, qui viennent d'obtenir leur diplôme d'enseignement professionnel et travaillent comme couturières dans une usine de vêtements.

Grande Vie [extrait]

J. M. G. LE CLEZIO

A l'époque, Pouce et Poussy habitaient un petit deux pièces avec celle qu'elles appelaient maman Janine, mais qui était en réalité leur mère adoptive. A la mort de sa mère, Janine avait recueilli[a] Pouce chez elle, et peu de temps après, elle avait pris aussi Poussy,
5 qui était à l'Assistance.[b] Elle s'était occupée des deux fillettes parce qu'elles n'avaient personne d'autre au monde, et qu'elle-même n'était pas mariée et n'avait pas d'enfants. Elle travaillait comme caissière dans une Superette Cali[c] et n'était pas mécontente de son sort. Son seul problème, c'étaient ces filles qui étaient unies comme
10 deux sœurs, celles que dans tout l'immeuble, et même dans le quartier, on appelait les deux «terribles». Pendant les cinq ou six années qu'avait duré leur enfance, il ne s'était pas passé de jour qu'elles ne soient ensemble, et c'était la plupart du temps pour faire quelque bêtise, quelque farce. Elles sonnaient à toutes les
15 portes, changeaient de place les noms sur les boîtes aux lettres, dessinaient à la craie sur les murs, fabriquaient de faux cafards[d] en papier qu'elles glissaient[e] sous les portes, ou dégonflaient[f] les pneus des bicyclettes. Quand elles avaient eu seize ans, elles avaient été renvoyées de l'école, ensemble, parce qu'elles avaient
20 jeté un œuf du haut de la galerie[g] sur la tête du proviseur,[h] et qu'elles avaient été prises, en plein conseil de classe, de leur fameux fou rire en forme de grelots,[i] ce jour-là particulièrement inextinguible. Alors, maman Janine les avait placées dans une école de couture, où elles avaient, on se demandait comment, obtenu
25 ensemble leur C.A.P. de mécaniciennes.[j] Depuis, elles entraient régulièrement dans les ateliers, pour en sortir un mois ou deux plus tard, après avoir semé la pagaille[k] et manqué faire brûler la baraque.[l]

Elles travaillaient toutes les deux dans un atelier de confection,
30 où elles cousaient des poches et des boutonnières pour des pantalons qui portaient la marque Ohio, U.S.A. sur la poche arrière droite. Elles faisaient cela huit heures par jour et cinq jours par semaine, de neuf à cinq avec une interruption de vingt minutes pour manger debout devant leur machine.
35 Celles qui parlaient, qui arrivaient en retard, ou qui se déplaçaient sans autorisation devaient payer une amende au patron, vingt francs, quelquefois trente, ou même cinquante. Il ne fallait pas qu'il y ait de temps mort.[m] Les ouvrières s'arrêtaient à cinq heures

[a]pris [b]agence publique pour les enfants [c]supermarché [d]*cockroaches* [e]mettaient [f]*deflated* [g]balcon [h]directeur de l'école [i]*small bells* [j]C.A.P.... diplôme technique [k]semé... *created chaos* [l]manqué... *almost burned down the house* [m]temps... pause

de l'après-midi exactement, mais alors il fallait qu'elles rangent[n] les
40 outils,[o] qu'elles nettoient les machines, et qu'elles apportent au
fond de l'atelier toutes les chutes[p] de toile ou les bouts de fil[q] usés,
pour les jeter à la poubelle.[r] Alors, en fait, le travail ne finissait pas
avant cinq heures et demie.

Le patron, c'était un petit homme d'une quarantaine d'années,
45 avec des cheveux gris, la taille épaisse et la chemise ouverte sur
une poitrine velue.[s] Il se croyait beau. «Tu vas voir, il te fera sûrement du gringue[t]», avait dit Olga à chacune des jeunes filles. Et
une autre fille avait ricané.[u] «C'est un coureur[v] ce type-là, c'est un
salopard.[w]» Pouce s'en fichait.[x] Quand il était venu, la première
50 fois, pendant le travail, les mains dans les poches, cambré[y] dans
son complet-veston d'acrylique beige, et qu'il s'était approché
d'elles, les deux amies ne l'avaient même pas regardé. Et quand il
leur avait parlé, au lieu de lui répondre, elles avaient ri de leur rire
de grelots, toutes les deux ensemble, si fort que toutes les filles
55 s'étaient arrêtées de travailler pour regarder ce qui se passait. Lui,
avait rougi très fort, de colère[z] ou de dépit,[aa] et il était parti si vite
que les deux sœurs riaient encore après qu'il avait refermé la porte
de l'atelier.

Le patron, à partir de là, avait évité d'approcher[bb] trop près
60 d'elles. Elles avaient un rire vraiment un peu dévastateur.

[n]mettent à leur place [o]*tools* [p]*clippings* bouts... [q]*bits of thread* [r]*garbage can* [s]*hairy*
[t]fera... *will make a pass* [u]*sneered* [v]*chasseur (de femmes)* [w]*rotten person* [x]*s'en... didn't
care* [y]*arched* [z]*irritation* [aa]*spite* [bb]avait... ne s'était pas approché

◆ Avez-vous compris?

A. Vrai ou faux? Si c'est faux, corrigez.

1. Pouce et Poussy étaient orphelines.   2. Maman Janine avait d'autres
enfants.   3. Les filles étaient faciles à élever.   4. A l'école, elles étaient
toujours sages.   5. Toutes les deux ont obtenu leur C.A.P. de mécaniciennes.   6. Le travail dans l'atelier était facile.   7. Pouce et Poussy pouvaient sortir de l'atelier à cinq heures.   8. Le patron a essayé de flirter avec
les deux filles.

B. Complétez les phrases suivantes selon le sens du passage. Mettez le verbe à l'imparfait. *Possibilités:* **appeler, avoir, changer, dessiner, dégonfler, faire, habiter, sonner, travailler.**

1. Pouce et Poussy _____ un petit deux pièces.
2. Elles _____ leur mère adoptive maman Janine.
3. Elles n'_____ personne d'autre au monde.
4. Maman Janine _____ comme caissière dans une Superette Cali.
5. Comme enfants, les deux filles _____ beaucoup de bêtises: elles _____ à toutes les portes, elles _____ de place les noms sur les boîtes aux lettres, elles _____ à la craie sur les murs et elles _____ les pneus des bicyclettes.

Possibilités: **arriver, coudre (cous__), devoir, être, faire, parler, porter, rire, travailler.**

6. A l'école c'_____ pareil: elles _____ beaucoup et _____ beaucoup de bêtises.
7. Maintenant, elles _____ dans un atelier de confection où elles _____ des poches et des boutonnières pour des pantalons qui _____ la marque Ohio, U.S.A. sur la poche arrière droite.
8. Elles _____ cela huit heures par jour.
9. Celles qui _____, ou qui _____ en retard, _____ payer une amende.

C. Décrivez une journée typique à l'atelier de confection. Parlez du travail et du patron.

D. Discutez avec un(e) camarade de classe selon les suggestions suivantes. Essayez de varier vos questions.

1. Votre partenaire vient de lire le passage sur l'enfance de Pouce et de Poussy. Vous avez oublié plusieurs détails de la lecture. Posez-lui donc cinq questions pour obtenir une description des deux filles (leur situation familiale, leurs activités quand elles étaient enfants puis adolescentes).
2. Celui (Celle) qui a répondu à vos questions va maintenant vous poser cinq questions pour obtenir une description du travail dans l'atelier.

◆ **Et vous?**

A. Pouce et Poussy travaillaient dans des conditions difficiles. C'est très souvent le cas quand les jeunes trouvent leur premier emploi. Est-ce que vous avez déjà eu un emploi avant ou pendant l'année scolaire? Discutez le type de travail que vous avez fait, quand vous l'avez fait, les conditions de travail, les avantages et les inconvénients, etc. Après quelques minutes de discussion, certains membres de la classe vont rapporter ce qu'ils ont appris.

B. Le patron de l'atelier était un coureur (un homme qui court après les femmes). Comment est-ce que les deux filles ont rejeté ses avances? A votre avis, les avances sexuelles sont-elles très courantes dans les bureaux ou les usines? A votre avis, comment devrait-on réagir? Est-ce que ce type de «harcèlement sexuel» est aussi un problème à l'université? Expliquez.

C. Quand vous avez un travail ennuyeux à faire (des devoirs, des tâches ménagères, des lettres ou une composition à écrire) et que vous hésitez à le commencer, est-ce que vous avez un rêve favori dans lequel vous entrez pour vous évader? Sinon, essayez d'en inventer un! Décrivez ce rêve à un(e) camarade de classe.

Structures

Les deux «terribles»

Qui est-ce qui faisait toujours des bêtises? **Qui est-ce qu'**on appelait les deux «terribles»? **Avec qui** habitaient-elles? **Que** faisaient-elles comme travail? **De quoi** aimaient-elles parler? **Qu'est-ce qui** est arrivé un jour au travail? **Laquelle** des deux était la plus terrible?

Quelles questions peut-on lui poser sur son travail?

Interrogative Pronouns

Déduisez

Judging from the paragraph above (**Les deux «terribles»**), which interrogative pronoun is used to ask about *people* when the pronoun is a subject *(who)*? a direct object *(whom)*? an object of a preposition *(with whom)*?

Which interrogative pronoun is used to ask about *things* when the pronoun is a subject *(what)*? a direct object *(what)*? an object of a preposition *(about what)*?

Vérifiez

TO ASK ABOUT *PEOPLE*

	LONG FORM	SHORT FORM
SUBJECT	**Qui** est-ce **qui** Qui est-ce qui est venu?	**Qui** Qui est venu?
DIRECT OBJECT	**Qui** est-ce **que** Qui est-ce que tu as vu?	**Qui** Qui as-tu vu?·
OBJECT OF PREPOSITION	Preposition + **qui est-ce que** A qui est-ce que tu as parlé?	Preposition + **qui** A qui as-tu parlé?

TO ASK ABOUT *THINGS*

	LONG FORM	SHORT FORM
SUBJECT	**Qu'**est-ce **qui** Qu'est-ce qui est arrivé?	*No short form*
DIRECT OBJECT	**Qu'**est-ce **que** Qu'est-ce que tu as fait?	**Que** Qu'as-tu fait?
OBJECT OF PREPOSITION	Preposition + **quoi est-ce que** De quoi est-ce que tu as parlé?	Preposition + **quoi** De quoi as-tu parlé?

When using the long interrogative forms, remember that if you are asking about people, the question always starts with **qui;** if you are asking about things, it always starts with **que/qu'.** If the interrogative expression is the subject, it always ends with **qui;** if it's the object, it always ends with **que/qu'.**

Use of Inversion When the Subject Is a Noun

With **qui** and **quoi,** the inversion pattern is regular.

> **Qui** Jean a-t-il vu?
> A **qui** Jean a-t-il parlé?
> De **quoi** Jean a-t-il besoin?

With **que,** the noun subject must be inverted directly.

> **Que** veut Jean? **Que** font les autres?

However, if the sentence contains more than a subject and a verb, or if the verb is in a compound tense (such as the **passé composé**), the short form **que** is not used.

> **Qu'est-ce que** les autres ont fait?
> **Qu'est-ce que** Jean veut faire après ses études?

Use of *qui* and *quoi* Alone

Qui and **quoi** may be used alone.

> Quelqu'un m'a dit ça. —**Qui?**

Quoi is often used as an exclamation.

> **Quoi?** Tu n'as pas encore fait ton lit?

To ask someone to repeat a statement *(What?),* use **Comment? Quoi** is considered very familiar.

> **Quoi?** Qu'est-ce que tu as dit? *(familiar)*
> **Comment?** Qu'est-ce que vous avez dit? *(standard)*

The following fixed expressions with **quoi** are very common.

> **Quoi** de neuf? *What's new?*
> **Quoi** d'autre? *What else?*

Verb Agreement with *qui (est-ce qui)* and *qu'est-ce qui*

Interrogative pronouns are usually masculine singular.

> Les motos **font** du bruit. Qu'est-ce qui **fait** du bruit?
> Les enfants **sont** arrivés. Qui (est-ce qui) **est** arrivé?

Exception: when **qui** is followed by a conjugated form of **être,** the verb agrees with the noun or nouns that follow it.

Qui étai**ent** Pouce et Poussy?

Qu'est-ce (que c'est) que or quel est?

Both expressions are equivalent to *What is...* **Qu'est-ce (que c'est) que** is used to elicit a definition. **Quel** elicits specific information.

Qu'est-ce (que c'est) que le camembert?	*What's "camembert"? (definition)*
Quelle est votre adresse?	*What's your address? (specific information)*
Quel est le problème?	*What's the problem? (specific information)*

Qu'est-ce qui est or quel est?

Similarly, **qu'est-ce qui** and **quel,** followed by a conjugated form of **être,** both express *What is...* If **être** is followed by a noun, use **quel.**

Quelle est la **spécialité** régionale?

If **être** is followed by anything other than a noun, use **qu'est-ce qui.**

Qu'est-ce qui est bon?

Forms of *lequel*

Lequel is a pronoun that replaces the adjective **quel** and the noun it modifies. It expresses *Which one?*

	ADJECTIVE		PRONOUN	
	Singular	*Plural*	*Singular*	*Plural*
MASCULINE	**Quel** livre lis-tu?	**Quels** livres lis-tu?	**Lequel** lis-tu?	**Lesquels** lis-tu?
FEMININE	**Quelle** page as-tu lue?	**Quelles** pages as-tu lues?	**Laquelle** as-tu lue?	**Lesquelles** as-tu lues?

Lequel contracts with **à** and **de** in the plural and in the masculine singular forms.

	Singular	*Plural*
MASCULINE	à + lequel = **auquel** Un film? **Auquel** penses-tu?	à + lesquels = **auxquels** **Auxquels** t'intéresses-tu?
	de + lequel = **duquel** Un dictionnaire? **Duquel** parles-tu?	de + lesquels = **desquels** **Desquels** est-ce que tu as besoin?
FEMININE	à + laquelle = à laquelle Une chanson? A laquelle penses-tu?	à + lesquelles = **auxquelles** **Auxquelles** est-ce que tu t'intéresses?
	de + laquelle = de laquelle L'histoire? De laquelle parles-tu?	de + lesquelles = **desquelles** **Desquelles** s'agit-il?

Essayez!

Complétez.

1. ___ vous faites dans la vie? 2. ___ est votre profession? 3. ___ vous intéresse le plus dans votre travail? 4. Dans ___ domaine est-ce que vous vous êtes spécialisé? 5. ___ avez-vous fait comme études? 6. De toutes les écoles où vous êtes allé, ___ avez-vous préférée? 7. Et parmi vos professeurs, ___ vous a le plus influencé?

(Réponses page 105)

Maintenant à vous

A. La grande vie. Complétez les questions suivantes en fonction des réponses anticipées. (Utilisez **qu'est-ce que c'est que, quel** ou **qu'est-ce qui.**)

MODELE:　　———— un C.A.P.? (un Certificat d'aptitude professionnelle) →
　　　　　　Qu'est-ce que c'est qu'un C.A.P.?

1. ———— est arrivé quand le patron a essayé de faire des avances aux deux filles? (Elles ont ri!)
2. ———— a été la réaction du patron? (Il a rougi.)
3. ———— était si dévastateur dans le rire des deux filles? (C'était un rire très fort.)
4. ———— un grelot? (C'est une sorte de cloche.)
5. ———— est la différence entre rire et ricaner? (Ricaner, c'est rire de façon moqueuse.)

B. Comment? Parce que vous n'avez pas bien entendu, vous posez des questions selon le modèle. Donnez d'abord la forme longue et puis, quand c'est possible, donnez la forme courte.

> MODELE: **Pouce et Poussy** habitaient un petit appartement. →
> Qui est-ce qui habitait un petit appartement? (Qui habitait un petit appartement?)

1. Elles habitaient avec **maman Janine.** 2. **Maman Janine** était leur mère adoptive. 3. Les deux filles faisaient **des bêtises.** 4. Elles fabriquaient **des cafards en papier.** 5. Elles dessinaient sur les murs avec **de la craie.** 6. **Leur fameux fou rire** irritait les professeurs. 7. Elles ont quand même obtenu **leur C.A.P. de mécaniciennes.** 8. Elles cousaient **des poches.** 9. Elles cousaient des poches sur **des pantalons.** 10. **Les pantalons** portaient l'étiquette «Ohio, U.S.A.».

Ensuite, posez d'autres questions pour mieux comprendre l'histoire.

C. Etes-vous détective? Pouce et Poussy ont disparu—elles sont parties sans rien dire à personne. Préparez toutes les questions possibles et imaginables que vous allez poser aux employées de l'atelier pour essayer de savoir où les deux filles sont parties. (Utilisez non seulement des pronoms mais aussi des adjectifs et des adverbes interrogatifs.)

D. Des jobs pour l'été. Quelqu'un que vous connaissez à peine vous parle de ses trois amis, Gabrielle, Marie-France et Alain, qui cherchent un petit boulot pour l'été. Comme votre interlocuteur parle très vite et que vous avez du mal à suivre ce qu'il dit, vous l'interrompez constamment pour demander des clarifications.

> MODELE: Gabrielle a fait une demande d'emploi dans un magasin. →
> Qui a fait une demande d'emploi? Où est-ce qu'elle a fait sa demande d'emploi?

1. Gabrielle espère gagner 30 F de l'heure. Elle veut un travail à plein temps parce qu'elle a vraiment besoin d'argent. Il paraît qu'il y a un poste de vendeuse dans le rayon vêtements et aussi un poste de caissière. Elle va avoir son interview avec le patron demain à 10h.
2. Marie-France préfère travailler dans un bureau. Elle a déjà été secrétaire dans une banque, il y a un an. Elle a envoyé son curriculum vitæ à plusieurs personnes. Elle préfère un travail à mi-temps parce qu'elle veut aussi avoir le temps de s'amuser.
3. Alain a déjà été chauffeur et jardinier pour une famille très riche sur la Côte d'Azur. Il n'aimait pas ce travail parce qu'il n'avait pas beaucoup de liberté. Cet été, il voudrait trouver un poste de serveur dans un grand café à Cannes. Il aime voir les gens célèbres; il aime aussi la vie nocturne.

E. Un(e) postulant(e) un peu nerveux (nerveuse)? Vous cherchez un nouveau job. Complétez la conversation suivante avec les formes appropriées de **lequel.**

—Remplissez ce formulaire, s'il vous plaît.

—_____? (1)

—Celui-ci. N'oubliez pas de mettre votre nom sur les deux lignes.

—_____? (2)

—Ces deux-là. Vous n'êtes pas obligé(e) de répondre aux questions 8 à 10.

—_____? (3)

—J'ai dit aux questions 8 à 10. C'est la première fois que vous faites une demande d'emploi?

—Oui... enfin non, j'ai déjà essayé une autre entreprise.

—Ah bon? _____? (4)

—Oh, j'ai oublié le nom.

Croyez-vous que cette personne va être embauchée? Pourquoi?

F. Un sondage. «Les jeunes et le monde du travail.»

1. En groupes de deux, préparez une liste de huit à dix questions que vous aimeriez poser à d'autres étudiants de la classe sur «les jeunes et le monde du travail». Vous pouvez poser des questions sur le genre de travail qu'ils ont déjà fait, le nombre de jobs, les conditions de travail, les avantages, les désavantages, ce qu'ils considèrent comme le job idéal, etc.

2. Circulez dans la classe et interviewez trois autres étudiant(e)s. Posez-leur vos questions et notez leurs réponses. Laissez-vous aussi interviewer par d'autres étudiants.

3. Revenez à votre partenaire, comparez vos résultats et préparez un petit rapport pour la classe ou résumez les résultats au tableau.

G. Jeu de rôles. Role-play the following situation in French with one of your classmates.

You are applying for a job. (Agree ahead of time on the type of job.) The employer wants to know all about your qualifications and asks very specific questions about previous jobs you've had (what your responsibilities were, the hours you worked, what you liked about each job, what you didn't like, etc.). At the end of the interview, ask a few questions of your own about the new job.

Role-play this situation a second time, reversing the roles and using a different job. These jobs can be real or imaginary.

H. Préparation à la composition «La grande vie?». A l'exemple de Le Clézio, vous voulez écrire une mini-biographie. Choisissez un(e) de vos camarades de classe (changez de partenaire si possible) et posez-lui des questions pour avoir quelques détails (réels ou imaginaires) sur son enfance, sa famille, son éducation, son expérience dans le monde du travail, ses rêves d'autrefois et d'aujourd'hui et d'autres aspects de sa vie. Prenez des notes sur les réponses, car vous allez les utiliser pour votre composition.

Par écrit

Avant d'écrire

Organizing Details. The notes you took while interviewing your classmate in preparation for your minibiography were probably in fragments. They may also have been half in English, half in French. Before you can use the information you collected, it needs to be organized. Do not include every detail; pick only those details that will help create the effect you want.

1. Underline in your notes the highlights, as you see them, of your classmate's life. In the story **«La Grande Vie»** such highlights could have been **orphelines, adoptées par femme seule, toujours ensemble, les deux «terribles», renvoyées de l'école, placées à 16 ans dans une école de couture, diplôme de mécaniciennes,** etc.
2. Analyze all remaining information. Keep details that are related to the highlights and omit the others.
3. Organize the highlights and supporting details into an outline that reflects the progression you want to follow (chronological or some other order). Turn this outline in with your composition.
4. Transform your outline into sentences by adding the necessary parts of speech. Be particularly careful with verbs (use correct tenses and auxiliaries) and check for agreement between subject and verb, between adjective and noun, and between past participles and their subjects or preceding direct objects, when relevant.

◆ Sujet de composition

La grande vie? Ecrivez la mini-biographie, réelle ou imaginaire, d'un(e) de vos camarades, selon les renseignements que vous avez recueillis en classe.

Transports et vacances

En bref

Learning a foreign language also means learning about everyday life in a foreign country. **Thème III** focuses especially on traveling and vacationing in the francophone world and will introduce you to much of what you will need to know for such travel.

Functions

+ Describing and narrating in the past
+ Coping with everyday situations
+ Avoiding repetition

Structures

+ Using the **passé composé, imparfait,** and **plus-que-parfait** together
+ Strategies to accomplish everyday tasks
+ Direct and indirect object pronouns

Anticipation: selon vous...

1. Quelle est la limite de vitesse sur les autoroutes françaises?
   a. 80 km/h (environ 50 m/h)
   b. 100 km/h (environ 60 m/h)
   c. 130 km/h (environ 80 m/h)

ON SE CALME, ON SE CALME!

CONDUISEZ VACANCES

Ministère de l'Urbanisme, du Logement et des Transports. Sécurité Routière.

QUELQUES AFFICHES DES CAMPAGNES PUBLICITAIRES POUR LA SÉCURITÉ

MOINS VITE, MOINS PRÈS, PLUS SÛR.

MOINS VITE! MOINS PRÈS...

CRÉDIT AGRICOLE Sur nos routes de Vendée : la vie

VENDÉE SÉCURITÉ

Vitesse: ne jouons pas avec la vie.

Ministère des Transports. Sécurité Routière.

POUSSEZ PAS, ON N'EST PAS DES BŒUFS!

CONDUISEZ VACANCES

Ministère de l'Urbanisme, du Logement et des Transports. Sécurité Routière.

NE JOUONS PAS AVEC LES FEUX.

Ministère des Transports.

2. Le Club Med est _____.
   a. un centre de vacances
   b. une maison pour personnes âgées
   c. une école de médecine très connue
3. Une colonie de vacances est _____.
   a. un voyage organisé pour adultes
   b. un centre de vacances pour enfants
   c. un terrain de camping

4. A quel âge passe-t-on son permis de conduire en France?
   a. à 16 ans
   b. à 18 ans
   c. à 21 ans

Vous allez avoir la réponse à ces questions—et à bien d'autres!—dans les chapitres sept, huit et neuf.

En voiture

Sur la route
des vacances—
on avance ou quoi?!

Paroles

On peut **acheter à crédit, payer comptant** *(pay cash)* ou **louer** *(rent)* une voiture.

Si l'on achète, est-ce que ce sera une voiture **neuve** *(brand-new)* ou **d'occasion** *(used)*? Une petite ou une **grosse** voiture? De quelle **marque**? (une Renault? une Citroën? une Mercedes?) Une voiture de sport **décapotable** *(convertible)* ou une voiture à quatre portes? Une **camionnette** *(pickup truck)*, un **minibus** *(van)* ou un **camion** *(truck)*?

Les parties de la voiture

L'essentiel, c'est le **moteur** *(engine)*, n'est-ce pas? N'oublions pas le **coffre** *(trunk)*, les **roues** [f.] *(wheels)*, le **parebrise** *(windshield)* et les portes ou **portières** [f.] qu'il faut toujours **fermer à clé** *(lock)* dans les grandes villes. A l'intérieur de la voiture, on s'assoit sur les **sièges** [m.] *(seats)* **avant** ou **arrière,** avec sa **ceinture de sécurité** *(seat belt)* attachée. Parmi les autres équipements, notons le **volant** *(steering wheel)*, le **rétroviseur** *(rearview mirror)* et les **pédales** [f.], comme le **frein** *(brake)* et l'**accélérateur** [m.].

Conduire

Avant de pouvoir conduire, il faut prendre des leçons d'**auto-école** *(drivers' education)*, avoir au moins 18 ans et passer son **permis** *(driver's license)*. Il faut prouver qu'on sait **démarrer** *(start the engine)*, **accélérer, changer de vitesse** *(change gears)*, c'est-à-dire **passer en première, en seconde,** etc., si ce n'est pas **un embrayage** automatique; il faut savoir **rouler dans** une rue et sur une route ou sur **une autoroute** *(freeway)*, **freiner** *(brake)*, **faire marche arrière** *(back up)*, **mettre le clignotant** avant de tourner à droite ou à gauche, **faire demi-tour** *(make a U-turn)*, **respecter la limite de vitesse** (130 kilomètres à l'heure sur l'autoroute) et tous les **panneaux** [m.] **de signalisation** *(road signs)*, comme les **stops** [m.], obéir aux **feux** [m.] *(traffic lights)*, changer de **file** [f.] *(lane)* pour **doubler** *(pass)*, **ralentir** *(slow down)* dans les **virages** [m.] *(turns)*, **s'arrêter** aux **passages-piétons** [m.] *(crosswalks)*, n'**écraser** *(run over)* aucun **piéton** *(pedestrian)*! et **se garer** dans un **parking** ou le long d'un **trottoir** *(sidewalk)*.

La circulation et les accidents

Aux **heures de pointe** *(rush hours)* il y a souvent des **embouteillages** [m.] *(traffic jams)*, surtout dans les **carrefours** [m.] ou **intersections** [f.]. Les **agents de police** (en ville) et les **gendarmes** (sur les routes) sont là pour maintenir l'ordre... ou donner des **contraventions** *(tickets)*! Avez-vous jamais **attrapé** une contravention? On fait aussi appel à la police quand on a un **accident,** comme quand on **rentre dans** *(collides with)* une autre voiture. Les accidents font des **dégâts** [m.] *(damages)* matériels, et parfois aussi des **blessés** *(injured people)*.

Les ennuis de voiture

Quand on **tombe en panne** *(breaks down)*, il faut **faire réparer** le moteur ou ce qui ne marche plus. Si c'est une **panne d'essence,** il faut **prendre de l'essence** ou **faire le plein** *(fill up)*. Si c'est un **pneu crevé** *(flat tire)*, il faut **mettre la roue de secours** *(the spare)*—ou **faire de l'auto-stop** *(hitchhike)*!

Parlons-en

A. Avec un(e) partenaire, dessinez une voiture en indiquant les différentes parties qui la composent: le siège, les roues, etc.

B. Aujourd'hui, c'est à vous de donner sa première leçon de conduite à votre petit frère ou petite sœur qui se prépare à passer le permis. Donnez-lui les conseils nécessaires pour sortir du garage et faire le tour du quartier.

C. Quelle coïncidence! En regardant la réclame de ce service de location de voitures, que vous lisez avec un(e) camarade de classe, vous mentionnez que vous avez loué une voiture quand vous étiez en France l'été dernier. Comme par hasard, votre camarade a aussi passé l'été en Europe, et a aussi loué une voiture! Comparez vos expériences, en faisant appel à votre imagination. Supposons que l'un(e) de vous voyageait seul(e), et l'autre avec un groupe d'amis.

1. **La location de la voiture.** Quel genre de voiture était-ce? Donnez une description détaillée. Pendant combien de temps avez-vous loué la voiture? Etait-ce vraiment une «facture sans surprise»?
2. **En voiture.** Racontez des expériences que vous avez eues avec votre voiture, comme le jour où vous avez essayé de traverser une grande ville à

une heure de pointe; ou le jour où vous vous êtes trouvé(e) dans une rue à sens unique—dans le mauvais sens! Ou bien le jour où vous avez fermé votre voiture à clé—avec la clé *dans* la voiture. Imaginez d'autres «aventures». Pour chaque situation, décrivez les circonstances et racontez ce qui s'est passé, avec le plus de détails possible. Après la discussion en groupes, choisissez l'histoire la plus originale, et préparez-vous à la répéter à la classe.

Lecture

Christiane Rochefort

L'auteur

✦ ✦ ✦ ✦ ✦ ✦

Après ses études supérieures, Christiane Rochefort (1917–) se lance dans l'enseignement, le journalisme et l'écriture. Son premier roman, *Le Repos du guerrier,* est un immense succès. Elle continue ensuite d'écrire régulièrement tout en participant activement aux luttes des femmes. Dans *Les Stances à Sophie,* l'auteur s'attaque plus particulièrement aux relations entre époux qui finissent parfois par tuer la créativité et l'indépendance des femmes.

Avant de lire

Stratégie de la lecture

✦ ✦ ✦ ✦ ✦ ✦

Anticipation
A. Questions pour les femmes. Quels sont vos sentiments quand vous conduisez avec votre père, petit ami ou mari à côté de vous? Vous rendent-ils nerveuse? Est-ce difficile de conduire avec un homme à côté de soi? Expliquez.
B. Question pour les hommes. Imaginez la voiture de vos rêves... Elle est à vous, et en plus elle est toute neuve. Une petite amie ou votre femme vous demande si elle peut la conduire. Que faites-vous?

L'oralité.
En analysant son œuvre, Rochefort a déclaré qu'un de ses buts principaux était de capturer le langage de tous les jours, ce qu'elle appelle «écrire

l'oralité». Le texte est alors plus vivant mais aussi plus difficile à déchiffrer parce que la ponctuation traditionnelle n'y est pas toujours respectée. Reprenez la phrase du premier paragraphe où Céline pense à haute voix: «quatre places sièges transformables... et en plus elle roule». Essayez de replacer la ponctuation dans la phrase. Avez-vous déjà vu une telle voiture? Quel ton l'auteur emploie-t-elle pour parler de la voiture?

Culture et contexte

✦ ✦ ✦ ✦ ✦ ✦

Dans le texte suivant, Philippe et Céline sont sur la route des vacances. La façon dont ils se comportent dans le passage suivant est typique de leur relation en tant que mari et femme. Philippe désire transformer Céline en «épouse modèle» et celle-ci perd peu à peu son identité.

Les Stances à Sophie [Extrait]
CHRISTIANE ROCHEFORT

Je pars, pleine de feu et d'entrain.[a] Un peu de manque mais je me sens vivre. Je chante. Depuis quand je n'ai pas chanté. Philippe me regarde, surpris: il ne m'a jamais entendue, il paraît que j'ai une voix. Il fait beau. Philippe aussi est content, pour d'autres raisons, il
5 a touché sa nouvelle 508 over roof tant attendue depuis le Salon,* tous les avantages d'une voiture de sport sans les inconvénients, quatre places sièges transformables on peut dormir dedans pas besoin de remorque[b] (dieu soit loué) arrosage automatique[c] quatre tiroirs air conditionné respiration artificielle boîte à gants à musique
10 sortie de secours[d] ascenseur est-ce que je sais plein de nickels et en plus elle roule. C'est qu'il n'y en a pas beaucoup[e] qui l'ont encore celle-là, on en a croisé une en cinq cents bornes[f] il a fait un peu la gueule[g].... Je lui demande de me la laisser essayer. Il y a longtemps que je n'ai pas émis[h] pareille prétention.
15   —Non. Tu vas me l'esquinter.[i] Une voiture neuve.... Elle est en rodage.[j]

[a]enthousiasme [b]*trailer* [c]arrosage... *sprinkler system* [d]sortie... pour sortir en cas d'urgence [e](de gens) [f]kilomètres [g]un... une grimace [h]exprimé [i]endommager [j]*break-in period*

---

*Salon de l'Automobile—exposition annuelle de nouveaux modèles de voitures

Il ment, il l'a rodée à toute pompe sur l'autoroute avant de partir.

—Mais je sais roder, ce n'est pas sorcier[k] [ajoute Céline].

20 —Il faut sentir le moteur. Tu n'as pas l'habitude....

—J'irai pas vite [insiste Céline].

—Pour nous faire perdre du temps?

—Mais on en a!

—Ce n'est pas une raison....

25 —Tu dis tellement qu'elle est solide: elle va me résister.

—Qu'est-ce que tu as Céline en ce moment? Jamais je ne t'ai vue capricieuse comme ça!

—Capricieuse, pour une fois que j'ai envie de quelque chose. Ça n'arrive pas tellement souvent.... Laisse-moi conduire, Philippe.

30 —Tu es têtue.[l]

—Têtue, elle est bonne:[m] j'ai envie de conduire et je ne le fais pas, comment voudrais-tu que ça me passe! Je te préviens, ça ne va pas me passer.

—Hhha! Là là!

35 Il semble un peu à bout[n] d'arguments. Je me mets à grogner.[o]

—Avant je conduisais. J'ai pas conduit depuis mon mariage. Je finirai par ne plus savoir. C'est tout de même idiot.

—Mais tu as emporté ton permis?

—Bien sûr.

40 —Ah, tu l'as pris.

Il est franchement déçu.[p]

—Des fois que tu te serais cassé quelque chose.[q] On ne sait jamais, hein [continue Céline]? Ça peut arriver, non? Ça t'aurait bien arrangé, là. D'abord j'ai l'habitude de conduire la nuit je vois très

45 bien et toi tu n'aimes pas ça. Suppose qu'on soit obligés de conduire la nuit? Si tu es fatigué? Ou si tu es malade? Ou si....

Il cède, il n'en peut plus.... On va voir ce que tu sais faire! dit-il, en me laissant la place avec un regret cuisant[r] et des airs de me faire passer le permis.... [Céline prend le volant.] Ah, c'est agréable.

50 Il fait beau, J'aimais bien conduire. J'avais oublié ça aussi.

—Han!

C'est lui, à côté. Il est assis tout raide,[s] crispé, la main droite agrippée à la portière, la gauche prête à voler sur le volant. Je le sens.

55 —Tu vas trop vite—Attention—Regarde à ta gauche [lance Philippe].

—Quoi?

—Ce type qui va te doubler.

[k]compliqué [l]*stubborn* [m]elle... c'est une bonne plaisanterie [n]à... à la fin [o]protester [p]*disappointed* [q]Des... *In case something happened to you* [r]très fort [s]rigide

—Je le vois bien. Qu'il double.

60 —Alors n'accélère pas!

—Je n'accélère pas.

—Si, tu accélères. Céline, tu ne vas pas droit. Regarde devant toi—Mais ne regarde pas ton capot[t]!

—Je ne regarde pas le capot.

65 —Si, tu regardes le capot!—Troisième. Troisième je te dis, passe en troisième!—Mais roule donc à droite tu es au milieu de la chaussée! Oh! Oh! Oh non, Céline, ce cycliste! Tu lui as rasé les fesses[u]!

—Quel cycliste?

70 —Mon Dieu!.... —Céline. Tu vas nous tuer! Céline tu vas nous tuer! Le camion! Le camion Céline! Oh! Céline arrête! Arrête je ne peux plus! Arrête.... Passe en seconde. En seconde.

Où elle est la seconde? Merde, je ne sais plus rien. Merde merde merde merde!

75 —Là. Monte maintenant. Mais fais attention, pas dans l'herbe. Là. Le frein. Ouf.

Il s'effondre,[v] il est blême,[w] il tremble.

—Sors, dépêche-toi.

Je sors.... [Après quelques hésitations, Céline remonte dans la
80 voiture.] Il démarre en flèche. Ça y est, il la tient, il l'a eue, il l'a récupérée, il est content. Rassuré. Je l'entends qui pousse un grand soupir.[x]

—Ma pauvre fille, tu n'es pas douée[y] [dit-il].

—Ça va, n'en remets pas,[z] c'est pas la peine, c'est fait.

85 —Garde ton jouet [continue Céline]. Tâche seulement de ne pas me tuer je tiens à ma peau[aa].... Parce qu'entre nous, je ne l'ai jamais dit mais comme chauffeur j'en ai vu de meilleurs que toi.

—Ah ah. Le coup de pied de l'âne.[bb]

—Regarde donc devant toi.

90 —[Ah...] On ne peut pas conduire avec son mari à côté c'est une règle absolue. D'ailleurs la loi devrait l'interdire; c'est dangereux.

Il n'y a personne qui vous méprise autant, qui vous fasse aussi peu confiance, qu'un mari. Celui-là s'y est repris à deux fois avec
95 moi mais il a fini par m'avoir, j'oserai plus toucher à un volant. Ces zigzags que je faisais à la fin, et je ne savais plus où étaient les pédales, c'était horrible à voir. Un danger public. Et dire que j'étais spécialiste de la conduite de nuit et des dix heures d'affilée.[cc]

---

[t]partie avant de la voiture [u]Tu... *(fam.) You just missed him!* [v]*collapses* [w]pâle [x]*Je... I hear him sigh.* [y]tu... tu es sans talent [z]n'en... ne recommence pas [aa](ici) vie [bb]Le... *sour grapes* [cc]de suite

✦ Avez-vous compris?

A. Qui aurait dit les choses suivantes? Céline **(C)** ou Philippe **(P)**?

1. _____ Tu vas me l'abîmer. Elle est toujours en rodage.
2. _____ Il faut sentir le moteur. Tu n'as pas l'habitude.
3. _____ Je n'irai pas vite.
4. _____ Tu dis tellement qu'elle est solide. Elle va me résister.
5. _____ Avant, je conduisais. Je n'ai pas conduit depuis mon mariage.
6. _____ J'ai l'habitude de conduire la nuit et toi tu n'aimes pas ça.
7. _____ Troisième. Je te dis, passe en troisième. Mais roule donc à droite, tu es au milieu de la chaussée.
8. _____ Où elle est la seconde?
9. _____ Vraiment, tu n'es pas douée.
10. _____ Garde ton jouet. Tâche seulement de ne pas me tuer.

B. Complétez la phrase selon le passage.

1. Quand Céline voudrait conduire, Philippe résiste, disant que sa femme est _____ et _____.
2. Il demande si elle a emporté _____.
3. Pendant les moments où elle conduit, il reste tout _____, une main _____ à la portière.
4. Il rend sa femme très _____, et ensuite elle _____, et elle _____.
5. Quand Philippe reprend la voiture, il est _____ et il pousse _____.
6. Elle se dit qu'on ne peut pas conduire avec _____ à côté, et même que la loi devrait _____.

C. Répondez selon le passage.

1. Décrivez la voiture de Philippe. Quelles sont ses qualités?
2. Dressez une liste des arguments que Philippe présente pour ne pas laisser conduire Céline.
3. Pourquoi Céline veut-elle conduire?
4. Comment Philippe réagit-il quand Céline est au volant?
5. Pendant le reste du trajet, qu'est-ce qu'elle fait pour gâter un peu la bonne humeur de Philippe?
6. A quels moments sentez-vous le sarcasme de Christiane Rochefort?

D. Analyse du texte.

1. Imaginez que vous êtes Céline. Avec un(e) camarade de classe, parlez de ce qui s'est passé «hier» avec votre mari dans la voiture. Votre camarade est très curieux (curieuse) et va vous interrompre plusieurs fois pour mieux comprendre. (Quelle sorte de voiture? Où étais-tu? Qu'est-ce qu'il a dit? Qu'est-ce que tu as fait? etc.)
2. Imaginez maintenant que vous êtes Philippe. Avec un(e) autre camarade de classe, répétez cette activité. Votre camarade va sympathiser avec vous.

3. Examinez et décrivez les émotions de Céline à des moments différents du passage: (a) au commencement de la journée, (b) quand elle essaie de convaincre Philippe, (c) quand elle conduit, (d) après avoir redonné le volant à son mari.

◆ Et vous?

A. Très souvent on prend «les femmes au volant» comme sujet de blague *(joke)*. Quelle est l'origine de telles blagues? Qu'en pensez-vous?

B. On peut analyser le rapport entre Philippe et Céline en termes psychologiques. A votre avis, lequel des deux a le plus de pouvoir? Comment exerce-t-elle (il) son pouvoir? Quels jeux psychologiques (agression, passivité, intimidation, etc.) pouvez-vous identifier dans le rapport entre le mari et la femme? Elaborez.

C. Parlez de vos expériences comme apprenti-chauffeur. Qui vous a appris à conduire? Où? Quels sentiments avez-vous éprouvés la première fois que vous avez conduit seul(e)?

D. Oublions un instant les voitures. Racontez les détails d'un incident (réel ou imaginaire) pendant lequel quelqu'un a voulu emprunter (ou utiliser) une de vos possessions favorites (votre chaîne stéréo, votre appareil-photo, un nouveau pull-over, vos skis, etc.). Avec un autre étudiant (une autre étudiante), créez un dialogue que vous allez jouer devant la classe.

◆ Structures

La complainte de Céline

Mais pourquoi ne **voulait**-il (1) pas que je conduise? Son excuse **était** (2) que la voiture **était** (3) en rodage, mais ça ne l'**empêchait** (4) pas de faire de la vitesse, lui! D'ailleurs, avec l'autre voiture, il ne me **laissait** (5) pas conduire non plus. Alors cette fois-ci, j'**ai insisté** (6). Je lui **ai demandé** (7) plusieurs fois si je **pouvais** (8) conduire. Finalement, il m'**a laissée** (9) prendre le volant, mais pendant que je **conduisais** (10), il **n'a pas arrêté** (11) de me faire des remarques—j'**allais** (12) trop vite, je ne **roulais** (13) pas droit, j'**étais** (14) trop à gauche, j'**étais** (15) trop à droite—enfin bref, ça ne **pouvait** (16) pas continuer comme ça, alors il **a gagné** (17): j'**ai dû** (18) lui redonner le volant... le précieux volant de sa précieuse voiture... plus précieuse que sa propre femme.

Passé composé or imparfait?

When talking about past events, French speakers often mix the descriptive mode, expressed by the **imparfait,** with the narrative mode, expressed by the **passé composé.** You reviewed both the **passé composé** and the **imparfait** in **Thème II.** This chapter focuses on the distinctions between the two tenses.

Déduisez

Read **La complainte de Céline** and compare the use of the **passé composé** and the **imparfait.** Under what circumstances is each tense used? Match each numbered verb with one of the following categories.

NARRATIVE MODE (PASSE COMPOSE)	DESCRIPTIVE MODE (IMPARFAIT)
Actions that happened . . . a. only once b. a specified number of times **(2, 3, plusieurs fois)** or during a specified period of time **(pendant quelques minutes, une heure, etc.)** c. as a result or consequence of another action	Verbs that describe . . . d. background and circumstances (weather, season, time; physical, mental, or emotional states; conditions) e. ongoing actions (what someone *was doing* when something else *happened*) f. habitual actions (repeated an unspecified number of times)

Vérifiez

In deciding when to use the **imparfait** or the **passé composé,** it may be helpful to visualize the two tenses on a time line. The horizontal line shown here represents the **imparfait** *(ongoing* action or state). The vertical arrow represents the **passé composé** (actions or changes of state at a *specific point in time*).

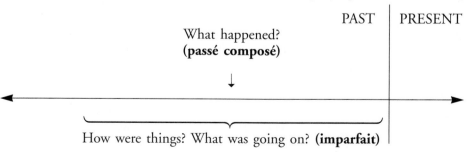

There are times when either tense can be used, depending on the perspective of the speaker.

> Ce soir-là, il **a plu.** *(This is a mere statement of fact, with no stage setting.)*

> Ce soir-là, il **pleuvait,** alors je suis resté à la maison. *(The fact that it was raining sets the stage for something that happened.)*

Essayez!

Decide whether each verb is descriptive or narrative, and then check your answers.

It (1) *was* Friday morning. I (2) *was hurrying* to get out of the house, but when I (3) *got* into my car, I (4) *realized* that I (5) *didn't have* my car keys, so I (6) *had* to go back into the house and hunt for my keys. By then, it (7) *was* rush hour, I (8) *was caught* in one traffic jam after another, and of course, when I finally (9) *made* it to my destination, I (10) *couldn't* find a place to park!

(Réponses page 125)

Verbs That Express Mental and Emotional States

Because these verbs are descriptive in nature, in a past context they are generally used in the **imparfait.**

VERBS	EXAMPLES
aimer	Il aimait les gens.
avoir	Il avait beaucoup d'amis.
croire	Il croyait que la solitude était mauvaise.
détester	Il détestait la solitude!
espérer	Il espérait changer le monde.
être	Il était optimiste.
penser	Il pensait que la vie était belle.
préférer	Il préférait les films comiques.

When used in the **passé composé,** these verbs take on different meanings. They no longer describe states or conditions; they indicate specific actions or reactions. Compare the following sentences.

Voyons—qu'est-ce qu'elle a de bon, cette voiture?

Il pensait à sa famille. *(mental state)*	*He was thinking of his family.*
Quand il a vu la photo, il a pensé à sa famille. *(reaction)*	*When we saw the photo, he thought of his family.*
Elle aimait les voitures de sport. *(mental state)*	*She liked sports cars.*
Elle n'a pas aimé sa nouvelle voiture. *(reaction)*	*She didn't like his new car.*

Devoir, pouvoir, savoir, and vouloir

These verbs also change meanings, according to whether they are used in the **imparfait** or the **passé composé.**

IMPARFAIT	PASSE COMPOSE
devoir: je devais = *I was supposed to*	j'ai dû = (1) *I must have (probability)* (2) *I had to (obligation)*
pouvoir: je pouvais = *I was capable, I was allowed*	j'ai pu = *I succeeded* je n'ai pas pu = *I couldn't, I failed*
savoir: je savais = *I knew*	j'ai su = *I found out*
vouloir: je voulais = *I wanted to*	j'ai voulu = *I tried, I decided* je n'ai pas voulu = *I refused*

Essayez!

Traduisez les phrases suivantes en anglais, en faisant attention aux différents sens de **devoir, pouvoir, savoir** et **vouloir.**

1. Il **devait** me laisser conduire mais il **a dû** oublier; j'**ai dû** lui redemander.   2. Je **pouvais** à peine parler, tellement j'étais furieuse; finalement, il **a pu** reprendre son précieux volant.   3. Je ne **savais** pas quoi faire quand j'**ai su** qu'il était maniaque.   4. Je **voulais** conduire, mais il **n'a pas voulu** me laisser la voiture.

(Réponses page 125)

Rappelez-vous

When the progressive form (**être en train de** + *infinitive*), the near future (**aller** + *infinitive),* and the recent past (**venir de** + *infinitive*) are used in a past context, they are *always* conjugated in the **imparfait.**

J'**étais** en train de me demander si j'**allais** ignorer ses insultes, car je **venais** d'être insultée.	*I was in the middle of asking myself if I was going to ignore his (her) insults, for I had just been insulted.*

Essayez!

Mettez les phrases suivantes au passé.

1. Je **suis** en train de me demander si je **vais** acheter une voiture d'occasion.   2. Je **viens** de prendre une décision quand des amis **viennent** me voir.   3. Nous **allons** au garage ensemble.

(Réponses page 125)

Use of *depuis* and Other Time Expressions in Past Contexts

Depuis with the *imparfait* and the *passé composé*

To express an action that *has been going on,* remember that **depuis** is used with the present tense.

Je **conduis** depuis longtemps.	*I have been driving for a long time.*

But to express an action that *had been going on* for some time when something else happened, **depuis** is used with the **imparfait**.

> Nous **conduisions** depuis deux heures quand j'**ai proposé** de prendre le volant.
>
> *We had been driving for two hours when I volunteered to drive.*

To express an action that you *have not done* for some time, use **depuis** with the **passé composé**. In other words, the sentence must be negative to justify the use of the **passé composé** with **depuis**.

> Je **n'ai pas conduit** depuis mon mariage!
>
> *I haven't driven since I've been married!*

Pendant and *il y a* with Time Expressions

To express an action that was done *for* a period of time, **pendant** (+ *length of time*) is used, usually with the **passé composé,** because it refers to a specific moment in time.

> J'ai loué une voiture **pendant** une semaine.
>
> *I rented a car for a week.*

For an action that was *completed* some time *ago*, use **il y a** (+ *expression of time*), also with the **passé composé**.

> J'ai appris à conduire **il y a** deux ans.
>
> *I learned to drive two years ago.*

Essayez!

Traduisez.

1. I haven't driven since last year.   2. I drove for an hour.   3. I had been driving for an hour when the car broke down.   4. I filled up the car three days ago.

(Réponses page 125)

Maintenant à vous

A. Le départ en vacances de Philippe et de Céline. Mettez les phrases suivantes au passé composé ou à l'imparfait selon le cas.

1. Il **fait** beau.   2. Céline **est** tout heureuse de partir.   3. Elle **chante** constamment.   4. Philippe **regarde** sa femme deux ou trois fois d'un œil bizarre...   5. ...parce qu'il **est** surpris de l'entendre chanter comme ça.

6. Il ne **sait** même pas que sa femme **peut** chanter.   7. Philippe lui-même **veut** partir le plus vite possible...   8. ...parce qu'il **va** essayer sa nouvelle voiture sur l'autoroute.   9. Enfin, ils **mettent** leurs bagages dans le coffre,...   10. ...ils **montent** en voiture et ils **partent**!

Maintenant, résumez l'attitude de Philippe envers sa femme.

B. La déception de Céline. Passé composé ou imparfait? Mettez les verbes indiqués au temps convenable.

1. Elle **pense** qu'elle **va** conduire un petit peu.   2. Elle **attend** qu'ils soient sortis de la ville pour lui demander.   3. Elle **est** surprise de sa réaction, mais elle **insiste**.   4. Finalement, elle **peut** conduire—mais pas pour longtemps.   5. Enervée par les remarques de son mari, elle **arrête** la voiture.   6. Quand elle **descend** la voiture, elle **se demande** si elle **veut** continuer ce voyage.   7. Puis, parce qu'elle **a** quand même envie d'aller au soleil...   8. ...et parce qu'elle n'**aime** pas particulièrement faire de l'auto-stop,...   9. ...elle **reprend** sa place dans la voiture.

Pourquoi Céline est-elle remontée dans la voiture?

C. Le point de vue de Philippe. Transformez ses pensées du moment en réflexions au passé, faites après l'incident.

1. Pourquoi est-ce qu'elle **décide** de conduire, tout d'un coup?   2. Elle ne **veut** jamais conduire!   3. Je ne la **vois** jamais capricieuse comme ça.   4. Elle **oublie** comment conduire.   5. Elle **va** nous tuer!   6. Elle ne **sait** même plus passer en seconde!   7. Et puis après, elle **a** l'audace d'être fâchée.   8. Heureusement qu'elle **s'arrête** à temps.

Résumez le point de vue de Philippe.

D. Et vous? Est-ce que vous avez jamais essayé de conduire «un jouet sacré», c'est-à-dire la voiture très précieuse de quelqu'un? Etait-ce la voiture de vos parents quand vous appreniez à conduire? Ou la voiture d'un ami ou d'une amie? Faites un sondage auprès de trois ou quatre de vos camarades. Avec chacun(e), discutez les aspects (réels, exagérés ou même imaginaires) suivants de l'expérience.

1. les circonstances (où? quand? avec qui?)
2. la voiture (description)
3. l'expérience même (ce qui s'est passé—en détail)
4. vos sentiments avant, pendant et après l'expérience

Laissez-vous interviewer aussi. Après les sondages, rapportez à la classe les résultats que vous avez obtenus.

E. Le permis de conduire. Thierry, un jeune Français de Bordeaux, nous explique comment il a préparé, puis passé son permis. Reconstituez son histoire.

RÉPUBLIQUE FRANÇAISE

TAXE PAYÉE SUR ÉTAT :

PERMIS DE CONDUIRE

1. Nom : SORHAITZ

2. Prénoms : THIERRY HERVE

3. Date et lieu de naissance : 17 MAI 1964
   BAYONNE (PYRENEES ATLANTIQUES)

4. Domicile : 42 RUE PEYRONNET
   BORDEAUX
   Signature du Titulaire

   LE COMMISSAIRE DE LA
5. Délivré par : REPUBLIQUE
   DE LA GIRONDE

6. A BORDEAUX

   Le 12.12.83

N° 831233210392 Pour le Préfet, Commissaire
de la République délégué pour la Police,
L'Attaché, Chef de Bureau

1. Je / avoir / 19 ans; je / être / étudiant à l'université de Bordeaux à l'époque.
2. D'abord / il / y avoir / 8 ou 10 leçons de code.
3. Ces leçons / avoir lieu / à l'auto-école, en petits groupes.
4. Puis / je / prendre / 20 leçons de conduite.
5. Ce / être / des leçons individuelles d'une heure, deux fois par semaine.
6. Le jour du permis / je / être / assez nerveux,...
7. ...mais l'examinateur / me / mettre à l'aise.
8. Il / commencer par / parler de son week-end à la chasse.
9. Mon moniteur d'auto-école / être assis derrière.
10. Il / ne pas avoir / le droit d'intervenir / mais / sa présence / être / rassurante.
11. L'examinateur / me / dire de / rouler.
12. Ce / être / en pleine ville; il / y avoir / beaucoup de circulation.
13. Je / devoir / faire un créneau *(parallel park)* et faire demi-tour.
14. En tout, / ça / ne pas durer / plus d'un quart d'heure.
15. Tout / bien se passer; je / avoir / de la chance!

F. Et vous? Expliquez à un(e) camarade comment vous avez préparé, puis passé votre permis de conduire.

1. les circonstances (où? quand? avec qui?)
2. les leçons de conduite (activités habituelles, activités uniques)
3. le jour du permis (ce qui s'est passé; vos sentiments avant, pendant et après)

Faites une liste des points communs et des différences que vous trouvez dans vos histoires, et résumez-les pour la classe.

G. Un accident. Thierry, le jeune Français de Bordeaux, nous raconte maintenant un accident qu'il a eu—le seul! Reconstituez son histoire.

Vaut-il mieux ralentir?

1. Ce jour-là / il / pleuvoir, et je / sortir / d'un virage,...
2. ..quand tout d'un coup, je / voir / une voiture qui / venir / d'en face,...
3. ..et qui / faire / demi-tour au milieu de la route, juste devant moi.
4. Je / freiner, bien sûr, mais comme / la route / être glissante,...
5. ...ma voiture / déraper *(to skid)*, et je / rentrer / dans une autre voiture.
6. Heureusement que je / ne pas rouler / très vite.
7. Personne / être blessé, mais il / y avoir / pas mal de dégâts matériels.

Qu'est-ce qui a provoqué l'accident de Thierry?

H. Et vous? Est-ce que vous avez eu, ou vu, un accident? Si non, vous connaissez certainement quelqu'un qui a eu un accident de voiture. Etait-ce un accident grave? pas grave? Racontez à un(e) camarade comment ça s'est passé, avec le plus de détails possible. Ensuite, faites un compte au tableau du nombre d'accidents que les membres de la classe ont eus.

I. Depuis combien de temps? Interviewez un(e) ou deux camarades selon le modèle.

MODELE: tu / conduire / quand / avoir un accident →
Depuis combien de temps est-ce que tu conduisais quand tu as eu un accident?
—Je conduisais depuis (6 mois? 2 ans?) quand j'ai eu mon premier accident.

1. tu / prendre des leçons de conduite / quand / passer ton permis
2. tu / avoir ton permis / quand / conduire seul(e) pour la première fois
3. tu / conduire / quand / attraper une contravention
4. tes parents / avoir leur ancienne voiture / quand / acheter leur voiture actuelle

J. Jeu de rôles: «Un délai regrettable». You were supposed to go home for the weekend to attend the wedding reception of one of your friends on Friday night. But you had car trouble: first, your car wouldn't start; you had to call a mechanic who worked on the engine for two hours before it would start. Then, on the road, you ran out of gas! You had to wait for someone to take you into town; you bought a can of gas **(un bidon d'essence),** waited for another person to take you back to your car, etc. All this took another hour or so. When you finally made it to your destination, the reception was over. Your partner is your friend's father or mother. Apologize to him or her, explain what happened, and tell how much you wanted to be there. Your friend's parent describes what you missed (what happened, description of the clothes, the food, etc.).

Avant d'écrire

Narration and Description. In this chapter, you have focused especially on the interweaving of the **passé composé** and the **imparfait** in narrating past events. Because these two verbal modes reflect ways of conceiving events that are completely different from those used by English speakers, it is a good idea to pay special attention to them when you write about the past.

Before you begin your composition, make a chart using two columns, one labeled "Narration" and the second "Description." In the first column, list all elements that advance the action in your story—that is, those that answer the question "What happened?" In the second column, list those elements that provide background information: circumstances, descriptions of the scene (including ongoing actions—that is, what people were in the process of doing), etc. Try to achieve a balance between the columns, then write your composition, interweaving the **passé composé** and **imparfait.**

MODELE:

NARRATION	DESCRIPTION
Je suis allé à la plage.	Il faisait frais.
Je me suis assis par terre.	Des enfants jouaient au ballon.

 Sujet de composition

Racontez un voyage mémorable que vous avez fait en voiture. N'oubliez pas d'inclure les circonstances (où? quand? avec qui? pourquoi?); ce que vous avez fait, vu, et visité; le récit d'un incident ou d'une journée particulièrement mémorable pendant ce voyage; et vos sentiments avant, pendant et après le voyage.

Réponses: Essayez!, page 118: 1–2: background → descriptive 3–4: what happened? → narrative 5: circumstance → descriptive 6: what happened? → narrative 7: circumstance → descriptive 8–10: what happened? → narrative

Réponses: Essayez!, page 120: 1. He was supposed to let me drive, but he must have forgotten; I had to ask him again. 2. I was so upset that I was barely capable of speaking; finally, he succeeded in taking back his precious steering wheel. 3. I didn't know what to do when I found out he was a maniac about his car. 4. I wanted to drive, but he refused to let me have the car.

Réponses: Essayez!, page 120: 1. J'étais / j'allais 2. Je venais / sont venus *(latter form of* **venir** *not used with* **de:** *not recent past)* 3. Nous sommes allés *(not near future)*

Réponses: Essayez!, page 121: 1. Je n'ai pas conduit depuis l'année dernière. 2. J'ai conduit pendant une heure. 3. Je conduisais depuis une heure quand je suis tombé(e) en panne. 4. J'ai fait le plein il y a trois jours.

Les repas restent sacrés, même sur la route des vacances.

Loisirs et vacances

Quelles sont les vacances idéales? **Un voyage organisé** *(tour)?* **Une croisière** *(cruise)?* **Une retraite** *(retreat)* solitaire? Des vacances en famille? au bord de la mer? à la montagne? à la campagne?

La mer

A la **plage** *(beach),* on peut **prendre un bain de soleil** *(sunbathe)* sur le **sable** *(sand)* ou sur les **rochers** [m.] *(rocks);* le secret est de **bronzer** *(tan)* sans **attraper de coup** [m.] **de soleil** *(sunburn)*! On peut **se baigner** *(go for a swim),* **nager** *(swim),* **plonger** *(dive)* ou **faire de la voile** *(go sailing)* ou **de la planche à voile** *(windsurfing).* Quand on est en **bateau,** s'il y a trop de **vagues** [f.] *(waves),* comme pendant une **tempête** *(storm),* on peut **avoir le mal de mer** *(be seasick).*

La montagne

En été, on peut **faire de l'alpinisme** *(mountaineering)*. En hiver, on **fait du ski** dans les **stations** [f.] **de ski** *(ski resorts)*. Le **ski alpin** se pratique sur des **pistes** [f.] *(slopes)*. On peut aussi **faire du ski de fond** *(cross-country skiing)*.

La campagne

A la campagne, on peut tout simplement admirer le **paysage** *(landscape)*: les **champs** [m.] *(fields)*, les **lacs** [m.], les **rivières** [f.] et les **fleuves** [m.] (de grandes rivières qui se jettent dans la mer), les **forêts** [f.], etc. On peut **aller à la chasse** *(go hunting)* ou **à la pêche** *(fishing)*. On peut aussi faire du sport: du cyclisme, de l'équitation, du tennis, etc.

Les passe-temps

Pour s'occuper, certaines personnes aiment **coudre** *(to sew)*, **peindre** *(to paint)* ou **bricoler** *(to putter around)*. Quel est votre **passe-temps** *(hobby)* préféré?

La vie nocturne

Si on veut sortir le soir, on peut aller dans un **casino,** une **boîte de nuit** *(nightclub)* ou une **discothèque.** On peut aussi aller au **théâtre,** au **concert,** au **cinéma** ou tout simplement **s'installer à la terrasse d'un café**—un passe-temps bien français!

Le logement des vacances

On peut louer une **villa,** un **chalet,** un **gîte rural** (petite maison ou partie de ferme aménagée pour vacanciers); on peut aussi **faire du camping** avec une **caravane** *(camping trailer)* ou une **tente.**

Pour des séjours plus courts, on peut rester dans une **auberge de jeunesse** *(youth hostel)* ou à l'**hôtel.** Pendant la haute saison, il vaut mieux **réserver** sa chambre. Quand on arrive dans un hôtel, on **s'inscrit** *(registers)* à la **réception** *(front desk)*. Une fois qu'on a sa **clé** *(key)*, si c'est un grand hotel, on peut **prendre l'ascenseur** [m.] *(elevator)* pour monter dans sa chambre.

◆ Parlons-en

A. Comparez les activités que l'on peut faire à la mer, à la montagne et à la campagne. Que préférez-vous faire?

B. Un choix difficile. Cet hiver, un parent riche vous propose de vous payer une semaine de vacances au Club Med. Vous avez le choix entre Val-d'Isère et la Tunisie.

1. En groupes de deux, étudiez les deux possibilités.
   Val-d'Isère. En quoi consiste cette «nouvelle formule»? Où se trouve l'hôtel? Qu'est-ce qui vous dit que ce n'est pas un hôtel de grand luxe? En dehors du ski, qu'est-ce qu'on peut faire à Val-d'Isère?

1850 m
FRANCE

Val-d'Isère

21 pistes

SPECIAL

Découvrez notre nouvelle formule : le ski à la carte. Pour profiter en toute liberté d'un domaine illimité. Des meilleures pistes d'Europe. D'une neige de rêve. Le rendez-vous des fans du grand ski.

 6-8 8-14  3466 m / 1560 m

 4 pistes 31 pistes 21 pistes 5 pistes

106 remontées mécaniques sur Tignes et Val-d'Isère : 4 téléphériques, 10 télécabines, 32 télésièges, 60 téléskis.

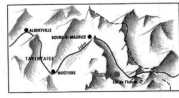

Djerba la Douce. Quelles sont les particularités géographiques de Djerba la Douce (situation, végétation, climat)? Quelles sont les deux options de logement? Laquelle préférez-vous? Parmi les activités mentionnées, lesquelles vous intéressent? Lesquelles vous surprennent?

Djerba la Douce

28 courts de tennis. Du tir à l'arc. Deux piscines. Sur un autre rythme : micro-informatique, peinture sur soie, bridge et scrabble. Détente et douceur de vivre sur l'île des palmiers et des oliviers.

VOTRE VILLAGE
Au sud de la Tunisie, dans le golfe de Gabès, de confortables bungalows de style tunisien à 2 lits. Salle d'eau. Patio intérieur ou extérieur. Egalement un hôtel avec chambres individuelles ou à 2 lits. Voltage : 220.

SPORTS
28 courts de tennis : 20 au village dont 16 en terre battue (5 éclairés) et 4 en dur et 8 courts en terre battue à 10 minutes. Voile. Deux piscines. Natation. Tir à l'arc jusqu'à 30 m. Aérobic. Football. Ping-pong. Volley-ball. Pétanque.

STAGE
Tennis : voir "Le guide de vos vacances".

ET AUSSI...
Atelier d'arts appliqués. Atelier de micro-informatique équipé "Olivetti". Restaurant typique.

EXCURSIONS
En 1/2 journée
Tour de l'île : la douceur de vivre de l'île des Lotophages et ses souks colorés.
En 1 journée
Gabès/Matmata : Gabès, l'une des rares oasis maritimes du monde et la très vieille cité troglodytique de Matmata.
La barbaresque : une randonnée dans un désert de pierre, le marché de Tataouine et la vieille ville berbère de Chenini.
En 2 jours
Le grand Sud : le paysage fascinant des grandes dunes, les oasis de Nouil et de Douz.
En 3 jours
La saharienne : une vue panoramique du Sud tunisien coupé par le désert de sel du Chott el Jerid. Prix communiqués sur place.

74

2. **Jeu de rôles.** Votre partenaire joue maintenant le rôle de votre parent riche que vous remerciez chaleureusement et à qui vous annoncez votre choix, en expliquant vos raisons. Ensuite, renversez les rôles.

C. En parlant d'hôtels. Changez de partenaire, et racontez chacun(e) un souvenir personnel d'un séjour dans un hôtel. Où était-ce? Quelle était la raison de ce séjour? Comment était l'hôtel? Quel genre de chambre aviez-vous? Combien de temps êtes-vous resté(e)? Est-ce un souvenir agréable ou désagréable? Pourquoi?

Lecture

Avant de lire

Stratégie de la lecture

♦ ♦ ♦ ♦ ♦ ♦

Anticipation. Quelle est la célèbre compagnie française qui organise des voyages? Imaginez qu'on vous a choisi(e) pour faire l'interview de Gilbert Trigano—fondateur de cette compagnie de vacances—; qu'aimeriez-vous savoir? Avec un(e) partenaire, faites une liste de dix questions.

A votre avis, est-ce que les gens partent plus en vacances aujourd'hui qu'il y a trente ou quarante ans? Pourquoi? Qu'est-ce qui a changé?

République d'Haïti

MAGIC HAÏTI

Le bonheur à Magic Haïti c'est :
* beaucoup d'espace dans ce village très verdoyant et une mer toujours chaude
* le shopping au « Marché au Fér » et les balades en « tap taps », ces drôles d'autobus bariolés

Culture et contexte

❖ ❖ ❖ ❖ ❖ ❖

Pour la plupart des Français, «les vraies vacances» sont celles de l'été, c'est-à-dire principalement en juillet ou en août (l'économie française baisse de près de 25% chaque année au mois d'août avec la fermeture de la plupart des entreprises). La loi française garantit cinq semaines de congés payés à tous les travailleurs. La tendance actuelle est d'étaler ces vacances au cours de l'année, avec trois semaines, par exemple, en été, et deux semaines en hiver.

Le Club Méditerranée, fondé par Gilbert Trigano, est une compagnie française qui organise des voyages. Souvent situé dans des endroits exotiques, le Club Med attire des vacanciers et des employés du monde entier. Chaque station offre pour un prix fixe le logement, le transport, la nourriture ainsi que des sports, des activités et des leçons. Dans l'interview suivante, qui date d'il y a quelques années, Gilbert Trigano parle du Club Med avec Guillemette de Sairigné pour *Madame Figaro Magazine.*

GILBERT TRIGANO
L'HOMME QUI A REIN-VENTE LES VACANCES

L'ANNEE DERNIERE, 1 200 000 PERSONNES SONT PARTIES AU CLUB MEDITERRANEE. AVEC 237 IMPLANTATIONS DISSEMINEES DANS LE MONDE ENTIER ET 8 MILLIARDS DE CHIFFRE D'AFFAIRES, L'ENTREPRISE FONDEE PAR GILBERT TRIGANO EST LA CHAMPIONNE INCONTESTEE DES VACANCES ET DES LOISIRS.

Gilbert Trigano: le champion des vacances organisées.

Guillemette de Sairigné.—Pas un livre sur vous, pas de secrets d'enfance distillés dans vos interviews, vous êtes vraiment décourageant pour tous les journalistes!

Gilbert Trigano.—(Riant.) Le passé est passé, quel intérêt? Mieux vaut parler de mes projets.

G.S.—Ça ne vous suffit pas de présider la plus grande société de vacances au monde?

G.T.—Pas seulement la plus grande mais celle qui a mis au point—j'en suis fier—un concept universel, la formule de loisirs qui convenait à l'homme moderne, lui permettant d'abandonner l'efficacité pour le rêve, de découvrir celui[a] que, bloqué[b] dans son milieu, dans son métier, il n'aurait jamais connu autrement.

G.S.—Ces idées étaient vraiment originales en 1954?

G.T.—Et comment! D'abord, à cette époque, il n'y avait pas plus de 10 % des Français qui partaient en vacances autrement qu'en camping ou bien dans leur famille. Et puis la société était divisée en compartiments étanches.[a] Les organismes de tourisme social étaient menés par des syndicats,[b] des entreprises, des congrégations religieuses. Nous, nous avons cassé cela, en reconstituant des tribus provisoires.[c]

G.S.—Ce n'était pas facile d'effacer[d] les distances?

[a] le rêve [b] prisonnier

[a] distincts, séparés [b] *trade unions* [c] temporaires [d] eliminer

G.T.—Par le sport, c'est venu tout naturellement, et le tutoiement dans la foulée.[a] Il a fallu quand même inventer un nouveau vocabulaire, les GO et les GM (gentils organisateurs et gentils membres) avec entre eux des rapports nouveaux, ce qui n'était pas évident dans une société française qui adore les hiérarchies.

G.S.—La convivialité du Club n'est-elle pas un peu factice[b]?

G.T.—Pas si l'on en juge par le nombre de demandes de couples français et belges par exemple, ou français et italiens, qui se sont rencontrés au Club et demandent à partir ensemble à Coral Beach, ou à Marbella. Il faut voir aussi le nombre de faire part[c] de mariage que nous recevons chaque année. Moi, c'est grâce à la guerre que j'ai rencontré ma femme, j'aurais trouvé plus gai de devoir à des vacances l'amour de ma vie....

G.S.—Autre paradoxe: vous, le vendeur de bonheur, aviez plutôt éprouvé jusque-là le tragique de la vie?

G.T.—Je ne souhaite à personne les quatre années que j'ai vécues pendant la guerre (jeune juif[d] traqué[e] par les nazis puis résistant dans le Sud-Ouest). Mais quand, par miracle, on sort vivant d'un tel drame, on a envie de profiter doublement de la vie. Non, tout cela me semble très logique.

G.S.—Logique aussi, cette défense et illustration des loisirs, quand, par tradition familiale, on vous avait plutôt inculqué le culte du travail avant tout?

G.T.—L'important pour mon père, petit entrepreneur et gros travailleur, c'était de savoir si j'étais capable d'assumer des responsabilités. Alors, quand à seize ans je lui ai annoncé que je voulais devenir comédien, il m'a d'abord confié[f] une petite épicerie: j'allais aux Halles[a] à quatre heures du matin et je fermais boutique à neuf heures du soir. Au bout de six mois, j'avais remonté[b] l'affaire. Alors, il m'a laissé aller mon chemin[c] dans la vie.

G.S.—Les vacances, ça signifiait quelque chose quand vous étiez enfant?

G.T.—Non, on n'avait ni le temps ni les moyens. Le dimanche, on partait parfois faire un pique-nique, au mieux, on prolongeait l'échappée[d] d'une journée. Pour notre voyage de noces,[e] Simone et moi avons visité un château en banlieue[f] et sommes rentrés le soir même!

G.S.—A la lumière de votre expérience, comment voyez-vous évoluer les loisirs des Français? Seront-ils de plus en plus nombreux à prendre des vacances?

G.T.—Avec 70 % de vacanciers on en est presque arrivé au seuil de saturation. En revanche, il est évident que, l'évolution des moyens de transport aidant, on prend des vacances de façon de plus en plus hachée,[g] trois, quatre jours alors que dans les années 50 les gens passaient généralement leurs vingt-sept jours d'affilée[h] dans la maison de papa-maman.

G.S.—Les Français partent plus loin aussi?

G.T.—Oui, mais on commence à réaliser qu'en France aussi, il existe de magnifiques déserts ruraux, nous prévoyons de nous implanter ainsi en Dordogne ou en Puisaye,[i] comme on l'a déjà fait à Vittel.[j]

G.S.—Dernière évolution: on va vers des vacances de plus en plus actives. Quand on voit ces gens qui, pour se détendre,[k] arpentent[l] le désert sac au

[a] le... emploi du «tu» avec ça [b] artificielle [c] faire... annonces [d] *Jew* [e] chassé [f] donné

[a] centre de distribution de produits frais [b] sauvé [c] aller... faire ce que je voulais [d] la sortie [e] mariage [f] en... à l'extérieur de Paris [g] coupée, fragmentée [h] de suite [i] Dordogne, Puisaye: régions rurales de France [j] ville thermale dans l'est de la France [k] relaxer [l] traversent

dos ou descendent en canoë des torrents furieux....

G.T.—Ce n'est pas notre créneau.[a] Ce qui est sûr, c'est que la diminution de la pénibilité[b] du travail et l'allongement des vacances donnent à celles-ci une autre fonction: elles étaient faites pour récupérer, aujourd'hui on les voit comme une occasion de se dépasser.[c] Mais cet engouement[d] pour les loisirs extrêmes n'aura, à mon avis, qu'un temps.

G.S.—Vous occuper ainsi du repos des autres, c'est pour vous un sacré surmenage[e]!

G.T.—Je n'arrête pas, c'est vrai. Mais regardez: je reviens de trois jours au Maroc; eh bien, hier, entre deux réunions, j'ai quand même trouvé trois heures pour lire au soleil aux côtés de ma femme! La vie, le travail, les loisirs, tout ça s'entremêle.[a] Et puis, chaque matin, entre 4 et 6 heures, je débranche[b] vraiment en lisant et en écoutant de la musique.

G.S.—Serge, votre fils, est votre dauphin[c] désigné. Mais à soixante et onze ans, on ne vous sent pas proche de la retraite[d]?

G.T.—La retraite... M'évader[e] un jour de Paris peut-être... Ça me permettrait de penser plus tranquillement aux quinze ou vingt rêves qui me trottent[f] dans la tête...

[a]spécialité [b]difficulté physique [c]sortir de ses limites [d]affinité [e]excès de travail

[a]va ensemble [b]me repose [c]successeur [d]*retirement* [e]partir [f]passent

♦ **Avez-vous compris?**

A. Vrai ou faux? Si c'est faux, corrigez.

1. Le Club Med
   a. Le Club Med est la plus grande société de vacances du monde.
   b. Pendant les années 50, c'étaient des syndicats, des entreprises et des congrégations religieuses qui organisaient le tourisme social.
   c. Il n'y a pas de Clubs Med en France.
   d. 70 % des vacanciers français sont allés au Club Med.
2. Gilbert Trigano
   a. Gilbert Trigano a rencontré sa femme dans un Club.
   b. Trigano a été traqué par les nazis.
   c. Trigano a été résistant dans le sud de la France pendant la guerre.
   d. A l'âge de 16 ans, Trigano voulait être homme d'affaires.
   e. La famille de Trigano partait souvent en vacances quand il était jeune.

B. Répondez.

1. Comparez les vacances typiques des Français pendant les années 50 et pendant les années 90.
2. A quoi mène la convivialité du Club Med? Donnez deux exemples.
3. Comment le père de Gilbert Trigano l'a-t-il forcé à se montrer capable d'assumer des responsabilités?
4. Qu'est-ce que Trigano veut faire pendant sa retraite?
5. Quelles activités le Club Med offre-t-il?

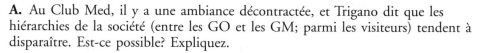

Et vous?

A. Au Club Med, il y a une ambiance décontractée, et Trigano dit que les hiérarchies de la société (entre les GO et les GM; parmi les visiteurs) tendent à disparaître. Est-ce possible? Expliquez.

B. Trigano, qui a vécu des années très tragiques pendant la guerre, est devenu «vendeur de bonheur». Connaissez-vous d'autres personnes qui ont transformé une expérience tragique en quelque chose de positif? (des gens célèbres? des connaissances?)

C. Le père de Gilbert Trigano l'avait forcé à faire ses preuves avant de lui donner sa liberté. Est-ce une bonne idée? Vos parents ont-ils fait la même chose avec vous? Qu'est-ce que vous avez été obligé(e) de faire avant de pouvoir faire ce que vous vouliez? Qu'en pensiez-vous à l'époque? Et maintenant?

D. Avec un(e) camarade de classe, discutez les deux définitions ou buts des vacances mentionnés dans l'interview, c'est-à-dire «récupérer» et «se dépasser». Préparez une liste des activités et des lieux propices à chaque type de vacances. Quels sont les avantages et les inconvénients de chacun? Lequel correspond le mieux à votre idée des vacances idéales?

E. Pensez à un souvenir de vacances agréable. Pourquoi étaient-ce de bonnes vacances?

Il y a des gens qui ne s'ennuient jamais.
Quels sont les passe-temps de vos vacances?

Structures

Les bavardages mondains

J'ai entendu dire que les Darribet **avaient loué** une villa à Cannes pour la semaine du Festival et puis, quand ils sont arrivés, la villa était déjà occupée. Vous imaginez un peu? Ils **avaient** tout **arrangé** plusieurs mois à l'avance, par l'intermédiaire d'une agence; ils **avaient** même **payé** un acompte.* En attendant de pouvoir se plaindre à l'agence, ils ont dû chercher un hôtel, parce qu'ils **étaient arrivés** en soirée, après la fermeture des bureaux. Tous les hôtels étaient complets, bien sûr. Finalement, ils ont pu avoir une chambre que quelqu'un **avait décommandée** à la dernière minute, au Carlton. Mais ça leur a coûté les yeux de la tête,† évidemment. Si seulement ils **avaient su...**

The *plus-que-parfait*

Formation

Déduisez

Judging from the verbs in bold in **Les bavardages mondains,** the **plus-que-parfait** is a compound tense formed with (1) the _____ tense of the auxiliary verb **avoir** or **être** and (2) the _____ of the main verb.

Essayez!

Mettez au plus-que-parfait.

   1. tu te baignes   2. nous attrapons des coups de soleil   3. je nageais
   4. vous souffrez   5. elles se promènent

(Réponses page 144)

---

*a down payment
†les... très, très cher
Réponses: Déduisez: (1) imperfect; (2) past participle

Usage

The **passé composé** is what makes a story progress. It sets the time of the narration.

The **plus-que-parfait** is for flashbacks or anything that *had happened before* the time of the narration.

The **imparfait** sets the stage for any past action, either in the **passé composé** or in the **plus-que-parfait.**

Ils ont pu avoir une chambre que quelqu'un **avait décommandée** à la dernière minute.	*They were able to get a room for which someone had canceled a reservation at the last minute.*

REMOTE PAST
What had happened before?
(plus-que-parfait)

PAST

What happened?
(passé composé)
↓

PAST   PRESENT

How were things? What was going on? **(imparfait)**

Essayez!

Indicate the correct tense for each verb in parentheses, and explain why it is the correct one.

RETOUR AU PASSE

L'année dernière, j'(avoir)[1] l'occasion de retourner à la maison de mon enfance. C'(être)[2] un peu par hasard: nous (être)[3] en vacances dans la région, et, quand je/j' (voir)[4] le nom du village sur la carte, je/j' (proposer)[5] de faire un détour, par curiosité. Nous (avoir)[6] du mal à trouver la maison, parce que tout (changer)[7]: le village (grandir)[8], il y (avoir)[9] de nouveaux magasins, de nouvelles rues. La maison de mon enfance (être)[10] toujours là, mais elle (ne plus être)[11] de la même couleur, et les arbres (devenir)[12] énormes. Avec une certaine nostalgie, je (regarder)[13] le jardin où je/j' (jouer)[14] quand j'(être)[15] petite, et je/j' (reconnaître)[16] la balançoire *(the swing)* où je/j' (passer)[17] tant d'heures. Puis je/j' (regarder)[18] la façade de la maison, et j' (essayer)[19] de me rappeler à quelles pièces (correspondre)[20] les fenêtres, quand soudain la porte d'entrée (s'ouvrir)[21] et une petite fille (sortir)[22], interrompant le rêve où je/j' (entrer)[23].

(Réponses page 144)

Nice—la plage et la Promenade des Anglais

A. Le couple malchanceux. Vous vous rappelez les Darribet des «Bavardages mondains»? Pour indiquer ce que les Darribet avaient fait avant de partir pour Cannes, avant le terrible malentendu, mettez les phrases suivantes au plus-que-parfait.

1. Ils / annoncer / à tout le monde...
2. ...qu'ils / louer / une villa à Cannes.
3. Ils / inviter / même / des amis à venir les voir.
4. Ils / donner / l'adresse de la villa à plusieurs personnes.
5. Ils / s'habituer / à l'idée de vivre dans cette villa.

B. Et vous? Est-ce que vous avez jamais eu une expérience semblable? Indiquez les préparatifs que vous aviez faits pour quelque chose qui devait arriver mais qui, à la dernière minute, n'a pas eu lieu (par exemple, un voyage qui ne s'est pas réalisé ou des plans qu'il a fallu changer).

C. Déjà / pas encore. Complétez les phrases suivantes de façon personnelle, en utilisant le plus-que-parfait et le plus de verbes possible.

MODELE: Quand je suis allé(e) en France,... →
Quand je suis allé(e) en France, j'avais **déjà** eu trois ans de français, etc. *(ou)*
Quand je suis allé(e) en France, je n'avais **pas encore** voyagé seul(e), etc.

1. Quand j'ai commencé mes études ici,... 2. Quand je suis rentré(e) chez moi, hier,... 3. Quand je suis sorti(e) de chez moi, ce matin,... 4. Quand je me suis inscrit(e) pour ce cours de français,... 5. Quand le week-end dernier s'est terminé,... 6. A la fin de l'été dernier,...

Indirect Discourse

Direct discourse relates *directly* what someone else has said or written, using quotation marks (called **guillemets** in French) and the original wording. *Indirect* discourse relates *indirectly*, without quotation marks or **guillemets,** what someone else has said or written. Indirect discourse works the same way in French as it does in English.

	DIRECT DISCOURSE	INDIRECT DISCOURSE
Main verb in present	Il me **dit:** «Je pars en vacances; ma famille a loué une villa sur la Côte d'Azur.»	Il me **dit qu'il part** en vacances et **que sa** famille **a loué** une villa sur la Côte d'Azur.
Main verb in past	Il m'a **dit:** «Je pars en vacances; ma famille a loué une villa.» Il m'a **dit:** «L'année dernière, on avait loué la même villa; c'était génial.» Il m'a **demandé:** «Est-ce que tu aimes voyager?» Il m'a **demandé:** «Quand es-tu allé au Maroc? Qu'est-ce que tu as fait là-bas?»	Il m'**a dit qu'il partait** en vacances et **que** sa famille **avait loué** une villa. Il m'**a dit que** l'année dernière **ils avaient loué** la même villa et **que c'était** génial. Il m'**a demandé si j'aimais** voyager. Il m'**a demandé quand j'étais allé** au Maroc et **ce que j'avais fait** là-bas.

Déduisez

1. If the introductory verb is in the present, are there tense changes in the dependent clauses when you switch from direct to indirect discourse? What needs to be adjusted?
2. If the introductory verb is in the past, what tense changes occur in the dependent clauses? What does the present become? And the **passé composé**? Do the **imparfait** and the **plus-que-parfait** change?
3. How is a *yes/no* question expressed in indirect discourse? What happens with information questions?

Vérifiez

1. When the introductory verb is in the present, there are no tense changes in the dependent clause(s). Use **que** to introduce each dependent clause, and adjust personal pronouns and possessive adjectives.
2. When the introductory verb is in the past, the following tense changes occur.

   présent → **imparfait**
   passé composé → **plus-que-parfait**

   The **imparfait** and the **plus-que-parfait** remain unchanged.

3. In questions, the following changes occur.

- Yes/no question → **si** + *declarative sentence*

  Je t'ai demandé si tu avais faim.

- **Où, quand, comment,** etc. → *interrogative expression* + *declarative sentence*

  Il m'a demandé à quelle heure j'allais revenir.

- Interrogative pronouns:

Qui est-ce qui Qui est-ce que }	→ qui	Il m'a demandé qui était venu. Il m'a demandé qui j'avais vu.
Qu'est-ce qui	→ ce qui	Il m'a demandé ce qui s'etait passé.
Qu'est-ce que	→ ce que	Il m'a demandé ce que j'avais fait.

Essayez!

Transformez en discours indirect, en ajoutant «il a dit» ou «il a demandé» selon le cas.

1. «Je ne suis jamais allé au Club Med.» 2. «Est-ce que vous avez eu le mal de mer quand vous étiez en bateau?» 3. «Qui est-ce qui a attrapé des coups de soleil?»

(Réponses page 144)

Maintenant à vous

D. Monsieur «Club Med». Résumez ce que M. Trigano a dit dans l'interview, selon le modèle.

MODELE: «Le Club Med a développé une nouvelle formule de loisirs.» → **Il a dit que** le Club Med avait développé une nouvelle formule de loisirs.

1. «Le Club Med permet à l'homme moderne de rêver.»
2. «Le Club Med a cassé les barrières sociales.»
3. «Cela n'a pas été facile, car la société française adore les hiérarchies.»
4. «Je connais beaucoup de couples qui se sont rencontrés au Club Med.»
5. «J'ai rencontré ma femme pendant la guerre; pour notre voyage de noces, nous avons visité un château en banlieue.»
6. «Les vacances ont beaucoup évolué.»

E. La journaliste. Qu'est-ce qu'elle a demandé à M. Trigano? Résumez ses questions selon le modèle.

MODELE: «L'ambiance du Club est-elle artificielle?» →
Elle a demandé à Trigano si l'ambiance du Club était artificielle.

1. «Comment êtes-vous devenu vendeur de bonheur?»
2. «Les vacances, ça signifiait quelque chose quand vous étiez enfant?»
3. «La guerre a-t-elle été un facteur dans vos décisions professionnelles?»
4. «Qu'est-ce que vous avez appris de cette expérience?»
5. «Qui va prendre votre succession?»

Maintenant, donnez les réponses de M. Trigano.

F. Qu'est-ce qu'il a dit? Vous venez de recevoir une carte postale d'un ami, David, qui passe ses vacances en Bretagne, et vous résumez pour nous le contenu de la carte postale. Qu'est-ce que David a dit?

G. Une autre carte postale. Celle-ci est d'un couple français que vous connaissez (Denise et Jean-Michel). Qu'est-ce qu'ils ont dit?

La transhumance

Meilleurs souvenirs des Pyrénées!
Nous nous reposons dans un village
très pittoresque. Nous avons loué
un gîte rural qui est très agréable.
L'autre jour, nous avons vu des
centaines de moutons qui traversaient
le village (comme sur la carte).
Il y a une jolie petite rivière dans la
vallée. Nous sommes allés à la
pêche 2 ou 3 fois, mais nous
n'avons rien attrapé.
Bien affectueusement,
Denise et Jean-Michel

(OT) Editions CAP-THEOJAC - Rep. int.
Avenue de Larrieu - 31094 TOULOUSE
Photo D. FAURE

MEXICHROME

Imprimé en France

H. Un Américain à Roissy. George, un étudiant américain, raconte à des amis français son arrivée à l'aéroport de Roissy à Paris. Mettez son histoire au passé en utilisant l'imparfait, le passé composé ou le plus-que-parfait selon le cas.

Avant de partir de New York, je (avoir)[1] beaucoup de confiance en moi. Je (ne jamais aller)[2] en France, mais je (étudier)[3] le français pendant plusieurs années, et je (croire)[4] que je (être)[5] prêt. Mais dans l'avion, un peu avant d'arriver, je (commencer)[6] à avoir peur: et si je (ne rien comprendre)[7]? Heureusement, je (comprendre)[8] la première personne qui me (adresser)[9] la parole en français. Ce (être)[10] un douanier *(customs officer),* et il me (dire)[11]: «Vos papiers, s'il vous plaît». Mais plus tard, ça (se compliquer).[12] Je (aller)[13] aux bagages pour attendre ma valise, et là, je (attendre)[14] pendant quinze ou vingt minutes. Il y (avoir)[15] beaucoup de valises qui (passer)[16] et (repasser)[17] devant moi, mais aucune (n'être)[18] ma valise. Au bout de 30 ou 40 minutes, je (se rendre compte)[19] que tous les passagers de mon avion (prendre déjà)[20] leurs valises et (partir).[21] Alors je (voir)[22] quelqu'un qui (avoir l'air)[23] de travailler là, et je lui (expliquer)[24] mon problème. Il me (regarder)[25] avec un petit sourire et me (répondre)[26] quelque chose que je (ne pas comprendre).[27] Finalement, je (trouver)[28] le bureau de la TWA et je (recommencer)[29] mon explication. L'employée, qui (très bien comprendre)[30] mon français, me (demander)[31] de remplir des formulaires. Et puis elle (téléphoner)[32] à New York, et on (apprendre)[33] que ma valise (rester)[34] là-bas.

I. Un Américain à Paris—sans valise. En groupes de deux, imaginez (oralement ou par écrit) le deuxième épisode des «aventures» de George. Vous pouvez vous servir des expressions suggérées, ou donner libre cours à votre imagination, mais rappelez-vous que l'histoire doit être au passé (imparfait/passé composé/plus-que-parfait).

Expressions suggérées: changer de l'argent au bureau de change de l'aéroport; prendre un taxi; aller dans un hôtel que quelqu'un / recommander; demander une chambre; ne pas avoir de brosse à dents ni de pyjama; aller dans un magasin; acheter une brosse à dents et du dentifrice; décider de ne pas prendre de pyjama après tout; se promener un petit peu dans les rues de Paris; être impressionné par les vieux monuments; avoir faim; manger dans un restaurant; aller à la gare de Lyon; se renseigner sur le prix d'un billet pour Marseille; téléphoner à ses amis pour leur annoncer le retard; etc. (plus tard) mal dormir; rêver que sa valise/ être mise sur le mauvais vol, etc.

J. Et vous? Interviewez un(e) de vos camarades de classe: demandez-lui de vous raconter «une aventure» qui lui est arrivée un week-end ou en vacances. Posez suffisamment de questions pour «tout» savoir—les circonstances (où? quand? avec qui? pourquoi?); ce qui s'était passé avant l'incident; un récit détaillé de l'incident; ses sentiments avant, pendant et après. Prenez des notes pendant l'interview, pour ne rien oublier.

Maintenant, changez de partenaire et racontez (en vous rappelant les principes du discours indirect) l'histoire que vous venez d'entendre—avec la permission de l'auteur, bien sûr!

K. Jeu de rôles: «Une mémoire défaillante». You and your brother or sister are trying to remember where the family went on vacation five years ago. One of you thinks that it was the year you rented a cabin in the mountains where there was a tennis court nearby, where you had met a guy (or girl) who played tennis with you, etc. (Evoke all kinds of memories that might be linked to a vacation in the mountains.) The other thinks that was the year the family stayed home, because your parents had just bought a new car, and there was not much money to go on vacation. You do remember going to the beach for a few days. (Evoke memories that might be linked to a few days at the beach.) Discuss back and forth until you can agree on what really did happen that year.

Par écrit

Avant d'écrire

Openers. The opening sentence(s) of a piece of writing ought to tell the reader your approach to the topic. Otherwise, you cannot expect your reader to follow your *line of thought*. If your topic is **les loisirs,** for example, what you make of this subject is your line of thought, or the idea you want to explore. Your line of thought may be that **les loisirs sont *nécessaires.*** The element needed to strengthen your line of thought is a specific *situation* or context, such as **la nécessité des loisirs *dans la vie des travailleurs surmenés (overworked).***

To open your essay, you could begin with a question that you will answer: **Les loisirs sont-ils une nécessité dans une société dominée par le culte du travail?** This sentence is effective because it introduces the topic, the line of thought, and the situation. It prepares the reader for what is to follow. Moreover, it does not give away your conclusion, so readers will want to read on.

PREWRITING TASK

With a partner in class, consider the topic of **les voyages organisés.** Make a list of possible lines of thought for this topic, choose one, and then write an opening sentence that will indicate your line of thought and the situation you will be using as a context.

 Sujet de composition

Le rôle des vacances. Allez-vous parler du rôle des vacances dans la famille américaine? dans votre propre famille? dans l'enfance en général? dans votre propre enfance? A vous de choisir et d'indiquer votre choix par votre phrase d'ouverture. Essayez d'inclure un souvenir personnel dans le développement de vos idées.

Réponses: Essayez!, page 136: 1. tu t'étais baigné(e) 2. nous avions attrapé 3. j'avais nagé 4. vous aviez souffert 5. elles s'étaient promenées
Réponses: Essayez!, page 137: 1. what happened? → *passé composé* 2–3. circumstances → *imparfait* 4–6. what happened? → *passé composé* 7–8. action prior to time of narration → *plus-que-parfait* 9–11. descriptive → *imparfait* 12. action prior to time of narration → *plus-que-parfait* 13. what happened? story progresses → *passé composé* 14. habitual action in the past → *imparfait* or action prior to time of narration → *plus-que-parfait* 15. descriptive → *imparfait* 16. what happened next? → *passé composé* 17. action prior to time of narration → *plus-que-parfait* 18. what happened after that? → *passé composé* 19. action in progress, related to **quand** clause that follows → *imparfait* 20. descriptive → *imparfait* 21–22. what happened? → *passé composé* 23. action prior to the time of narration, which time is now **quand une petite fille est sortie** → *plus-que-parfait*
Réponses: Essayez!, page 140: 1. Il a dit qu'il n'était jamais allé au Club Med. 2. Il a demandé si nous avions eu le mal de mer quand nous étions en bateau. 3. Il a demandé qui avait attrapé des coups de soleil.

*Attention
au départ!*

Le départ

Paroles

Les voyages en train

La **gare** *(station);* la S.N.C.F. = Société nationale des chemins de fer français *(French National Railways);* le TGV = Train à grande vitesse.

Le ***départ*** *(departure):* D'abord il faut **se renseigner** *(to get information)* au **bureau des renseignements** [m.] *(information counter)* et consulter l'**horaire des trains** *(train schedule);* puis on va au **guichet** *(ticket window)* pour prendre son **billet** *(ticket).* On demande un **aller simple** *(one-way ticket)* ou un **aller-retour** *(round-trip)* pour la **destination** voulue, en **première** classe ou en **deuxième classe;** pour un petit **supplément,** on peut **réserver** sa **place** (dans un **compartiment «Fumeurs»** *[smoking]* ou **«Non-Fumeurs»**); à l'entrée du **quai** *(platform),* il faut **composter** *(punch)* son billet dans une petite machine de couleur orange (un composteur), pour que le billet soit valable *(valid);* quand on a trouvé **le bon train** *(the right train)*, on cherche la place indiquée sur sa réservation, ou une **place libre** *(empty seat).* On se dépêche pour ne pas **manquer** ou **rater** *(to miss)* le train.

Dans le train: Au moins une fois pendant le voyage, le **contrôleur** *(conductor)* contrôle les billets des **passagers** [m.] *(passengers);* si ce n'est pas un **train direct,** il faut descendre à la gare voulue pour prendre la **correspondance** *(connecting train).* Quand on voyage de nuit, on peut prendre une **couchette** *(bunk).*

L'arrivée: Si on désire laisser ses bagages à la gare pendant qu'on visite la ville, on les met à la **consigne** *(baggage check/locker).*

Les voyages en avion

Une compagnie aérienne *(airline);* un aéroport *(airport).*

Le départ: On peut prendre son billet et sa **carte d'embarquement** *(boarding pass)* dans une **agence de voyages** *(travel agency)* ou au **comptoir** *(ticket counter).* Avant de monter dans l'avion, il faut **enregistrer ses bagages,** puis trouver la **porte d'embarquement** *(boarding gate).*

Dans l'avion: Les **hôtesses de l'air** *(stewardesses)* et les **stewards** s'occupent des passagers. Quand l'avion décolle (**décoller** = *to take off*) ou atterrit (**atterrir** = *to land*), il faut rester dans son **siège** *(seat)* et **attacher sa ceinture** *(fasten one's seat belt).*

L'arrivée: Les passagers des **vols** [m.] *(flights)* internationaux doivent **passer à la douane** *(to go through customs);* le **douanier** *(customs officer)* contrôle votre **passeport** et demande si vous avez **quelque chose à déclarer;** quelquefois, il fouille (**fouiller** = *to search*) vos bagages.

◆ Parlons-en

A la gare

A. Vous êtes tellement occupé(e) aujourd'hui que vous n'avez pas le temps d'aller à la gare pour prendre votre billet de train pour demain. Alors vous décidez d'envoyer un ami (une amie) à votre place. Donnez-lui tous les renseignements nécessaires pour prendre votre billet.

A l'aéroport

B. Avec un(e) partenaire, comparez votre premier voyage en avion. Comment cela s'est-il passé? Si vous n'avez jamais pris l'avion, imaginez...

C. «C'était horrible!» En groupes de deux, écrivez un dialogue, que vous allez ensuite jouer devant la classe, entre deux voyageurs qui récapitulent ensemble ce qui leur est arrivé pendant leur premier voyage en train. Imaginez toutes les catastrophes possibles: tout d'abord, ils n'arrivaient pas à trouver la gare, puis il y a eu des problèmes au guichet; ils se sont trompés de train et ils ont donc dû changer de train plusieurs fois pour retrouver la bonne ligne; malheureusement, ils avaient laissé une de leurs valises dans le premier train, etc.

Lecture

Les auteurs

✦ ✦ ✦ ✦ ✦

Le Petit Nicolas est l'œuvre de Jean-Jacques Sempé et René Goscinny. Depuis sa publication en 1954, ce livre est apprécié aussi bien par les enfants que par les adultes.

Sempé, né en 1932, commence à travailler à des bandes dessinées *(cartoons)* dès l'âge de dix-neuf ans. Ses dessins apparaissent souvent dans des magazines français comme *Paris Match* et *L'Express*.

Goscinny (1926–1977), avec son associé Albert Uderzo, est le créateur de la célèbre bande dessinée *Astérix*.

Jean-Jacques Sempé

René Goscinny

Stratégie de la lecture

✦ ✦ ✦ ✦ ✦ ✦

Anticipation. Quand vous étiez enfant, êtes-vous jamais parti(e) en vacances sans vos parents? Pour aller où? Pendant combien de temps? Vous souvenez-vous de la journée du départ? Quel(s) sentiment(s) avez-vous éprouvé(s)? Etiez-vous triste? inquiet/inquiète? Avez-vous montré vos sentiments? Pourquoi? Et vos parents, comment ont-ils réagi? Racontez...

Le point de vue. Quand vous lisez un texte, il est souvent important de comprendre le point de vue du narrateur. Dans *Le Petit Nicolas,* une grande partie du comique réside dans la distance entre le point de vue du narrateur et la réalité. Sachant que le narrateur du *Petit Nicolas* est un enfant, quelles vont être les caractéristiques de la narration?

Culture et contexte

✦ ✦ ✦ ✦ ✦ ✦

En France, quand les parents ne peuvent pas partir en vacances, ou encore pour d'autres raisons, ils envoient parfois leurs enfants en **colonies de vacances.** Cette formule «vacances-pour-enfants» propose le logement, la nourriture et une variété d'activités, pour un prix qui dépend souvent du revenu familial. Dans ces colonies, pendant une à cinq semaines, des enfants de tout âge et venant d'un peu partout en France, se retrouvent sous la surveillance de «moniteurs» pour s'amuser et passer des vacances à la mer, à la montagne ou à la campagne.

Dans l'extrait suivant, Nicolas se prépare à partir en colonie de vacances.

Le Petit Nicolas [extrait]
JEAN-JACQUES SEMPE ET RENE GOSCINNY

Aujourd'hui, je pars en colonie de vacances et je suis bien content. La seule chose qui m'ennuie, c'est que Papa et Maman ont l'air un peu tristes; c'est sûrement parce qu'ils ne sont pas habitués[a] à rester seuls pendant les vacances.

5   Maman m'a aidé à faire la valise, avec les chemisettes, les shorts, les espadrilles, les petites autos, le maillot de bain, les serviettes,[b] la locomotive du train électrique, les œufs durs, les

---

[a]mot ap. [b]towels

bananes, les sandwiches au saucisson et au fromage, le filet[c] pour
les crevettes,[d] le pull à manches longues, les chaussettes et les
10 billes.[e] Bien sûr, on a dû faire quelques paquets parce que la valise
n'était pas assez grande, mais ça ira.

Moi, j'avais peur de rater le train, et après le déjeuner, j'ai
demandé à Papa s'il ne valait pas mieux[f] partir tout de suite pour la
gare. Mais Papa m'a dit que c'était encore un peu tôt, que le train
15 partait à 6 heures du soir et que j'avais l'air bien impatient de les
quitter. Et Maman est partie dans la cuisine avec son mouchoir,[g] en
disant qu'elle avait quelque chose dans l'œil.

Je ne sais pas ce qu'ils ont,[h] Papa et Maman, ils ont l'air bien
embêtés.[i] Tellement embêtés que je n'ose pas leur dire que ça me
20 fait une grosse boule[j] dans la gorge quand je pense que je ne vais
pas les voir pendant presque un mois. Si je le leur disais, je suis
sûr qu'ils se moqueraient[k] de moi et qu'ils me gronderaient.[l]

Moi, je ne savais pas quoi faire en attendant l'heure de partir, et
Maman n'a pas été contente quand j'ai vidé[m] la valise pour prendre
25 les billes qui étaient au fond.

—Le petit ne tient plus en place,[n] a dit Maman à Papa. Au
fond,[o] nous ferions peut-être mieux de partir tout de suite.

—Mais, a dit Papa, il manque encore une heure et demie
jusqu'au départ du train.

30 —Bah! a dit Maman, en arrivant en avance, nous trouverons le
quai vide et nous éviterons les bousculades[p] et la confusion.

—Si tu veux, a dit Papa.

Nous sommes montés dans la voiture et nous sommes partis.
Deux fois, parce que la première, nous avons oublié la valise à la
35 maison.

A la gare, tout le monde était arrivé en avance. Il y avait plein
de gens partout, qui criaient et faisaient du bruit. On a eu du mal à
trouver une place pour mettre la voiture, très loin de la gare, et on
a attendu Papa, qui a dû revenir à la voiture pour chercher la valise
40 qu'il croyait que c'était Maman qui l'avait prise. Dans la gare, Papa
nous a dit de rester bien ensemble pour ne pas nous perdre. Et
puis il a vu un monsieur en uniforme, qui était rigolo[q] parce qu'il
avait la figure toute rouge et la casquette de travers.[r]

—Pardon, monsieur, a demandé Papa, le quai numéro 11, s'il
45 vous plaît?

—Vous le trouverez entre le quai numéro 10 et le quai numéro
12, a répondu le monsieur. Du moins, il était là-bas la dernière fois
que j'y suis passé.

—Dites donc, vous... a dit Papa; mais Maman a dit qu'il ne fal-
50 lait pas s'énerver[s] ni se disputer, qu'on trouverait bien le quai tout
seuls.

[c]*net* (pour pêcher) [d]*shrimp* [e]*marbles* [f]valait... était préférable de [g]*handkerchief* [h]ce...
leur problème [i]inquiets [j]*lump* [k]mot ap. [l]réprimanderaient [m]pensez à: vide [n]tient...
devient impatient [o]au... après tout *(ici)* [p]*jostling* [q]pensez à: rigoler (rire) [r]de... pas droite
[s]pensez à: nerveux

Nous sommes arrivés devant le quai, qui était plein, plein, plein de monde, et Papa a acheté, pour lui et Maman, trois tickets de quai.* Deux pour la première fois et un pour quand il est retourné

55 chercher la valise qui était restée devant la machine qui donne les tickets.

—Bon, a dit Papa, restons calmes. Nous devons aller devant la voiture Y.

Comme le wagon qui était le plus près de l'entrée du quai, c'é-

60 tait la voiture A, on a dû marcher longtemps, et ça n'a pas été facile, à cause des gens, des chouettes[t] petites voitures pleines de valises et de paniers et du parapluie du gros monsieur qui s'est accroché[u] au filet à crevettes, et le monsieur et Papa se sont dis- putés, mais Maman a tiré Papa par le bras, ce qui a fait tomber le

65 parapluie du monsieur qui était toujours accroché au filet à crevettes. Mais ça s'est très bien arrangé, parce qu'avec le bruit de la gare on n'a pas entendu ce que criait le monsieur.

Devant le wagon Y, il y avait des tas de types[v] de mon âge, des papas, des mamans et un monsieur qui tenait une pancarte[w] où

70 c'était écrit «Camp Bleu»: c'est le nom de la colonie de vacances où je vais. Tout le monde criait. Le monsieur à la pancarte avait des papiers dans la main, Papa lui a dit mon nom, le monsieur a cher- ché dans ses papiers et il a crié: «Lestouffe! Encore un pour votre équipe[x]!»

75 Et on a vu arriver un grand, il devait avoir au moins dix-sept ans.

—Bonjour, Nicolas, a dit le grand. Je m'appelle Gérard Lestouffe et je suis ton chef d'équipe. Notre équipe, c'est l'égnipe Œil-de-Lynx.

80 Et il m'a donné la main. Très chouette.

—Nous vous le confions, a dit Papa en rigolant.

—Ne craignez rien, a dit

85 mon chef; quand il revien- dra, vous ne le reconnaîtrez plus.

Et puis Maman a encore eu quelque chose dans l'œil

90 et elle a dû sortir son mouchoir.

Et puis on a entendu un gros coup de sifflet[y] et tout le monde est monté dans les wagons en criant.

Des papas et des mamans criaient des choses, en demandant qu'on n'oublie pas d'écrire, de bien se couvrir[z] et de ne pas faire de

95 bêtises.[aa] Il y avait des types qui pleuraient et d'autres qui se sont fait

[t]jolies, plaisantes [u]*caught on* [v]garçons [w]*sign* [x]groupe [y]coup... *whistle* [z]se... s'habiller chaudement [aa]stupidités

---

*Tickets purchased to gain access to the train platform

gronder parce qu'ils jouaient au football sur le quai, c'était terrible.

Tout le monde a embrassé tout le monde et le train est parti pour nous 100 emmener à la mer.

Moi, je regardais par la fenêtre, et je voyais mon papa et ma maman, tous les papas et toutes les mamans, qui nous faisaient «au revoir» avec leurs mou-105 choirs. J'avais de la peine.[bb] C'était pas juste, c'était nous qui par- tions, et eux ils avaient l'air tellement plus fatigués que nous. J'avais 110 un peu envie de pleurer, mais je ne l'ai pas fait, parce qu'après tout, les vacances, c'est fait pour rigoler et tout va très bien 115 se passer.

Et puis, pour la valise, Papa et Maman se débrouilleront sûre- ment pour me la faire porter par un autre train.

[bb]J'avais... J'étais triste.

◆ Avez-vous compris?

A. Vrai ou faux? Si c'est faux, corrigez.

1. Nicolas avait l'habitude de partir en colonie de vacances. 2. Maman a pu mettre toutes les affaires de Nicolas dans une seule valise. 3. Les vacances de Nicolas allaient durer une semaine. 4. Papa a oublié la valise de Nicolas plusieurs fois. 5. La scène sur le quai était calme. 6. Enfin, Nicolas est parti avec sa valise.

B. Quels étaient les sentiments de Papa et de Maman? Identifiez les phrases qui indiquent ces sentiments au lecteur. Comment Nicolas a-t-il inter- prété les sentiments de ses parents? Comment Nicolas a-t-il décrit ses propres émotions?

C. Faites une liste des façons dont Papa et Maman montrent et cachent leurs sentiments. En face, notez comment Nicolas interprète leurs actions.

MANIFESTATION DES SENTIMENTS DE PAPA ET DE MAMAN	INTERPRETATION DE NICOLAS
ont l'air triste	*pas habitués à rester seuls*

D. A la gare, est-ce que le monsieur en uniforme a bien guidé la famille? Expliquez.

E. Qu'est-ce que Maman et Nicolas ont mis dans sa valise?

F. Retracez «l'itinéraire» de la valise.

G. Racontez l'histoire du départ de Nicolas à un(e) camarade de classe. (Utilisez des verbes au passé.) Faites attention à la manière de présenter l'histoire. Il y a au moins trois «scènes» différentes dans le passage: à la maison, sur le quai de la gare, et le départ même.

 Et vous?

A. Jouez en français la scène qui suit avec un(e) camarade de classe.

Personne A: Your son Nicolas has just left on the train for camp and has forgotten his suitcase. Talk to the appropriate person to see what can be done.

Personne B: You are the stationmaster. After hearing the story, inform the parent that the next train leaves in one hour. Lecture him or her about forgetfulness, about being more organized, the inconvenience to all, etc. Eventually, agree that the suitcase can be put on the next train.

B. Le jour où on quitte la maison familiale pour une assez longue absence (pour aller à l'université, en vacances, etc.) est souvent mémorable. Parlez à un autre étudiant (une autre étudiante) d'une telle journée. Soyez très précis(e).

C. Pourriez-vous raconter une expérience bizarre (réelle ou imaginaire) avec une valise (par exemple, quand une compagnie aérienne a perdu votre valise; quand votre valise s'est abîmée au cours d'un voyage)?

D. Parlez d'un départ mémorable dans votre vie.

E. Selon les psychologues, l'oubli peut refléter un désir inconscient. D'après vous, que peut refléter l'oubli de la valise?

F. Les parents de Nicolas et Nicolas lui-même cachent leurs vrais sentiments. Quelles sont les raisons de Papa et de Maman? de Nicolas? Quel est le résultat de cette manière d'agir? Qu'en pensez-vous? Imaginez une discussion plus honnête entre Nicolas et ses parents. En groupes de trois, jouez la scène du départ avec cette nouvelle honnêteté.

Structures

Une maman inquiète

—Tu es sûr que tu as **tout** remis dans la valise?
—Oui, j'ai **tout** remis.
—Tu n'as pas oublié ton pull à manches longues?
—Non, je **l'**ai pris.
—Et tes espadrilles?
—Je **les** ai prises; je **te** dis, j'ai **tout** pris!
—Et les billes, tu **les** as rendues à ton copain?
—Non, il **m'**a dit que je pouvais **les** garder, mais je vais **les lui** rendre après les vacances.
—Si tu ne **les** perds pas... Oh, tiens, n'oublie pas d'écrire à papy et à mamy*; tu n'as pas perdu leur adresse?
—Non, la voilà. Ne **t'**inquiète pas, je vais **leur** écrire.

Direct and Indirect Object Pronouns

Direct Object Pronouns

Déduisez

Knowing that a *direct* object is a noun that *directly* follows the verb, without a preposition, read the preceding dialogue (**Une maman inquiète**) and circle all the direct object nouns. What are the pronouns used to replace those nouns? Where are the direct object pronouns placed?

Vérifiez

Tu n'as pas oublié **ton pull** à manches longues? → Non, je **l'**ai pris.
Et [tu as pris] **tes espadrilles**? → Je **les** ai prises.
[Tu as rendu] **les billes**? → Tu **les** as rendues?
Tu n'as pas perdu **l'adresse**? → Non, **la** voilà.

---

*Grandpa and Grandma

The direct object pronoun forms are the following.

Singular:	**me**	**te**	**le, la, l'**
Plural:	**nous**	**vous**	**les**

Pronouns come directly before the verb. With compound verbs, this means before the auxiliary. With an infinitive construction, a pronoun is placed before the verb it is logically related to, which is usually the infinitive.

>Je vais rendre les billes. (**Les billes** *is the object of* **rendre.**) → Je vais **les** rendre.

Pronouns also precede **voilà,** which acts as a verb.

>Où es-tu? —**Me** voilà!

With interrogative and negative patterns, pronouns remain in their normal place—directly before the verb.

>Si tu ne **les** perds pas.

In compound tenses conjugated with **avoir,** the past participle must agree with the preceding direct object pronoun.

>Et les billes? Tu **les** as rend**ues**?
>L'adresse? Je **l'**ai pris**e**.

Indirect Object Pronouns

Déduisez

Look again at the dialogue, **Une maman inquiète,** and identify what nouns **lui** *(Tu les lui as rendues?)* and **leur** *(Je vais leur écrire.)* stand for. Which preposition introduces those nouns?

Vérifiez

>Tu les **lui** as rendues? = Tu les as rendues **à** ton copain?
>Je vais **leur** écrire. = Je vais écrire **à** papy et à mamy.

If the noun object is (1) a person (2) introduced by the preposition **à,** the object is called *indirect,* and it can be replaced by an indirect object pronoun. The indirect object pronoun forms are the following.

Singular:	**me**	**te**	**lui**
Plural:	**nous**	**vous**	**leur**

Indirect object pronouns always precede the verb and never affect past participles.

J'ai écrit à mes grands-parents. → Je **leur** ai écri**t.**

Essayez!

Mettez au passé composé. (*To know whether the object is direct or indirect, analyze the verb: When followed by a noun, does it require a preposition or not? For example,* **Il nous regarde:** On regarde **quelqu'un** ou **à quelqu'un**? *Réponse:* **On regarde quelqu'un → objet direct.**)

1. Il nous attend.
2. Il vous parle.
3. Elle nous répond.
4. Elles te cherchent.

(Réponses page 163)

Multiple Pronouns

When two pronouns are used together, they must be combined in the following order.

subject + (ne)	+	me te se nous vous	+	le la les	+	lui leur	+ *verb* + (pas)

Les billes? Je les lui ai rendues.

Exception: With *affirmative commands,* pronouns are placed *after* the verb; they are connected to the verb by hyphens, and **me** and **te** become **moi** and **toi.** The order of pronouns is the following.

verb	+	le la les	+	moi toi lui, leur nous vous

Rends-moi mes billes! Rends-les-moi!

With negative commands, the placement and order of pronouns are the same as in declarative sentences.

Ne me rends pas mes billes! Ne me les rends pas!

Essayez!

Remplacez les noms indiqués par des pronoms.

1. Il ne faut pas rater **le train.**
2. Donne **les billets à maman**!
3. Donne-moi **la valise.**
4. N'oublie pas **le sac.**
5. J'ai donné **les bonbons aux enfants.**

(Réponses page 163)

◆ Maintenant à vous

A. L'inventaire de la valise. Voici la liste de ce que vous vouliez emporter. Est-ce que vous avez tout pris? Répondez selon le modèle.

MODELE: imperméable √ → Oui, je **l'**ai pris.
parapluie → Non, je **l'**ai oublié; je vais **le** prendre.

blue-jean √
pantalon blanc
short
tee-shirts √
chemise bleue
pull jaune √
chaussures √
chaussettes
pyjama
trousse de toilette √
appareil-photo √
carnet d'adresses

B. En sortant de la gare. Imaginez la conversation du papa et de la maman de Nicolas après le départ de leur fils, selon le modèle.

MODELE: Tu as parlé **à ce Gérard Lestouffe?** (oui) → Oui, je **lui** ai parlé.

1. Est-ce qu'il ne **t'**a pas paru un peu jeune? (si)   2. Mais tu fais confiance **à ce garçon?** (oui)   3. Tu crois que ces enfants vont obéir **à des jeunes de dix-sept à dix-huit ans?** (mais oui!)   4. Tu as dit **à Nicolas** d'écrire **à tante Margot?** (oui)   5. Tu as rappelé **à Nicolas** de nous écrire une fois par semaine? (oui)

C. Mince alors! *(Oh darn!)* Les parents du petit Nicolas s'aperçoivent que la valise est restée sur le quai. Reformulez les phrases selon le modèle.

MODELE: Mais je croyais que tu avais donné **la valise à Nicolas**! →
Mais je croyais que tu **la lui** avais donnée!

1. Et les paquets? Tu as donné **les paquets à Nicolas**? 2. Heureusement qu'il a **les paquets**! 3. Mais ses sandwiches au saucisson et au fromage—dire que j'avais préparé **ses sandwiches** exprès pour le train! 4. Mon pauvre petit—qui est-ce qui va donner à manger **à mon pauvre petit**? 5. Et la valise? Qui est-ce qui va apporter **cette valise à notre petit Nicolas**? 6. Il y a des employés là-bas: allons donc expliquer **la situation aux employés.**

Forms of *tout*

Tout as an Adjective

As an adjective, **tout** precedes the noun and agrees with it.

Tout le train était plein.	*The whole train was full.*
On a attendu **toute la** journée.	*We waited the whole day.*
Tous les enfants criaient.	*All the kids were yelling.*
Et **toutes les** mamans pleuraient.	*And all the moms were crying.*

«Les jolies colonies de vacances...» Sont-ils contents de partir?

Tout as a Pronoun

As a pronoun, **tout** can be used alone; it then means *everything* and is invariable.

J'ai **tout** remis dans la valise.   *I've put everything back in the suitcase.*

Tout va bien.   *Everything's fine.*
Je ne peux pas **tout** faire.   *I can't do everything.*

Tout can reinforce the subject.

Ils sont **tous** là.   *They are all there.*

Tout can also be used with direct object pronouns (**le, la, les**). In this usage, forms of **tout** follow the verb in a simple tense and go between the auxiliary and the past participle in a compound tense.

Les billes? Je **les** ai **toutes.** Je **les** ai **toutes** prises.
Les paquets? Je ne **les** ai pas **tous.** Tu ne me **les** as pas **tous** donnés.

Note: The **s** of **tous** is pronounced when **tous** is a pronoun. (Hint: pronoun → pronounce!)

Tout in Idiomatic Expressions

Déduisez

Match the meanings on the right with the idiomatic expressions containing a form of **tout.**

(1) **En tout cas,** (2) **tout le monde** est là. Le train ne part pas (3) **tout de suite.** (4) **De toute façon,** il y a des voyageurs qui ne sont pas (5) **tout à fait** prêts. Regardez! Il y a (6) **toutes sortes de** bagages sur le quai. Ce n'est (7) **pas du tout** organisé! (8) **Malgré tout,** il faudra se dépêcher (9) **tout à l'heure.**

a. everyone
b. all kinds of
c. in any case
d. anyway
e. in a little while
f. right away
g. not at all
h. in spite of it all
i. completely

Réponses: (1) c; (2) a; (3) f; (4) d; (5) i; (6) b; (7) g; (8) h; (9) e.

■ ### Essayez!

Traduisez.

1. We've read the whole story.
2. We've read it all.
3. Everyone has understood everything!

(Réponses, page 163)

◆ ## Maintenant à vous

D. Un douanier méticuleux. Vous racontez à un ami (une amie) ce qui s'est passé à la douane. Votre ami(e), incrédule, répète au fur et à mesure, selon le modèle.

MODELE:　　Il a fouillé tous mes bagages! → Il **les** a **tous** fouillés?

1. Il a ouvert toutes les valises.
2. Il a sorti tous mes vêtements.
3. Il a demandé que j'ouvre tous les cadeaux.
4. Il a confisqué toutes mes boîtes de fromage!
5. Mais il m'a laissé tout mon chocolat.

E. Une carte postale qui a pris la pluie. Vous venez de recevoir une carte postale d'un ami en vacances, mais certains mots ont été effacés *(erased)* par la pluie. Reconstituez le texte en ajoutant la forme appropriée de **tout.**

Il pleut presque _____ les jours, alors je ne peux pas faire _____ les excursions que j'avais prévues, mais _____ se passe bien quand même. J'ai visité presque _____ les châteaux de la Loire. Je les aime _____. Je voudrais m'arrêter dans _____ les petites villes, mais je n'ai pas le temps de _____ faire. En _____ cas, je t'embrasse de _____ mon cœur.

Communicative Strategies for Everyday Situations

How to Start a Polite Request

Pardon, monsieur (mademoiselle),...	*Pardon me, Sir (Miss), . . .*
Excusez-moi, monsieur (madame),...	*Excuse me, Sir (Ma'am), . . .*

Making a Polite Request

Est-ce que vous avez une chambre pour deux personnes?
Je voudrais un aller simple pour Marseille.
Pourriez-vous me dire à quelle heure part le prochain train pour Strasbourg et sur quel quai?
Pourriez-vous me rendre un petit service? Je...

Using Pause Fillers

Eh bien...	*Well, . . .*
Voyons,...	*Let's see, . . .*
C'est-à-dire que...	*I mean . . .*
Euh...	*Umm . . .*
Oui, mais...	*Yes, but . . .*
Alors...	*So . . .*

Asking for Clarification

Comment?
Excusez-moi, mais je n'ai pas (bien) compris.
Pourriez-vous m'expliquer... ?

I beg your pardon? (What?)

Closing the Conversation

Merci bien. / Merci beaucoup. / Je vous remercie.
Au revoir, monsieur (madame, mademoiselle).

On the Telephone

Allô?
Qui est à l'appareil?

Who is this?

Ne quittez pas / Un instant, je vous prie...

Just a minute . . .

Puis-je laisser un message?

May I leave a message?

Bon, je vous laisse...

Well, I'd better go . . .

Je ne vais pas vous retenir plus longtemps...

I'd better let you go . . .

Maintenant à vous

F. L'horaire des trains. Après quelques jours à Paris, vous voulez rejoindre des amis en Bretagne. C'est la mi-juillet; vous voulez voyager **un dimanche** et arriver à Lorient (votre destination) le plus tôt possible.

En groupes de deux, étudiez l'horaire suivant, puis répondez aux questions.

1. D'abord, de quelle gare parisienne allez-vous partir?
2. Pourquoi ne pouvez-vous pas prendre le TGV de 7h05 ou de 7h20?
3. Quelles sont les deux villes où on peut prendre la correspondance pour Lorient? Laquelle est plus avantageuse si on est pressé?
4. Quels trains allez-vous prendre, et pourquoi?

Numéro de train		4378/9	4378/9	3735	9570/1	87591	87571	87577/6	8603	8705	87573	3701	8609	8909	3703	3703	87575	3723	8713	8813
Notes à consulter		1	2	3	4	5	6	6	7	8	9	10	11	11	12	13	14	15	16	11
									TGV	TGV			TGV	TGV					TGV	TGV
Paris-Montparnasse 1-2	D								07.05	07.20			**08.20**	08.50					09.20	09.50
Montparnasse 3 Vaug.	D																			
Le Mans	D								08.01				**09.16**							10.46
Laval	D								08.42				**09.57**							
Rennes	D					06.20	06.30	06.43	09.19	09.24	09.30	09.32	**10.34**		10.43	10.43	10.43		**11.24**	
Nantes	D	05.29	05.29	06.27	07.08									**10.56**				11.16		**12.01**
Redon	A	06.18	06.18	07.19	07.59	07.13	07.13	07.40		10.12	10.10				11.22	11.25	11.25	12.08		
Questembert	A	06.41		07.39						10.31						11.45	11.45	12.26		
Vannes	A	07.00	06.56	07.55	08.40					10.47	10.42				11.54	12.01	12.01	12.43		
Auray	A	07.17	07.14	08.10	08.59					11.00	10.57				12.08	12.15	12.15	12.56		
Hennebont	A		07.20	08.29														13.13		
Lorient	A	07.41	07.46	08.37	09.25					11.19					12.31	12.35	12.35	13.21		
Quimperlé	A	08.01	08.06	08.55						11.34						12.51	12.51	13.35		
Rosporden	A	08.24	08.28	09.16						12.02						13.11	13.11	14.03		
Quimper	A	08.41	08.43	09.31	10.20					12.18					13.25	13.26	13.26	14.19		

Les trains circulant tous les jours ont leurs horaires indiqués en gras
Tous les trains offrent des places assises en 1re et 2e classe, sauf indication contraire dans les notes.

Notes
1. Circule : les 3, 10, 17, 24 juin, 9, 16 et 23 sept 91- 🚲.
2. Circule : du 29 juin à 3 sept 91 : tous les jours- 🚲.
3. Circule : tous les jours sauf le 2 juin 91- 🚲 assuré certains jours.
4. Circule : du 14 juin à 6 sept 91 : les ven- 🚲.
5. Circule : les sam.
6. Circule : tous les jours sauf les sam, dim et fêtes.
7. Circule : jusqu'au 5 juil 91 : tous les jours sauf les sam et dim;Circule à partir du 6 juil 91 : tous les jours sauf les dim et les 7, 14, 21 et 28 sept 91.

Nota : A Paris-Montparnasse 1-2 , l'office de tourisme de Paris assure un service d'information touristique et de réservation hôtelière.

8. Circule : jusqu'au 5 juil 91 et à partir du 2 sept 91 : tous les jours sauf les dim- 📱1reCL assuré certains jours-🍴- ♿.
9. Circule : du 7 juil au 25 août 91 : les dim et fêtes- 🏍.
10. Circule : tous les jours sauf les dim et fêtes- 🚲.
11. 🍴- ♿.
12. Circule : tous les jours sauf les dim et fêtes- 🚲- ♿.
13. Circule : du 7 juil au 1er sept 91 : les dim et fêtes- 🚲.
14. Circule : jusqu'au 30 juin 91 : les dim;les 8, 15 et 22 sept 91.
15. Circule : jusqu'au 28 juin 91 : tous les jours sauf les sam et dim;Circule à partir du 29 juin 91 : tous les jours sauf les dim et fêtes etsauf les 7, 14, 21 et 28 sept 91- 🚲.

Maintenant, jouez les rôles suivants: l'un(e) de vous est le/la touriste qui veut aller à Lorient et qui demande des renseignements; l'autre est l'employé(e) qui donne les renseignements. Rappelez-vous les stratégies de la communication déjà mentionnées et faites comme si vous étiez dans une gare française!

G. L'histoire du passeport. Vous arrivez à l'aéroport Charles de Gaulle pour prendre l'avion, mais vous vous apercevez soudain que votre passeport n'est pas dans votre poche! Où l'avez-vous laissé? Avec votre camarade de voyage, essayez de retracer «l'histoire» du passeport, sous forme d'un dialogue que vous allez ensuite jouer devant la classe. Souvenez-vous de tous les endroits où vous l'avez sorti (par exemple, la frontière suisse, italienne, etc.). Inventez même un incident qui s'est produit à la douane (par exemple, quand on vous a demandé si c'était vraiment vous sur la photo), puis essayez de vous rappeler où et quand vous l'avez vu la dernière fois. Fabriquez ensemble une histoire originale en utilisant le plus de pronoms possible. Quand chaque groupe aura joué son dialogue devant la classe, un vote déterminera qui mérite le prix d'originalité.

H. A l'aéroport. (Changez de partenaire pour cette situation.) Parce que vous n'avez pas retrouvé votre passeport à temps, vous avez manqué votre vol. Présentez-vous au comptoir de la compagnie aérienne, racontez votre histoire à l'employé(e), et demandez si votre billet est valable pour un autre vol. L'employé(e) demande des détails (destination, heure de départ du vol manqué), propose d'autres vols possibles, et annonce qu'il y aura un supplément à payer. Essayez de négocier quelque chose qui vous arrange. Même si vous n'êtes pas particulièrement satisfait(e), essayez de rester poli(e)!

I. Jeu de rôles. You have just returned from a wonderful trip through Europe, but one of your bags has been lost. It was the bag with all the presents you had brought back for family and friends. As the airline employee asks you for a detailed description of the bag's contents, make a nuisance of yourself and tell about each object: what it was, where you (had) bought it, etc. Emphasize the fact that *all* the gifts were in that bag; if everything is lost, you don't know what you're going to do. Role-play this situation again with a different partner, and reverse roles.

Par écrit

Avant d'écrire

Point of View. In this chapter, you read *Le Petit Nicolas,* a story told from a child's viewpoint. Now *write* a story from a child's viewpoint. Read the composition topic, and then go back to Nicolas's account of **le départ,** paying close attention to what the child focuses on and the style of the text in general: the repetitions, the simple sentences, etc. Next, prepare your story by identifying, in proper sequence, the various scenes that a child would perceive.

Sujet de composition

Vous avez déjà eu l'occasion, après la lecture tirée du *Petit Nicolas,* de parler d'un départ mémorable dans votre vie. Mais s'il y a des départs, il y a aussi des arrivées: l'arrivée dans une nouvelle ville lors d'un déménagement, par exemple, ou l'arrivée en vacances, ou même le retour à la maison après les vacances. Racontez un départ ou une arrivée mémorable du point de vue de l'enfant que vous avez été. Si la mémoire vous fait défaut, faites appel à votre imagination. Faites très attention à la concordance des temps au passé, et évitez les répétitions inutiles par l'emploi de pronoms.

Réponses: Essayez!, page 155: 1. Il nous a attendu(e)s *(direct object)*. 2. Il vous a parlé *(indirect object)*. 3. Elle nous a répondu *(indirect object)*. 4. Elles t'ont cherché(e) *(direct object)*.
Réponses: Essayez!, page 156: 1. Il ne faut pas le rater. 2. Donne-les-lui! 3. Donne-la-moi. 4. Ne l'oublie pas. 5. Je les leur ai donnés.
Réponses: Essayez!, page 159: 1. Nous avons lu toute l'histoire. 2. Nous l'avons toute lue. 3. Tout le monde a tout compris!

Bon appétit!

En bref

Food, a common topic of conversation in every culture, has special importance in France. Many contemporary magazine and newspaper pieces, as well as passages from classical literature, deal with food. You will read a few of these in **Thème IV.**

Functions

✦ Linking ideas coherently

✦ Avoiding repetition

✦ Circumlocution

✦ Describing, narrating, and explaining in the present and the past

Structures

✦ Articles and nouns

✦ Relative pronouns

✦ Transition words

✦ Pronouns: **y, en,** disjunctive pronouns

✦ Useful fixed phrases

✦ The present participle

Anticipation: selon vous...

1. Pour le déjeuner, combien de temps les Français passent-ils à table?
   a. trente minutes
   b. une heure vingt
   c. deux heures

2. Une madeleine est _____.
   a. une religieuse qui vient de prononcer ses vœux
   b. un petit gâteau
   c. une caissière de grande surface

3. Qui était La Fontaine?
   a. le conseiller politique de Louis XIV
   b. un compositeur du XVIIe siècle
   c. un fabuliste célèbre du XVIIe siècle

4. Quel genre de boisson les Français consomment-ils le plus?
   a. du vin
   b. de la bière
   c. des boissons non-alcoolisées

Vous allez avoir la réponse à ces questions—et à bien d'autres encore!—dans les chapitres dix, onze et douze.

Les plaisirs de la table

Paroles

Le petit déjeuner: le premier repas de la journée

Le matin, on peut prendre une **tasse** *(cup)* **de café;** du **café au lait;** un **crème** *(coffee with cream),* du **chocolat** ou du **thé,** avec une **tartine,** c'est-à-dire une **tranche de pain** *(slice of bread)* avec du beurre ou de la **confiture** *(jam),* du **pain grillé** *(toast),* des **croissants** [m.].

Le petit déjeuner anglais (ou américain) est parfois plus copieux; il inclut des **œufs** [m.] *(eggs),* du bacon et des **céréales** [f.].

Le déjeuner et le dîner

Un repas français traditionnel commence par des ***hors-d'œuvre*** [m.], par exemple, des ***crudités*** [f.] *(raw vegetables):* une **salade de tomates** [f.], de **concombres** [m.] *(cucumbers),* de **betteraves** [f.] *(beets)* à la **vinaigrette** *(vinegar and oil dressing);* ou de la ***charcuterie*** *(cold cuts):* du **jambon** *(ham),* du **saucisson** *(hard salami),* du **pâté;** le soir, le ***potage*** ou la ***soupe*** remplace souvent les hors-d'œuvre: une **soupe de légumes,** une **soupe à l'oignon,** un **potage** aux **champignons** [m.] *(mushrooms),* du **bouillon** *(broth).*

Puis vient l'*entrée* [f.]: du *poisson (fish),* des *fruits de mer (seafood):* des **crevettes** [f.] *(shrimp),* du **crabe,** des **coquilles** [f.] **Saint-Jacques** *(scallops),* du **homard** *(lobster),* des **huîtres** [f.] *(oysters)* ou des **escargots** [m.]; une **omelette;** une **quiche.**

Le *plat garni* est le *plat principal (main dish)* du repas: les *viandes* [f.]: un **bifteck** / un **steak;** du **rôti** *(roast)* de bœuf [m.], de **veau** [m.] *(veal),* de **porc** [m.] ou d'**agneau** [m.] *(lamb);* une **côtelette;** la *volaille (poultry):* du **poulet** *(chicken),* du **canard** *(duck),* de la **dinde** *(turkey);* les *légumes* [m.] *(vegetables):* des **asperges** [f.] *(asparagus),* des **carottes** [f.], du **chou** *(cabbage),* des **épinards** [m.] *(spinach),* des **haricots verts** *(green beans),* du **maïs** *(corn),* des **petits pois** *(peas),* des **pommes de terre** *(potatoes),* des **frites** [f.] *(fries);* les **pâtes** [f.] *(pasta),* les **nouilles** [f.] *(noodles),* le **riz** *(rice).*

Après le plat garni, on sert la **salade** (la laitue = *lettuce)* et le **fromage** (le **camembert,** le **brie,** le **roquefort,** le **gruyère** [*Swiss cheese*], le **fromage de chèvre** [*goat*], etc.).

Le *dessert* met fin au repas. On peut choisir des *fruits* [m.]: un **abricot,** de l'**ananas** [m.] *(pineapple),* une **banane,** une **orange,** une **poire** *(pear),* une **pomme** *(apple),* du **raisin** *(grapes);* un *yaourt:* **nature** *(plain),* **aux fraises** [f.] *(strawberries),* **aux framboises** [f.] *(raspberries),* au **citron** *(lemon),* à la **pêche** *(peach);* de la *glace (ice cream):* à la **vanille,** au **chocolat,** etc.; des *gâteaux* [m.]: un **chou à la crème** *(cream puff),* un **éclair,** une **tarte** aux **cerises** [f.] *(cherries),* etc., des **petits gâteaux** ou des **biscuits** *(cookies).*

Pour accompagner le repas, n'oublions pas les *boissons* [f.] *(drinks):* l'**eau minérale,** la **bière,** le **vin,** le **lait,** un **jus de fruit,** un **Coca,** une **boisson gazeuse** *(carbonated)* / **non gazeuse** *(noncarbonated);* un **glaçon** *(ice cube).*

◆ **Parlons-en**

A. Avec un(e) partenaire, comparez votre repas préféré pour le petit déjeuner, le déjeuner et le dîner. Commentez vos habitudes alimentaires.

B. D'après la liste de vocabulaire, quels sont les aliments que vous aimez? Ceux que vous n'avez jamais mangés? Ceux que vous avez déjà essayés mais que vous n'avez pas aimés?

C. La semaine prochaine, vous et votre partenaire espérez avoir l'honneur d'être les hôtes ou hôtesses d'un programme d'immersion dans la langue et la culture françaises pour des étudiants de français de votre campus. Une grande maison a été louée pour l'occasion, et la salle à manger va bien sûr être le centre de bien des activités. Votre rôle est de planifier *(to plan)* les repas pour trois jours (petits déjeuners, déjeuners et dîners) et de les faire approuver par votre professeur. Saurez-vous mériter l'honneur espéré?

	jeudi	vendredi	samedi
Petit déjeuner			
Déjeuner			
Dîner			

Lecture

Avant de lire

Stratégie de la lecture

♦ ♦ ♦ ♦ ♦ ♦

Anticipation. Les stéréotypes et les Français: A votre avis, quel est le repas le plus important pour les Français? Quel est l'aliment de base des Français? Mangent-ils beaucoup de surgelés *(frozen foods)*? Quel genre de boissons consomment-ils le plus? Les repas en famille sont-ils importants? Combien de temps durent-ils? Les Français vont-ils souvent manger au restaurant?

Maintenant regardez le tableau qui accompagne le texte. Vos réponses sont-elles confirmées? Qu'est-ce qui vous surprend?

Style. Un article de journal ou de magazine n'est pas écrit dans le même style qu'un texte littéraire, par exemple. Le style journalistique, bien que d'approche facile, peut souvent poser des problèmes pour un lecteur étranger. Les phrases sont parfois incomplètes et la syntaxe plus ou moins correcte. Les journalistes utilisent également des clichés ou des proverbes bien connus de tous les Français. Trouvez dans le texte un proverbe français qui correspond au proverbe anglais suivant:

One man's meat is another man's poison.

Culture et contexte

❖   ❖   ❖   ❖   ❖   ❖

Les Français aiment manger! Ils dépensaient en moyenne près de 20% de leur budget pour l'alimentation en 1995. Même si leur dépense alimentaire est en baisse (33% en 1960), elle reste encore assez importante. Les goûts alimentaires ont tendance à évoluer aussi et la nourriture mexicaine a fait son apparition en France avec le chili con carne, la tequila, les tortillas et le guacamole. De plus en plus de restaurants tex-mex ouvrent leurs portes aux Français et leur apportent ainsi exotisme et dépaysement *(a change of scenery)*. Cependant, il ne s'agit pas d'une révolution culinaire; la nourriture traditionnelle reste encore très appréciée en France.

Ce que mangent les Français
UNE ENQUETE DE GERARD NIRASCOU

EN TRENTE ANS, LEURS HABITUDES ALIMENTAIRES SE SONT MODIFIEES

L'histoire d'amour des Français et de la cuisine est-elle terminée? Depuis quelques semaines, les mauvaises nouvelles se succèdent à un rythme effréné.[a] A Saint-Etienne, un trois étoiles a fermé ses portes: pas rentable.[b] A Paris, même les bistrots et leurs
5 «plats du jour» ne parviennent plus à survivre; il s'en ferme cent par an dans la capitale.

Sommes-nous à la veille d'une Saint Barthélemy* de la cuisine française? Les Français sont-ils acquis au «fast food» et au Coca-Cola?

«LA GRANDE BOUFFE»[c] EN PERIL

10 Un fait est sûr, «la grande bouffe», c'est fini. Les Français mangent moins. De moins en moins. Ils absorbaient en moyenne, il y a cinquante ans, deux mille cinq cents calories par jour. Ils en consomment, selon les dernières études connues, tout juste deux mille pour les hommes et dix-huit cents pour les femmes. L'équivalent
15 d'un repas en moins. Et ces chiffres baissent régulièrement dans toutes les couches[d] de la population.

Va de pair,[e] le nombre d'heures passées à table. Il était encore de près de deux heures trente en 1965. Il est tombé aujourd'hui à une heure vingt. Seul le petit déjeuner fait exception: il est en passe
20 de[f] devenir un vrai repas, au détriment de celui de midi. Les Français qui y consacraient cinq à six minutes il y a trente ans, lui réservent au moins vingt minutes aujourd'hui. La tasse de café ou de thé et la tartine perdent du terrain; la mode anglo-saxonne d'une collation plus consistante s'impose.

[a]fou   [b]pas... ne rapporte pas assez d'argent   [c]La... (fam.) Les grands repas   [d]niveaux   [e]Va... Pour aller avec ça   [f]en... en train de

---

*Référence au massacre de la St Barthélemy, la nuit du 23 au 24 août 1572, où 3000 protestants ont été massacrés par les catholiques à travers la France

25 L'achat de légumes frais a chuté de 25%, celui de viande rouge de 15%. Les huiles alimentaires, le sucre, le beurre, le lait ont vu leurs ventes s'effondrer.[g] Le malheur des uns fait le bonheur des autres, c'est bien connu. Vainqueurs toutes catégories dans la cuisine des Français, les surgelés. Avec près de quarante kilos par habitant et

30 par an, leurs ventes ont été multipliées par vingt depuis trente ans. Elles s'accroissent au rythme d'un kilo par an par foyer. Les plats tout préparés représentent près du tiers de l'ensemble des surgelés achetés par les Français.

Les poissons, le jambon sont également à la hausse.[h] Tout

35 comme le fromage. Mention spéciale[i] pour les yaourts consommés régulièrement dans 95% des foyers et qui ont connu une expansion presque aussi forte que celle des surgelés. Au palmarès[j] également, les eaux minérales et les boissons non alcoolisées (Coca-Cola compris) dont les ventes ont été multipliées par huit et dix.

40 A signaler la grande percée[k] des produits exotiques, maghrébins et asiatiques, inexistants il y a seulement quelques années. Ils font une arrivée en force sur nos tables. Le couscous* n'est-il pas devenu, avec le steak-frites, le plat préféré des Français?

Nos compatriotes n'ont pas seulement changé leurs habitudes

45 alimentaires. Il ont également modifié profondément leur source d'approvisionnement.[l] La préférence pour les grandes surfaces[m] a tout balayé.[n] Une véritable tornade. 65% des achats alimentaires des Français y sont aujourd'hui effectués[o] contre 11% en 1965. Aucune classe sociale n'échappe au phénomène.

L'ECHEC DU PLATEAU REPAS TV

50 Une caractéristique qui n'a pas varié, les repas pris à la maison autour de la table familiale. Le plateau repas TV des Anglo-Saxons n'a pas fait de percée notable. Pas plus que la livraison[p] de repas à domicile qui reste, même avec le phénomène pizza, totalement marginal. Les Français prennent huit repas sur dix chez eux (contre

55 cinq sur dix chez les Anglo-Saxons), installés à une table avec leur famille. On y passe moins de temps que par le passé, moitié moins qu'il y a trente ans, mais le rituel de la table demeure très fort, surtout pour le dîner. Les repas hors domicile continuent de rester l'exception.

Claude Grignon, directeur de recherche à l'Inra[†] sur la consom-

60 mation, ajoute cependant: «La nourriture des Français change, leurs habitudes alimentaires aussi, mais moins fortement qu'on ne le croit. Ne nous laissons pas abuser par les modes et les apparences. On ne tire pas comme cela un trait sur des siècles de tradition culinaire.»

[g]tomber [h]à... *on the rise* [i]Mention... *Honorable mention* [j]liste d'honneur [k]montée
[l]achats alimentaires [m]supermarchés [n]*swept away* [o]faits [p]*delivery*

plat originaire du Maghreb composé de semoule de blé, de viande ou de poisson et de légumes
[†]Institut national de la recherche agronomique, *France-Amérique*, juin 1996

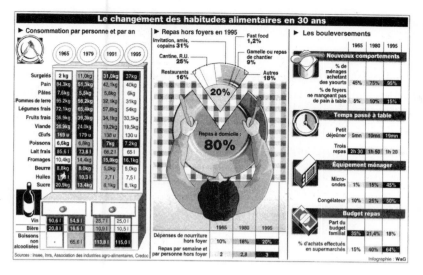

◆ Avez-vous compris?

A. Choisissez la réponse correcte.

1. La cuisine française traditionnelle _____.
   a. se porte très bien
   b. ressemble davantage à la cuisine italienne
   c. devient de plus en plus internationale
   d. est en péril

2. Les Français consomment _____.
   a. autant de calories qu'avant
   b. l'équivalent d'un repas en moins
   c. environ 2500 calories par jour
   d. de plus en plus de calories

3. La consommation de surgelés _____.
   a. a connu une augmentation importante
   b. augmente de cinq kilos par an par personne
   c. est très basse
   d. diminue d'un kilo par an par personne

4. _____% des achats des Français se font en grande surface.
   a. 55
   b. 95
   c. 35
   d. 65

5. La conclusion de l'article montre que les Français _____.
   a. ont abandonné les habitudes culinaires de leurs grands-parents
   b. s'américanisent dans leur façon de manger
   c. n'ont pas changé en profondeur
   d. n'ont pas changé leurs habitudes en 30 ans

B. A quel genre de problèmes les restaurants doivent-ils faire face?

C. Quels aliments ont fait leur apparition dans les repas français?

D. En vous servant des indices du texte, quelles généralités pouvez-vous tirer sur les repas en France? (durée, importance, ambiance, etc.)

E. Regardez le tableau de la lecture. Faites trois colonnes et inscrivez dans chacune d'elles respectivement ce qui a augmenté, ce qui a diminué et ce qui est resté à peu près stable dans les habitudes alimentaires des Français entre 1965 et 1995. Discutez les résultats. Quelles conclusions en tirez-vous?

◆ Et vous?

A. On associe souvent la cuisine française à des plats ou des aliments bien précis; par exemple, les escargots, les cuisses de grenouilles, le camembert... Est-ce qu'il y a des spécialités qui définissent la cuisine américaine?

B. Comparez avec un(e) partenaire votre façon de prendre vos repas. Etes-vous un(e) Américain(e) typique? Quels facteurs extérieurs influencent votre façon de manger?

C. Les Français semblent faire de plus en plus attention à ce qu'ils mangent. Avec un(e) autre membre de la classe, discutez le pour et le contre de chacun des aliments suivants. Sont-ils bons pour la santé?

les glaces et les sorbets
le beurre et la margarine
le café et le thé
l'alcool

le poisson et la volaille
les œufs
la viande
le chocolat et les gâteaux

D. Jeu de rôles. En groupes de trois, jouez la scène suivante.

1. You are in a French restaurant. Discuss with a friend what you are going to order as a first course, as a main dish, and for dessert. When the waiter approaches your table, order your meals and some bottled mineral water.
2. The waiter begins to pour your mineral water. You notice something strange about it (the color? the smell?) and complain to the waiter. He offers an explanation.

Structures

Le gâteau breton—comment le fait-on?

Le gâteau breton

Même si vous n'aimez pas **les** gâteaux, vous n'allez pas pouvoir résister **au** gâteau breton! **La** recette est très simple: mélanger 250 grammes (ou 2 tasses) **de** farine,* 250 gr. (ou 1 tasse 1/4) **de** sucre et 250 gr. (ou **une** demi-livre) **de** beurre (**du** vrai beurre **que** vous aurez laissé ramollir* à température ambiante). Quand **la** farine, **le** sucre et **le** beurre sont bien mélangés, ajouter 6 jaunes d'œufs et les incorporer à **la** pâte.* On peut aussi ajouter **du** Grand Marnier—**une** cuillerée à soupe. Aplatir* **la** pâte dans **un** moule à gâteau* (rond) bien beurré. Dorer **la** surface avec **un** septième jaune d'œuf; tracer **des** lignes à **la** fourchette pour **la** décoration—et voilà! Il ne reste plus que **la** cuisson: à 375° pendant 30 mn,

*La farine = *flour;* ramollir = *to soften;* la pâte = *dough;* aplatir = *to flatten;* un moule à gâteau = *a cake pan*

puis à 300° pendant 15 mn. Ne pas démouler avant que **le** gâteau soit complètement refroidi.

C'est **un** gâteau **qui** est sûr de plaire, et **dont** vous allez rêver **la** nuit.

 Articles

Déduisez

In the recipe for **le gâteau breton,** what articles

- introduce nouns used in a general sense (such as cakes in general)?
- introduce nouns used in a specific sense *(the* sugar, *the* butter)?
- correspond to the English *a, an*?
- correspond to the English *some* in the plural? in the singular?

Vérifiez

Definite articles **(le, la, l', les)** indicate that a noun is used in a general or abstract sense.

> **Les** gâteaux sont-ils bons pour **la** santé?

Note that verbs expressing general likes and dislikes **(aimer, préférer, détester)** are followed by definite articles.

> J'aime **les** gâteaux, mais je préfère **les** glaces.

Definite articles are also used for specific references.

> Quand **la** farine, **le** sucre et **le** beurre sont bien mélangés...

Le and **les** contract with the prepositions **à** and **de.**

à + le = au	Je pensais **au** gâteau breton.
à + les = aux	Faites attention **aux** calories!
de + le = du	Parlons **du** repas...
de + les = des	...et **des** différents plats.

The indefinite articles **un** and **une** correspond to the English *a* and *an.*

> Ajouter **une** demi-livre de beurre; c'est **un** gâteau qui est sûr de plaire.

Des is the plural of **un/une.** It corresponds to the English *some.*

> Il faut aussi **des** œufs.

Other articles that refer to *some*, or to *a part of* a whole, are partitive articles (part → partitive): **du, de la, de l'**.

> Pour cette recette, il faut **du** beurre, **de la** farine, **de l'**eau...

Although *some* is often omitted before nouns in English, **du, de la, de l'**, and **des** *must* be used in French.

Indefinite and partitive articles become **de** after most expressions of quantity and after negative expressions.

> Du beurre? J'ai beaucoup **de** beurre, assez **de** beurre, trop **de** beurre!
> Vous avez **une** recette? —Non, je n'ai pas **de** recette.
> Vous prenez **du** vin? —Non merci, je ne bois jamais **de** vin.

There are several exceptions. First, articles remain unchanged after **la plupart**.

La plupart **des** gens veulent encore du dessert.	*Most people want some more dessert.*

Second, no article or preposition is used after **plusieurs** *(several)* and **quelques** *(a few)*.

> J'ai **plusieurs** recettes de gâteaux et **quelques** recettes de glaces.

Finally, in negative sentences with **être**, the indefinite and the partitive articles remain unchanged.

> Ce n'est pas **une** boisson ordinaire.
> Ce n'est pas **du** vin, c'est du jus de raisin.

Essayez!

Complétez les phrases suivantes avec le mot **légumes**—et l'article nécessaire.

1. J'aime... 2. Je ne mange jamais... 3. J'ai pris trop... 4. Voulez-vous encore... 5. Ce ne sont pas... 6. Tu as pensé à... ?

Recommencez l'exercice avec le mot **beurre,** puis **eau minérale.**

(Réponses page 182)

◆ Maintenant à vous

A. La liste des commissions *(Grocery shopping list).* Pour mieux vous rappeler, vous répétez à haute voix ce que vous devez acheter. Ajoutez les articles voulus.

1. D'abord, il faut que j'achète _____ pain et _____ croissants. (J'espère que _____ croissants seront encore chauds!) 2. Voyons, je vais prendre aussi _____ beurre, _____ confiture, _____ kilo _____ tomates, _____ litre _____ lait et _____ bouteille _____ eau minérale. 3. Comme viande, si _____ bifteck est beau, je vais prendre _____ bifteck. Autrement, je

Comment choisir un bon saucisson? Est-ce une question de prix ou de qualité?

prendrai _____ côtelettes de veau. 4. Je vais prendre aussi _____ jambon et _____ saucisson. _____ saucisson est toujours bon, _____ jambon aussi, d'ailleurs.

Maintenant, dites à un(e) partenaire ce que vous avez acheté la dernière fois que vous avez fait des courses.

B. Tout pour faire plaisir. Pendant une visite chez votre grand-mère, vous l'accompagnez au supermarché où elle veut acheter tout ce qui vous ferait plaisir. Alors, pourquoi ne pas la laisser vous gâter *(spoil)*? Jouez la situation avec un(e) partenaire. Ensuite, renversez les rôles.

MODELE: oranges → ETUDIANT A: Tu aimes les oranges?
ETUDIANT B: Oui, prends *des* oranges! *(ou)*
Non, ne prends pas *d'*oranges!

1. pâtes 2. concombres 3. huîtres 4. poisson 5. crevettes
6. agneau 7. poulet 8. haricots verts 9. carottes 10. riz
11. purée 12. gruyère 13. Coca 14. jus de pomme 15. glace au chocolat 16. ?

Ensuite, les «grands-mères» décriront les goûts de leur «petit-fils» ou «petite-fille» à la classe.

C. Dis-moi ce que tu manges, et je te dirai qui tu es... En groupes de deux, dites ce que vous aimez, ce que vous prenez et ce que vous ne prenez jamais aux différents repas de la journée. Ensuite, votre partenaire déterminera si vous êtes **gourmet** (c'est-à-dire, quelqu'un qui apprécie la cuisine fine), **gourmand(e)** (quelqu'un qui aime beaucoup manger), **difficile, indifférent(e)** à ce que vous mangez ou tout simplement **bizarre**! Vous pouvez assumer une personnalité fantaisiste si vous le désirez. Reprenez le vocabulaire du début du chapitre pour vous inspirer.

Nouns

Gender

As you know, French nouns are either masculine or feminine. Although a few noun endings are indicative of masculine or feminine gender (for example, **-isme** endings are masculine, and **-tion** endings are feminine), there are so many exceptions that the best policy is to learn each new noun with its article. When in doubt, consult the dictionary. A few nouns (primarily referring to professions) are always masculine **(un architecte, un ingénieur, un juge, un médecin, un professeur),** and a few nouns are always feminine **(une personne, une vedette de cinéma, une victime).**

Some masculine nouns designating people can be made feminine with a simple change of article—**un(e) adulte, un(e) artiste, un(e) enfant, un(e) secrétaire.** Other nouns follow the same rules for gender agreement as adjectives.

Essayez!

Remembering what you learned about adjectives in **Chapitre 1,** can you give the feminine form of the following nouns?

1. le patron   2. un boulanger   3. un acteur   4. un chanteur   5. un Parisien

(Réponses page 182)

Number

Here again, the rules you learned for adjectives also apply to nouns.

une crevette → des crevette**s**   un anim**al** → des anim**aux**

Only a few irregular plural forms are particular to nouns.

SINGULAR	PLURAL	EXCEPTIONS
-ail	**-aux**	un détail → des dét**ails**
un travail	des travaux	
-eu	**-eux**	un pneu → des pneu**s**
un feu	des feux	
-ou	**-oux**	un sou → des sou**s** *(money)*
un chou	des choux	un trou *(a hole)* → des trou**s**
		un clou *(a nail)* → des clou**s**

Here are three individual exceptions.

un œil → des yeux
le ciel → les cieux
un jeune homme → des jeunes gens

Verbs and prepositions are invariable in a compound noun; nouns and adjectives are pluralized if the meaning allows it.

le grand-père *(adj. + noun)* →	les grands-pères
l'arrière-grand-parent *(prep. + adj. + noun)* →	les arrière-grands-parents
une salle à manger *(noun + prep. + verb)* →	des salles à manger
un gratte-ciel *(verb + noun, but one sky only)* →	des gratte-ciel
un hors-d'œuvre *(prep. + noun expressing a singular idea)* →	des hors-d'œuvre

To form the plural of **monsieur, madame,** and **mademoiselle,** which are the contractions of **mon seigneur** *(my lord),* **ma dame** *(my lady),* and **ma demoiselle** *(my damsel),* the possessive adjective becomes plural: *messieurs, mes*dames, *mes*demoiselles.

Proper nouns are invariable in French.

Les Dupon**t** sont en visite chez les Duran**d.**

Essayez!

Mettez au pluriel.

1. un journal   2. un héros   3. un agneau   4. un cheveu
5. un caillou *(rock)*   6. un ouvre-boîtes *(can opener)*

(Réponses page 182)

◆ Maintenant à vous

D. Un petit discours. Vous avez préparé un petit discours *(speech)* sur les repas français, mais sous le coup de la nervosité sans doute, vous avez mis tous vos noms au singulier—vite, mettez-les au pluriel! Faites les autres changements nécessaires.

1. **Madame et Monsieur,...**   2. ...je vais vous parler **du repas français.**   3. **Le petit déjeuner** est «petit»,...   4. ...mais **l'autre repas** est «grand».   5. Pour manger, on met sa serviette sur **son genou,** et on garde **la main** sur la table.   6. Il faut aussi garder **l'œil** sur **son voisin** pour voir

comment il se sert **de la fourchette et du couteau.** 7. D'abord il y a **le hors-d'œuvre; l'entrée et le plat garni** ne sont pas **la même chose.** 8. **Le fruit de mer,** par exemple, ou **le poisson,** n'est pas considéré comme **un plat principal.** 9. **La viande** se sert avec **un légume.** 10. **Le fromage** se sert avant **le fruit.**

En quoi le repas français diffère-t-il du repas américain?

E. Un malentendu. Pensant que vous parliez d'un ami, nous avons tout interprété au masculin; mais il s'agissait en fait d'**une amie,** alors rectifions les phrases suivantes.

1. Si nous comprenons bien, ce n'est plus **un enfant.** 2. Il est **étudiant** à l'université de Paris. 3. Il veut devenir **architecte** ou **ingénieur.** 4. A la maison, c'est **un bon cuisinier** et surtout **un bon pâtissier.**

Relative Pronouns

J'essaie de manger des choses **qui** sont bonnes pour la santé, mais des choses **que** j'aime aussi—**ce qui** n'est pas toujours facile! Tiens! Voilà le restaurant **dont** je te parlais. C'est un restaurant **où** on sert des spécialités provençales.

Déduisez

In the preceding paragraph, what does the relative pronoun **qui** stand for? Why is **qui** used in the first relative clause and **que** in the second?

Vérifiez

Relative pronouns *relate* sentences to each other, or join them. A relative clause explains or elaborates on a noun called the *antecedent*. (**Qui** and **que,** above, stand for **choses.**)

des choses qui...   des choses que...
le restaurant dont...   un restaurant où...

When there is no specific antecedent, or when a whole sentence is the antecedent, **ce** is added as an artificial antecedent. **Ce** can refer only to things or ideas, not to people.

...**ce qui** n'est pas toujours facile!   C'est **ce que** je disais.

How do you know which relative pronoun to use?

Qui

If the relative pronoun (or the antecedent it represents) is the *subject* of the clause it introduces, use **qui.**

J'essaie de manger des choses **qui** sont bonnes pour la santé.	*I try to eat things that are healthful.*
Je ne comprends pas **ce qui** se passe.	*I don't understand what's happening.*
Ce qui m'intéresse, c'est la cuisine chinoise.	*What interests me is Chinese cooking.*

Que

If the relative pronoun is the *direct object* of the clause it introduces, use **que** (or **qu'** in front of a vowel).

J'essaie de manger des choses **que** j'aime.	*I try to eat things (that) I like.*
C'est la recette **que** tu cherchais?	*Is it the recipe (that) you were looking for?*
Je t'ai dit tout **ce que** je sais.	*I've told you everything I know.*

Although in English the relative pronoun *that* is often omitted, in French it must always be stated.

Since **que** indicates a preceding direct object, watch for past participle agreements when compound tenses are used.

La tarte **que** tu as fait**e** était vraiment bonne.	*The pie (that) you made was really good.*

Dont

If the verb of the dependent clause requires the preposition **de** (as in **parler de, avoir besoin de,** etc.), use **dont.**

C'est un gâteau **dont** vous allez rêver la nuit! (rêver **de**)
Voilà **ce dont** j'ai besoin. (avoir besoin **de**)

Dont is also used to express possession. Note that the possessive adjective becomes a definite article after **dont.**

Je connais un monsieur; **sa** femme est française.
(sa femme = la femme **de** ce monsieur; de → dont)
Je connais un monsieur **dont la** femme est française.

Où

If the antecedent is *a place* or *a time,* use **où.**

> C'est un restaurant **où** on sert des spécialités provençales.
> Tu te rappelles le jour **où** on a mangé là?

Essayez!

A. Complétez avec un pronom relatif.

1. Il y a des gens ___ n'aiment pas les escargots.   2. Je connais un magasin ___ on trouve des escargots importés de France.   3. C'est le magasin ___ je t'ai déjà parlé.   4. Les escargots ___ on a mangés l'autre jour étaient délicieux, n'est-ce pas?

B. Ce qui? Ce que? Ce dont? Complétez.

1. ___ je mange est important.   2. J'achète ___ est bon pour la santé.
3. Voilà exactement ___ j'avais envie.

(Réponses page 182)

◆ Maintenant à vous

F. Comment? Vous avez vraiment l'esprit ailleurs aujourd'hui. Avec un(e) partenaire, demandez et donnez des clarifications selon le modèle, en utilisant le pronom **dont** ou bien **où** selon le cas. Ensuite, renversez les rôles.

> MODELE: le gâteau / on parlait →
> ETUDIANT A: Voilà le gâteau! →
> ETUDIANT B: Quel gâteau? →
> ETUDIANT A: Le gâteau dont on parlait.

1. la recette / tu avais besoin   2. le livre / j'ai trouvé cette recette   3. le magazine / ses réclames *(ads)* sont toujours si belles   4. la réclame / je te parlais   5. la page / il y a la photo de mon dessert favori   6. le dessert / j'étais si fier (fière) l'autre jour

G. Le gâteau breton. Combinez les deux phrases de chaque paire à l'aide d'un pronom relatif, selon le modèle.

> MODELE: C'est un gâteau. Il est très facile à faire. →
> C'est un gâteau qui est très facile à faire.

1. C'est un gâteau. Vous pourrez le faire vous-même.
2. Les ingrédients sont de la farine, du sucre, du beurre et des œufs. On a besoin de ces ingrédients.
3. Le beurre peut être avec ou sans sel. Vous utilisez ce beurre.
4. Le moule doit être bien beurré. Vous mettez la pâte dans ce moule.
5. C'est un gâteau. Il peut se manger à toute heure de la journée.

H. Vous devinez? Commencez la description d'un produit alimentaire, et vos camarades vous poseront des questions pour essayer de deviner ce à quoi vous pensez. Condition requise: chaque phrase ou question **doit contenir un pronom relatif.**

MODELE: Je pense à un produit alimentaire dont le nom commence par un **c.** →
(Question 1) C'est quelque chose qu'on mange au dessert? → non
(Question 2) C'est quelque chose qui vient d'un animal? → non
(Question 3) C'est un légume dont la couleur est verte? → oui
(Question 4) C'est un légume qui se mange en salade? → oui
(Réponse) Le concombre!

La liste de vocabulaire du début du chapitre pourra vous servir d'inspiration.

I. A vous! En groupes de deux, complétez les phrases suivantes de façon personnelle. Faites une liste des réponses que vous avez en commun, puis faites part de cette liste à la classe.

1. Un repas de fête, c'est un repas qui/que... 2. Un repas ordinaire, c'est un repas qui/que... 3. J'aime aller dans des restaurants où... 4. Ce dont j'ai envie maintenant... 5. J'attends avec impatience le jour où...

J. Jeu de rôles: La rencontre des chauvins. A French chauvinist describes with great pride a typical French meal and the advantages of spending a long time at the table. The American chauvinist* describes with equal pride American meals and attitudes toward food. Who will be more convincing?

Par écrit

Avant d'écrire

How to Begin: Brainstorming. Most experienced writers can write something interesting about nearly any topic. Less experienced writers, however, often find that the biggest problem they face is simply finding something interesting to say. One source of the problem is that novice writers expect to produce lively and organized prose the first time they sit down with a pen and paper. They don't realize that all good work grows out of a series of steps; writing is a process that usually begins with brainstorming,

---

*Or a chauvinist of another nationality

followed by a stage of organizing ideas (and eliminating some of them). The writing process ends only after several revisions.

One of the most useful ways to approach a subject that you have not chosen yourself is to think about how it connects with your personal experience. You can't write something that will capture your reader's interest if it bores you. Jot down all the ideas that occur to you. Don't evaluate or criticize them; you can do that later. Once you begin brainstorming in this way, you will probably be surprised at how much you have to say about nearly any topic.

Once you have more ideas than you can use, go back and begin to shape your essay. Organize your ideas into the general and the particular, and eliminate those that do not seem to fit into your general line of thought. You will find several hints about how to organize your ideas in the **Par écrit** sections of **Chapitres 6** and **15**.

Read the following topic, and set aside fifteen or twenty minutes just to brainstorm before you begin writing. You might start by asking yourself these questions: What do I remember about meals in my family? Do meals seem to have a different character in my friends' families? What role does eating play in other cultures I know about? Afterward, list personal experiences you might use to approach the topic, and then progress to generalizations about other people.

◆ Sujet de composition

«Le rôle des repas dans la vie familiale et sociale.» (Faites particulièrement attention à la personnalisation de votre composition, et au point de vue de la forme, à l'emploi des articles, à l'accord des noms, et à la formation de phrases plus élaborées.)

Réponses: Essayez!, page 174: 1. les légumes 2. de légumes 3. de légumes 4. des légumes 5. des légumes 6. aux légumes / 1. le beurre, l'eau minérale 2. de beurre, d'eau minérale 3. de beurre, d'eau minérale 4. du beurre, de l'eau minérale 5. Ce n'est pas du beurre, de l'eau minérale 6. au beurre, à l'eau minérale
Réponses: Essayez!, page 176: 1. la patronne 2. une boulangère 3. une actrice 4. une chanteuse 5. une Parisienne
Réponses: Essayez!, page 177: 1. des journaux 2. des héros 3. des agneaux 4. des cheveux 5. des cailloux 6. des ouvre-boîtes
Réponses: Essayez!, page 180: A. 1. qui 2. où 3. dont 4. qu' B. 1. Ce que 2. ce qui 3. ce dont

Combray, où Marcel Proust passait ses vacances quand il était enfant

Le goût du souvenir

Paroles

Les courses

On peut faire ses courses dans les *petits magasins:* l'**épicerie** [f.]/l'**alimentation générale** *(grocery store),* la **boulangerie** *(bakery),* la **pâtisserie** *(pastry shop),* la **boucherie** *(butcher shop),* la **charcuterie** *(delicatessen),* la **poissonnerie** *(fish market).*

On peut aussi aller au **marché** *(market)* ou dans les **grandes surfaces,** comme les **supermarchés** [m.] ou les **hypermarchés** [m.], qui vendent plus que de l'alimentation et qui sont organisés en **rayons,** comme le rayon des fruits et légumes, le rayon boucherie, etc.

Quand on fait ses courses, on choisit, on **fait peser** *(has something weighed)*, on met ses achats dans un **chariot** ou un **caddy**, on **fait la queue** *(waits in line)* pour passer à la **caisse** *(cash register)*, on paie le **caissier**/la **caissière** *(cashier)* par **chèque** [m.], **en liquide** *(cash)* ou avec une **carte de crédit**, on prend son **reçu** *(receipt)* et on met ses achats dans un **sac en plastique**, une **boîte en carton** *(cardboard box)* ou dans un **panier** *(basket)*.

Les produits alimentaires peuvent être **frais** *(fresh)*, **en conserve** *(canned)*, **préparés** (des plats déjà cuisinés), **surgelés** *(frozen)*, **secs** *(dry)* ou **en poudre** *(powdered)*. Ils peuvent se servir **crus** *(raw)* ou **cuits** *(cooked)*.

La cuisine

Que faut-il pour faire la cuisine?

Des *ustensiles* [m.]: un **couteau** pour **couper**, une **cuillère en bois** *(wooden spoon)* pour **remuer** *(stir)*, un **mixeur** pour **mélanger** *(to mix)*, une **casserole** *(cooking pan)* pour **faire cuire** *(to cook)* ou **faire bouillir** *(to boil)*, une **poêle** *(frying pan)* pour **faire frire** *(to fry)*, une **marmite** *(Dutch oven)*, un **moule à gâteau** ou **à tarte** *(cake/pie pan)*.

Des *appareils* [m.] *ménagers:* la **cuisinière** *(stove)*, le **four** *(oven)*, le **four à micro-ondes** *(microwave oven)*, le **robot** *(food processor)*, le **frigo** et le **congélateur** *(freezer)*.

Des *ingrédients* [m.]: la **farine** *(flour)*, le **sucre**, la **vanille**, la **crème**, le **persil** *(parsley)*, l'**ail** [m.] *(garlic)*, la **moutarde** *(mustard)*, l'**huile** [f.] *(oil)*, le **sel**

Quels sont les avantages des grandes surfaces?

(salt), le **poivre** *(pepper)* et autres **épices** [f.] *(spices)* pour **assaisonner** *(to season)* les plats.

Les **recettes** [f.] *(recipes)* indiquent les quantités voulues: une **cuillerée à café/à soupe** *(tea-/tablespoonful)*, une **pincée** *(pinch)*, un **morceau** *(piece)*, une **tranche** *(slice)*, une **tasse** *(cup)*, une **livre** (c'est-à-dire 500 g ou la **moitié** d'un kilo), une **demi**-livre (250 g), un **quart** (1/4), un **tiers** (1/3), etc.

Et bien sûr, pour faire la cuisine, il faut aussi des techniques et même un certain talent, non?

◆ Parlons-en

A. Dans quel(s) magasin(s) achète-t-on les choses suivantes en France?

du pain	des saucisses	des croissants
des fruits de mer	du fromage	des légumes
des œufs	de la viande	une tarte aux
une dinde	du poisson	cerises

B. Décrivez rapidement à quelqu'un qui vient d'un petit village la façon de faire les courses dans une grande surface.

C. En groupes de trois, assumez les rôles suivants:

ETUDIANT(E) A: une maman américaine avec deux jeunes enfants

ETUDIANT(E) B: l'étudiant(e) américain(e) typique

ETUDIANT(E) C: un(e) Français(e) habitué(e) à acheter son pain, sa viande, ses fruits et ses légumes dans des petits magasins, le reste dans un supermarché

Ensemble, comparez votre façon de faire les courses, en notant les différences pour pouvoir ensuite en faire un petit rapport à la classe. (Tous les combien de temps faites-vous vos courses? Par quel rayon commencez-vous quand vous entrez dans le supermarché? Mettez-vous longtemps à choisir? Sur quels critères basez-vous vos choix? etc.)

D. Des recettes. Apportez en classe une recette simple que vous aimez bien. Sans montrer la recette, et sans lire d'abord la liste complète des ingrédients, décrivez à un(e) camarade tout ce que vous faites pour préparer ce plat et voyez si votre camarade peut deviner de quel plat il s'agit. Chacun dira ensuite à la classe ce qui lui a permis de deviner la recette de son/sa partenaire—ou pourquoi c'était impossible de deviner.

Lecture

L'auteur

La lecture de ce chapitre provient du premier volume du roman de Marcel Proust (1871–1922), *A la recherche du temps perdu.* Fragile et asthmatique, Proust passe une enfance protégée entre son père médecin et sa mère, issue d'une famille riche. Après ses études, il mène une vie mondaine et publie quelques articles, ainsi qu'un recueil poétique. Mais sa célébrité est due à son roman autobiographique dont le texte suivant est extrait. Ce chef-d'œuvre de la littérature peut être comparé à une symphonie dont les deux thèmes principaux sont le passage du temps et la mémoire.

Marcel Proust

Stratégie de la lecture

✦ ✦ ✦ ✦ ✦ ✦

Anticipation. Pensez à certains aliments ou plats qui évoquent des souvenirs spéciaux quand vous les mangez: Quels sont ces aliments? Quels souvenirs évoquent-ils? Pourquoi? Racontez. Est-ce que ces souvenirs vous viennent instantanément à l'esprit ou faut-il parfois «forcer» votre mémoire?

Structure du texte. Les descriptions de Proust sont parfois très difficiles à comprendre. Elles ne suivent pas la tradition chronologique de la plupart des récits. Pas de panique si vous ne comprenez pas tout dans ce passage! Pendant votre première lecture, concentrez-vous sur la structure du texte et répondez aux questions suivantes.

1. (Lignes 1 à 5) Qu'est-ce que la mère de Marcel lui offre à boire et à manger?
2. (Lignes 10–11) Qu'est-ce qu'il ressent en buvant? Sait-il pourquoi?
3. Identifiez deux idées concernant la source possible de ce qu'il ressent (13–15).
4. De quoi se souvient-il? (32–35).
5. Quels sont les sens *(senses)* qui semblent les plus importants dans le processus du souvenir? (42–46)?
6. (Lignes 48–57) Quelles sont les images qui reviennent clairement à la mémoire du narrateur?

Culture et contexte

✦ ✦ ✦ ✦ ✦ ✦

C'est une coutume très française de tremper *(dunk)* les tartines, les croissants ou les gâteaux dans une boisson chaude. Le goût de la nourriture se mélange alors avec celle de la boisson pour procurer une saveur très spéciale. C'est ce mélange des goûts qui va déclencher *(trigger)* l'expérience du souvenir chez le narrateur.

A la recherche du temps perdu [extrait]
MARCEL PROUST

Un jour d'hiver, comme je rentrais à la maison, ma mère, voyant que j'avais froid, me proposa de me faire prendre, contre mon habitude, un peu de thé. Je refusai d'abord et, je ne sais pour

quoi, me ravisai.[a] Elle envoya chercher un de ces gâteaux courts et
5 dodus[b] appelés Petites Madeleines. Et bientôt, machinalement,
accablé[c] par la morne[d] journée et la perspective d'un triste lendemain, je portai à mes lèvres une cuillerée du thé où j'avais laissé
s'amollir[e] un morceau de madeleine. Mais à l'instant même où la
gorgée mêlée[f] des miettes du gâteau toucha mon palais, je tressail-
10 lis,[g] attentif à ce qui se passait d'extraordinaire en moi. Un plaisir
délicieux m'avait envahi,[h] isolé, sans la notion de sa cause. [...]
J'avais cessé de me sentir médiocre, contingent, mortel. D'où avait
pu me venir cette puissante joie? Je sentais qu'elle était liée[i] au
goût du thé et du gâteau, mais qu'elle le dépassait[j] infiniment, ne
15 devait pas être de même nature. D'où venait-elle? Que signifiait-
elle? Où l'appréhender? Je bois une seconde gorgée où je ne
trouve rien de plus que dans la première, une troisième qui m'apporte un peu moins que la seconde. Il est temps que je m'arrête, la
vertu du breuvage[k] semble diminuer. Il est clair que la vérité[l] que je
20 cherche n'est pas en lui, mais en moi. [...] Je pose la tasse et me
tourne vers mon esprit. C'est à lui de trouver la vérité. Mais comment? [...]

Arrivera-t-il jusqu'à la surface de ma claire conscience, ce souvenir, l'instant ancien que l'attraction d'un instant identique est
25 venue de si loin solliciter, émouvoir, soulever tout au fond de[m]
moi?

Dix fois il me faut recommencer, me pencher[n] vers lui. Et
chaque fois la lâcheté[o] qui nous détourne de toute tâche difficile,
de toute œuvre importante, m'a conseillé de laisser cela, de boire
30 mon thé en pensant simplement à mes ennuis[p] d'aujourd'hui, à
mes désirs de demain qui se laissent remâcher[q] sans peine.

Et tout d'un coup le souvenir m'est apparu. Ce goût, c'était celui
du petit morceau de madeleine que le dimanche matin à Combray,[r]
quand j'allais lui dire bonjour dans sa chambre, ma tante Léonie

Des madeleines

[a]j'ai changé d'opinion [b]*plump* [c]fatigué [d]sombre [e]*soften* [f]mélangée [g]je... j'ai tremblé
[h]m'avait... était entré en moi [i]associée [j]considérez: passer [k]boisson [l]considérez: vrai
[m]au... à l'intérieur [n]diriger [o]≠ courage [p]troubles [q]reconsidérer [r]village de son enfance

35 m'offrait après l'avoir trempé dans son infusion de thé ou de tilleul. La vue de la petite madeleine ne m'avait rien rappelé avant que je n'y eusse[s] goûté; peut-être parce que, en ayant souvent aperçu[t] depuis, sans en manger, sur les tablettes des pâtissiers, leur image avait quitté ces jours de Combray pour se lier à d'autres plus

40 récents. [...] Mais, quand d'un passé ancien rien ne subsiste, après la mort des êtres, après la destruction des choses, seules, plus frêles[u] mais plus vivaces, plus immatérielles, plus persistantes, plus fidèles, l'odeur et la saveur restent encore longtemps, comme des âmes, à se rappeler, à attendre, à espérer, sur la ruine de tout le

45 reste, à porter sans fléchir,[v] sur leur gouttelette[w] presque impalpable, l'édifice immense du souvenir.

Et dès que j'eus reconnu[x] le goût du morceau de madeleine trempé dans le tilleul que me donnait ma tante,... aussitôt[y] la vieille maison grise sur la rue, où était sa chambre, vint comme un décor

50 de théâtre s'appliquer au petit pavillon donnant sur le jardin, qu'on avait construit pour mes parents sur ses derrières,... et avec la maison, la ville, depuis le matin jusqu'au soir et par tous les temps, la Place où on m'envoyait avant déjeuner, les rues où j'allais faire des courses, les chemins qu'on prenait si le temps était beau. [...]

55 Toutes les fleurs de notre jardin et les bonnes gens du village et leurs petits logis et l'église et tout Combray et ses environs, tout cela est sorti, ville et jardins, de ma tasse de thé.

[s]aie [t]remarqué [u]fragiles [v]*bending* [w]*droplet* [x]*dès... as soon as I had recognized*
[y]immédiatement

 Avez-vous compris?

A. Complétez.

1. Au début du texte, la mère de Marcel lui a proposé du thé...
   a. parce qu'il avait froid
   b. parce que c'était son habitude
2. Quand il a bu la première gorgée,...
   a. il s'est senti médiocre, mortel
   b. il a éprouvé une joie extraordinaire
3. Avec la troisième gorgée, la joie du narrateur...
   a. a augmenté
   b. a diminué
4. Quand il essaie d'analyser ce qu'il sent, Proust...
   a. comprend que la joie ne vient pas de la boisson, mais de quelque chose en lui
   b. éprouve une profonde envie de s'endormir

La maison de tante Léonie à Combray

5. Il comprend enfin que le goût de la madeleine évoque un souvenir puissant...
   a. d'un voyage en train avec ses parents
   b. de son enfance chez sa tante Léonie
6. Il voit aussi reparaître des souvenirs d(e)...
   a. toute la ville de Combray
   b. un décor de théâtre

B. Terminez les phrases de la colonne de gauche avec une expression de la colonne de droite.

1. Le narrateur a d'abord refusé...
2. Il a imaginé que le lendemain serait...
3. Dans le thé il a trempé...
4. Sa joie était liée au...
5. Il a trouvé la vérité dans...
6. Selon le narrateur, la lâcheté *(cowardice)* nous détourne...
7. La vue de la madeleine...
8. Mais l'odeur et la saveur...

a. goût du gâteau
b. des tâches difficiles
c. peuvent faire revivre «le temps perdu»
d. son esprit
e. le thé
f. triste
g. ne lui avait rien rappelé
h. la madeleine

C. D'après Proust, on peut «retrouver» le temps «perdu». Etes-vous d'accord? Expliquez aussi clairement que possible.

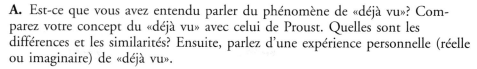

Et vous?

A. Est-ce que vous avez entendu parler du phénomène de «déjà vu»? Comparez votre concept du «déjà vu» avec celui de Proust. Quelles sont les différences et les similarités? Ensuite, parlez d'une expérience personnelle (réelle ou imaginaire) de «déjà vu».

B. D'après ce que vous avez lu, quelle sorte de personne est le narrateur? Décrivez son caractère, et justifiez vos conclusions.

C. Quelles sortes de techniques employez-vous comme aide-mémoire? Sont-telles efficaces?

D. Nous avons tous des plats favoris. Circulez dans la classe pour faire un sondage de trois minutes. Echangez vos préférences et les raisons de ces préférences avec vos camarades de classe. A la fin, rapportez les résultats de votre sondage.

Structures

La madeleine et la tasse de thé

Une simple tasse de thé... il **y** avait trempé une madeleine, et le souvenir avait pris vie. Le thé en soi ne lui avait rien rappelé; la madeleine non plus, parce qu'il **en** avait vu beaucoup depuis son enfance. Mais la combinaison des deux goûts sur son palais avait fait revivre «le temps perdu». Par le pouvoir du souvenir, il traversait le temps et l'espace. Combray? Il **y** était. Il n'**y** avait pas pensé depuis des années... Il s'**en** souvenait maintenant, avec une joie infinie.

The Pronouns *y* and *en*

Déduisez

In the preceding paragraph,

1. look at the use of **y.** Replace each **y** with the word or phrase it stands for. What can you conclude about **y**? What prepositions introduce a noun replaced by **y**?
2. look at the use of the pronoun **en.** What does **en** stand for? What can you conclude about **en**?

Vérifiez

Il avait trempé une madeleine **dans une simple tasse de thé.** →
Il **y** avait trempé une madeleine.   *He had dipped a madeleine in it.*

Il était **à Combray.** →
Il **y** était.   *He was there.*

Il n'avait pas pensé **à cela** depuis des années. →
Il n'**y** avait pas pensé depuis des
années.
   *He hadn't thought about that for
years.*

If the noun object is a *thing* introduced by the preposition **à**, it can be replaced by the pronoun **y.**

If the noun object is a *person* introduced by **à**, an indirect object pronoun is used (**me, te, lui, nous, vous, leur**).

Il n'avait pas répondu **à sa lettre.** → Il n'**y** avait pas répondu.
Il n'avait pas écrit **à sa tante Léonie.** → Il ne **lui** avait pas écrit.

When the prepositional phrase refers to a place, **y** can replace any preposition but **de.** In this sense, **y** means *here/there.*

La tasse est **sur** la table. →
Elle **y** est.   *It is there.*

Il avait vu beaucoup **de madeleines.** →
Il **en** avait vu beaucoup.   *He had seen many of them.*

Il se souvenait **de cela.** →
Il s'**en** souvenait.   *He remembered it.*

If the noun object is a *thing* or a *place* introduced by the preposition **de,** it can be replaced by the pronoun **en.**

Il revenait **de Combray.** →
Il **en** revenait.   *He was returning from there.*

En is also used if the noun object is a *thing* or a *person* introduced by an indefinite article, a partitive article, a number, or an expression of quantity. Numbers and expressions of quantity must be repeated when **en** is used. When **quelques** is repeated, it becomes **quelques-uns** or **quelques-unes.**

Il avait **une** tante à Combray. → Il **en** avait **une** à Combray.
Il a mangé **des** madeleines. → Il **en** a mangé.
Il a mangé **quelques** madeleines. → Il **en** a mangé **quelques-unes.**
Il a bu **du** thé; il a pris **plusieurs** tasses. → Il **en** a bu; il **en** a pris
plusieurs.

When **y** and **en** are combined with other pronouns, they always come last.

ORDER OF MULTIPLE PRONOUNS								
subject + (ne) +	me te se nous vous	+	le la les	+	lui leur	y +	en +	*verb* (+ pas)

Il avait revu **sa tante à Combray.** →
Il **l'y** avait revue.   *He had seen her there.*

Il voulait parler **à sa mère de son expérience.** →
Il voulait **lui en** parler.   *He wanted to talk to her about it.*

With affirmative imperatives, note that the **s** of the **tu** form is restored before **y** and **en.**

Va au bureau! **Vas**-y!
Parle du problème! **Parles**-en!

ORDER OF MULTIPLE PRONOUNS IN THE AFFIRMATIVE IMPERATIVE							
verb +	le la les	+	moi toi lui nous vous leur	+	y	+	en
Moi + en = m'en; toi + en = t'en							

Parle-moi du problème. Parle-**m'en.**
Souviens-toi de cette expérience. Souviens-**t'en.**

Essayez!

Remplacez les expressions indiquées par le pronom approprié.

1. Il est temps de penser **à nos devoirs.**   2. J'ai besoin **de mon dictionnaire,** mais je l'ai laissé **dans mon appartement.**   3. Quel dommage! Je reviens

juste **de mon appartement**! 4. Je n'ai pas **de mémoire**! 5. Peut-être que je pourrais téléphoner **à ma sœur** pour qu'elle m'apporte **mon dictionnaire**.

(Réponses page 201)

◆ **Maintenant à vous**

A. Des madeleines. Vous vous préparez à faire des madeleines. Avec un(e) partenaire, vérifiez ensemble si vous avez tous les ingrédients nécessaires, et les mesures voulues.

MODELE: vanille / une demi-cuillerée à café →
ETUDIANT A: Tu as de la vanille? →
ETUDIANT B: Oui, j'en ai. →
ETUDIANT A: Combien est-ce que tu vas en mettre? →
ETUDIANT B: Je vais en mettre une demi-cuillerée à café.

1. œufs / 4
2. sucre / une tasse et demie
3. beurre / une tasse et un quart
4. jus de citron / une cuillerée à soupe
5. farine / 2 tasses et un tiers

(Et maintenant, pour les gourmands et les curieux, le reste de la recette: préchauffer le four à 350°, mélanger tous les ingrédients, beurrer les moules à madeleines et mettre au four pendant 8 ou 9 minutes. Cette recette est pour 48 madeleines.)

B. Ce que les Français mangent. Avec un(e) partenaire, discutez le tableau suivant, selon le modèle.

CE QUE VOUS MANGEZ					
	QUANTITE	EVOLUTION %		QUANTITE	EVOLUTION %
Riz	3,8 kg	+ 58,3	Pain	50,6 kg	−36,4
Farine de blé	4,2 kg	+ 13,5	Pâtes	5,5 kg	−25,7
Confiture	2,7 kg	+ 50	Pommes de terre	57,8 kg	−38,8
Viande de boucherie	23,7 kg	+ 12,9	Légumes secs	1,5 kg	−34,8
dont: Bœuf		+ 14	Lait frais	73,6 l	−13,2
Mouton-Agneau		+ 84,2	Beurre	7,7 kg	−13,5
Porc frais, salé, fumé		+ 29,7	Huiles alimentaires	10,9 l	− 9,9
Volailles		+ 17,9	Sucre	13,8 kg	−31
Charcuterie	8,9 kg	+ 30,9	Vin ordinaire	48,8 l	−38,1
Fromages	14,4 kg	+ 33,3	Bière	16,6 l	−20,2
Apéritifs et liqueurs	3,5 l	+ 25	Cidre	4,6 l	−65,9

Quantités consommées à domicile par personne et par an en 1978−1980.
Evolution en % par rapport à la période 1965−1967.

(riz) ETUDIANT A: Est-ce que les Français mangent beaucoup de riz? →

ETUDIANT B: Le Français moyen *(average)* en mange 3 kilos virgule 8 par an.

1. pain	6. charcuterie
2. pâtes	7. beurre
3. pommes de terre	8. fromages
4. légumes secs (haricots, etc.)	9. sucre
5. viande	10. confiture

Qu'est-ce qui vous surprend dans ce tableau?

C. Et vous? En groupes de deux, essayez de découvrir cinq produits que votre partenaire ne mange jamais, cinq produits qu'il (qu'elle) mange souvent et cinq produits qu'il (qu'elle) mange quelquefois. Faites une liste au fur et à mesure, pour pouvoir rapporter vos trouvailles à la classe après l'activité.

MODELE: Est-ce que tu manges du pain complet? →
—Je n'en mange jamais /
—J'en mange souvent /
—J'en mange quelquefois.

D. Tant qu'à faire *(While you're at it).* Voyant que vous allez faire les commissions, votre camarade de chambre vous demande où vous allez et si vous pourriez faire quelques achats supplémentaires. Il (Elle) vous dit les produits voulus (un ou plusieurs pour chaque magasin), tandis que vous faites la liste au fur et à mesure.

MODELE: passer / boulangerie →
VOTRE CAMARADE: Est-ce que tu vas passer à la boulangerie? →
VOUS: Oui, je vais y passer. →
VOTRE CAMARADE: Est-ce que tu peux y prendre (une baguette) pour moi?

1. aller / épicerie	4. aller / charcuterie
2. passer / pâtisserie	5. s'arrêter / poissonnerie
3. s'arrêter / boucherie	6. ?

Oh, il (elle) exagère! Après l'activité en groupes de deux, et avec votre liste sous les yeux, faites un rapport à la classe de tout ce qu'il faut que vous preniez pour votre camarade de chambre.

E. Des voyages au pays du souvenir. Quand vous voyagez au pays du souvenir, dans les refuges de votre mémoire, où allez-vous et pourquoi?

MODELE: Je vais chez ma grand-mère. Pourquoi chez ma grand-mère? Parce que quand j'étais petit(e), j'y retrouvais mes cousins...

Utilisez le plus de pronoms possible dans vos réponses! Après la discussion en groupes de deux, faites un rapport à la classe sur les points que vous avez en commun avec votre partenaire.

Disjunctive Pronouns

> **Moi,** j'ai faim. Et **toi?** Ma tante est une excellente cuisinière—allons manger chez **elle!** Mon oncle, **lui,** fait de bons gâteaux. J'aime être avec **eux.** Quand ils viennent chez **nous,** ils apportent toujours des gourmandises.

Déduisez

Which disjunctive pronouns correspond to **je? tu? elle? nous? ils?** When are disjunctive pronouns used? Give two uses.

Vérifiez

The disjunctive pronoun forms are the following.

SINGULAR	PLURAL
moi	nous
toi	vous
lui, elle, soi*	eux, elles

Disjunctive pronouns are used for *people and animals only;* they are used in the following ways.

- to emphasize subject pronouns or nouns

    Moi, j'ai faim; mon frère, **lui,** ne mange pas beaucoup; c'est **toi** qui **as** acheté ça? *(Note the agreement of the verb with the **tu** form.)*

- with **c'est** or alone

Qui est là?—**Moi!** (—C'est **moi!**)	*Who's there?—Me! (It's me!)*
J'ai faim, et **toi?**	*I am hungry. How about you?*

- in compound subjects

Mes amis et **moi,** nous aimons manger!	*My friends and I love to eat!*

---

*Soi is used with impersonal expressions: **On est bien chez soi. Chacun pour soi** *(Every man for himself).*

- with **même,** to mean *-self* (myself, yourself, etc.)

Il ne le sait pas **lui-même.**	*He doesn't know it himself.*
Nous faisons tout **nous-mêmes.**	*We do everything ourselves.*

- with **ne... que** *(only)*

Ce n'est que **moi.**	*It's only me (I).*

- with all prepositions other than **à**

  Allons manger **chez** elle; j'aime être **avec** eux; je me souviens **de** lui.

Notez bien: What happens when the preposition is **à**?

Rule: **à** + *person* = *indirect object pronoun*

  Je téléphone **à mes amis.** → Je **leur** téléphone.

Exception: **à** + *person* = **à** + *disjunctive pronoun,* in these cases:

a. after the following verbs or verbal expressions*

se fier à *(to trust)*	Je ne me fie pas trop à **elle.**
s'habituer à *(to get used to)*	Je m'habitue à **eux.**
s'intéresser à *(to be interested in)*	Alors, tu t'intéresses à **lui,** hein?
penser à *(to think about)*	Pense à **nous**!
rêver à *(to dream about)*	Tu as rêvé à **moi**?

b. to express possession with **être à...** or for emphatic use with possessive adjectives

  Ce livre est à **moi.** C'est mon livre à **moi**!

Essayez!

A. Ajoutez les pronoms qui conviennent.

  Ce n'est pas ____ qui ai raconté cette histoire, c'est Robert. Tu te souviens de ____, n'est-ce pas? Robert et ____, vous étiez à l'école primaire ensemble.

B. Remplacez les expressions indiquées par des pronoms.

  Quand je pense **à mes problèmes,** je pense **à ces filles;** j'ai parlé **à ces filles** l'autre jour; je ne me fie pas **à ces filles.**

(Réponses page 201)

---

*Of course, if the object of these verbs is a thing instead of a person, the pronoun used is **y: Je m'intéresse beaucoup à la cuisine française.** → **Je m'y intéresse beaucoup.**

F. Il faut bien que quelqu'un le fasse. Personne ne veut rien faire, mais il y a pourtant des courses à faire et un grand repas à préparer. Donnez des instructions selon le modèle.

> MODÈLE: tu / aller au supermarché → C'est toi qui iras au supermarché.

1. je / faire la liste des commissions
2. tu / acheter tout ce qu'il faut
3. il / nettoyer la maison
4. nous / faire la cuisine
5. tu / préparer les légumes
6. moi / faire cuire la viande
7. elle / s'occuper du dessert
8. il / mettre la table

Parmi les tâches précédentes, laquelle préférez-vous faire? Laquelle n'aimez-vous pas du tout?

G. Au secours! *(Help!)* L'auteur du passage suivant est conscient de son style très lourd. Pouvez-vous l'aider en remplaçant toutes les répétitions inutiles par les pronoms appropriés?

L'expérience de Marcel Proust avec sa madeleine et sa tasse de thé me rappelle quelque chose: quand je bois de la citronnade fraîche, je pense à ma grand-mère. Quand j'étais petit, je passais mes étés chez ma grand-mère. J'aimais beaucoup ma grand-mère. C'était même amusant de travailler avec ma grand-mère, ou pour ma grand-mère. Une de mes responsabilités, avant chaque repas, était de préparer la citronnade. Je choisissais bien soigneusement les citrons: je prenais un ou deux citrons, je lavais les citrons, je pressais les citrons à la main, je mettais le jus dans le pichet *(pitcher)* à citronnade, et puis j'ajoutais l'eau et le sucre au jus. Quand la citronnade était prête, je montrais la citronnade à ma grand-mère: je demandais toujours à ma grand-mère de goûter la citronnade, pour voir s'il fallait ajouter du sucre à la citronnade. Ce n'était pas difficile de faire plaisir à ma grand-mère. Et maintenant, ce n'est pas difficile de penser à ma grand-mère: il suffit d'un simple verre de citronnade pour que je me souvienne de ma grand-mère.

Strategies for Getting and Giving Essential Information

Foreigners often need to know how to ask for clarification when they don't understand something, as well as how to express ideas when they don't know the exact words. Here are some suggestions.

Asking for Clarification

Above and beyond the very acceptable **Comment?,** the following expressions can be used:

Qu'est-ce que vous voulez (tu veux) dire?	*What do you mean?*
Qu'est-ce que ça veut dire?	*What does it mean?*
Comment ça se fait?	*How come?*
Comment se fait-il que les magasins soient fermés?	*How is it that the stores are closed?*

Circumlocuting

To circumlocute is to get a message across without the exact term(s). To get "around" a missing word, you need to remember that there usually is more than one way to say something, and that you can use the familiar to explain or describe the unfamiliar. Stalling devices or pause fillers, such as **voyons...** and **euh...** (see **Chapitre 9**) or **comment dirais-je...** *(how should I say . . . ?)* make natural leads into circumlocution. Here are some useful expressions.

- **C'est quelque chose qui s'utilise... qu'on utilise pour...**

    Je ne sais pas comment ça s'appelle, mais c'est quelque chose qu'on utilise pour ouvrir les boîtes de conserve *(cans)*.

- **un truc, un machin** (*familier* = **une chose**)

    Passe-moi le truc pour ouvrir les boîtes de conserve.

- **C'est ce qu'on fait quand...**

    C'est ce qu'on fait quand on ajoute des épices.

- **C'est ce qui arrive quand...**

    C'est ce qui arrive quand on laisse quelque chose trop longtemps sur le feu.

- **C'est là où...**

    C'est là où on garde la glace et les choses très froides.

For example, imagine that you are explaining how to make a cake, but you don't remember how to say *cake pan* in French. One possible solution would be to say **Comment dirais-je... C'est quelque chose en métal pour faire cuire le gâteau.** Can you think of other circumlocutions for *cake pan*?

◆ Maintenant à vous

H. Place à la stratégie. Sans le mot juste (dont l'équivalent anglais est en italique dans les phrases suivantes), pouvez-vous quand même exprimer les idées voulues?

1. Tell a French guest, who wants to help you in the kitchen, that he or she can *peel* the potatoes.   2. Explain that one of the *burners* on your stove doesn't work.   3. Explain that you prefer your vegetables *steamed*. 4. Explain that you try not to eat too many *sweets* because they are *fattening*.   5. Apologize for the fact that the ice cream you are serving is *half-melted*.   6. You are returning a bottle of milk to the store. Explain that the milk is *sour*.

I. Un jeu. Faites une liste de dix mots (français) que vous avez appris cette année (vous pouvez feuilleter les sections de vocabulaire si vous manquez d'inspiration). Ensuite, mettez-vous en groupes de deux, et à tour de rôle, faites deviner à votre partenaire chacun de vos mots. Attention de ne pas montrer vos mots à votre partenaire, et rappelez-vous que vos explications, ou circonlocutions, ne peuvent être qu'en français! Par exemple, si votre premier mot est «homard», vous pouvez le décrire de cette façon: «C'est un animal rouge qui vit dans la mer et qui ressemble à une grosse crevette; ça coûte très cher; c'est une spécialité de la Nouvelle-Angleterre.»

J. Jeu de rôles: *"It just isn't your day!"* You and your roommate are having a terrible day: car trouble, school trouble, and so on. As you discuss what has already happened, the seemingly tragic becomes almost funny. On a humorous note, anticipate (and exaggerate) together what else might go wrong today. Since you are having friends over for dinner at your apartment this evening, speculate on the problems you will have as you shop, cook, serve dinner, etc. Be prepared to act out your situation in front of the class afterward. Make it as original as you can!

Par écrit

Avant d'écrire

Introducing Variety into Your Writing. An unbroken series of short or long sentences makes for tedious reading. Nothing animates prose like variety, and sentences are infinitely variable. You can vary their structure as well as their length. Longer sentences combine related thoughts. Short sentences isolate a single thought for special focus. Compare the paragraph-opening sentences from Proust's text:

1. Un jour d'hiver, comme je rentrais à la maison, ma mère, voyant que j'avais froid, me proposa de me faire prendre, contre mon habitude, un peu de thé.
2. Je refusai d'abord, et, je ne sais pourquoi, me ravisai.

The first sentence combines several descriptive elements and the circumstances behind the offer of a cup of tea. The second short sentence provides a striking contrast: it emphasizes the narrator's decision—a seemingly trivial decision that will have profound consequences. Later in the text, another short sentence (**Et tout d'un coup le souvenir m'est apparu**) conveys the sudden recollection. Then, as Proust describes that recollection, the sentences stretch from one image to another. On a simpler scale, you too can vary your sentences to create special effects and improve your style in French.

PREWRITING TASK

Working in class with a partner, combine the following related sentences into one or two longer sentences, using relative pronouns and other connecting words, such as **et, mais, parce que,** and **quand.** Avoid unnecessary repetitions. Then add a short sentence for special effect.

1. J'étais enfant.   2. Ma mère m'envoyait souvent faire les commissions à l'épicerie du coin.   3. On vendait toutes sortes de bonbons dans cette épicerie.   4. Les bonbons n'étaient jamais sur ma liste.   5. Il fallait que je rapporte la monnaie exacte.   6. Je ne pouvais pas acheter de bonbons sans que maman le sache.

 Sujet de composition

«A la recherche du temps perdu.» Pensez d'abord à une expérience particulièrement mémorable que vous avez partagée avec une ou plusieurs personnes qui vous sont chères. Pour faire revivre ce souvenir, essayez de le reproduire dans une lettre que vous envoyez à ceux qui l'ont partagé avec vous. Recréez le décor et décrivez les activités, la conversation, etc. Faites une description très détaillée. Peut-être qu'après tout il sera possible de «retrouver le temps perdu». Essayez de créer des effets de style en variant la structure et la longueur de vos phrases.

Réponses: Essayez!, page 194: 1. Il est temps d'y penser. 2. J'en ai besoin, mais je l'y ai laissé. 3. J'en reviens juste. 4. Je n'en ai pas! 5. Peut-être que je pourrais lui téléphoner pour qu'elle me l'apporte.
Réponses: Essayez!, page 197: A. moi/lui/toi B. Quand j'y pense, je pense à elles; je leur ai parlé; je ne me fie pas à elles.

Par écrit | **201**

Ça vous tente?

A table!

aroles

La table

Que faut-il pour **mettre le couvert** *(set the table)?* D'abord une **nappe** *(table-cloth)* et des **serviettes** [f.] *(napkins)*. Puis on met les *assiettes* [f.]: des **assiettes creuses** (et non des **bols**) pour la soupe, des **assiettes plates** pour le reste et des **petites assiettes** pour le dessert. Les assiettes peuvent être en **porcelaine** [f.] *(china)*, en **faïence** [f.] *(stoneware)* ou en **plastique** [m.].

Les *couverts* [m.] *(silverware)* incluent le **couteau** *(knife),* la **cuillère à soupe** *(soup spoon),* la **petite cuillère,** la **fourchette** *(fork)* et la **fourchette à dessert.**

Pour boire, il faut des **verres** [m.]. L'eau se sert dans une **carafe** *(pitcher).* Le thé et le café se boivent dans une **tasse,** placée sur une **soucoupe** *(saucer).*

Et qui fait le service? L'**hôte** ou l'**hôtesse** servent les **invités** *(guests).*

Au restaurant

On peut attirer l'attention du **serveur** ou de la **serveuse** par un simple «Monsieur/Mademoiselle, s'il vous plaît?»

On commande un **menu à prix fixe** *(set price)* ou **à la carte.** La viande peut se commander **saignante** *(rare),* **à point** *(medium)* ou **bien cuite** *(well-done).* L'**apéritif** *(before-dinner drink)* et les **vins** (blanc, rouge ou rosé) sont en supplément.

Après le repas, on paie l'**addition;** si le **service** est **compris,** il n'est pas nécessaire de laisser un **pourboire** *(tip).*

Un pique-nique

Pour un pique-nique, on prépare généralement des ***sandwichs*** [m.]: au **jambon,** au **thon** *(tuna),* au **pâté,** au **fromage,** etc. On peut emporter des **œufs durs** *(hard-boiled eggs),* un **melon** *(cantaloupe),* une **pastèque** *(watermelon);* on peut aussi faire un **barbecue.**

Les régimes

Etes-vous **au régime** *(on a diet)?* On peut suivre un régime **végétarien, amaigrissant** *(reducing),* sans sel, sans sucre, etc. Il paraît qu'il faut **faire attention à sa ligne** *(watch one's figure)...*

Parlons-en

A. Racontez une expérience mémorable au sujet d'un dîner au restaurant en employant autant de vocabulaire du chapitre que possible.

B. Avec un(e) partenaire vous décidez d'organiser un pique-nique. Faites une liste de la nourriture et des choses à emporter.

C. Regardez la photo de la page 204 et nommez autant de vocabulaire que possible concernant le restaurant, les tables, etc... Vous pouvez aussi faire des équipes et voir qui peut faire la liste la plus longue le plus vite!

D. Regardez le menu ci-dessous. Choisissez deux ou trois plats et inventez-en la recette!

Hors-d'œuvre

Escargots à la bourguignonne
Caviar Romanoff
Crevettes à la marinière
Fonds d'artichauts Bayard

Potages

Soupe à l'oignon gratinée
Vichyssoise

Poissons

Filet de sole meunière
Truite amandine
Homard grillé
Crabe Thermidor

Viandes

Canard à l'orange
Poulet aux champignons
Côtelettes d'agneau grillées
Tournedos béarnaise
Chateaubriand gastronome
Veau cordon bleu

Salades

Salade d'épinards flambée
    au Cognac
Salade de laitue au Roquefort

Fromages assortis

Desserts

Gâteau moka
Meringue glacée
Pêche Melba
Soufflé au Grand Marnier
Crème caramel
Tarte aux framboises

Un restaurant parisien

La lecture suivante est composée de deux poèmes intitulés «Le Corbeau et le Renard», de Jean de La Fontaine, et «Déjeuner du matin», de Jacques Prévert.

La Fontaine (1621–1695) est surtout connu pour ses fables dont les premières étaient destinées au fils du roi Louis XIV, le Dauphin.

Prévert (1900–1977) est un poète très aimé des Français qui décrit la vie ordinaire. Ses poèmes sont souvent très proches de la langue parlée et beaucoup ont été mis en chansons.

Avant de lire

Stratégie de la lecture

✦ ✦ ✦ ✦ ✦ ✦

Anticipation. «Le Corbeau et le Renard»—Aimez-vous les compliments? Comment réagissez-vous quand quelqu'un vous complimente? Quelle est la différence entre un compliment et une flatterie?

«Déjeuner du matin»—Quand vous prenez votre petit déjeuner le matin, est-ce que vous parlez beaucoup? à qui? Ou préférez-vous manger en silence, en lisant quelque chose ou en regardant la télé?

La diction. L'effet d'un poème dépend souvent des sons et de l'ordre des mots, ainsi que de leur sens. Les répétitions, par exemple, produisent un effet spécial sur l'ensemble du poème. Lisez les poèmes à haute voix. Quels sont les sentiments évoqués?

Culture et contexte

✦ ✦ ✦ ✦ ✦ ✦

La fable est un récit, généralement assez court, qui présente souvent des animaux. Elle peut être en vers ou en prose et elle est presque toujours didactique. La morale, quand il y en a une, est souvent destinée à illustrer une vérité psychologique. La Fontaine, fabuliste par excellence, s'est inspiré des fables d'Esope de la Grèce antique, mais il a su actualiser et réadapter les fables à son contexte français de la cour de Louis XIV.

Le Corbeau et le Renard

JEAN DE LA FONTAINE

Maître[a] corbeau, sur un arbre perché,
Tenait en son bec un fromage.
Maître renard, par l'odeur alléché,[b]
5 Lui tint[c] à peu près[d] ce langage:
«Eh bonjour, Monsieur du Corbeau.
Que vous êtes joli! que vous me semblez beau!
10 Sans mentir, si votre ramage[e]
Se rapporte à[f] votre plumage,
Vous êtes le phénix* des hôtes de ces bois.»
A ces mots, le corbeau ne se sent
15 pas[g] de joie;
Et pour montrer sa belle voix,
Il ouvre un large bec, laisse tomber sa proie.
Le renard s'en saisit, et dit: «Mon bon monsieur,
20 Apprenez que tout flatteur
Vit aux dépens de celui qui l'écoute.
Cette leçon vaut bien un fromage sans doute.»
Le corbeau, honteux[h] et confus,
25 Jura,[i] mais un peu tard, qu'on ne l'y prendrait plus.
«Eh bonjour, Monsieur du Corbeau.
Que vous êtes joli! que vous me semblez beau!
Sans mentir, si votre ramage[e]
Se rapporte à[f] votre plumage,
30 Vous êtes le phénix* des hôtes de ces bois.»
A ces mots, le corbeau ne se sent pas[g] de joie;
Et pour montrer sa belle voix,
Il ouvre un large bec, laisse tomber sa proie.
Le renard s'en saisit, et dit: «Mon bon monsieur,
35 Apprenez que tout flatteur

[a]mot ap. (î = s) [b]attiré [c]tenir (passé simple) [d]à... presque [e]chanson [f]se... est comparable à [g]ne... *is overcome*

_____

*Oiseau mythologique qui représente un être unique en son genre, supérieur par ses brillantes qualités

    Vit aux dépens de celui qui l'écoute.
    Cette leçon vaut bien un fromage sans doute.»
Le corbeau, honteux[h] et confus,
Jura,[i] mais un peu tard, qu'on ne l'y prendrait plus.

[h]comparez: honte [i]*swore*

Avez-vous compris?

A. Classez les phrases (de 1 à 6) selon l'ordre de la fable.

   _____ Le renard flatte le corbeau.
   _____ Le renard offre la leçon.
   _____ Le renard sent l'odeur du fromage.
   _____ Le corbeau ouvre son bec pour chanter.
   _____ Le renard a le fromage.
   _____ Le corbeau est perché sur un arbre.

B. On dit que les fables de La Fontaine possèdent deux parties: l'histoire et la morale. Identifiez chacune et le moment de transition entre les deux.

C. Quelle est la conclusion du corbeau à la fin du poème?

D. Les paroles de la fable indiquent clairement qu'il s'agit d'animaux. Faites une liste des mots qui appartiennent au royaume des animaux.

E. Décrivez le caractère du corbeau et puis celui du renard.

◆ **Et vous?**

A. Dans la préface des Fables, La Fontaine a écrit: «Ces fables sont un tableau où chacun de nous se trouve dépeint.» Vous identifiez-vous le plus au renard ou au corbeau? Expliquez votre choix.

B. A propos du ton de ses fables, La Fontaine a écrit: «Aujourd'hui... on veut de la nouveauté et de la gaieté... un certain charme, un air agréable, qu'on peut donner à toutes sortes de sujets, même les plus sérieux.» Relisez la fable et identifiez où et pourquoi vous trouvez ce charme et cette gaieté.

C. La fable présente un monde injuste. Voyez-vous le monde du 20e siècle de cette façon? Expliquez votre réponse.

D. La vanité est-elle un vice ou un aspect naturel de l'humanité? Quelle est la différence entre la vanité et une bonne opinion de soi-même, une confiance en soi qui est nécessaire au bon fonctionnement de l'individu?

E. Racontez un incident où quelqu'un a essayé de vous flatter pour arriver à ses propres fins. Quel a été le résultat?

Déjeuner du matin

JACQUES PREVERT

A a mis le café
Dans la tasse
Il a mis le lait
Dans la tasse de café
5 Il a mis le sucre
Dans le café au lait
Avec la petite cuiller
Il a tourné
Il a bu le café au lait
10 Et il a reposé la tasse
Sans me parler
Il a allumé
Une cigarette
Il a fait des ronds
15 Avec la fumée
Il a mis les cendres
Dans le cendrier
Sans me parler
Sans me regarder
20 Il s'est levé
Il a mis
Son chapeau sur sa tête
Il a mis
Son manteau de pluie
25 Parce qu'il pleuvait
Et il est parti
Sous la pluie
Sans une parole
Sans me regarder
30 Et moi j'ai pris
Ma tête dans ma main
Et j'ai pleuré.

Jacques Prévert

✦ Avez-vous compris?

A. Complétez.

1. L'histoire se passe au _____.
2. Dehors, il _____.
3. «Il» boit _____.
4. Dans son café, il met _____ et _____.
5. Il allume _____.
6. Il fait _____ avec la fumée.
7. Il met _____ sur sa tête.
8. Il met aussi _____.
9. Il ne _____ pas.
10. Après son départ, le narrateur (la narratrice) _____.

B. Qui parle? Que dit-«il» dans le poème? Que lui dit le narrateur (la narratrice)?

C. Répondez aux questions suivantes. Vous allez trouver qu'il y a plusieurs réponses possibles à certaines questions.

1. «Déjeuner du matin» nous offre le spectacle de deux personnes silencieuses. Qui sont-elles? Justifiez votre réponse.
2. Décrivez l'atmosphère du poème.
3. Quels sentiments éprouve le narrateur (la narratrice) du poème? Et l'autre «il»?
4. Quels mots ou expressions se répètent dans le poème? Quel est l'effet de cette répétition?

✦ Et vous?

A. Quel rapport mystérieux entre les deux personnages du poème! Prévert offre peu de détails qui expliqueraient leur situation. Avec un(e) camarade de classe, inventez leur histoire et soyez prêts à la raconter au bout de cinq minutes. (**Exemples:** une dispute familiale? la fin d'une période de vie ensemble? un matin typique dans un mariage?)

B. Discutez en groupes de deux. C'est le soir de la journée qui est présentée dans le poème. Lui, il revient du travail et vous, vous avez résolu de sauver votre mariage (ou relation ou amitié). Vous analysez la situation actuelle, et vous expliquez ce que vous voulez faire. Votre partenaire présente son point de vue. A deux, vous allez «négocier» votre avenir ensemble en parlant spécifiquement de vos actions futures.

C. Cette sorte de rapport peut représenter dans une certaine mesure le mariage stéréotypé des années 50 et 60 (le mari qui lit son journal et ne parle à personne). Dans les vieux films et dans les émissions de télévision, on en trouve beaucoup d'exemples: «The Honeymooners», «I Love Lucy», les films de Doris Day, etc. Est-ce réaliste? Est-ce toujours vrai? Connaissez-vous des personnes comme ça?

D. En imaginant que, d'ici dix ans, vous serez marié(e), quelle sera votre réaction et que direz-vous si votre époux ou épouse agit de cette manière?

E. Le repas du matin. Décrivez un petit déjeuner typique dans la cafétéria, dans votre appartement ou dans votre famille. Mentionnez ce que vous prenez pendant le repas, et l'interaction typique entre ceux qui sont présents.

Structures

Les résolutions du corbeau

Que vais-je faire maintenant? **Et dire que** j'avais volé ce fromage au marché, au risque de ma propre vie... Ce n'est pas tous les jours qu'on trouve des fromages comme ça au marché, **d'ailleurs. La prochaine fois que** je verrai ce maudit renard, **même s'il** me fait les plus beaux compliments du monde, je ne l'écouterai pas!

From Sentences to Paragraphs

"Connecting" words **(les mots-liens)** change simple sentences into more complex ones and strings of sentences into paragraphs, adding coherence and a nativelike flow to what you say and write. You have already learned various kinds of connectors, such as relative pronouns **(qui, que, dont, où),** conjunctions **(quand, lorsque, depuis que,** etc.),* and adverbs **(déjà, encore, parfois, toujours,** etc.). Here are more basic expressions that will help you show relationships among ideas.

Ordering of Events: **d'abord** *(first),* **puis/ensuite** *(then),* **après/plus tard** *(after; later),* **finalement/enfin**† *(finally).*

---

*More conjunctions (those requiring the subjunctive) will be introduced in **Chapitre 15.**
†**Enfin** may also mean *well . . .* or *that is to say . . .*
C'était mon fromage... enfin, celui que j'avais volé.

Additions and Nuances: **et, aussi** *(also),* **de même** *(similarly),* **en plus/de plus*** *(moreover),* **d'ailleurs** *(besides),* **ou plutôt** *(or rather),* **surtout** *(especially),* **quand même/de toute façon** *(anyway),* **au fait†** *(by the way),* **en fait†** *(actually).*

Explanation and Cause: **c'est-à-dire [que]** *(that is to say),* **en d'autres termes** *(in other words),* **c'est pour cette raison que.../c'est pour ça que...** *(that's why . . .),* **parce que** *(because),* **car** *(for, because),* **puisque/comme** *(since),* **à cause de** *(because of).*

Illustration: **par exemple** *(for example),* **comme** *(like, as).*

Purpose: **pour/afin de** *(in order to).*

Contrast or Concession: **mais** *(but),* **par contre/au contraire/en revanche** *(on the contrary),* **d'autre part** *(on the other hand),* **au moins** *(at least),* **malgré** *(in spite of),* **sauf (que)** *(except),* **cependant/pourtant** *(yet, nevertheless),* **alors que/tandis que** *(whereas),* **même si** *(even if).*

Consequence: **alors/donc/ainsi** *(so, then, therefore),* **par conséquent** *(consequently).*

---

*The **-s** is pronounced in both forms.
†The **-t** is pronounced.

A. Le corbeau et le renard: Du poème à la prose. Pour raconter l'histoire du corbeau et du renard, au présent, quels mots-liens faut-il ajouter? Transformez ces phrases de style télégraphique en paragraphe, en vous servant de conjonctions, d'adverbes ou de pronoms (relatifs et autres) pour éliminer les répétitions inutiles et articuler les idées.

1. Perspective du récit, dans l'ordre *chronologique.*
   Le renard se promène dans un bois / Il sent quelque chose de bon / Il lève la tête / Il voit un corbeau perché sur un arbre / Ce corbeau tient un fromage dans son bec / Le renard pense à une ruse / Il demande au corbeau si sa voix est aussi belle que son plumage / Le corbeau, flatté, commence à chanter / Quand il ouvre son bec, il perd son fromage / Le renard le prend / Le renard fait la morale au corbeau

2. Perspective de *l'explication,* avec diverses nuances.
   C'est l'histoire d'un renard / Ce renard a faim / Il ne veut pas se fatiguer pour trouver à manger / Il voit un corbeau dans un arbre / Ce corbeau tient un fromage dans son bec / Le renard est rusé / Il pense tout de suite à un moyen d'obtenir ce fromage / La flatterie marche toujours bien / Il fait toutes sortes de compliments au corbeau / Il l'encourage à montrer sa voix / Le corbeau est fier de sa voix / Il oublie tout / Il ouvre le bec / Il perd son fromage / Le renard est tout content / Le corbeau n'est pas très fier de lui-même

B. Déjeuner du matin: Du poème à la prose. Transformez le poème de Prévert en paragraphe au présent; les mots-liens que vous utiliserez refléteront votre interprétation. («Déjeuner du matin», c'est l'histoire d'un homme qui...)

C. «Depuis que... » Est-ce que vos habitudes alimentaires ont changé ou non depuis que vous êtes à l'université? Est-ce que vous mangez le même genre de choses qu'avant? Est-ce que vos repas sont réguliers? Préférez-vous manger chez vous ou au restaurant? Quels restaurants aimez-vous, et pourquoi? Expliquez tout ceci à un(e) camarade de classe en utilisant le plus de mots-liens possible. Ensuite, renversez les rôles, puis rapportez à la classe ce que vous avez en commun avec votre partenaire. (Depuis que je suis à l'université...)

The Present Participle

Une idée tentante

C'est **en se promenant** dans le bois que le renard a vu un corbeau **tenant** dans son bec un fromage. **N'ayant pas** envie de trop se fatiguer pour son déjeuner, le renard a eu une idée **tentante** *(tempting):* «**en flattant** ce corbeau, je parie que je peux obtenir son fromage!»

Déduisez

In the preceding paragraph, look at the expressions in boldface type. They are present participles.

1. How is the present participle formed?
2. Find an present participle used
   a. as an adjective
   b. as an equivalent to the English *by* or *while* followed by an *-ing* verb form (two examples)
   c. to replace a **qui** clause
   d. to replace a causative clause (**parce que, comme**)

Vérifiez

FORMATION

To form the present participle, drop the **-ons** from the **nous** form of the present indicative and add **-ant.**

tenir	tenons	→	ten-	→	tenant
finir	finissons	→	finiss-	→	finissant
faire	faisons	→	fais-	→	faisant

All verbs follow this pattern, with three exceptions.

avoir	→	ayant
être	→	étant
savoir	→	sachant

A present participle can be used as an adjective that modifies a noun; in this usage, it agrees with the noun it modifies.

une idée **tentante**   des histoires **impressionnantes**

When used as a verb, the present participle is invariable. Preceded by **en,** (equivalent to the English *by, while, upon,* or *in*), it corresponds to the English *-ing* verb form.

En se promenant dans le bois...	*While walking through the woods . . .*
En flattant ce corbeau...	*By flattering this crow . . .*
En entrant dans la pièce...	*Upon entering the room . . .*

Used without **en,** the present participle can act like a **qui** clause, modifying the nearest noun.

Il a vu un corbeau **tenant** dans son bec un fromage =
Il a vu un corbeau **qui tenait** dans son bec un fromage.

It can also replace a causative clause.

N'ayant pas envie de trop se fatiguer...=
Comme (Parce qu') il n'avait pas envie de trop se fatiguer...

The use of the present participle without **en** is more common in formal language than in everyday speech.

Essayez!

Participe présent avec ou sans **en**? Complétez de façon appropriée.

1. Il est tombé _____ l'escalier. (descendre)
2. Ce sont des enfants _____ ? (obéir)
3. Est-ce que vous écoutez la radio _____ ? (étudier)
4. _____ quoi faire, je n'ai rien fait. (ne pas savoir)

(Réponses, page 217)

Maintenant à vous

D. En même temps. Découvrez les petites habitudes de vos camarades de classe en posant des questions selon le modèle.

MODELE: rêver / dormir →
Est-ce que tu rêves en dormant?
(Réponse possible: Je sais que je rêve, mais je ne me rappelle jamais mes rêves en me réveillant.)

1. parler / manger   2. manger / regarder la télé   3. manger / conduire
4. chanter / prendre ta douche   5. lire le journal / prendre le petit déjeuner   6. planifier ta journée / venir à l'école   7. écouter la radio / faire tes devoirs   8. ?

E. L'autre jour. Complétez les phrases de façon personnelle, selon le modèle.

MODELE: écouter la radio →
En écoutant la radio, l'autre jour, j'ai entendu la dernière chanson de... / j'ai appris que...

1. écouter la radio
2. regarder la télé
3. lire le journal / un livre
4. ouvrir le frigo
5. faire les courses
6. réfléchir à ma vie

F. Comment? Comment arrive-t-on à faire les choses suivantes? Donnez le plus de suggestions possible, selon le modèle.

MODELE: apprendre une langue étrangère →
On apprend une langue étrangère en écoutant, en parlant, en lisant, en écrivant, etc.

1. apprendre le français
2. avoir des bonnes notes
3. maigrir
4. devenir bon cuisinier / bonne cuisinière
5. être heureux / heureuse

G. Causes et conséquences. Complétez de façon personnelle, selon le modèle.

MODELE: ne pas savoir quoi dire en classe →
Ne sachant pas quoi dire en classe, je n'ai rien dit (j'ai inventé une réponse).

1. ne pas avoir assez d'argent
2. être trop fatigué(e) hier soir
3. ne pas comprendre ce que disait le professeur
4. vouloir réussir à l'examen
5. connaître mes faiblesses (weaknesses)

H. Des images poétiques. Quelles images est-ce que les mots suivants évoquent pour vous? Complétez de façon personnelle, selon le modèle.

> MODELE: l'hiver →
> Je pense à la neige tombant doucement du ciel, à des enfants faisant un bonhomme de neige *(snowman)*, etc.

1. l'été
2. la fable «Le Corbeau et le Renard»
3. le poème «Déjeuner du matin»
4. un restaurant chic
5. la France
6. ?

I. Jeux de rôles. Discutez en groupes de deux.

1. **En mangeant, l'autre jour...** One of you will be Marcel Proust (see **Chapitre 11**), the other will be Jacques Prévert. What happened the other day while you were eating? Start with the basic stories given by the authors, but add to them, making up all kinds of details. Compare your experiences, elaborating as much as possible to see who can outdo the other.

2. **Une mouche dans la soupe!** You are in a restaurant. One of you is the waiter, the other is a customer who has just found a fly in the soup. The customer explains the situation to the waiter, who is very skeptical at first. Resolve the situation to your satisfaction, then compare your solution with that of other groups.

Par écrit

Avant d'écrire

Paragraphs (1). Your recent work connecting ideas has led you to create paragraphs. A paragraph is a group of sentences that are about the same topic and that follow the same line of thought. Writing in paragraphs means first *separating* and then *connecting* your ideas.

1. *Separate* your thoughts into smaller units. If you are working with an outline, each of your subheadings can be a paragraph starter. Aim to begin a new paragraph when your thoughts change direction.
2. To achieve unity within the paragraph, you must then *connect* your sentences. Ideas and information must be related to the main point of the paragraph. "Connecting" words, such as the ones you learned earlier in this chapter, are used to make transitions from one sentence to another.
3. Unity is achieved through sufficient development. Have you said enough about the topic to ensure that the intelligent reader won't think something has been left out? Have you anticipated most of your reader's questions?

PREWRITING TASKS

1. A brand new restaurant has just opened in your area, and you have been asked to write a brochure describing it. In groups, "create" this restaurant (style? menu? decor? price? location?).
2. Individually, define the main point you wish to make about this restaurant. This will become your topic sentence. (See the writing strategy in **Chapitre 8.**) Make sure that what you express in the topic sentence is a general idea, not a detail.
3. Expand your topic sentence by anticipating your reader's questions. List those questions and your answers.
4. Organize your material to create a logical continuum from one sentence to another.

Sujet de composition

Sachant que vous avez des connaissances en français, l'office du tourisme de votre ville vous a demandé de participer à la rédaction d'une brochure pour les touristes francophones sur les restaurants de la région. Votre tâche est de décrire, sous forme de deux ou trois paragraphes, un nouveau restaurant qui promet de faire sensation. N'hésitez pas à transformer cette description en une invitation à l'extase culinaire.

Réponses: Essayez!, page 214: 1. en descendant 2. obéissants 3. en étudiant 4. Ne sachant pas

Les conquêtes du monde moderne

En bref

Thème V looks at contemporary society and at the changes brought about by a redefinition of gender roles, French colonialism, and immigration to European countries. Through readings on these topics, you will have the chance to talk and write about their impact on life today, as well as on the future of Western society.

Functions

✦ Describing in the future
✦ Talking about places
✦ Expressing feelings and opinions

Structures

✦ Use of infinitives
✦ Verbs in the future tenses
✦ Prepositions with geographical names
✦ Verbs in the subjunctive mood

Anticipation: selon vous...

1. Quand elles commencent à travailler, les femmes ingénieurs gagnent _____.
   a. moins d'argent que leurs collègues masculins
   b. autant d'argent que leurs collègues masculins
   c. plus d'argent que leurs collègues masculins

2. Quel a été l'instrument le plus efficace de colonisation dans les pays africains?
   a. l'école
   b. la guerre
   c. le commerce

3. Combien y a-t-il d'immigrés en France (pour une population de 58 millions d'habitants)?
   a. 2,3 millions
   b. 4,5 millions
   c. plus de 6 millions

4. D'où vient le plus grand groupe d'immigrés en France?
   a. du Portugal
   b. d'Algérie
   c. d'Afrique noire

Vous allez avoir la réponse à ces questions—et à bien d'autres!—dans les chapitres treize, quatorze et quinze.

Quelles études a-t-elle faites?

Conquêtes professionnelles

Paroles

L'enseignement supérieur

A la fin du collège, les jeunes Français de quatorze à quinze ans ont deux
choix. Ceux qui ne veulent pas faire d'études supérieures peuvent préparer
des **brevets professionnels** dans des **collèges d'enseignement technique**
pour entrer dans la vie active à dix-sept ou dix-huit ans. Ceux qui veulent
faire des études supérieures vont au lycée pendant trois ans pour préparer **le
baccalauréat (le bac),** un examen national qui permet d'accéder à l'enseignement supérieur. On peut **se spécialiser en** *(major in)* **sciences, sciences économiques, gestion** *(business management),* **sciences humaines**
(social sciences), **lettres** *(humanities),* **droit** *(law),* etc. Quelle est **la durée**

des études supérieures? En deux ans, on peut **obtenir un diplôme** de **technicien supérieur** dans un Institut universitaire de technologie, ou IUT (5–8% des étudiants français suivent cette filière ou direction). Dans une université (85% des étudiants), on peut obtenir **une licence** *(equivalent to a bachelor's degree)* en trois ans; il faut un an de plus pour **la maîtrise** *(master's degree)* et trois ou quatre ans de plus pour avoir **le doctorat.**

Les études supérieures les plus prestigieuses dans certains domaines en France se font dans les **grandes écoles** et durent quatre ou cinq ans. L'admission par **concours** [m.] *(competitive entrance exam)* est réservée à l'élite intellectuelle. L'Ecole des hautes etudes commerciales (H.E.C.) et l'Ecole polytechnique (pour les ingénieurs) sont des grandes écoles.

Les études de **médecine,** qui durent un minimum de sept ans, se font dans un centre hospitalier universitaire. Les études **dentaires** durent cinq ans.

Débouchés et carrières

A quels **débouchés** *(job opportunities)* mènent les études supérieures?

Dans le domaine de la santé, on peut devenir **médecin, dentiste, vétérinaire, infirmier/infirmière, pharmacien(ne),** etc.

Les études scientifiques mènent à des **postes** [m.] de **chimistes, biologistes,** techniciens, ingénieurs, **chercheurs** *(researchers),* etc.

Dans le monde des affaires et du droit, on peut devenir **avocat(e)** *(lawyer),* **administrateur/administratrice, gestionnaire** *(management expert),* président directeur général, ou **PDG** *(equivalent to CEO),* **banquier,** etc.

Il y a bien sûr d'autres professions: les **architectes,** les **professeurs,** les **écrivains,** les **journalistes,** les **artistes,** etc. A quelle carrière **vous destinez-vous**?

Parlons-en

A. Avec un(e) partenaire, discutez des études que vous avez suivies jusqu'à présent et de celles que vous pensez poursuivre dans l'avenir. Quel est votre but?

B. Un jeu. Imaginez que vous avez fait toutes vos études en France. Individuellement d'abord, choisissez une profession et faites le profil des études scolaires et universitaires qui vous ont préparé(e) à cette profession. Mettez-vous ensuite en groupes de deux. En vous posant des questions auxquelles les réponses seront **oui** ou **non,** votre partenaire devra deviner les études que vous avez faites (en grand détail) et votre profession. Dix questions minimum! Ensuite, renversez les rôles.

C. En groupes de deux, jouez le rôle d'un conseiller ou d'une conseillère dans un lycée français, et un(e) élève de quinze ans qui veut des renseignements «efficaces et utiles» pour son avenir (études et carrières).

Situation 1: L'élève aime les gens et l'argent, réussit assez bien à l'école, mais au prix de beaucoup d'efforts, et ne veut pas faire des études trop longues ou trop difficiles.

Situation 2: (Renversez les rôles si vous le désirez.) L'élève est très bon(ne) en maths; la longueur et la difficulté des études ne lui font pas peur; il (elle) veut une carrière qui apporte le prestige aussi bien que la sécurité financière.

Lecture

Avant de lire

Stratégie de la lecture

❖   ❖   ❖   ❖   ❖   ❖

Anticipation

A. La vie de famille et les carrières: est-il possible de combiner les deux? Dans un mariage idéal, est-ce que les deux partenaires travaillent? Expliquez votre opinion.

B. Est-ce que votre opinion reste la même s'il y a des enfants? Quels sont les problèmes auxquels font face les mères de famille qui ont une carrière? Et les pères?

C. Est-ce qu'il y a généralement plus d'hommes que de femmes dans les cours scientifiques? A votre avis, pourquoi? Y a-t-il certaines carrières qu'on associe plus particulièrement avec les hommes et d'autres avec les femmes? Lesquelles? Faites une liste de ces carrières.

Culture et contexte

❖   ❖   ❖   ❖   ❖   ❖

Au 20ᵉ siècle, les développements scientifiques et techniques ont apporté des changements sociaux importants. Aujourd'hui, en France, presque la moitié des femmes de 15 ans ou plus exercent un métier. Même si la plupart de ces femmes travaillent dans le secteur tertiaire (c'est-à-dire l'administration, le commerce, l'enseignement, etc.), d'autres domaines aussi semblent s'ouvrir aux femmes. Le rôle de la femme dans les branches technologiques telles que les sciences et l'ingénierie *(engineering)* est de plus en plus discuté. La langue française, par exemple, n'a pas toujours d'équivalents féminins pour certaines professions. Comment doit-on appeler une femme qui travaille comme ingénieur: une ingénieure? une femme ingénieur? ou simplement un ingénieur? La polémique reste ouverte...

Le passage suivant est extrait du magazine *L'Express* et traite des femmes ingénieurs en France, de leurs problèmes, de leurs progrès et des changements envisagés pour l'avenir.

Femmes: les longs chemins de l'ambition

MARIE-ANNE LESCOURRET

Inaptitude féminine—réelle ou supposée—aux mathématiques et à la «technique», rigidité des mentalités de l'environnement familial ou professionnel, le parcours[a] est rude[b] pour les femmes: elles ne représentent que 6,6% des ingénieurs français.

5 Il est vrai qu'elles n'ont pu que tardivement[c] briguer[d] ce titre prestigieux. La première école mixte date de 1908, et il a fallu attendre soixante-quatre ans pour que toutes les autres institutions lui emboîtent le pas.[e] L'X,[f] dernier bastion masculin, est tombée en 1972.

10 Elles choisissent les formations techniques générales—ainsi celle de l'Ecole polytechnique féminine (E.p.f.)—mais aussi les écoles très spécialisées: agriculture et industries alimentaires,[g] physique et chimie, électronique et télécommunications. Une fois diplômées, souvent mariées, les «ingénieures» débutent dans la vie 15 active au même salaire que leurs conjoints[h] ou condisciples.[i]

Tout va bien pendant cinq ans: jusqu'aux promotions. Alors, les hommes passent devant. Parmi les 29% d'ingénieurs ayant accédé[j] aux postes de direction, 4% seulement sont des femmes. Moins combatives, moins carriéristes, plus jeunes (l'âge moyen des 20 femmes ingénieurs est de 29 ans, contre 39 pour les hommes), plus sensibles à l'intérêt de leur travail qu'à la hiérarchie, plus préoccupées aussi par leur famille, elles calent.[k] «C'est à l'épouse qu'incombent[l] les maladies des enfants, le remplacement des baby-sitters défaillantes[m]... », reconnaît Françoise, mère de deux garçons. 25 Véronique Fayein, E.p.f., chef d'une entreprise de bureautique, confirme: «Si je n'avais pas privilégié ma vie familiale, ma boîte[n] aurait connu un tout autre développement.»

[a]chemin [b]difficile [c]comparez: tard [d]chercher [e]emboîtent... suivent [f]L'Ecole Polytechnique (prestigieuse école d'ingénieurs) [g]de nourriture [h]maris [i]collègues-ingénieurs [j]ayant... qui sont arrivés [k]ne bougent pas [l]retombent [m]pas responsables [n]ma... mon lieu de travail, entreprise

Mais les recruteurs épargnent spontanément aux femmes un
«choix déchirant» entre le travail et la maison: trop absorbante, une
30 fonction hiérarchique les éloignerait de leurs enfants. Ils affirment
respecter la «nature profonde de la femme, faite plus de
compréhension que d'autorité», comme l'explique, plein de délicatesse, ce recruteur nantais.° Bref: une femme ne saurait être un
meneur^p d'hommes.

35 Aux femmes la recherche, l'enseignement (21%), les bureaux
d'étude (16%). Aux hommes la fabrication, les chantiers,^q les
secteurs lourds de la métallurgie et de l'énergie, les postes de commandement.

Et sans doute les mêmes préventions jouent-elles dans les
40 familles. Comme le révèle une enquête, les parents «poussent» plus
volontiers leurs fils que leurs filles vers les matières scientifiques.
Ce qui explique, en partie, que 17% seulement des nouveaux
ingénieurs sont des filles, alors qu'elles représentent 38% de déten-
teurs^r d'un bac scientifique.

45 «C'est un problème de génération», s'indigne Nicole du Vignaux,
E.p.f. Le militantisme féministe n'est pourtant pas de mise^s chez les
femmes ingénieurs. «On ne change pas les mentalités par décret»,
répètent-elles. «Quand je me trouvais seule dans une assemblée
masculine, c'est à moi que l'on confiait^t systématiquement les
50 tâches de dactylo^u», rappelle Colette Mathieu, ingénieur.

Aujourd'hui, l'industrie réclamant^v de plus en plus d'ingénieurs,
les hommes ne peuvent suffire à la demande. En outre, le
développement des techniques nouvelles nécessitera moins d'autorité et plus de matière grise.^w La grande chance des femmes.

°de Nantes ^pchef ^qsites de construction ^rgens qui ont ^sde... convenable ^tdonnait
^ucelle qui tape à la machine ^vayant besoin de ^wmatière... intelligence

◆ Avez-vous compris?

A. Vrai ou faux? Si c'est faux, corrigez.

1. Les femmes représentent 4% des ingénieurs français.
2. C'est entre 1908 et 1972 que s'ouvrent aux femmes les institutions qui
   forment les ingénieurs.
3. Au début de leur carrière d'ingénieur, les hommes gagnent plus d'argent
   que les femmes.
4. Les hommes sont plus souvent promus à des postes de direction.
5. Les recruteurs ont tendance à pousser les femmes vers des postes dans la
   recherche et l'enseignement.
6. 17% des élèves qui obtiennent le bac scientifique, sont des filles.
7. Actuellement, l'industrie a besoin de plus d'ingénieurs.

B. D'après l'article, quels sont les facteurs qui expliquent le faible pourcentage de femmes ingénieurs? Commentez chaque facteur. En voyez-vous d'autres qui jouent un rôle dans la vie des femmes ingénieurs?

C. Quelle est l'attitude de l'auteur envers les recruteurs? Justifiez votre réponse.

◆ Et vous?

A. D'après *L'Express* de novembre 1995, des tests ont montré que les filles obtiennent de meilleurs résultats que les garçons dans les matières scientifiques quand elles sont notées sans que l'on sache leur nom (et donc leur sexe). Qu'en pensez-vous? Y a-t-il un préjugé inconscient de la part des enseignants?

B. Faites une liste des difficultés auxquelles une femme professionnelle doit faire face dans n'importe quelle carrière. Puis proposez quelques solutions.

C. L'éducation familiale exerce sur les enfants une influence quelquefois aussi profonde que celle des écoles. Avec un(e) autre étudiant(e), parlez de votre famille. Quelle était l'attitude de vos parents envers l'éducation en général et envers certains cours en particulier? Encourageaient-ils leur(s) fils et leur(s) fille(s) de la même manière? Est-ce qu'ils poussaient leur(s) enfant(s) vers une profession ou un métier spécifique? En quoi est-ce que vous allez vous spécialiser à l'université? Est-ce un résultat des valeurs de votre famille? une révolte contre ces valeurs? une affirmation de vous-même et de vos talents? Comparez vos réponses.

D. Une chaîne. A tour de rôle, dites à la classe ce que vous comptez faire (ou ne pas faire) avec vos propres enfants dans l'avenir. Une phrase suffira. Essayez d'employer un verbe conjugué et un infinitif dans chaque phrase.

MODELE: Je vais encourager mes filles à étudier la physique.

E. Une femme affirme dans l'article que les attitudes changent plus lentement que les lois. Quel exemple donne-t-elle? Racontez une expérience similaire où on vous a donné un rôle à jouer ou un travail à faire non pas à cause de vos talents ou de votre formation, mais parce que vous êtes homme ou femme.

De quoi les femmes se plaignent-elles?

Structures

Les chemins de l'ambition

Qu'est-ce qu'elle **va faire** de sa vie? Elle **veut devenir** ingénieur, alors elle **compte faire** un bac C, puis elle **espère entrer** à l'Ecole polytechnique ou une autre grande école. **Après avoir fini** ses études, elle **a l'intention de travailler** pour une société internationale, car elle **tient à voyager.**

Infinitives

Expressing the Future with Infinitives

French speakers use a variety of ways to talk about the future without using the future tense.

Déduisez

Judging from **Les chemins de l'ambition,** describe six of those ways.

Vérifiez

aller
vouloir
compter *(to plan to)*
espérer
avoir l'intention de *(to intend to)*
tenir à *(to be set on)*
} + *infinitive*

◆ Maintenant à vous

A. Le monologue du vendredi. Envisagez ce que vous allez faire vendredi soir, selon le modèle. Donnez votre réaction après chaque possibilité.

MODELE: je / étudier → Peut-être que je vais étudier vendredi soir.
(Oh, non! Il faut être fou pour étudier le vendredi soir.)

1. je / sortir avec des amis
2. on / aller voir un film de science fiction
3. je / rester chez moi à me tourner les pouces *(twiddle my thumbs)*
4. mes amis / venir regarder la télé avec moi
5. ?

Est-ce que ce sera un vendredi soir typique?

B. Les ambitions futures. Comparez vos ambitions avec celles de deux personnes que vous connaissez bien, et la plupart des *(most)* gens en général. Formez autant de phrases que possible, affirmatives ou négatives, avec les éléments suivants.

		devenir riche
		trouver un travail intéressant
		devenir célèbre
		mener une vie ordinaire
je	avoir l'intention	se marier
mon ami(e)	compter	avoir _____ enfants
quelqu'un d'autre que je connais	espérer	rester célibataire
la plupart des gens	tenir à	habiter à _____
	vouloir	voyager
		être en bonne santé
		vivre vieux
		?

Sur le chemin de l'ambition?

Qui est le plus ambitieux (la plus ambitieuse) de la classe? Qui est le (la) plus raisonnable? le plus original (la plus originale)?

C. Des situations épineuses *(Sticky situations).* Pour chacune des situations suivantes, décidez avec un(e) partenaire cinq choses que vous comptez faire. Ensuite, comparez vos plans avec ceux des autres groupes.

1. Vous remarquez qu'un(e) camarade de classe triche pendant un examen.
2. Vous êtes une femme ingénieur dans une grande société. Vos collègues hommes avec les mêmes qualifications et la même ancienneté *(seniority)* ont reçu leur promotion, mais pas vous.

3. Vous êtes un employé (homme) dans une grande société. Une de vos collègues est visiblement traitée en inférieure par votre patron et certains autres employés. Cette situation vous irrite.
4. Définissez ensemble une autre situation épineuse, puis décidez ce que vous comptez faire.

Use of Infinitives

When a conjugated verb is followed by another verb in French, the second verb is always an infinitive.

> Qu'est-ce que je **vais faire** ce week-end?
> Je ne **tiens** pas à **passer** tout le week-end à **étudier**.
> Mais je **suis obligé** de le **faire** si je **veux avoir** une bonne note.

The infinitive may follow the conjugated verb directly, or it may be preceded by the preposition **à** or **de.** The *governing* verb, or conjugated verb, determines whether a preposition is required. Why **tenir *à*** but **être obligé *de***? Just as in English *(to prevent from, to engage in),* the only rule is usage, and each verb must be learned individually.

Déduisez

Most of the following verbs will be familiar to you. Try adding an infinitive (such as **étudier**), with or without a preposition.

> MODELE: aimer → j'aime **étudier** / **à étudier** / **d'étudier**?

Your recollection of what you have read and heard will help you decide what sounds right. In this case, the answer is **j'aime étudier.** Try it with the following verbs.

adorer	faire (On nous fait...)	pouvoir
désirer	falloir (Il faut...)	préférer
détester	laisser (Laissez-moi...)	savoir
devoir	oser *(to dare)*	valoir (Il vaut mieux...)

Try it now with verbs of movement, such as the following.

aller	descendre	partir
courir	monter	venir

And with verbs of perception, as in the following examples.

Je vous regarde...	Je vous écoute...
Je vous vois...	Je vous entends...

Vérifiez

All the preceding verbs are followed directly (with *no* preposition) by an infinitive. So are **aller, compter, espérer,** and **vouloir,** seen earlier in this chapter.

Déduisez

Scan the following list of verbs to find a few you know well. Then decide which preposition they take (if any) before an infinitive. Try adding **à parler français** or **de parler français** to the sentences on the right.

aider	Aide-moi...
s'amuser	Je m'amuse...
apprendre	J'apprends...
arriver *(to manage)*	J'arrive...
commencer	Je commence...
continuer	Je continue...
enseigner	Le professeur nous enseigne...
s'exercer *(to practice)*	Je m'exerce...
s'habituer *(to get used to)*	Je m'habitue...
hésiter *(to hesitate)*	J'hésite...
inviter	Le professeur nous invite...
obliger	Le professeur nous oblige...
renoncer *(to give up)*	Je renonce...
réussir	Je réussis...

Vérifiez

All the preceding verbs require the preposition **à** before an infinitive. The following verbs require the preposition **de** before an infinitive. Choose six, and create your own examples to illustrate each one. Be prepared to share those examples with the class. Be creative!

accepter de	être heureux de*
arrêter de	être obligé de†
avoir envie de *(to feel like)*	éviter de *(to avoid)*
avoir honte de *(to be ashamed)*	s'excuser de
avoir peur de (craindre de)	finir de
avoir raison de *(to be right)*	menacer de *(to threaten)*
avoir tort de *(to be wrong)*	oublier de
choisir de	permettre de
décider de	promettre de
défendre de / interdire de	refuser de
(to forbid)	regretter de
demander de	remercier de
se dépêcher de	rêver de *(to dream of)*
dire de	risquer de
empêcher de *(to prevent)*	venir de *(to have just)*
essayer de	

Être + an adjective expressing a feeling or emotion is always followed by **de (**être content de, être fâché de, être fatigué de, être triste de,** etc.).

†Not to be confused with the active form **obliger à** *(to force someone to do something).*

Past Infinitives

The past infinitive is used to express the past with an infinitive. Verbs such as **s'excuser, regretter,** and **remercier** are often followed by a past infinitive, to indicate that you apologize, regret, or are thankful for something that *has already taken place.*

> Je vous remercie d'**être venus.**
> Je m'excuse d'**être arrivé(e)** en retard; je regrette de ne pas **avoir téléphoné.**

Whenever the preposition **après** is followed by a verb, it is always a past infinitive.

> Après **avoir fini** ses études, elle veut travailler à l'étranger.

The past infinitive is formed with the infinitive of the auxiliary verb (**avoir** or **être**) and the past participle of the main verb. Note that the past participle of a past infinitive is subject to agreement (see rules about agreement of the past participle in **Chapitre 4**).

> Je **vous** remercie d'être venu**s.**
> Après être arrivé**e, elle** va nous téléphoner.

Note also that most negative expressions precede an infinitive.

> Elle regrette de **ne pas** être venue plus tôt.
> Je promets de **ne rien** dire.

Essayez!

Combinez les deux phrases avec un infinitif, selon le modèle. Faites attention aux temps. Si le deuxième verbe indique une action antérieure, utilisez l'infinitif passé.

MODELE: Tu as raison / Tu as parlé. → Tu as raison d'avoir parlé.

1. J'ai honte / J'ai fait des fautes bêtes.   2. Je vous demande / Ne faites pas de bruit.   3. Nous hésitons / Nous posons des questions.   4. Ils ont peur / Ils ont choisi la mauvaise réponse. 5. Je m'excuse / Je vous dérange *(to disturb).*   6. Elle est désolée / Elle n'est pas venue.

(Réponses page 234)

Maintenant à vous

D. Un jeu à deux. Individuellement d'abord, préparez une liste de 10 verbes tirés des listes à la page 229. Puis mettez-vous en groupes de deux. Au signal du professeur, passez au jeu! Commencez des phrases avec chacun de vos verbes et votre partenaire devra ajouter **le faire, à le faire** ou **de le faire.**

MODELE: E1: Nous réussissons...
E2: ...à le faire.

Si la réponse n'est pas correcte, commencez une deuxième (ou une troisième) phrase avec le même verbe (**Je ne réussis pas toujours...**). Quand vous aurez fini vos 10 verbes, renversez les rôles.

E. La conquête d'une langue. Jean-Pierre, un étudiant français qui est venu passer quelques mois dans une université américaine, donne ses premières impressions. Reconstituez-les en formant des phrases complètes au présent avec les éléments donnés.

1. Je / venir / arriver
2. Alors je / ne... pas / oser / trop parler
3. Je / avoir peur / dire des bêtises
4. Mais je / devoir / s'habituer / parler anglais
5. Je / réussir / comprendre presque tout
6. Je / s'exercer / prendre l'accent
7. Mais je / renoncer / faire le *r* américain
8. Je / ne... pas / arriver / prononcer ce son!
9. Je / demander / souvent / mon camarade de chambre / expliquer des mots
10. Il / me / aider / faire des progrès

Faites un résumé de l'expérience de Jean-Pierre.

F. Et vous? Que pensez-vous de la «conquête du français»? Donnez vos réactions—ironiques ou authentiques—selon le modèle.

MODELE: oublier / faire les liaisons →
J'oublie toujours (quelquefois) de faire les liaisons. (Je n'oublie jamais de faire les liaisons!)

1. aimer / passer des examens
2. éviter / faire des fautes
3. hésiter / lever la main quand je sais la réponse
4. être obligé(e) / répéter trente-six fois la même chose
5. détester / ?
6. essayer / ?
7. adorer / ?

Que faut-il faire pour entrer à la prestigieuse Ecole polytechnique?

G. Vous et vos études. Faites des phrases originales en combinant, en adaptant ou en complétant les éléments suivants. Ajoutez les prépositions nécessaires.

Tout d'abord	j'ai choisi	venir à cette université
Au début	j'ai failli	parce que...
Mais	je voulais	aller ailleurs
Et puis	j'avais peur	me spécialiser en...
Après ça	j'ai décidé	suivre des cours de...
Cette année	je pense	ne pas avoir fait...
Maintenant	je regrette	savoir ce que je vais faire
Plus tard	je commence	finir mes études
?	je me dépêche	?
	j'espère	
	?	

H. Vous et l'avenir. En groupes de deux, complétez les phrases suivantes.

Ce week-end...

1. Après / sortir de mon dernier cours / je / avoir l'intention...
2. Après / s'amuser / je / aller...

L'été prochain...

1. Après / rentrer chez moi / je / espérer...
2. Après / travailler (voyager) / je / compter...

Plus tard...

1. Après / finir mes études / je / compter...
2. Après / gagner assez d'argent / je / vouloir...

I. La querelle des anciens et des modernes. Les «modernes» sont les hommes qui favorisent l'émancipation de la femme; les «anciens» sont pour «la femme au foyer». En groupes de deux ou en deux équipes (sous forme de débat), reconstituez les opinions des modernes et des anciens.

	devoir / oser	faire ce qu'elle veut
	pouvoir / vouloir	comprendre son rôle
	commencer / continuer	réaliser son potentiel
	arriver / renoncer	s'occuper de ses enfants
La femme	hésiter / éviter	négliger sa famille
	avoir peur / raison / tort	rester au foyer
	choisir / préférer	avoir les mêmes privilèges
	regretter / risquer	que les hommes
	?	vivre une double vie
		?

J. Jeu de rôles (Une décision difficile). Your husband is an engineer for an international firm. He has a chance to be promoted, but that would mean moving to Africa! You, on the other hand, are a lawyer, just starting to be successful in a local firm. If your husband accepts his promotion, you will have to quit your job and sacrifice your own career, for a while at least. Even though this promotion is extremely important for your husband's career, is it worth the sacrifice? Your husband suggests that it may be the perfect time to start a family. You may be able to resume your career later, but you will have to wait until your husband gets transferred. Discuss this situation with a friend, who asks questions and offers advice. Report your conclusions to the class after you have reached a decision.

Avant d'écrire

Business Letters. French business letters differ in format from American business letters in the following ways.

1. *Date:* The city where the letter is mailed is mentioned with the date. (Paris, le 18 février, 1998)
2. *Name and address:* The name and address of the sender are placed on the left. The name and address of the recipient are on the right.
3. *Salutation:* If you do not know the recipient's name, use **Madame, Monsieur** (together). If you know his or her name, use **Monsieur, Madame,** or **Mademoiselle,** as appropriate. Never include the person's name. In a letter to someone you have met, you may write **Cher Monsieur, Chère Madame,** or **Chère Mademoiselle.**
4. *The body of the letter:* Here is an example of a first paragraph, which should include the purpose of the letter.

> J'ai l'intention de passer six mois en France pour perfectionner mon français, et je vous serais très reconnaissant(e) de bien vouloir m'envoyer des renseignements sur vos cours de langue française pour étudiants étrangers.

The other paragraphs give or request supplementary information, with a different paragraph for each category of information. Here are some examples.

> J'ai vingt ans, et je suis étudiant(e) à l'Université de _____ où je me spécialise en...
>
> Je voudrais donc recevoir au plus vite tous les renseignements nécessaires sur votre programme: description des cours, conditions d'admission, frais d'inscription, possibilités de logement, etc.

5. *Conclusion:* Instead of a closing phrase, such as *Sincerely yours,* the French have a conventional concluding sentence. It is the last paragraph, and begins on the left. This concluding sentence uses the same form of address as the salutation.

> Recevez, Monsieur, Madame, mes salutations distinguées.

Other options include the following.

> Croyez, Chère Madame, à l'assurance de ma considération distinguée.
> Veuillez agréer, Monsieur, l'expression de mes sentiments les meilleurs.

◆ Sujet de composition

Vous cherchez un emploi dans une compagnie française. Ecrivez une lettre au chef du personnel, expliquant le genre de travail que vous cherchez, vos qualifications (études, diplômes, expérience, etc.), vos buts à long terme et l'importance de cet emploi dans vos plans professionnels.

Présentez votre lettre sous forme dactylographiée *(typed),* et selon les règles de la correspondance française.

Réponses: Essayez!, page 230: 1. J'ai honte d'avoir fait des fautes bêtes. 2. Je vous demande de ne pas faire de bruit. 3. Nous hésitons à poser des questions. 4. Ils ont peur d'avoir choisi la mauvaise réponse. 5. Je m'excuse de vous déranger. 6. Elle est désolée de ne pas être venue.

La machine remplacera-t-elle l'homme?

CHAPITRE

14

La conquête
de l'avenir

Paroles

L'avenir

L'avenir, c'est **tout à l'heure** *(in a little while),* **demain, d'ici demain** *(by tomorrow),* **après-demain** *(the day after tomorrow),* **la semaine prochaine, le mois prochain, l'année prochaine, dans deux ans, plus tard** *(later),* **en l'an 2020,** etc.

Le monde de l'informatique

De plus en plus de Français ont un **micro-ordinateur** *(computer)* (**PC** ou **Mac**), qui se compose d'un **écran** *(screen),* d'une **unité centrale** *(CPU),* d'un **clavier** *(keyboard)* et d'une **souris** *(mouse)* avec laquelle on **clique** sur l'écran pour accéder aux **programmes.** Aujourd'hui, presque tous les

235

ordinateurs ont un **cédérom/CD-Rom.** Grâce aux **logiciels** *(software)* et si on a assez de **mémoire,** on peut avoir accès à une information presque illimitée. A travers un **réseau** *(network)* et avec un **modem,** on peut aussi utiliser l'**Internet** et le **courrier électronique** *(e-mail).*

La télévision

Avant de pouvoir regarder la télévision, il faut **brancher** *(plug in)* le **poste de télé** *(TV set),* **l'allumer** *(turn it on)* et peut-être **régler le son** *(adjust the sound)* ou **l'image** [f.].

Si une **émission** ou un **programme** ne nous plaît pas, on peut toujours **changer de chaîne** [f.] *(change the channel)* ou **éteindre** *(turn off)* la télé. Qu'y a-t-il comme émissions? Le **journal télévisé** ou les **actualités** [f.] *(news),* un **dessin animé** *(cartoon),* un **documentaire,** un **feuilleton** *(TV series or soap opera),* un **film,** un **spectacle de variétés,** un **jeu télévisé,** comme «la Roue de la Fortune», et bien sûr, la **publicité** ou la **pub** *(commercials).*

L'exploration spatiale

On **lance** *(launches)* des **fusées** [f.] *(rockets)* pour explorer l'espace. Les **astronautes** montent à bord des **navettes spatiales** [f.] *(space shuttles).* Leur mission est parfois de déployer des **satellites** [m.] pour les télécommunications, par exemple.

Les problèmes de l'avenir

La **guerre des étoiles** *(star wars)* aura-t-elle lieu, avec ses **armes** [f.] **nucléaires** et ses **missiles** [m.]?

L'**énergie** [f.] **nucléaire** n'est pas sans dangers; que faire des **déchets** nucléaires *(nuclear waste)* qui inquiètent tant les **écologistes**? La **pollution** menace de plus en plus la nature.

Parmi les problèmes économiques et sociaux, il y a bien sûr le **chômage,** la **pauvreté** et le développement des **pays du tiers monde** *(third-world countries).*

Parlons-en

A. Avec un(e) partenaire, comparez les émissions que vous aimez regarder à la télévision.

B. Consultez le programme de télé. Qu'est-ce que vous allez regarder ce soir? Pourquoi? Discutez les possibilités avec votre partenaire et voyez si vous avez les mêmes goûts.

C. Est-ce que vous connaissez bien les ordinateurs? Imaginez que votre camarade n'y connaît rien. Expliquez-lui ce qu'est un ordinateur et ce que l'on peut en faire.

D. Une journée typique dans dix ans. Que ferez-vous? Que verrez-vous quand vous regarderez par la fenêtre de votre salon? Que regarderez-vous à la télé? De quoi parleront les journaux? Quels seront les sujets d'actualité? Discutez avec un(e) partenaire en faisant une liste des prédictions que vous avez en commun, et une autre liste des idées que vous ne partagez pas.

Lecture

L'auteur

✦ ✦ ✦ ✦ ✦

Né en 1928 au Sénégal, Cheikh Hamidou Kane est surtout connu pour son premier roman *L'Aventure ambiguë* (1961), aujourd'hui suivi des *Gardiens du Temple* (1995). Kane a été ministre dans le gouvernement sénégalais; il a également dirigé différentes industries, jouant ainsi un rôle important dans la reconstruction de son pays après la décolonisation.

Avant de lire

Stratégie de la lecture

✦ ✦ ✦ ✦ ✦ ✦

Cheikh Hamidou Kane

Anticipation

A. Quelles sont les étapes d'une colonisation? Comment la colonisation est-elle reçue par les indigènes (les habitants originaires du pays)? Qu'est-ce qui arrive quand deux cultures se rencontrent dans un tel contexte?

B. Avez-vous jamais été responsable de plusieurs personnes? Racontez. Est-ce facile de prendre une décision qui peut avoir des conséquences durables pour plusieurs personnes? Comment faire?

Culture et contexte

✦ ✦ ✦ ✦ ✦ ✦

Le Sénégal a obtenu son indépendance en 1960, et son premier président a été Léopold Senghor. Comme la plupart des colonies, la Sénégal a gardé des cicatrices *(scars)* profondes de l'époque coloniale. L'imposition de la culture française a été accompagnée par la construction d'écoles coloniales. Pour la France, envoyer les indigènes à l'école faisait partie du plan d'assimilation.

La première partie de *L'Aventure ambiguë* présente le dilemme posé par l'école coloniale. Les Diallobé, un peuple du Sénégal, doivent-ils ou non envoyer leurs enfants à l'école des blancs? Quelles seront les conséquences futures de cette décision? Dans le passage suivant, le Maître des Diallobé (instructeur de l'école coranique), le chef du peuple et sa sœur, la Grande Royale, partagent tous trois leurs opinions et leurs doutes sur le sujet. Finalement la décision est prise...

L'Aventure ambiguë [extrait]
CHEIKH HAMIDOU KANE

—Si je leur dis d'aller à l'école nouvelle, ils iront en masse [dit le chef des Diallobé]. Ils y apprendront
toutes les façons de lier le bois au bois* que nous ne savons pas. Mais, apprenant, ils oublieront aussi. Ce qu'ils apprendront vaut-il
5 ce qu'ils oublieront? Je voulais vous demander: peut-on apprendre ceci sans oublier cela, et ce qu'on apprend vaut-il ce qu'on oublie?

—Au foyer,[a] ce que nous apprenons aux enfants, c'est Dieu [répondit le Maître]. Ce qu'ils oublient, c'est eux-mêmes. Ainsi, ce qu'ils apprennent vaut infiniment mieux que ce qu'ils oublient.
10 —Si je ne dis pas aux Diallobé d'aller à l'école nouvelle, ils n'iront pas. Leurs demeures[b] tomberont en ruine, leurs enfants mourront ou seront réduits en esclavage.[c] La misère s'installera chez eux et leurs cœurs seront pleins de ressentiments...[d]

[a] ici: école coranique [b] maisons [c] *slavery* [d] mot app.

---

*Lier le bois au bois: Literally, to bind the wood to wood. Play on words: The French word **école** sounds like the Diallobé word for *wood*. In other words, school teaches people how to build solid wooden edifices (a metaphor for building solid economic security for the country).

La Grande Royale était entrée sans bruit, selon son habitude.
15 Elle avait laissé ses babouches[e] derrière la porte. C'était l'heure de
sa visite quotidienne à son frère. Elle prit place sur la natte,[f] face
aux deux hommes.

—Je suis une pauvre chose qui tremble et qui ne sait pas [dit le
chef des Diallobé]. Ce lent vertige[g] qui nous fait tourner, mon pays
20 et moi, prendra-t-il fin? Grande Royale, dites-moi que votre choix
vaudra mieux que le vertige; qu'il nous en guérira et ne hâtera pas
notre perte, au contraire. Vous êtes forte. Tout ce pays repose sous
votre grande ombre.[h] Donnez-moi votre foi.

—Je n'en ai pas... L'école étrangère est la forme nouvelle de la
25 guerre que nous font ceux qui sont venus,[i] et il faut y envoyer
notre élite, en attendant d'y pousser tout le pays... Notre détermina-
tion d'envoyer la jeunesse noble du pays à l'école étrangère ne
sera obéie que si nous commençons par y envoyer nos propres
enfants.

***

30 [Peu après, La Grande Royale s'adresse au peuple.]

—Gens du Diallobé, dit-elle au milieu d'un grand silence, je
vous salue... J'ai fait une chose qui ne nous plaît pas, et qui n'est
pas dans nos coutumes. J'ai demandé aux femmes de venir aujour-
d'hui à cette rencontre. Nous autres Diallobé, nous détestons cela,
35 et à juste titre,[j] car nous pensons que la femme doit rester au
foyer.[k] Mais de plus en plus, nous aurons à faire des choses que
nous détestons, et qui ne sont pas dans nos coutumes. C'est pour
vous exhorter à faire une de ces choses que j'ai demandé de vous
rencontrer aujourd'hui. Je viens vous dire ceci: moi, Grande Royale,
40 je n'aime pas l'école étrangère. Je la déteste. Mon avis est qu'il
faut y envoyer nos enfants cependant.

L'assistance demeurait immobile, comme pétrifiée. La Grande
Royale seule bougeait...

—L'école où je pousse nos enfants tuera en eux ce qu'aujour-
45 d'hui nous aimons et conservons avec soin, à juste titre. Peut-être
notre souvenir lui-même mourra-t-il en eux. Quand ils nous revien-
dront de l'école, il en est qui ne nous reconnaîtront pas. Ce que je
propose c'est que nous acceptions de mourir en nos enfants et que
les étrangers qui nous ont défaits[l] prennent en eux toute la place
50 que nous aurons laissée libre... Quelqu'un veut-il parler?
Nul ne répondit.

—Alors la paix soit avec vous, gens des Diallobé, conclut la
Grande Royale.

[e]chaussures [f]*mat* [g]égarement d'esprit, confusion [h]*shadow* [i]ceux... les Français [j]à...
avec raison [k]au... à la maison [l]*defeated*

◆ **Avez-vous compris?**

A. Vrai ou faux? Si c'est faux, corrigez.

1. Le chef des Diallobé est tout à fait pour l'école nouvelle.
2. Les Diallobé feront ce que leur chef ordonnera.
3. Refuser l'école nouvelle peut conduire les Diallobé à la misère.
4. Au foyer du Maître, les enfants apprennent le sacrifice d'eux-mêmes.
5. La Grande Royale aime l'école nouvelle.
6. C'est le Maître des Diallobé qui prend la décision finale.
7. Chez les Diallobé, la coutume veut que les femmes restent au foyer.
8. Les coutumes vont changer.
9. L'école nouvelle ne présente aucun danger.
10. Le peuple est enthousiasmé par la nouvelle.

B. Faites une liste des avantages et des inconvénients de l'école nouvelle, selon le texte, et expliquez chacun.

C. Dans quel sens l'école étrangère est-elle une nouvelle forme de guerre dans un pays colonisé?

D. Quel sacrifice la Grande Royale est-elle prête à faire? Pourquoi?

◆ **Et vous?**

A. Est-ce que le «progrès» est toujours bon pour l'humanité? Donnez des exemples positifs et négatifs.

B. Pourquoi êtes-vous à l'université? Expliquez ce qu'une éducation plus poussée vous apportera dans l'avenir. Imaginez ce qui arrivera dans quinze ans à ceux qui n'auront pas eu votre chance de faire des études universitaires.

C. D'après vous, les études causent-elles parfois un conflit avec les croyances personnelles? Vos études ont-elles changé votre façon de voir certaines choses? Expliquez en donnant des exemples.

D. Peut-on encore vivre et être heureux avec une éducation qui repose principalement sur la tradition?

Structures

> ### Une décision difficile
>
> Que **feront**-ils à l'école nouvelle? Ils **apprendront,** mais ils **oublieront** aussi. Ce qu'ils **apprendront** vaut-il ce qu'ils **oublieront**? Quand ils nous **reviendront** de l'école, ils **auront changé,** ils **seront devenus** des étrangers. Quand ils nous **regarderont,** ils ne nous **reconnaîtront** pas. Mais s'ils ne vont pas à l'école nouvelle, la misère **s'installera** chez eux et leurs cœurs **seront** pleins de ressentiments... Que faire?

The Future Tenses

Usage

There are two future tenses in French: the **futur simple** expresses an action that *will take place;* the **futur antérieur,** a compound tense, expresses an action that *will have taken place* before another, future action. In general, the future tenses in French are used in the same way as in English. There is one important difference.

Déduisez

In **Une décision difficile,** what tense is used after **quand**? What tense would be used in English?

Vérifiez

If the context is future, French speakers use a future tense (*not* the present) after the following words.

quand / lorsque	*when*
dès que / aussitôt que	*as soon as*
tant que	*as long as*

If the actions of both clauses will take place in the same time frame, the **futur simple** is used.

Quand ils nous **regarderont,** ils ne nous **reconnaîtront** pas.	*When they look at us, they won't recognize us.*

If, in the sequence of future events, one action must be completed *before* other actions can take place, the **futur antérieur** is used (*before* → **antérieur**).

Quand ils reviendront, ils **seront devenus** des étrangers.	*When they come back, they will have become strangers.*
Quand j'**aurai obtenu** mon diplome, je chercherai du travail.	*When I graduate, I'll look for a job.*

Because of its use with **quand** and other conjunctions, the **futur antérieur** is more common in French than the future perfect is in English.

Essayez!

Dans les phrases suivantes, est-ce que les verbes en italique se traduiraient au présent, au passé composé, au futur simple ou au futur antérieur?

MODELE: I'll tell you everything when I *see* you. → futur simple

1. As long as we *are* students, we won't have any money. 2. Call me as soon as you *can*. 3. I was still hungry when I *left*. 4. You won't be hungry when you *leave*! 5. I'm always hungry when I *leave*. 6. As long as you *haven't finished* eating, you won't leave the table.

(Réponses page 252)

Formation: The *futur simple*

Rappelez-vous

To form the future tense of almost all French verbs, use the infinitive as the stem (for **-re** verbs, drop the **e**). The last letter of the future stem will always be an **r.** Then add the endings **-ai, -as, -a, -ons, -ez, -ont.**

Essayez!

Mettez au futur.

1. allumer (je)   2. éteindre (tu)   3. choisir (elle)   4. prendre (nous)
5. dire (vous)   6. se reposer (ils)

(Réponses page 252)

A few verbs have irregular future stems. For each one (except impersonal expressions), give the **tu** and the **vous** forms.

INFINITIVE	STEM	EXAMPLE
aller	**ir-**	j'irai
avoir	**aur-**	j'aurai
courir	**courr-**	je courrai
devoir	**devr-**	je devrai
envoyer	**enverr-**	j'enverrai
être	**ser-**	je serai
faire	**fer-**	je ferai
falloir	**faudr-**	il faudra
mourir	**mourr-**	je mourrai
pleuvoir	**pleuvr-**	il pleuvra
pouvoir	**pourr-**	je pourrai
recevoir	**recevr-**	je recevrai
savoir	**saur-**	je saurai
tenir	**tiendr-**	je tiendrai
valoir	**vaudr-**	il vaudra
venir	**viendr-**	je viendrai
voir	**verr-**	je verrai
vouloir	**voudr-**	je voudrai

Quels sont les avantages et les inconvénients d'un visiophone?

With stem-changing **-er** verbs, the following changes occur in the future.

1. Verbs like **acheter: e → è** in all forms.

    J'achèterai une nouvelle télé.

2. Verbs like **préférer:** no change.

    Je préférerai sûrement le modèle le plus cher.

3. Verbs like **jeter and appeler:** double the consonant in all forms.

    Je ne jetterai pas ma vieille télé.

4. Verbs ending in **-yer: y → i** in all forms.*

    Je ne m'ennuierai pas.

Essayez!

Mettez au futur.

1. se rappeler (nous)   2. se lever (tu)   3. répéter (je)   4. employer (il)
5. se promener (elles)   6. nettoyer (vous)

(Réponses page 252)

---

*For verbs ending in **-ayer,** the change is optional: **j'essaierai** or **j'essayerai.**

Formation: The *futur antérieur*

The **futur antérieur** is formed with the future of the auxiliary **avoir** or **être** and the past participle of the main verb.

Quand ils reviendront, ils **auront changé.**	*When they come back, they will have changed.*
Dès qu'ils **seront revenus,** ils voudront repartir.	*As soon as they have returned, they'll want to leave again.*

Essayez!

Mettez au futur antérieur.

1. revenir (tu)   2. ne rien voir (nous)   3. s'ennuyer (elles)   4. bien dormir (on)

(Réponses page 252)

Maintenant à vous

A. Si tu vas à leur école... Dans le village des Diallobé, une maman considère l'avenir de son fils. Qu'est-ce qui lui arrivera? Complétez selon le modèle.

MODELE: changer → Tu changeras.

1. apprendre à lire
2. lire les livres des Blancs
3. devenir comme eux
4. voir des choses nouvelles
5. faire des choses nouvelles
6. obtenir toutes sortes de connaissances
7. oublier nos traditions
8. ne plus vouloir revenir au village
9. ?

B. Pas nécessairement... Le fils essaie de rassurer sa mère. Composez des phrases au futur selon le modèle.

MODELE: je suis à l'école / je pense au village →
    Quand je serai à l'école, je penserai au village.

1. je suis à l'école / j'apprends beaucoup de choses
2. j'apprends des choses nouvelles / je n'oublie pas nos traditions
3. je sais tout / je reviens
4. je reviens / je peux aider le village
5. je fais ça / tu es fière de moi!

C. Est-ce que...? En tant qu'observateur sceptique, vous vous posez des questions au futur ou au futur antérieur, selon les modèles.

MODELES: il finit l'école / il revient →
Quand il finira l'école, est-ce qu'il reviendra?
il finit l'école / il a changé →
Quand il finira l'école, est-ce qu'il aura changé?

1. il revient au village / il est devenu un étranger
2. il revient / il a oublié les traditions
3. il voit ses ancêtres / il apprécie leurs qualités
4. il se rappelle la ville / il veut rester au village
5. il sort de l'école / il a appris à être heureux

Pensez à deux ou trois questions supplémentaires que vous vous posez sur l'avenir de ce garçon.

D. L'avenir en face. Quittons maintenant l'Afrique et analysons les résultats d'une enquête faite en France, intitulée «L'avenir en face». Pouvez-vous résumer oralement pourquoi certains enfants pensent que dans dix ans la vie sera:
a. mieux que maintenant et b. moins bien que maintenant?

MODELE: 49% des enfants pensent que la vie dans dix ans sera mieux que maintenant parce que tous les pays vivront en paix.

L'avenir en face

Pour toi, réussir dans la vie, c'est...

Avoir un métier intéressant	64 %
Aider les autres	44
Etre sûr(e) de ne jamais être au chômage	34
Faire ce qu'on a envie	31
Savoir se servir d'un ordinateur	27
Gagner beaucoup d'argent	27
Travailler dans les métiers d'avenir	27
Commander les autres	4

Dans une dizaine d'années, quand tu auras à peu près 20 ans, la vie sera...

Mieux que maintenant	49 %
Pareille que maintenant	31
Moins bien que maintenant	20

Parmi ces mauvaises choses, quelles sont celles qui, à ton avis, arriveront quand tu auras à peu près 20 ans?

Il n'y aura pas de travail	34 %
Il y aura la guerre	22
Il y aura beaucoup de maladies	20
Il n'y aura presque plus d'animaux	18
Il fera beaucoup plus froid	16
Il n'y aura presque plus à manger	6
Sans réponse	18

Et parmi ces bonnes choses?

L'ordinateur aura changé la vie	38 %
Il y aura des robots partout	33
Il n'y aura plus d'enfants qui ont faim	33
Tu pourras voyager dans l'espace	31
On vivra beaucoup plus longtemps	27
On travaillera moins	26
Tous les pays vivront en paix	25
Il y aura du travail pour tout le monde	21

Et vous? En groupes de deux, discutez les questions suivantes. Qu'est-ce que «la réussite» veut dire pour vous? (Nommez un minimum de cinq choses que vous ferez pour «réussir» dans la vie.) A votre avis, qu'est-ce qui aura changé dans dix ans? Qu'est-ce qui sera mieux? Qu'est-ce qui sera moins bien? Qu'est-ce qui ne changera jamais? Utilisez le vocabulaire du chapitre et soyez prêts à partager vos conclusions avec le reste de la classe.

E. C'est bien beau de rêver... En groupes de deux, complétez les phrases suivantes de façon personnelle. Comparez vos réponses et discutez les différences.

1. Les voyages dans l'espace seront accessibles à tous quand...
2. Il y aura moins de problèmes de pollution quand...
3. Les gens n'auront plus peur de vieillir quand...
4. La télévision restera une sorte d'«opium du peuple» tant que...
5. Les pays du tiers monde se développeront davantage dès que...

F. Des hypothèses. Qu'est-ce que vous ferez si les conditions suivantes se présentent? Discutez en groupes de deux.

1. Si vous apprenez qu'il n'y a plus aucun débouché dans votre domaine de spécialisation...
2. Si ça ne vous intéresse plus de faire des études universitaires...
3. Si vous héritez d'un million de dollars...
4. Si on vous propose un voyage sur la prochaine navette spatiale...
5. Si ça devient possible d'acheter du terrain sur la lune...
6. Si la Troisième Guerre mondiale éclate...

Talking About Places

Vous allez **en** France? Ah! **La** France est belle, n'est-ce pas? J'adore Paris; je vais souvent **à** Paris. L'été prochain nous irons **au** Sénégal. Nous n'avons jamais visité **le** Sénégal. L'été dernier nous avons fait un voyage **en** Israël.

Déduisez

When the name of a country is used as a subject or a direct object, what does it require? Is the same true for cities?

Going *to* or being *in* a place: What preposition is used with feminine countries*? masculine countries starting with a vowel? masculine countries starting with a consonant? cities?

---

*If the name of a country, continent, island, state, or province ends with an **e,** the gender is feminine. If it ends with anything but an **e,** the gender is masculine. The exceptions are **Le Cambodge, le Maine,** and **le Mexique.**

Vérifiez

When names of *countries, continents, provinces,* and *states* are used as subjects or direct objects, they require a definite article.

Connaissez-vous l'Europe?

No article is used with cities unless the article is part of the name, such as **Le Havre** or **Le Caire.**

Le Caire est la capitale de l'Egypte.

PREPOSITIONS WITH COUNTRIES, CONTINENTS, ETC.

CATEGORY	GOING **TO** / BEING **IN**	COMING FROM
Feminine countries, islands, provinces, and continents	**en** Quand nous serons en Europe, nous irons en Allemagne.	**de** Elle vient de Normandie.
Masculine countries starting with a vowel	**en** Il est né en Iran.	**d'/de l'** Il est originaire d'Iran/ de l'Iran.
Masculine countries starting with a consonant	**au** On parle espagnol au Chili.	**du** Il revient du Brésil.
Cities and masculine islands	**à** Nous sommes restés à Madrid.	**de** Elle vient de Tahiti.
Plural geographical names	**aux** Vous allez aux Antilles?	**des** Nous sommes des Etats-Unis.

PREPOSITIONS WITH AMERICAN STATES

With most states, follow the same rules as for countries. Masculine states present a few peculiarities.

CATEGORY	GOING **TO** / BEING **IN**	COMING FROM
Feminine names	**en** en Californie, en Caroline du Nord/du Sud, en Floride, en Géorgie, en Louisiane, en Pennsylvanie, en Virginie	**de** Vous êtes de Californie?
Islands	**à** Ils habitent à Hawaï.	**de/d'** Ils sont d'Hawaï.
Masculine names starting with a vowel	**en/dans l'** Nous sommes allés en Utah/dans l'Utah.	**d'/de l'** Elle vient d'Arizona/de l'Arizona.
Masculine names starting with a consonant	1) Texas → **au** Ils habitent au Texas. 2) all others → **dans le** Un voyage dans le Maine ou dans le Vermont?	**du** Ils sont du Texas. Je reviens du Mississippi.

To avoid confusion between states and cities that share the same name, use **dans l'état de** before the states of New York and Washington.

Rochester est dans l'état de New York.

Connaissez-vous Genève?

Essayez!

Complétez.

Nous ferons un voyage ____¹ Moyen Orient; nous irons ____² Beyrouth, ____³ Liban, puis nous visiterons ____⁴ Syrie avant d'aller ____⁵ Arabie Saoudite.

(Réponses page 252)

◆ Maintenant à vous

G. Un jeu. Connaissez-vous votre géographie? En groupes de deux ou en deux équipes, dites dans quel pays, état ou province vous serez quand vous arriverez dans telle ou telle ville.

MODELE: Berlin → Quand j'arriverai à Berlin, je serai en Allemagne.

VILLES

1. Las Vegas 2. Tokyo 3. Le Caire 4. Bombay 5. Rio de Janeiro 6. Pékin 7. Santiago 8. Calgary 9. Varsovie 10. Portland 11. Casablanca 12. Istanbul 13. Jérusalem 14. Athènes 15. Orlando 16. Copenhague 17. Sofia 18. N'Djamena 19. Honolulu 20. Acapulco 21. Stockholm 22. Madrid 23. Rome 24. Moscou 25. Memphis 26. Philadelphie 27. Marseille 28. Sydney 29. Dakar 30. Genève

PAYS, ETATS

Floride; Hawaï; Chili; Tennessee; Sénégal; Grèce; Australie; Maroc; Israël; France; Alberta; Bulgarie; Egypte; Mexique; Italie; Japon; Pennsylvanie; Brésil; Pologne; Turquie; Espagne; Inde; Russie; Tchad; Danemark; Suisse; Chine; Oregon; Suède; Nevada

H. Des points communs. En circulant dans la classe, posez des questions à vos camarades pour savoir si vous avez des points géographiques communs. Demandez-leur (1) où ils sont nés, (2) dans quels états ou pays ils ont habité, (3) quels pays ou états ils ont visités et (4) d'où viennent leurs ancêtres. Notez les réponses, faites une liste des points communs et puis préparez-vous à faire un rapport à la classe.

I. Où irez-vous? Imaginez que vous avez gagné un voyage autour du monde pour l'été prochain. Où irez-vous, et pourquoi? Discutez en groupes de deux. Faites une liste des goûts que vous avez en commun.

J. Jeu de rôles. Role-play the following situation in French with two of your classmates who will act as your parents.

You are thinking of quitting school and going into the Peace Corps. You point out all the things you will be able to do (travel, learn languages, possibly use your French, discover other cultures, help people, and so forth). Your parents, however, point out the disadvantages—you won't make any money, you will be far away in some developing country, and, worst of all, what will happen when you come back? Won't it be hard to go back to school? What will you do about a career? Try to convince one another.

Par écrit

Avant d'écrire

Defining Your Audience. In conversation, there are instant reminders—for instance, in the form of a puzzled frown—that listeners need more information to understand what you want to say. Since there are no such reminders when you write, you need to anticipate the information your readers will need.

In reading an autobiographical essay, for example, a reader who is not acquainted with you will require more background information than someone who knows you. Before you start writing about the following topic, do the prewriting activities described here.

1. Identify two possible readers: one who knows you well, and one who doesn't know you (or who knows you only superficially).
2. For each reader, make a list of the information you need to include to paint a clear picture of your life twenty years from now. Organize the information in two columns. Notice the differences between the lists.

Now decide which reader you prefer to address, and develop your essay accordingly. When you have finished your rough draft, do the following things.

1. Edit for content. Have you kept your audience in mind throughout? Does your choice of information reflect this? Is the information clearly organized?
2. Proofread for grammar. Is your use of **futur** or **futur antérieur** appropriate, especially with **quand** and other conjunctions? Check for agreement of verbs with subjects, adjectives with nouns, etc.
3. Proofread for spelling and accents. Use a dictionary if necessary.

Sujet de composition

Ma vie dans 20 ans. Comment serez-vous dans 20 ans—physiquement et du point de vue personnalité? Aurez-vous changé? Où habiterez-vous? Serez-vous marié(e)? Aurez-vous des enfants? Comment sera votre maison ou votre appartement? Quel genre de travail ferez-vous? Quels diplômes aurez-vous obtenus? Quels voyages aurez-vous faits? Quels seront vos meilleurs souvenirs? Quelles seront vos aspirations? Donnez libre cours à votre imagination.

Réponses: Essayez!, page 243: 1. futur simple 2. futur simple 3. passé composé 4. futur simple 5. présent 6. futur antérieur
Réponses: Essayez!, page 243: 1. j'allumerai 2. tu éteindras 3. elle choisira 4. nous prendrons 5. vous direz 6. ils se reposeront
Réponses: Essayez!, page 244: 1. nous nous rappellerons 2. tu te lèveras 3. je répéterai 4. il emploiera 5. elles se promèneront 6. vous nettoierez
Réponses: Essayez!, page 245: 1. tu seras revenu(e) 2. nous n'aurons rien vu 3. elles se seront ennuyées 4. on aura bien dormi
Réponses: Essayez!, page 250: 1. au 2. à 3. au 4. la 5. en

Des travailleurs immigrés à Strasbourg

La conquête des frontières?

Paroles

L'immigration et le racisme

Un(e) **immigré(e)** est un **étranger**/une **étrangère** *(foreigner)* qui a **immigré** dans un autre pays. Sans les papiers nécessaires, l'immigré est un **résident illégal** qui peut être **déporté.** Si l'immigration est légale, il y a parfois l'option de devenir un **citoyen**/une **citoyenne** *(citizen).*

Pourquoi immigrer? Pour **échapper à** une situation politique **opprimante** *(oppressive)*? Pour sortir d'**un milieu** social trop fermé? Pour trouver un meilleur travail, une société plus **juste**? Pour **poursuivre** des rêves **idéologiques,** économiques, ou tout simplement pour **l'aventure** [f.]?

Il n'est pas toujours facile de **s'établir** *(settle)* dans un nouveau pays, car certaines personnes ont des **préjugés** [m.] *(prejudices)* contre un autre **groupe ethnique**, une autre **race**, un autre **peuple**. L'**antisémitisme** ou la **discrimination** contre les **Juifs** *(Jews)* est une forme de **racisme**.

Certains citoyens hésitent à **accueillir** *(welcome)* les étrangers, car ils les considèrent comme une **menace** *(threat)* sur le **marché de l'emploi** *(job market)*. Si ces étrangers arrivent à **s'intégrer dans** la société et à **s'adapter à** *(adjust to)* la nouvelle culture, l'**intolérance** [f.] semble **diminuer**.

La vie en société

La vie en société est réglée par des **lois** [f.] *(laws)*. Avec ces lois, on **a le droit de** *(has the right to)* faire certaines choses, et on **a droit à** *(is entitled to)* certains **privilèges**. Est-ce qu'on abuse de ses **droits** [m.] *(rights)* quand on **vit aux dépens** *(lives at the expense)* du gouvernement, ou quand on participe à des **manifestations** [f.] *(demonstrations)*, des **grèves** [f.] *(strikes)* et des **émeutes** [f.] *(riots)*? Les agents de police, ou les **flics** comme on les appelle familièrement, sont chargés de rétablir l'**ordre** [m.]. Ceux qui **enfreignent** *(enfreindre = to break)* les lois et qui **commettent** des **crimes** [m.] sont **arrêtés** et **poursuivis** et, s'ils sont **coupables** *(guilty)*, ils sont **condamnés** à diverses **peines** [f.] *(penalties)*, comme une peine de **prison** [f.] *(prison term)* ou, dans certaines sociétés, **la peine de mort** *(the death penalty)*.

 Parlons-en

A. Pour quelles raisons les gens immigrent-ils dans des pays étrangers? A quelles difficultés doivent-ils faire face dans leur nouveau pays?

B. Trois générations d'immigrés arabes à Marseille.* En groupes de deux, utilisez votre imagination pour finir les phrases suivantes et créer des histoires originales sur chacune des trois personnes représentées. Quelques étudiant(e)s joueront le rôle des journalistes qui écouteront la discussion des groupes (deux groupes par journaliste), poseront des questions et prendront des notes pour pouvoir ensuite faire un rapport à la classe et tirer des conclusions sur les problèmes de l'immigration.

A Marseille. La troisième génération d'immigrés est en marche.

*****Marseille,** qui compte plus de 120 000 Musulmans sur un million d'habitants, et où on estime que d'ici 1995 un enfant sur cinq sera d'origine maghrébine (nord-africaine), souffre particulièrement des problèmes de l'immigration.

1. **La grand-mère:** Quand elle est arrivée en France, elle ne parlait pas un mot de français. Elle a eu beaucoup de mal à s'adapter...
2. **La jeune femme:** Elle a eu une enfance difficile. Elle sait ce que c'est que les préjugés, le racisme, le chômage, le crime. La preuve, c'est que...
3. **L'enfant:** Est-ce que lui aussi sera déchiré *(torn)* entre deux mondes? Il y a des choses qui ne changent jamais, comme... Mais il y a aussi des choses qui peuvent peut-être changer, comme... A notre avis, cet enfant...

Lecture

Avant de lire

Stratégie de la lecture

Anticipation. D'après vous, l'immigration clandestine pose-t-elle des problèmes? Quels sont les problèmes que pose l'immigration aux Etats-Unis?

Définissez le mot **racisme.** Quelles sont les causes du racisme? Que peut-on faire pour y remédier?

Culture et contexte

La politique française se compose de plusieurs partis dont les plus importants sont pour la gauche, le PC (Parti communiste) et le PS (Parti socialiste). Pour la droite, il y a l'UDF (Union pour la démocratie française, que l'on considère parfois comme un parti centriste), le RPR (Rassemblement pour la République) et le FN (Front national avec Jean-Marie Le Pen). L'immigration est un sujet de plus en plus important dans la vie politique française et chaque parti adopte une ligne de conduite particulière face aux immigrés.

En 1921, on comptait 1,5 millions d'étrangers en France, dont une majorité d'Italiens. C'est surtout entre 1956 et 1965 que l'immigration a augmenté sensiblement. Un nombre important d'Algériens et de Marocains sont arrivés en France à cause de la guerre d'Algérie et aussi de la

Un slogan raciste?

reprise économique. Mais entre 1966 et 1974, avec le ralentissement de l'économie, la France décide de contrôler les flux migratoires. En 1974, la crise pétrolière conduit le gouvernement à fermer ses frontières aux immigrés.

Le texte suivant est extrait de deux articles sur l'immigration publiés dans le *Journal français d'Amérique.*

Le racisme en question La France est-elle toujours «terre d'accueil» ou ferme-t-elle ses portes aux immigrés?

(ADAPTE DES ARTICLES DE PATRICK VAN RŒKEGHEM ET VIOLAINE DOLLIVER)

«J'aime pas les Arabes!» C'est par cette violente diatribe, lancée à la face des policiers qui les arrêtaient, que les auteurs de deux récentes agressions racistes en France ont tenté, en vain, de justifier leurs actes.

5 A la fin de l'été, un jeune Français d'origine maghrébine[a] était retrouvé sérieusement blessé au bord d'une route, près d'Abbeville, dans la Somme.[b] Les trois hommes qui l'avaient pris en auto-stop l'avaient roué de coups.[c] «Parce qu'il était arabe!» devait déclarer l'un d'eux aux policiers.

10   Des affaires comme celle-ci ont ému[d] l'opinion publique française et, une nouvelle fois, attiré[e] l'attention sur les difficiles rapports entre certains Français de souche[f] et des Français d'origine étrangère ou des immigrés.

UN SUJET DELICAT

La France est-elle raciste? Le sujet est particulièrement délicat au
15 moment où le Front national, le parti d'extrême droite de Jean-Marie Le Pen, prône[g] «la France aux Français», où la réforme du «code de la nationalité» est devenue sujet de controverse et où les attentats récents de Paris ont ému une opinion publique devenue particulièrement soupçonneuse vis-à-vis des étrangers à la peau
20 basanée.[h]

    A cela s'ajoutent la crise économique et le chômage qui font que beaucoup reprochent aux étrangers de «s'approprier le travail revenant de droit aux nationaux». Mais on trouve toujours de nombreux Français qui refusent d'accomplir certaines tâches dévolues[i]
25 aux immigrés.

    Alors, la France est-elle toujours la «terre d'accueil» par excellence dont elle aimait à se glorifier depuis la Révolution? Les Français ne sont-ils pas devenus racistes, contrairement à ce qu'ils disent (car dans l'ensemble ils s'en défendent)? Ou bien chacun en
30 est-il réduit à jouer des coudes[j] dans un monde qui se déshumanise?

[a]nord-africaine [b]au nord de la France [c]roué... battu [d]influencé [e]*attracted* [f]de... *by birth*
[g]*advocates* [h]*swarthy, dark* [i]données [j]jouer... lutter pour sa place

Dans les années 70, les immigrés étaient d'autant mieux tolérés en France qu'ils étaient utiles, sinon indispensables au développement du pays. Aujourd'hui, nombreux sont ceux qui les considèrent
35 comme des intrus.[k] De là à rejeter la responsabilité de ce qui ne va pas sur l'étranger, il n'y a qu'un pas[l] que beaucoup franchissent[m] facilement.

[k]*intruders* [l]*il... there is only one step* [m]*font*

La France ferme-t-elle ses portes?

La France n'a plus les moyens d'accueillir les immigrés. En 1993, elle avait déjà pris des mesures draconiennes,[n] les lois Pasqua, du nom de l'ancien ministre de l'Intérieur, afin de contrôler et limiter l'immigration. Ces lois Pasqua réforment le code de la
5 nationalité et disent par exemple que les enfants nés en France de parents étrangers ne recevront plus automatiquement la nationalité française. Elles stipulent également que les immigrés en situation irrégulière et les travailleurs clandestins seront expulsés. Enfin, elles se proposent de lutter contre les mariages blancs, en imposant un
10 délai de 2 ans (et non plus six mois) avant que l'époux ou l'épouse n'obtienne la citoyenneté française.

Le gouvernement actuel souhaite renforcer ces lois qui, pourtant, à l'époque avaient été jugées sévères. Ce tour de vis[o] est-il indispensable ou reflète-t-il simplement la mauvaise humeur
15 ambiante à l'égard de l'étranger?

La commission d'enquête parlementaire sur l'immigration clandestine souhaite d'autre part faire supporter par l'employeur de travailleurs clandestins le coût du rapatriement[p] dans leur pays d'origine. De plus, l'employeur qui aura été condamné pour l'em-
20 ploi illégal d'étrangers sera déchu de[q] sa nationalité française s'il n'est pas Français d'origine.

Si ces propositions sont adoptées, n'auront-elles pas pour conséquence de creuser un fossé[r] encore plus profond entre les étrangers et les Français?

[n]*très dures* [o]*tour... tightening* [p]*renvoi dans son propre pays* [q]*sera... will forfeit* [r]*creuser... create a breach*

25 Alors, le «seuil de tolérance» (chiffre à ne pas dépasser faute de quoi le racisme monte dans un pays) a-t-il été atteint en France? Selon des chiffres de 1996 du ministère de l'Intérieur, il y aurait 4,5 millions d'immigrés pour une population de 58 millions d'habitants. Les Portugais sont majoritaires (17,9%) suivis des Algériens (17,2%)
30 et des Marocains (16,2%).

Nombreux sont les Français qui estiment cependant que les limitations de l'immigration ne peuvent se faire que dans le strict respect de la dignité humaine et que tout doit être fait pour que les minorités installées en France disposent d'un minimum de
35 garanties, ce qui exclut notamment les actes racistes.

[s]limite

◆ Avez-vous compris?

A. Complétez.

1. Quand la police les a arrêtées, l'une des deux personnes qui venaient de commettre des agressions racistes a dit: «___». 2. L'article demande si la France est ___ ou si elle accueille toujours les immigrés. 3. Le slogan de ___ est «la France aux Français». Il est chef du Front national, un parti d'___ (très conservateur). 4. Les réalités de l'économie, comme ___ et l'inflation, créent une situation compliquée. 5. Depuis 1789, les Français aiment considérer leur pays comme une «___». 6. Dans les années 70, les immigrés étaient nécessaires au ___ et donc étaient mieux «tolérés».
7. En 1993, la France a passé des lois sévères contre l'immigration, qui s'appellent ___. 8. Ces lois luttent contre ___ en imposant un délai de deux ans. 9. Le gouvernement actuel souhaite ___ ces lois.
10. Un employeur de travailleurs clandestins devra payer ___ des immigrés illégaux qui travaillent chez lui. 11. L'article dit qu'actuellement il y a ___ d'immigrés en France et que la France a une population de ___ d'habitants.

B. **«Des affaires graves».** Que s'est-il passé près d'Abbeville? Qu'est-ce que cela montre?

C. **«Un sujet délicat».** Qu'est-ce qui a changé en France depuis les années 70?

D. Quelles sont les nouvelles mesures prises par les lois Pasqua?

E. **Le «seuil de tolérance» est-il dépassé?** Expliquez cette expression.

La rencontre de deux mondes différents: une jeune famille africaine dans une rue parisienne

◆ Et vous?

A. On dit que les Etats-Unis sont un pays d'immigrés. Parlez de votre famille et de ses racines.

B. On utilise souvent des stéréotypes pour catégoriser ceux qui sont différents de soi. Dans votre communauté (sur le campus, ou dans votre ville d'origine) il y a peut-être des personnes d'une souche ethnique différente de la vôtre. Réfléchissez un moment, et énumérez les stéréotypes que vous avez employés ou que vous avez entendus pour décrire ces personnes (elles sont intelligentes, elles sont riches, elles conduisent mal, etc.). Puis, d'après votre expérience, discutez quelques exceptions à ces stéréotypes.

C. Le parti politique de Jean-Marie Le Pen est extrémiste. Aux Etats-Unis, quels partis politiques ou groupes sont comparables au Front national? Quelles sortes de slogans ont-ils? Quelles actions proposent-ils? Discutez leur influence et votre réaction.

D. Pensez-vous que le genre de mesures dont parle l'article risque de «creuser un fossé encore plus profond entre les étrangers et les Français»?

Structures

Le racisme: un point de vue

Raciste? Moi? Je **propose** seulement **qu'**on **établisse** des contrôles beaucoup plus stricts de l'immigration. Je **ne pense pas que** ce **soit** une bonne idée d'accueillir n'importe qui au nom de notre chère «liberté, égalité, fraternité»! **A moins qu'**ils **aient** des qualifications professionnelles et **qu'ils veuillent** vraiment s'intégrer dans la société, ce n'est pas l'égalité et la fraternité que ces immigrés vont trouver, mais plutôt la pauvreté et l'hostilité. **Il faut que** le gouvernement **fasse** quelque chose **avant que** les citoyens **se révoltent** car les immigrés représentent un risque économique et social. **Il est temps que** nous **prenions** des mesures contre l'immigration!

The Subjunctive

The tenses you have studied so far—present, past, and future—belong to the *indicative mood,* or mode of expression. They are *indicative* of an objective reality. Compare the following statements.

> La situation **est** juste. *(statement of fact)*
> Je doute que la situation **soit** juste. *(judgment, opinion)*

The second sentence is a *subjective* statement of opinion, expressed in a *mood* called the *subjunctive.* This chapter presents only the most common uses of the present tense in the subjunctive, the **présent du subjonctif.**

Usage

Déduisez

Make a list of all the *verbs* or *verbal expressions* that introduce a subjunctive clause in the paragraph **Le racisme: un point de vue.** Try substituting **je sais que** or **on dit que** for each one of those verbs. Would the subjunctive still be used? Why?

Vérifiez

Je propose que... , **je ne pense pas que...** , and **il est temps que...** introduce subjective statements; therefore, the *subjunctive* is used. **Je sais que...** and **on dit que...** indicate statements of fact; therefore the *indicative* is used.

> Je sais qu'on **établit** des contrôles; on dit que **c'est** une bonne idée.

The subjunctive is used in subordinate or dependent clauses introduced by **que.** The main clause must

- express personal views or feelings.
- have a different subject than the subordinate clause.

> Je propose qu'**on** établisse des contrôles.

If the subject is the same in both clauses, the main verb is followed by an infinitive.

> Je propose / J'établis des contrôles → Je propose d'**établir** des contrôles.

Here is a list of common verbs and verbal expressions followed by the subjunctive.

Doubt and Opinion	**douter*** **penser/croire/trouver** (negative and interrogative forms only)	*Je doute* qu'on prenne des mesures. *Je ne trouve pas* qu'on prenne assez de mesures. *Croyez-vous* que ce soit suffisant?
Desire and Recommendation	**vouloir** **proposer** **suggérer**	*Je veux* *Je propose* } qu'on fasse quelque chose.
Judgment	**Il faut que** **Il vaut mieux que** **Il se peut que (il est possible)** **Il est temps que** **C'est dommage que** *(it's too bad)*	*Il faut* qu'on prenne des mesures. *Il vaut mieux* qu'on le fasse maintenant. *Il se peut* qu'il soit trop tard. *Il est temps* qu'on fasse quelque chose. *C'est dommage* que les gens ne comprennent pas la situation.
Emotions	**être content(e)/triste/déçu(e)** *(disappointed)*/**désolé(e)/surpris(e)**, etc. **avoir peur** **regretter**	*Nous sommes contents* que le problème soit résolu. *J'ai peur* qu'on ne fasse rien. *Je regrette* que tu sois déçu.

---

*Douter is followed by **que** and a subjunctive clause whether there is a change of subject or not. **Je doute que tu puisses venir. Je doute que je puisse venir.**

Certain conjunctions also require the use of the subjunctive. Here are the most common.

avant que *(before)*	**Je ferai mes devoirs** *avant que* **tu** *viennes.*
pour que ou **afin que** *(so that)*	**Je laisserai la porte ouverte** *pour que* **tu** *puisses* **entrer.**
jusqu'à ce que *(until)*	**J'attendrai** *jusqu'à ce que* **tu** *arrives* **pour faire à manger.**
à moins que *(unless)*	**Nous mangerons dehors,** *à moins qu'***il** *pleuve.*
bien que ou **quoique** *(although)*	*Bien que* **nous** *ayons* **beaucoup de travail, nous savons aussi nous amuser!**

If the subject is the same in both clauses,

* **avant que** + *subjunctive* → **avant de** + *infinitive.*
* **pour que** + *subjunctive* → **pour** + *infinitive.*

Je ferai mes devoirs **avant de venir.** (NOT **avant que je vienne**)
Je prendrai ma clé **pour pouvoir entrer.** (NOT **pour que je puisse entrer**)

Other conjunctions (**jusqu'à ce que, à moins que, bien que**) are followed by the subjunctive whether there is a change of subject or not.

Je resterai ici **jusqu'à ce que** je finisse.
Je ferai ça ce soir, **à moins que** je sois trop fatigué(e).

Essayez!

Subjonctif, indicatif ou infinitif? Si l'on combine la phrase **tout le monde vient** avec les expressions données, est-ce que **vient** va rester à l'indicatif, se mettre au subjonctif (**vienne**) ou se mettre à l'infinitif?

MODELE: je doute → subjonctif (Je doute que tout le monde vienne.)

1. je crois
2. elle regrette
3. il se peut
4. tout le monde veut
5. restons ici jusqu'à
6. tout le monde se prépare avant

7. j'ai envoyé des invitations pour
8. je sais

(Réponses page 268)

Formation

To form the present tense of the subjunctive, follow these easy steps. Take the **ils** form of the present indicative; this is also the **ils** form of the present subjunctive.

ils finissent	ils doivent	ils prennent

For **je, tu, il/elle,** first drop the **-ent.**

finiss-	doiv-	prenn-

Then add the endings **-e, -es, -e.**

je	finisse	doive	prenne
tu	finisses	doives	prennes
il/elle/on	finisse	doive	prenne

For **nous** and **vous,** use the **imparfait** forms.

nous	finissions	devions	prenions
vous	finissiez	deviez	preniez

There are only eight common exceptions to this pattern. **Avoir** and **être** are the only two verbs that have irregular stems *and* irregular endings.

AVOIR	ETRE
que j'aie	que je sois
que tu aies	que tu sois
qu'il ait	qu'il soit
que nous ayons	que nous soyons
que vous ayez	que vous soyez
qu'ils aient	qu'ils soient

Faire, pouvoir, and **savoir** have irregular stems and regular endings, but the **nous** and **vous** forms are not identical to the **imparfait** forms.

FAIRE	POUVOIR	SAVOIR
que je fasse	que je puisse	que je sache
que tu fasses	que tu puisses	que tu saches
qu'il fasse	qu'il puisse	qu'il sache
que nous **fassions**	que nous **puissions**	que nous **sachions**
que vous **fassiez**	que vous **puissiez**	que vous **sachiez**
qu'ils fassent	qu'ils puissent	qu'ils sachent

Aller and **vouloir** have irregular stems and regular endings, and the **nous** and **vous** forms are identical to the **imparfait** forms.

ALLER

que j'aille
que tu ailles
qu'il aille
que nous **allions**
que vous **alliez**
qu'ils aillent

VOULOIR

que je veuille
que tu veuilles
qu'il veuille
que nous **voulions**
que vous **vouliez**
qu'ils veuillent

Pleuvoir has no third person plural form from which to derive a subjunctive stem. The subjunctive form must be learned as a special case.

pleuvoir (il pleut) → qu'il **pleuve**

Essayez!

Donnez le subjonctif présent.

1. immigrer (qu'ils) 2. commettre (que je) 3. diminuer (qu'elle)
4. établir (que vous) 5. écrire (que nous) 6. partir (que tu) 7. devenir (qu'il) 8. refaire (qu'on)

(Réponses page 268)

Maintenant à vous

A. Une nature douteuse. Transformez les phrases selon le modèle, en assumant l'identité d'un(e) sceptique.

MODELE: La conquête des frontières est possible. (je doute) →
Je doute que la conquête des frontières soit possible.

1. Les citoyens veulent aider les immigrés. (je ne crois pas)
2. C'est une bonne idée d'ouvrir les frontières à tous. (trouvez-vous)
3. Les immigrés peuvent aider l'économie. (je ne pense pas)
4. Le gouvernement reconnaît ses responsabilités. (pensez-vous)
5. L'immigration a ses bons côtés. (je doute)

Avec lequel de ces doutes êtes-vous d'accord?

B. Les partisans. Combinez les phrases de chaque paire, puis indiquez si c'est un partisan du Front national (FN) ou du mouvement S.O.S.-Racisme (SR) qui dirait cela.

1. _____ il faut que / les pays fermeront leurs frontières
2. _____ il vaut mieux que / les pays riches ouvriront leurs portes
3. _____ il se peut que / les immigrés sont utiles
4. _____ il est temps que / les étrangers repartiront chez eux
5. _____ c'est dommage que / les gens ont des préjugés

C. La société de demain. Combinez les phrases de chaque paire, puis indiquez si c'est quelqu'un d'optimiste (O) ou de pessimiste (P) qui dirait cela.

1. _____ je crois / le crime diminuera
2. _____ nous ferons tout pour / la justice triomphera
3. _____ nous persévérerons jusqu'à / le gouvernement établira l'égalité
4. _____ l'égalité n'existera pas, bien que / tout le monde la veut
5. _____ les préjugés continueront, à moins que / les gens iront vivre dans un monde utopique

Un déjeuner en plein air: de quoi parlent-ils?

D. Et vous, demain? Imaginez votre avenir professionnel et personnel vu par les yeux de vos parents ou de quelqu'un qui vous connaît bien. En groupes de deux, faites des suppositions (réelles ou fantaisistes) en utilisant les expressions suivantes.

1. Ils pensent que... 2. Ils doutent que... 3. Ils sont contents que...
4. Ils ont peur que... 5. Ils veulent que... 6. ?

E. Je propose que... En groupes de deux, étudiez les problèmes suivants. Pour chacun, proposez trois ou quatre solutions (au subjonctif!). Comparez-les ensuite avec celles des autres groupes.

1. Certains étudiants étrangers que vous connaissez ont du mal à s'intégrer dans la communauté estudiantine.
2. Il y a sur votre campus un club qui persécute les minorités.
3. Vous avez un professeur qui fait souvent des commentaires racistes ou sexistes en classe.
4. Votre école veut devenir plus «internationale».

F. Des slogans. En utilisant les expressions suggérées, exprimez votre réaction aux slogans suivants qu'on entend actuellement en France.

1. «Deux millions de chômeurs = deux millions d'immigrés en trop.» (Les Français qui disent ça ont peur que... Ils veulent que...)

2. «La France, c'est comme une mobylette *(moped);* pour que ça marche il lui faut du mélange *(mixture; for a moped, gas and oil)*». (Les Français qui disent ça ne pensent pas que... Selon ce slogan, il vaut mieux que...)
3. Connaissez-vous un autre slogan sur le problème de l'immigration—aux Etats-Unis ou en France?

G. Des phrases qui font réfléchir. En groupes de deux, ou sous forme de débat, exprimez votre opinion et essayez de défendre votre point de vue sur les phrases suivantes. Après la discussion, récapitulez au tableau les réponses de la classe. D'abord, voici des suggestions pour développer un argument: (1) Commencez par expliquer la phrase en question. (2) Exprimez votre opinion. (3) Pour appuyer *(support)* votre opinion, donnez des exemples pris dans l'actualité, l'histoire, la littérature ou votre expérience personnelle. (4) Discutez le pour et le contre. (5) Concluez.

1. Certaines cultures s'assimilent beaucoup plus facilement que d'autres dans un pays d'immigration.
2. Les immigrés ont l'obligation d'adopter le plus vite possible les valeurs, la langue et les coutumes du pays d'immigration.
3. Une démocratie a le devoir d'accueillir les étrangers.
4. Il faut déporter les immigrés qui vivent aux dépens du gouvernement.
5. En ce qui concerne le racisme, il est plus facile de changer les lois que l'attitude des gens.
6. La discrimination raciale est un phénomène universel.

H. Jeu de rôles: Le racisme aux Etats-Unis.

Student A: You believe that racism in the U.S. is a thing of the past. Contrast, with as many examples as possible, how things used to be and how they are now. Emphasize the openness, the tolerance, and the genuine efforts toward integration of today's policies and attitudes.

Student B: You believe that racism is still very much a problem in the U.S. Ghettos are still a reality, and in many areas of the country, people's attitudes haven't really changed. Give as many examples as you can.

Par écrit

Avant d'écrire

Organizing an Argumentative Essay. You have just seen (Activity G) five general steps for constructing an oral argument. In writing, you will need to make the distinction between **le pour et le contre** more clearly; they will become two distinct parts of your essay. Consider the topic **Tous les hommes sont égaux.**

1. What can you think of in favor of the proposition? List as many ideas as possible, as well as examples to support them.
2. Make a similar list to prove the opposite point.
3. Analyze your two lists. Keep the most pertinent ideas and examples, and delete the others. Next, organize your ideas in order of importance.
4. As you develop your arguments for and against, anticipate possible objections to the points you wish to make. Try to imagine the questions that a good reader might ask. Raise them yourself, and be prepared to demonstrate, in a step-by-step fashion, how you arrived at your opinion. Inexperienced writers often make unsupported assertions in their essays; simply detailing how they reached their conclusions would often be enough to convince others.

For this writing assignment, you will not be asked to turn in a polished essay but simply a detailed outline showing how you would develop arguments for and against this proposition. For each part, define (in sentence form) your main ideas. Under each main idea, outline supporting ideas and examples.

Sujet de composition

«Tous les hommes sont égaux». Que pensez-vous de cette phrase? Dans quel sens les êtres humains peuvent-ils être considérés comme égaux, et dans quel sens l'inégalité est-elle inhérente à la condition humaine? Faites un plan *très détaillé* selon le format suivant.

1. Introduction (idée générale)
2. Arguments pour (l'idée que tous les hommes sont égaux)
3. Arguments contre
4. Conclusion personnelle: pour? contre? entre les deux?

Réponses: Essayez!, page 264: 1. Indicatif (Je crois que tout le monde vient.) (**croire** n'est pas négatif ou interrogatif) 2. Subjonctif (Elle regrette que tout le monde vienne.) 3. Subjonctif (Il se peut que tout le monde vienne.) 4. Même sujet → infinitif (Tout le monde veut venir.) 5. Subjonctif (Restons ici jusqu'à ce que tout le monde vienne.) 6. Même sujet → infinitif (Tout le monde se prépare avant de venir.) 7. Subjonctif (J'ai envoyé des invitations pour que tout le monde vienne.) 8. Indicatif (Je sais que tout le monde vient.)
Réponses: Essayez!, page 265: 1. qu'ils immigrent 2. que je commette 3. qu'elle diminue 4. que vous établissiez 5. que nous écrivions 6. que tu partes 7. qu'il devienne 8. qu'on refasse

La santé

En bref

Thème VI focuses on health and medicine. You will read articles on stress and how to reduce it in your life, a fictional excerpt about a stressful family situation, and a satiric scene from a play about charlatanism in medicine.

Functions

✦ Describing and comparing

✦ Hypothesizing

✦ Expressing opinions

✦ Using extended discourse

Structures

✦ The comparative and superlative of adjectives, adverbs, and nouns

✦ The present and past conditional

✦ Using **si** clauses

✦ Problem verbs

✦ The past subjunctive

Anticipation: selon vous...

1. Chaque année, combien les Français consomment-ils de boîtes de tranquillisants?
   a. 50 millions
   b. 150 millions
   c. 250 millions

2. Où se trouve le Manitoba?
   a. en Suisse
   b. en Alaska
   c. au Canada

3. En France, les visites chez le médecin _____.
   a. sont payées par l'Etat
   b. ne sont remboursées que si l'on a une assurance
   c. doivent être entièrement payées par le malade

4. Quel problème est le plus susceptible de provoquer du stress chez les Français?
   a. la violence
   b. les conditions de travail et d'habitat
   c. les transports

Vous allez avoir les réponses à ces questions—et à bien d'autres encore!—dans les chapitres seize, dix-sept et dix-huit.

Quels sont les bienfaits de l'exercice physique?

En bonne forme

Paroles

Le corps humain

Sous la **peau** *(skin),* il y a les **os*** [m.] *(bones),* les **muscles** [m.], les **ligaments** [m.] et les **nerfs*** [m.] *(nerves).* Le **sang** coule dans les **artères** [f.] et les **veines** [f.]. Le **cœur** *(heart),* le **cerveau** *(brain),* les **poumons** [m.] *(lungs),* le **foie** *(liver),* l'**estomac*** [m.] et les **reins** [m.] *(kidneys)* sont les **organes** principaux.

***Notes de prononciation:** the **s** is pronounced in the singular **un os,** but not in the plural **des os;** the **f** is not pronounced in **nerf;** and the **c** is not pronounced in **estomac.**

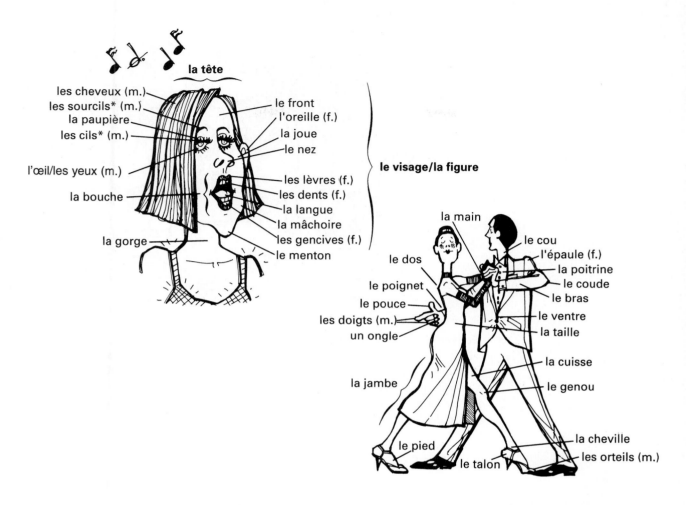

les cheveux (m.)
les sourcils* (m.)
la paupière
les cils* (m.)
l'œil/les yeux (m.)
la bouche
la gorge

la tête

le front
l'oreille (f.)
la joue
le nez
les lèvres (f.)
les dents (f.)
la langue
la mâchoire
les gencives (f.)
le menton

le visage/la figure

la main
le dos
le poignet
le pouce
les doigts (m.)
un ongle
la jambe
le pied
le talon

le cou
l'épaule (f.)
la poitrine
le coude
le bras
le ventre
la taille
la cuisse
le genou
la cheville
les orteils (m.)

La forme

Comment vous sentez-vous *(How do you feel)* aujourd'hui? Etes-vous **en bonne forme**? Quand on est trop stressé, on ne **se sent** pas trop bien. Pour éviter le stress, il faut savoir **se détendre** *(to relax)* et **prendre le temps** de **respirer** *(to breathe)*... L'**exercice** [m.] **physique** (le sport, la danse, la marche) est une autre forme de **relaxation** [f.].

◆ Parlons-en

A. En groupes de deux, montrez chacun(e) à votre tour différentes parties du corps ou du visage pour que votre partenaire puisse les nommer.

B. Votre partenaire et vous êtes les associé(e)s du Dr Frankenstein, et vous essayez, vous aussi, de «recréer» un être humain. Faites une liste (par écrit) des parties du corps que vous avez trouvées dans les cimetières et ailleurs. Puis

*****Note de prononciation:** the **l** is pronounced in **cils** but not in **sourcils**.

décrivez en détail la personne que vous créez au fur et à mesure que vous travaillez. Donnez-lui aussi un nom, et faites quelques prédictions sur sa destinée.
Quand vous aurez fini, sortez de votre laboratoire et décrivez votre créature à
la classe, qui jouera le rôle de la presse (avec toutes ses questions!). La presse
devra ensuite comparer les créations de chaque laboratoire, et décider qui
mérite de paraître «à la une» des journaux.

Lecture

Avant de lire

Stratégie de la lecture

◆ ◆ ◆ ◆ ◆ ◆

Anticipation. Qu'est-ce que le stress? Est-ce que vous êtes stressé(e)?
Pourquoi? Quelles sont les différentes causes du stress dans notre société
moderne? dans votre vie d'étudiant(e)? Quels sont les remèdes *(cures)* que
vous connaissez pour le stress?

Identifier la structure du texte. Avant de lire l'article, lisez le titre et les sous-titres en caractères gras *(boldface)*. Pouvez-vous déduire les idées principales du texte?

Culture et contexte

◆　　◆　　◆　　◆　　◆　　◆

La vie que nous menons est souvent responsable des maladies dites «modernes» telles que la nervosité, le stress, l'insomnie et même la dépression. En conséquence, la consommation de tranquillisants et de somnifères est à la hausse. Plus de 150 millions de boîtes de pilules sont vendues chaque année en France. L'augmentation de nombre de psychiatres et de psychanalystes est un autre phénomène des temps modernes. On en compte environ 8 000 en France.

La plus importante de nos maladies de société

Le stress

GENEVIEVE DOUCET

Le stress est à la base de 80% de nos maladies de société. Travail, soucis, bruit, transports: tout est cause de stress. Mais ne dites surtout pas que c'est le mal du siècle. Sachez identifier votre
5　stress. Et n'en faites pas une maladie!

Stress: un mot intraduisible et pourtant compris de chacun. «Je suis stressé», cela signifie: je suis bousculé,[a] malmené, agressé intérieurement. Tout peut être cause de stress, le bruit d'une perceuse[b] comme la peur du lendemain, puisqu'en fait, le stress,
10　c'est tout ce que nous devons «encaisser»[c] dans une journée... ou dans une vie, tout ce qui nous met en déséquilibre avec nous-mêmes. Une maladie? Non. Mais un danger car, au bout du stress, nous craquons.

Un mal universel

Mal moderne? Sûrement pas. On pense que l'homme des cavernes[d]
15　qui partait à la chasse, sans certitude d'avoir à manger le soir, était aussi stressé que celui qui se jette, le matin, sur la rubrique[e] «offres d'emplois» de son quotidien.[f] Mal des «cadres[g]»? Rien de moins

[a]*pushed around* [b]*drilling machine* [c]tolérer [d]mot ap. [e]partie du journal [f]journal [g]*white-collar workers*

sûr non plus: les spécialistes actuels du stress affirment qu'il touche tous les milieux sociaux. Un agriculteur endetté[h] est aussi stressé
20 qu'un cadre surmené.[i] Mal des hommes plus que des femmes? Encore une erreur colportée[j] au fil des[k] années: les femmes n'échappent pas au stress. Celles qui travaillent encore moins que les autres puisque les stress professionnels viennent dans ce cas s'ajoutent à ceux de la vie du foyer,[l] repas, horaires, enfants, etc. En
25 fait, disent les médecins, aucune femme n'est épargnée.[m] Car c'est presque toujours à la femme qu'incombent[n] la gestion du temps familial et celle des dépenses quotidiennes (or, il n'y a rien de plus stressant, dit-on, même si elle n'est pas mortelle,[o] qu'une préoccupation d'argent constante...). Le stress est universel? Il fait partie de
30 la vie. Il nous arrive à tous mille choses, bonnes ou mauvaises. Il ne se passe pas une journée sans que nous ayons à subir[p] toutes sortes de mini-événements qui nous énervent, nous choquent, nous freinent, nous fatiguent. Notre organisme les reçoit comme il peut. Quelquefois bien, quelquefois mal. Quand, pour une raison ou pour
35 une autre, nous n'arrivons plus à bien vivre ce qui nous arrive, les plombs sautent.[q] C'est à ce moment que nous nous disons «stressés», que nous nous sentons menacés. On ne peut plus supporter les cris des enfants, le bruit des voisins, l'humeur[r] du compagnon, les caprices du patron. Les nerfs «lâchent[s]». Et l'on ne peut
40 nier[t] que, à ce sujet, le mode de vie actuel ne nous ménage pas. La multiplication des contraintes,[u] la rétraction du temps, la nécessité d'être toujours plus rapide, plus performant (professionnellement, sentimentalement et même sexuellement!) nous mettent à rude épreuve.[v] Sont aujourd'hui reconnus comme facteurs de troubles
45 dûs au[w] stress: à 49% les conditions de travail et d'habitat; à 37% les difficultés de transport (encombrements[x] trajets domicile-travail[y]); à 33%... la télévision et, de manière plus générale, la vision dramatique que les médias renvoient du monde et des événements quotidiens; enfin, à 30%, une certaine «incohérence
50 culturelle», qui nous plonge dans une sorte d'état anxieux chronique. Les médecins disent alors que nous «décompensons». Et c'est en général à cette occasion qu'ils nous voient arriver dans leur cabinet, souffrant de maux divers. Car, si le stress—c'est vrai—fait partie de la vie, l'excès de stress nous rend presque à coup sûr[z]
55 malades. Parce que notre corps ne va plus pouvoir répondre de façon satisfaisante aux informations qu'il reçoit. C'est une question d'hormones. La plupart du temps, l'équilibre émotion-réaction est maintenu. Le «coup» de colère, le «coup» de cafard[aa] sont généralement surmontés. Mais quand les émotions ou les agres-
60 sions sont trop fortes, trop répétitives, nous n'avons plus le temps de récupérer. Les sécrétions hormonales s'emballent,[bb] et—sans que nous en soyons toujours conscients—voilà la tension[cc] qui monte, la migraine qui s'installe, les brûlures d'estomac qui nous

---

[h]mot ap. [i]overworked [j]passée [k]au... pendant les [l]maison [m]exempte [n]viennent [o]mot ap. [p]supporter [q]les... the fuses blow [r]tempérament [s]give out [t]deny [u]mot ap. [v]test [w]dûs... causés par [x]congestion [y]trajets... commuter routes [z]à... sûrement [aa]tristesse, «blues» [bb]are carried away [cc]blood pressure

narguent.[dd] «Docteur, je ne digère plus rien.» En fait, ce sont les
stress qui ne passent plus.

La maladie du stress, c'est cela: un encombrement d'émotions,
un trop-plein de préoccupations, avoir la tête et le cœur malmenés.
Un cri du corps, en somme, qui exprime, comme il peut, son «ras-
le-bol».[ee]

*On ne doit pas baisser les bras devant le stress. Il
existe des médicaments, des techniques, des
gestes anti-stress. Et aussi un mode d'emploi
intérieur de retour au calme. Là encore, à chacun
de choisir dans le lot. Selon son tempérament et
ses goûts.*

Tranquillisants

Ils ont mauvaise réputation car on en consomme trop. Cinq à huit
millions de femmes en prennent régulièrement. Sans doute parce
qu'il y a abus de prescriptions. Les tranquillisants sont en effet pour
le médecin une solution de facilité. Cela dit, ils peuvent momentanément[ff] être d'un bon secours.[gg] Mieux vaut être «tranquillisé»
par un médicament léger (les benzodiazépines sont très bien
tolérés) que vivre dans le stress. Ne jamais mélanger à l'alcool,
éviter de cumuler avec[hh] un somnifère.[ii] Attention également aux
tendances dépressives: les tranquillisants les accroissent.[jj] Sur
ordonnance.[kk]

Bêta-bloquants

Ce sont des substances qui «bloquent» les récepteurs bêta des caté-
cholamines, les hormones du stress, celles qui justement engen-
drent les troubles physiologiques (sueurs,[ll] tachycardie[mm]). D'où la
diminution des décharges[nn] émotives[oo] et de l'anxiété. On en donne
aux hommes politiques avant une épreuve particulière (une émission de TV, par exemple). Effet anti-stress remarquable: moins de
tremblements, moins de tensions musculaires, meilleure maîtrise[pp]
de soi. Recommandables seulement en prescription ponctuelle,[qq] et
à petites doses. Sur ordonnance.

Vitamines et oligo-éléments

Certains médecins en sont des partisans convaincus. Leurs arguments: l'organisme humain ne sait plus fabriquer toutes les vitamines dont il a besoin (la vitamine C en particulier). De plus, notre
alimentation est défectueuse[rr] en oligo-éléments. D'où la nécessité
d'un apport[ss] supplémentaire sous forme de médicaments. Nécessité encore accrue[tt] lorsque nous sommes fatigués ou stressés. En
effet, le stress valorise la libération dans l'organisme de substances
appelées radicaux libres, qui—s'ils sont en trop grand nombre—ont
la fâcheuse propriété de perturber[uu] notre production d'oxygène.
Or, de récentes études semblent démontrer que certaines vitamines

---

[dd]nous... *scoff at us* [ee]limite [ff]mot ap. [gg]bon... aide [hh]cumuler... prendre en même
temps qu' [ii]comprimé pour dormir [jj]rendent plus sérieuses [kk]*prescription* [ll]*sweats*
[mm]*irregular heartbeat* [nn]mot ap: (dé = *dis*) [oo]considérez: émotion [pp]contrôle [qq]mot ap.
[rr]mot ap. [ss]contribution [tt]augmentée [uu]mot ap.

110 (C et E notamment) sont capables de piéger^vv ces radicaux libres et de les rendre inoffensifs. Apports souhaitables: vitamine C, vitamine E, vitamines du groupe B (B1, B6, B9). Pour les oligo-éléments: zinc, manganèse, magnésium, sélénium. De nombreux laboratoires les commercialisent. Un conseil: bien que ces médicaments soient en
115 vente libre,^ww éviter l'auto-médication. Seul un traitement approprié peut se révéler utile et sans inconvénients secondaires.

Qui a «inventé» le stress?

Le mot *stress* ne date pas d'hier. On le doit à des ingénieurs anglo-saxons qui, au début du siècle, travaillaient sur la capacité de résistance des métaux. Ils l'employèrent pour désigner le niveau de
120 contraintes—de «stress»—que les métaux pouvaient supporter. Et c'est en 1936 qu'un physiologiste canadien, le Dr Hans Selye, fit entrer le mot dans le langage médical: il étudiait, lui, la capacité de l'homme à résister aux chocs et aux agressions. Il est reconnu aujourd'hui comme le plus grand spécialiste en ce domaine, et tout
125 le monde s'accorde sur la définition qu'il a donnée du stress: «Une réponse non spécifique de l'organisme à une demande qui lui est faite.» En un mot, une inadaptation.

^vv*trap*   ^ww*en... freely sold*

Avez-vous compris?

A. Donnez trois causes du stress et trois «remèdes», selon l'article.

B. Choisissez la meilleure réponse.

1. L'introduction de l'article affirme que seulement _____ des maladies de société ne sont pas liées au stress.
   a. 80%
   b. 20%
   c. 50%
2. Le stress est _____.
   a. un mal découvert récemment
   b. un mal limité aux professionnels
   c. un mal qui existe depuis longtemps
3. Le stress affecte principalement _____.
   a. les cadres
   b. les femmes plus que les hommes
   c. les membres de tous les milieux sociaux
4. La femme qui travaille hors de la maison est _____ stressée que celle qui travaille seulement au foyer.
   a. moins
   b. aussi
   c. plus

5. Quand nous ne pouvons plus _____ les événements de la vie, nous nous considérons «stressés».
   a. supporter
   b. perturber
   c. malmener
6. La télévision et les médias sont des facteurs de stress _____ importants que les difficultés de transport.
   a. plus
   b. aussi
   c. moins
7. Les médecins aiment prescrire des tranquillisants parce que ces médicaments _____.
   a. n'ont aucun mauvais effet
   b. guérissent *(cure)* le stress de façon permanente
   c. sont une solution facile
8. Il est important de ne jamais prendre de tranquillisants avec _____.
   a. de l'alcool
   b. des somnifères
   c. **a** et **b**
9. L'article affirme que les/des _____ prennent des bêta-bloquants.
   a. millions de femmes
   b. gens qui ont des troubles psychologiques
   c. politiciens
10. Certains médecins constatent que la vitamine _____ peut aider dans la lutte contre le stress.
    a. A
    b. K
    c. C
11. _____ a/ont donné au mot «stress» un sens médical.
    a. Des ingénieurs
    b. Le Dr Hans Selye
    c. Des Anglo-Saxons

C. L'article compare le stress des hommes des cavernes avec celui du chômeur moderne, et celui du cadre avec celui de l'agriculteur endetté. Faites une liste des causes probables du stress de chacun.

D. Comparez les avantages et les inconvénients des tranquillisants, des bêta-bloquants et des vitamines.

Et vous?

A. Vous connaissez sûrement quelqu'un qui est stressé. Quels sont les effets de son état sur sa famille et ses amis?

B. Dans le milieu universitaire, le stress est très souvent mentionné comme problème sérieux. Quelles sont les causes du stress pour l'étudiant? Et pour le professeur?

C. A votre avis, quels sont les dangers du stress?

D. La sensibilité au bruit affecte les gens d'une manière très variable. Quels sons vous agressent le plus? Quels sons vous mettent de bonne humeur?

E. Travaillez en groupes de deux. L'article suggère que la femme qui travaille hors de la maison est plus stressée que celle qui reste à la maison. Un(e) étudiant(e) va être «pour» cette idée et l'autre «contre». Après une courte discussion, présentez vos idées à la classe.

F. Circulez dans la classe pour faire un sondage. Déterminez les faits suivants concernant vos camarades de classe: (1) dans quelles situations ils se sentent stressés, (2) leurs symptômes de stress, (3) ce qu'ils font pour se soulager, (4) la personne de leur connaissance la plus stressée.

Structures

Réflexions d'une personne stressée

Il semble que la vie va **de plus en plus** vite, vous ne trouvez pas? On dit que «**plus** ça change, **plus** c'est la même chose», mais ce n'est pas vrai. Avant, je me sentais **mieux** dans ma peau, j'étais **plus** calme, **moins** pressé, et pourtant j'étais **aussi** occupé, je faisais **autant** de choses, sinon **plus.** Maintenant, je suis toujours fatigué: je cours **de plus en plus,** je dors **de moins en moins,** la **moindre** chose m'irrite et je n'arrive même plus à me détendre sans me sentir coupable. Et à quoi ça sert, cette course constante contre la montre? Est-ce que la vie sera **meilleure** demain?

Comparing Adjectives, Adverbs, and Nouns

Déduisez

Look again at the preceding text and answer these questions.

1. With adjectives such as **pressé, occupé,** and **calme,** how do you express the comparative of inferiority *(less . . .)*? the comparative of equality *(as . . . as)*? the comparative of superiority *(more . . .)*?

Réponses: 1. moins pressé, aussi occupé, plus calme 2. meilleur(e), mieux 3. autant de choses; plus de choses, moins de choses

2. What is the comparative of superiority of **bon**? of **bien**?
3. With a noun such as **choses,** how do you express the comparative of equality *(as many . . .)*? Can you guess how to say *more things* and *fewer things*?

Vérifiez

Comparative and superlative forms in French are very regular. You can make comparisons using the following patterns.

Comparing Adjectives and Adverbs

- The comparative of inferiority: **moins... que** *(less . . . than)*

    J'étais **moins** pressé **que** maintenant et je me fatiguais **moins** facilement.

- The comparative of equality: **aussi... que** *(as . . . as)*

    J'étais **aussi** occupé **que** maintenant mais je ne me fatiguais pas **aussi** vite.

- The comparative of superiority: **plus... que** *(more . . . than)*

    J'étais **plus** calme **que** maintenant; aujourd'hui, la vie va **plus** vite.

- The superlative

    To express *the most . . .* and *the least . . . ,* add a definite article to the comparative expression. The preposition **de** is used after the superlative as the equivalent of *in* or *of.*

Julie est la plus jeune de la famille.	*Julie is the youngest in the family.*

    With adverbs, the article is always **le.**

Elle parle le plus vite.	*She speaks the fastest.*

    With adjectives, there is agreement of the article.

C'est elle qui est **la moins** fatiguée **de** tous.	*She is the least tired of all.*
Nous sommes **les plus** stressés!	*We are the most stressed!*

    A possessive adjective may replace the article.

Mon plus grand problème, c'est le manque de temps.	*My greatest problem is a lack of time.*

In the *more/most* category (comparative and superlative of superiority), the following adjectives and adverbs have irregular forms.

ADJECTIVES/ADVERBS	COMPARATIVE	SUPERLATIVE
bon → **meilleur** (*good* → *better/best*) **bien** → **mieux** (*well* → *better/best*) **beaucoup** → **plus/ davantage** (*much* → *more/most*) **mauvais** → **plus mauvais/ pire** (*bad* → *worse/worst*) **petit** → **plus petit** (*size: small* → *smaller/ smallest*) **petit** → **(le/la) moindre** (*abstract sense: the least*)	Est-ce que la vie sera **meilleure** demain? Je travaille **mieux** le soir que le matin. Le slogan des professeurs: étudiez **davantage**! **Le stress est pire (plus mauvais) que la fatigue.** Elle est **plus petite** que sa sœur.	**Mes meilleurs** amis viennent souvent me voir. Et vous, quand travaillez-vous **le mieux**? La question des étudiants: qui travaille **le plus**? Les persécuteurs ou les persécutés? C'est **le plus mauvais** des résultats. C'est **la pire** des choses! C'est **la plus petite** de la famille. **Les moindres** choses m'irritent. *The least (little) things bother me.* C'est **le moindre** de mes soucis. *It's the least of my worries.*

Notez bien: mieux is an adverb, and **meilleur** is an adjective. However, when the verb is **être**, it is quite common and acceptable to use **mieux** instead of **meilleur**.

Cette solution est **meilleure** que les autres. / Cette solution est **mieux** que les autres.

If you want to say *much better,* use **bien** with **meilleur**.

Ce fromage est **bien meilleur** que l'autre.

With **mieux**, use **beaucoup** or **bien**.

Je me sens **beaucoup mieux** aujourd'hui. / Je me sens **bien mieux**.

Comparing Nouns

COMPARATIVE

- **moins de** (*fewer*)... **que**

  Il a **moins de** problèmes **que** nous.

- **plus de** (*more*)... **que**

  On a **plus de** travail **que** lui.

- **autant de** (*as much, as many as*)... **que**

  Il n'a pas **autant de** responsabilités **que** nous.

SUPERLATIVE

- **le moins de** (*the fewest*)... **de**

  Il a **le moins de** problèmes **de** tous.

- **le plus de** (*the most*)... **de**

  C'est elle qui a **le plus de** travail **de** tous.

Comparative Expressions

- **de plus en plus** *(more and more)*

  Je cours **de plus en plus.**

- **de moins en moins** *(less and less)*

  Je dors **de moins en moins.**

- **plus ou moins** *(more or less)*

  Je dors **plus ou moins** bien.

- **Plus... plus...** *(The more . . . the more . . .)*

  Plus ça change, **plus** c'est la même chose.

- **Plus... mieux...** *(The more . . . the better . . .)*

  Plus on apprend, **mieux** c'est.

- **Moins... plus...** *(The less . . . the more . . .)*

  Moins on mange, **plus** on maigrit.

- **le plus / le moins possible** *(the most / the least possible)*

  Certaines personnes se fatiguent **le moins possible.**

- **de mieux en mieux** *(better and better)*

  Il a été très malade, mais il va **de mieux en mieux.**

- **de pire en pire** *(worse and worse)*

  Il est très malade; il va **de pire en pire.**

Essayez!

A. Plus (+), moins (−) ou aussi/autant (=)? Complétez selon le modèle.

MODELE: Le stress mental est _____ le stress physique. (mauvais/+) →
pire (plus mauvais) que

1. Ce cours est _____ l'autre. (bon/−) 2. J'apprends _____ choses cette année. (+) 3. J'étudie _____ avant. (bien/+) 4. J'ai _____ amis _____ au lycée. (=) 5. Je suis _____ heureux. (=)

B. Complétez avec un superlatif, selon le modèle.

MODELE: l'examen / tous (facile/+) → C'est l'examen le plus facile de tous.

1. l'étudiant / la classe (bon/+) 2. le professeur / l'université (connu/+)
3. les questions / toutes (difficiles/−)

(Réponses page 287)

♦ **Maintenant à vous**

A. Ce qui m'énerve le plus. Comparez les facteurs d'irritation suivants avec un comparatif, puis un superlatif, selon le modèle.

MODELE: (Quand j'essaie de dormir) les cris des enfants / le bruit des voisins / le bruit d'une perceuse *(drill)* →
Les cris des enfants m'énervent plus que le bruit des voisins, mais ce qui m'énerve le plus, c'est le bruit d'une perceuse.

1. (Quand j'essaie d'étudier) la musique de rock / la télévision / le téléphone
2. (Quand je passe un examen) le bruit dans le couloir / le manque de temps / le manque d'inspiration
3. (Quand j'attends l'autobus) le froid / la pluie / le vent
4. (Quand je suis en voiture) les travaux sur la route / les embouteillages / un passager qui fait constamment des remarques sur ma façon de conduire
5. (Quand je vais dans les magasins) la foule / les vendeurs trop occupés / la queue *(line)* à la caisse
6. (Quand je suis stressé[e])?

B. Les avis du docteur Dupont. Complétez par la forme appropriée de **meilleur** ou **mieux**.

1. Les soins médicaux sont _____ aujourd'hui qu'autrefois.   2. Il vaut _____ éviter les tranquillisants.   3. Vous feriez _____ de prendre de la vitamine C.   4. La vitamine C est la _____ des vitamines pour lutter contre le stress.   5. C'est _____ de se passer de *(do without)* médicaments, si on peut.

Résumez les conseils du docteur Dupont en ce qui concerne les médicaments.

C. La vie moderne. En groupes de deux, énoncez d'abord une opinion selon les indications données, puis réagissez de façon personnelle. Alternez les rôles toutes les deux phrases.

MODELE: les femmes / les hommes / stressé / moins →
Etudiant(e) A: Les femmes sont moins stressées que les hommes.
Etudiant(e) B: Ah, mais pas du tout! Les femmes sont même plus stressées que les hommes parce que... (*ou:* Je dirais que les femmes sont aussi stressées que les hommes, parce que...)

1. l'homme moderne / l'homme des cavernes / stressé / plus
2. les vieux / les jeunes / vulnérable au stress / aussi
3. la vie à la campagne / la vie en ville / bon pour la santé / plus
4. les conditions de travail / les conditions d'habitat / stressant / moins

D. Astérix et Obélix. Complétez les comparaisons entre ces deux «héros gaulois» chers aux amateurs de bandes dessinées *(cartoons),* en vous inspirant des illustrations.

1. Astérix est ____ qu'Obélix. (petit)
2. Obélix est ____ des deux. (gros)
3. Astérix est ____ physiquement, mais il est ____ qu'Obélix. (fort / intelligent)
4. Astérix a les cheveux ____ qu'Obélix. (long)
5. Obélix mange ____ qu'Astérix. (beaucoup)
6. Obélix est ____ des deux. (comique)

Trouvez deux autres comparaisons à faire entre Astérix et son ami Obélix.

A votre avis, qui serait le plus vulnérable au stress: Astérix, qui, à cause de son intelligence, est chargé de toutes sortes de missions dangereuses? ou Obélix, qui accompagne son ami partout parce qu'il adore se battre *(to fight)*—et manger? Justifiez votre opinion.

Astérix

Obélix

E. Des emplois du temps chargés? *(Busy schedules?)*
Individuellement d'abord, calculez votre emploi du temps pour une semaine typique à l'université, selon les catégories suivantes. Puis mettez-vous en groupes de trois et faites des comparaisons basées sur ces catégories. Utilisez d'abord des comparatifs, puis des superlatifs.

MODELE: Tu as autant de cours que moi, mais c'est (Marie) qui a le plus de cours.

Nombre de cours _____
Heures passées à la bibliothèque _____
Heures passées à faire des devoirs à la maison _____
Nombre d'examens _____
Nombre d'activités non-académiques _____

F. Qu'en pensez-vous? Réagissez aux clichés suivants.

1. Plus on est riche, plus on est heureux.   2. Les blondes s'amusent davantage.   3. Plus ça change, plus c'est la même chose.   4. Plus c'est grand, mieux c'est.   5. Les gens les plus occupés accomplissent le plus de choses.

G. Voilà ce qui arrive. Complétez les phrases suivantes de manière personnelle.

1. Plus j'étudie,...   2. Plus on vieillit,...   3. Moins on fait d'exercice physique,...   4. Quelque chose que j'aime de plus en plus, c'est...   5. Ce que je fais le moins possible, c'est...   6. Je comprends de mieux en mieux pourquoi...

H. Voyons... En groupes de deux, élaborez le plus possible sur deux ou trois des comparaisons suivantes, au choix.

1. deux de vos ami(e)s les plus proches
2. deux de vos professeurs favoris

3. deux villes que vous connaissez
4. deux films que vous avez vus récemment
5. deux incidents où vous vous êtes senti(e) stressé(e)
6. votre vie il y a cinq ans, aujourd'hui et dans cinq ans

I. Jeu de rôles. You and your grandmother are talking about stress: you contend that young people nowadays face more pressures **(la pression),** and that life is more difficult than it was forty or fifty years ago. Your grandmother doesn't agree: she claims that modern life, with all its conveniences, is much easier; it's just that people have less patience and less tolerance because they are more spoiled and selfish. Working with a partner, defend your chosen point of view.

Avant d'écrire

Paragraphs (2). You have already done some work with topic sentences. In your readings, you may have noticed that topic sentences appear in different places, not always at the beginning of a paragraph. It may be useful, as you write, to think about several patterns of paragraph organization and the merits and disadvantages of each. Among the many ways to organize a paragraph, the following three are among the most common.

1. *Topic sentence first.* In a standard paragraph, writers make the most important point near the beginning of the paragraph. They then expand or limit (define) it.
2. *Topic sentence in the middle.* This kind of paragraph delays the topic sentence. It usually begins by suggesting a viewpoint opposed to the topic sentence, and then "swerves" into the topic, which is usually a fact that is surprising in relation to the opening sentences. For example, the opening sentence might be **La plupart des gens pensent que le stress est une maladie des cadres.** This sentence is followed by supporting statements, and then the topic sentence appears: **Les femmes au foyer, cependant, sont les vraies victimes du stress.** This kind of paragraph makes a strong impression on the reader because the topic sentence stands out as a surprise.
3. *Topic sentence at the end.* In this type of paragraph, ideas build to a climax at or near the end. The paragraph moves through supporting points and examples and arrives at a statement that brings things together only at the end. For example, **L'homme d'aujourd'hui qui se jette le matin sur la**

rubrique «offres d'emploi» de son journal quotidien est certainement stressé. Mais l'homme des cavernes qui partait à la chasse sans certitude d'avoir à manger le soir était également stressé. *Le terme «stress» est assez récent, mais le stress lui-même est loin d'être un mal moderne.* This kind of development is especially dramatic and effective. Readers tend to remember most vividly the last points made.

PREWRITING TASK

Now, with a partner, choose one of the topics of comparison given in exercise H. Make a list of major and supporting points to be made. Next, think about which of the three kinds of paragraphs would best enable you to make the point you wish to make. Organize your list accordingly, and justify your paragraph development.

Prepare the following writing assignment by following the same steps.

 ## Sujet de composition

«La vie à l'université vs. la vie au lycée.» Un jour ou vous vous sentez particulièrement stressé(e), vous commencez à comparer mentalement votre vie à l'université et au lycée. Inspiré(e) par toutes sortes de pensées profondes, vous ouvrez votre journal, et vous écrivez deux ou trois paragraphes sur les différences et les similitudes entre vos expériences au lycée et à l'université: la vie académique, la vie sociale et le niveau de stress, bien sûr.

Réponses: Essayez!, page 283: A. 1. moins bon que 2. plus de 3. mieux qu' 4. autant d', qu'
5. aussi
B. 1. C'est le meilleur étudiant de la classe. 2. C'est le professeur le plus connu de l'université.
3. Ce sont les questions les moins difficiles de toutes.

Que ressentent-elles?

Sentiments et émotions

Paroles

La vie affective et psychique

Quel est le contraire de l'**amour** [m.]? La **haine** *(hate)* ou l'**indifférence** [f.]?
Le contraire du **bonheur** *(happiness)* ou de la **joie** est plus facile à définir:
c'est le **malheur,** le **chagrin** *(sorrow)* ou la **tristesse** *(sadness).*

Les **épreuves** [f.] *(trials)* de la vie peuvent nous rendre **amers** *(bitter)* ou au
contraire, plus **compréhensifs** *(understanding)*, plus **sensibles** *(sensitive)* aux
douleurs [f.] *(pains)* des autres.

Quand on a le **cafard** *(the blues)*, on est **déprimé** *(depressed)*, ou même
angoissé; l'**angoisse** [f.] *(anxiety)* est plus forte que l'**inquiétude** [f.] ou le
souci *(worry)*. Quand êtes-vous **inquiet (inquiète)** ou **soucieux (sou-**

288

cieuse)? Et quand **vous mettez-vous en colère?** Est-ce que **vous vous fâchez** facilement **(se mettre en colère/se fâcher** = *to get mad)*? Sous le coup de la **colère**, nous faisons souvent des choses que nous **regrettons** plus tard, et nous espérons que les autres vont nous **pardonner** *(forgive)*, au lieu de nous **garder rancune** *(to hold a grudge)*. La **rancune** est une émotion **destructrice**, ainsi que la **jalousie**, mais parfois on **ne peut pas s'empêcher de** *(can't help but)* **ressentir** *(feel)* ces émotions.

Le **manque** *(lack)* de **confiance** [f.] **en soi** *(self-confidence)* est une autre émotion naturelle; si ça devient un **complexe d'infériorité**, c'est plus **grave**. Quand on est **complexé**, on se laisse **intimider** facilement.

Le stress et l'angoisse peuvent mener à la **dépression nerveuse** *(nervous break-down)* ou à d'autres **maladies mentales**, comme la **folie** *(madness)*. Les **psychiatres** et les **psychologues** traitent les **troubles** *(disorders)* **mentaux**. Parfois il suffit d'**analyser** ou d'**extérioriser** une émotion pour la comprendre ou la **contrôler**. Il paraît que les **extravertis** sont plus **équilibrés** *(balanced)* que les **introvertis**. Est-ce vrai?

◆ Parlons-en

A. Dressez votre profil psychologique. Quel genre de personne êtes-vous?

B. Avec un(e) partenaire, comparez votre façon de réagir aux épreuves. Réagissiez-vous de la même façon quand vous étiez enfant? Donnez des exemples.

La famille Groseille dans le film «La vie est un long fleuve tranquille»

tiré de la revue *L'Express international*

C. Voici la famille Groseille. Vous les connaissez, car vous êtes leurs voisins. En groupes de deux, vous parlez de cette famille qui vous semble étrange depuis un certain temps, et vous exprimez vos sentiments sur leur apparence et leur comportement. Vous vous demandez si ces personnes sont en bonne santé. Ensemble, vous essayez de définir les problèmes de chacun; vous dressez un portrait des parents et des cinq enfants, avec quelques hypothèses personnelles sur les causes de leurs conditions. Préparez un scénario original, que vous jouerez ensuite devant la classe.

Lecture

Gabrielle Roy

L'auteur

Gabrielle Roy (1909–1983) est un écrivain canadien. Née au Manitoba, elle a vécu à Montréal la plupart de sa vie. Ses nouvelles et ses romans décrivent souvent des drames émotionnels, cachés sous l'apparence d'une vie calme et routinière. Le passage suivant, extrait de *Petite Misère* (1955), présente les relations particulières entre un père et son enfant.

Avant de lire

Stratégie de la lecture

Anticipation. Quand vous étiez enfant, quel genre de rapport aviez-vous avec votre père: ouvert? superficiel? Vous était-il facile d'exprimer vos sen-

timents? Comment votre père vous montrait-il de l'affection? de la désapprobation? Quelle était votre réaction?

Pensez-vous qu'il existe des êtres prédisposés au malheur et d'autres au bonheur? Connaissez-vous des personnes fondamentalement pessimistes ou optimistes? Quelle est leur philosophie de la vie? Et la vôtre?

Culture et contexte

❖ ❖ ❖ ❖ ❖ ❖

La question du Québec et de la francophonie au Canada ne cesse jamais d'être d'actualité. Un sentiment d'injustice et d'aliénation habite les Canadiens-Français qui tentent de préserver leur patrimoine culturel dans un monde anglophone qui les traite souvent en inférieurs. Gabrielle Roy est très sensible au problème qui déchire son pays. Si la vie des Canadiens-Français n'est pas toujours facile au Québec, elle est presque impossible dans les petites communautés françaises de l'ouest du Canada, comme le Manitoba. Les personnages de Roy sont souvent envahis par l'angoisse de ne pas avoir de patrie, une sorte de malheur héréditaire.

Dans le passage suivant, l'auteur développe les souffrances émotionnelles d'une enfant, causées par l'attitude de son père face à la vie.

Petite Misère
GABRIELLE ROY

Mon père, parce que j'étais frêle de santé, ou que lui-même alors âgé et malade avait trop de pitié pour la vie, mon père peu après que je vins au monde me baptisa: Petite Misère. Même quand il me donnait le nom avec douceur, en caressant mes
5 cheveux, j'en étais irritée et malheureuse, comme d'une prédisposition à cause de lui à souffrir. Je me redressais[a] et intérieurement me disais: «Ah non! je ne suis pas misère. Jamais je ne serai comme toi!»

Mais, un jour, il me jeta le mot détestable avec colère. Je ne
10 sais même plus ce qui avait pu mériter pareil éclat:[b] bien peu de choses sans doute; mon père traversait de longues périodes d'humeur sombre où il était sans patience et comme accablé de regrets; peut-être aussi de responsabilités trop lourdes. Alors, parfois, un éclat de rire le rejoignant, l'atteignant en plein dans ses
15 pensées moroses, provoquait chez lui un accès de détresse. J'ai compris plus tard que craignant sans cesse pour nous le moindre et le pire des malheurs, il aurait voulu tôt nous mettre en garde contre une trop grande aspiration au bonheur.

Son visage agité, ce jour-là, m'avait paru terrifiant. Il me
20 menaçait de sa main levée; mais, incapable de se décider à me frapper, il me jeta comme un reproche éternel:

[a]rebellais [b]mériter... causer cette fureur

—Ah! pourquoi ai-je eu des enfants, moi!

Les parents peuvent croire que de telles paroles, bien au-delà de l'entendement[c] des enfants, ne leur font pas de mal; mais parce
25 qu'elles ne sont qu'à moitié intelligibles pour eux, les enfants les creusent[d] et s'en font un tourment.

Je m'enfuis, je courus à mon grenier[e] où, face par terre, je grattai le plancher rugueux de mes ongles,[f] je cherchai à y entrer pour mourir. Le visage collé au plancher, j'ai essayé de m'empêcher de
30 respirer. Je croyais que l'on peut à son gré[g] s'arrêter de respirer et, ainsi, quitter le mal, quand on le veut, parce que c'est le mal...

Les heures passèrent, et je me retournai sur le dos, ma position étant vraiment trop incommode.

. . .

J'entendis des pas résonner le long du corridor, à l'étage, sous
35 mon grenier. Puis la porte au bas de l'escalier s'ouvrit. Une voix, celle de ma mère, annonça:

—La table est mise, le souper prêt. Assez boudé.[h] Viens manger.

J'avais faim malgré tout, et cela même, la honte en plein chagrin d'être tentée par la nourriture, me fit nier[i] la chose et affirmer
40 que je ne pouvais manger, que jamais plus je ne pourrais manger.

Au bas de l'escalier, ma mère dit:

—Eh bien, boude, si tu veux bouder... mais après, tu ne trouveras plus rien à manger.

. . .

Alors il y eut un silence.

. . .

45 J'entendais encore aux étages certains bruits qui me renseignaient sur les allées et venues dans la maison. Des portes claquèrent.[j] Sur la galerie puis sur notre petit trottoir de ciment j'entendis le bruit des pas de ma mère dans ses souliers neufs. C'est vrai, elle devait ce soir aller jouer aux cartes chez des amis.
50 Elle se hâtait, ses pas semblaient courir... et je fus malheureuse que d'un cœur si libre elle partît pour aller se livrer à quelque chose d'aussi futile, ce soir, que de jouer aux cartes.

La nuit me parut monter vers moi des étages obscurs. La grande maison était à présent tout à fait silencieuse... peut-être vide... Et
55 mon chagrin fut intolérable, de tous abandonné sauf de moi, sauf de ma seule attention bien trop jeune, bien trop faible pour le comprendre; et sans plus en connaître la cause, je pleurai davantage le chagrin lui-même qui n'est peut-être qu'un enfant seul.

Alors, mon oreille proche du plancher entendit le pas traînant,[k]
60 le pas accablé de mon père.

Il entrouvrit doucement la porte au bas de l'escalier. Il resta là, sans parler, longtemps. Peut-être pensait-il que je ne le savais pas debout, un pied levé vers la première marche. Mais j'entendais sa respiration... et lui peut-être la mienne, tant le silence entre nous
65 était poignant.

---

[c]au-delà... dépassant la compréhension [d]analysent [e]attic [f]grattai... *scratched the rough floor with my nails* [g]à... si on veut [h]*pouting* [i]dire non à [j]*se fermèrent avec bruit* [k]pas... *dragging footsteps*

Enfin, il appela:

—Petite! Misère!

Oh! que j'avais la gorge serrée[l]! Jamais après, je n'y ai eu un
tel nœud[m] la serrant à m'étouffer. Et il est bon peut-être qu'on ait
70   eu très jeune un atroce chagrin, car après il ne peut guère plus
nous étonner.

. . .

Puis, comme je ne répondais encore pas, mon père me dit:

—Tu dois avoir faim.

Et plus tard, après un autre silence, il me dit si tristement qu'au-
75   jourd'hui encore, trouvant son chemin entre des souvenirs touffus[n]
comme une forêt, l'inflexion exacte de la voix de mon père me
revient:

—J'ai fait une tarte à la rhubarbe... Elle est encore chaude...
Veux-tu en manger?...

80   Moi, je ne sais plus! Depuis ce temps, la tarte à la rhubarbe ne
m'a jamais tentée; mais, avant ce jour, il paraît que j'en raffolais,[o]
bien que je fusse malade chaque fois que j'en mangeais. Aussi ma
mère n'en faisait plus que très rarement et si, par exception, elle en
servait une, alors elle me défendait d'en prendre plus qu'une toute
85   petite pointe. Ainsi, donc, mon père avait profité de l'absence de
ma mère ce soir... et je l'imaginai roulant ses manches, cherchant la
farine, le saindoux[p]—jamais pourtant il ne trouvait les choses dans
la maison—allumant le four, surveillant la tarte qui cuisait!... Comment aurais-je pu répondre!

. . .

90   J'entendis mon père pousser un soupir. Il referma la porte si
lentement que c'est à peine si j'entendis le très léger déclic[q] de la
serrure.[r] Il s'en alla.

Ce long pas découragé!

J'attendis quelques minutes pourtant, longtemps à ce qu'il me
95   sembla. Puis j'ai étiré ma robe chiffonnée.[s] Je me suis donné des
tapes aux joues pour effacer la trace des larmes;[t] et, avec le bas de
ma robe, j'ai tâché de réparer les barbouillages[u] ainsi faits sur mon
visage.

Je suis descendue, m'arrêtant à chaque marche.

100   La table de notre grande cuisine était mise comme pour une
fête... une bien triste fête, car, sur la nappe blanche, il n'y avait, au
centre, que la tarte et, loin l'une de l'autre, à chaque bout, nos deux
assiettes.

Nous avons pris place, sans nous regarder encore, mon père et
105   moi, à cette longue table.

Mon père poussa alors vers moi la tarte qu'il avait taillée d'a-
vance en si gros morceaux que brusquement je fondis en larmes.[v]
Mais en même temps, j'avais commencé de goûter à la tarte.

[l]tight [m]knot [n]épais, nombreux [o]j'en... je l'aimais beaucoup [p]lard [q]bruit [r]mécanisme de
la porte [s]wrinkled [t]tears [u]traces [v]fondis... commençai à pleurer

Souvent, aux étapes de ses rudes voyages en pays de colonisa-
110 tion, lorsqu'il allait établir des immigrants, mon père avait fricoté[w]
lui-même ses repas sur de petits feux de braises en plein air, dans
les Prairies, et il avait gardé de ce temps-là, sans doute accompagnée du regret des espaces et de la pureté, l'illusion d'être habile à
la cuisine. Mais ma mère disait que les tartes de mon père étaient
115 de plomb.[x]

Et c'était bien en effet une nourriture de plomb que je cherchais
à avaler.

Nos yeux se rencontrèrent. Je vis que la bouchée[y] que mon
père avait prise ne passait pas non plus.

120 Et comment alors, à travers mon pauvre chagrin d'enfant, ai-je
si bien pressenti celui combien plus lourd de mon père, le poids de
la vie: cette indigeste nourriture que ce soir, comme si c'était pour
toujours, mon père m'offrait!

Cette nuit, je fus bien malade d'une sérieuse indigestion. Ma
125 mère, ne comprenant pas du tout ce qui s'était passé entre le vieil
homme et sa Petite Misère, accabla mon père de reproches:

—Lui faire manger de la tarte à dix heures du soir! Es-tu fou?

Lui, avec un sourire triste, sans se disculper, pencha la tête; et,
plus tard, quand il vint m'apporter un remède, il y avait sur son
130 visage une telle douleur que, parfois, je l'imagine immortelle.

[w]préparé [x]*lead* [y]le morceau

Avez-vous compris?

A. Indiquez si chaque trait de caractère correspond logiquement à Petite Misère, à son père ou aux deux.

TRAIT DE CARACTERE	PETITE MISERE	SON PERE
très sensible		
d'humeur morose		
plein(e) de ressentiment		
d'humeur gaie		
tendre mais maladroit(e)		
plein(e) de pitié pour lui(elle)-même		
têtu(e)		
frêle de santé		
boudeur (boudeuse)		

B. Voici des commencements de phrases qui résument la situation de Petite Misère. Relisez brièvement le passage et complétez chaque phrase.

1. Quand Petite Misère était bébé, sa santé était _____ .
2. A la naissance de Petite Misère, la santé de son père était _____ .
3. Quand la fillette s'entendait appeler Petite Misère, elle était _____ .
4. Le père était souvent _____ .
5. Un jour, après un incident oublié, il l'a appelée _____ avec colère, et il s'est demandé «Pourquoi _____ ?»
6. Tourmentée par les paroles de son père, Petite Misère a couru se réfugier dans _____ .
7. Dans ce refuge, elle a voulu _____ .
8. Elle croyait qu'il suffisait de s'arrêter de _____ pour quitter le mal.
9. Plus tard, quand sa mère lui a offert à manger, _____ .
10. Après le départ de sa mère, son père a fait _____ .
11. Après l'avoir mangée, Petite Misère _____ .
12. De retour, la mère n'a pas compris pourquoi son mari _____ .
13. A la fin du récit, quand son père est venu la voir, Petite Misère a vu une grande _____ sur son visage.

C. Comment Petite Misère décrit-elle son père? Comprend-elle les causes de ses humeurs?

◆ Et vous?

A. Comment voyez-vous Petite Misère? Est-ce une enfant persécutée et privée d'amour ou une enfant égoïste et pleine de pitié pour elle-même?

B. Comment voyez-vous le père de Petite Misère? Est-il cruel? Ou est-ce simplement une personne malheureuse qui ne sait pas exprimer ses vrais sentiments? Voyez-vous des traces de tendresse et de compréhension dans ses actes?

C. La mère dit «Assez boudé. Viens manger.» Quel est l'effet de ce verbe (**bouder**) sur Petite Misère? Quelle serait votre réaction si un(e) ami(e) vous disait «Ne boude plus!»?

D. Il existe beaucoup de mythes concernant «la famille normale» et «l'enfance idéale». Dans cette nouvelle, vous voyez une autre sorte d'enfance. Pensez-vous que Petite Misère soit particulièrement prédisposée à des troubles émotifs? Expliquez votre opinion.

E. Vous avez déjà analysé la description que Petite Misère fait de son père et de son attitude envers la vie. Croyez-vous que les jeunes enfants puissent comprendre la vie émotionnelle de leurs parents? Expliquez.

F. D'après vous, y a-t-il un vrai danger à donner un sobriquet comme «Petite Misère» à un enfant? Discutez.

G. Jeu de rôles. Travaillez en groupes de deux.

Etudiant(e) A: Imaginez que vous êtes Petite Misère. Vous êtes en train de parler avec un(e) ami(e), et vous lui décrivez vos parents et vos rapports avec eux. Vous exprimez votre désir de partir pour commencer une nouvelle vie.

Etudiant(e) B: Ecoutez l'histoire de votre ami(e), et puis essayez de le (la) convaincre de rester à la maison au lieu de fuir. Donnez plusieurs raisons.

Structures

Les pensées de Petite Misère

Pourquoi donc m'a-t-il baptisée Petite Misère? Il se peut qu'il m'**ait prédisposée** à la misère avec un nom comme ça. **Si j'étais** dans une autre famille, une famille où on ne m'**appellerait** pas Petite Misère, est-ce que je **serais** plus heureuse? **Si j'avais** un papa plus jeune et plus gai, est-ce que j'**aurais** besoin de me cacher dans le grenier pour pleurer? Il parle si peu. **Si c'était** plus facile de parler avec lui, je lui **demanderais** pourquoi il est toujours si triste. **Si j'ai** assez de courage, ce soir, je le lui **demanderai.** Est-ce qu'il regrette vraiment que je **sois née**?

Si vous pouviez redevenir enfant, que voudriez-vous faire?

Making Hypotheses

When you set up conditions or circumstances other than what is real or current and imagine the consequences of such conditions, you are making hypotheses. A hypothesis often contains a clause beginning with **si** *(if)*.

Déduisez

In the preceding text, there are two types of conditions. One is very likely to happen, and the other is much less likely. Find an example of the first type (there is only one). Which tense is used after **si** to express such a condition? Which tense is used in the main clause to express the expected result? Now find examples of conditions less likely to happen. Identify the tenses used for the conditions and the consequences.

Vérifiez

	CONDITIONS	CONSEQUENCES
Likely to happen	**si + présent** Si j'ai assez de courage, Si je pleure, Si tu as faim, Si tu as quelque chose à dire,	**futur** je lui demanderai. mes parents auront pitié de moi. **impératif** descends! dis-le!
Less likely to happen	**si + imparfait** Si j'étais dans une autre famille, *If I were in another family,* S'il* m'expliquait la situation, *If he explained the situation to me,*	**conditionnel (présent)** est-ce que je serais plus heureuse? *would I be happier?* est-ce que je comprendrais? *would I understand?*

Remember that verbs in the future or the conditional are *not* used in a **si** clause. This is different from English usage, where the conditional mode may be used after *if.* Do not confuse the conditional *would* with the *would* that expresses a repeated action in the past. If *would* means *used to,* the imperfect tense is used in French.

Quand nous étions en vacances, nous **dormions** jusqu'à midi.	*When we were on vacation, we **would** sleep until noon.*

Forms

The **conditionnel présent** is one of two tenses of the *conditional mood.*[†] The conditional and the future are very similar in form. To form the present tense of the conditional, take the future stem and add the endings of the **imparfait**. There are *no* exceptions.

---

*Note that **si + il(s) = s'il(s)**, but **si + elle(s) = si elle(s)**.
[†]The **conditionnel passé** will be presented in **Chapitre 18**.

	AIMER	AVOIR	ETRE	
(future stem →)	**aimer-**	**aur-**	**ser-**	
je/j'	aimer**ais**	aur**ais**	ser**ais**	
tu	aimer**ais**	aur**ais**	ser**ais**	
il/elle/on	aimer**ait**	aur**ait**	ser**ait**	
nous	aimer**ions**	aur**ions**	ser**ions**	
vous	aimer**iez**	aur**iez**	ser**iez**	
ils/elles	aimer**aient**	aur**aient**	ser**aient**	

Essayez!

Complétez.

1. Si j'ai le temps, je ___ des courses. (faire) 2. Si tu ___, viens avec moi! (pouvoir) 3. Si les magasins étaient ouverts plus tard, on n'___ pas besoin de se dépêcher. (avoir) 4. S'il ___ beau, on pourrait manger dehors. (faire)

(Réponses page 303)

◆ Maintenant à vous

A. Si demain... Que ferez-vous si demain les situations suivantes se présentent? Complétez de façon personnelle.

1. Si vous ne vous sentez pas bien (mais vous avez un examen important à passer),... 2. Si vous vous réveillez avec un cafard épouvantable,... 3. Si un(e) ami(e), sous le coup de la dépression, décide d'abandonner ses études en plein milieu de l'année,... 4. Si vous découvrez que vous avez seulement 20 dollars pour survivre jusqu'à la fin du mois,... 5. ?

B. Des inquiétudes. Vous pensez à votre vie après l'université: si les situations suivantes se présentaient, qu'est-ce que vous feriez? Répondez de façon personnelle.

1. si vous ne trouviez pas de travail dans votre domaine de spécialisation... 2. si votre travail payait bien mais ne vous plaisait pas... 3. si votre travail vous plaisait beaucoup mais ne payait pas bien du tout... 4. si vous étiez marié(e) et que votre mari/femme ne pouvait pas trouver de travail dans la même ville que vous... 5. si vous deviez choisir entre un poste temporaire très intéressant et un poste permanent moins intéressant...

C. Des hypothèses. Utilisez les éléments donnés pour poser des questions à un(e) de vos camarades de classe. Votre camarade donnera sa réponse, puis vous posera la même question.

MODELE: avoir 500 dollars à dépenser / que / acheter →
           —Si tu avais 500 dollars à dépenser, qu'est-ce que tu achèterais?
           —J'achèterais un magnétoscope. Et toi? Qu'est-ce que tu achèterais?

1. pouvoir voyager n'importe où *(anywhere)* / où / aller
2. aller en France / que / vouloir visiter
3. commencer à étudier une autre langue / laquelle / choisir
4. avoir des pouvoirs magiques / que / changer

D. Des situations improbables, mais... on ne sait jamais! Si les conditions suivantes se présentaient, que feriez-vous? En groupes de deux, discutez deux situations au choix, en élaborant le plus possible.

1. Si votre maison ou appartement était en feu et si vous n'aviez que quelques minutes pour prendre quelques objets, qu'est-ce que vous emporteriez? Pourquoi?
2. Si vous faisiez partie d'un groupe expérimental d'astronautes et si on vous envoyait vivre sur la lune pendant plusieurs mois, qu'est-ce qui vous manquerait le plus quand vous penseriez à la terre? Qu'est-ce que vous feriez pour combler votre solitude?
3. Si vous pouviez devenir invisible, que feriez vous? Où iriez-vous?
4. Si vous pouviez changer d'identité, qui seriez-vous? Pourquoi?
5. Si vous pouviez vivre à une autre époque, quelle époque choisiriez-vous? Pourquoi?

More About the Subjunctive

Rappelez-vous

You studied the more common uses of the subjunctive in **Chapitre 15.** Do you remember how to conjugate verbs in the **présent du subjonctif**? Do you remember which verbal expressions and conjunctions require the use of the subjunctive?

Essayez!

Complétez.

1. Il ne faut pas que je ____ (être) malade cette semaine, car j'ai plusieurs examens à passer.   2. Je propose qu'on ____ (avoir) des sessions d'étude et que nous ____ (faire) nos devoirs ensemble.   3. Nous étudierons jusqu'à ce que nous ____ (savoir) tout!   4. Il est temps que nous ____ (commencer) pour que nous ____ (pouvoir) finir plus tôt.   5. Vous doutez qu'on ____ (réussir)?

(Réponses page 303)

The Past Subjunctive

> Il se peut qu'il m'**ait prédisposée** à la misère.
> Est-ce qu'il regrette vraiment que je **sois née**?

Déduisez

Is the past subjunctive used to express an action that took place *at the same time as / after / before* that of the main clause?

Vérifiez

The same verbs and expressions that must be followed by the present subjunctive require the past subjunctive. How do you decide whether to use the present or the past subjunctive?

- If the action of the subordinate clause takes place *at the same time as* or *after* the action of the main clause, use the *present* subjunctive.

    Je doute qu'il **vienne** *(is coming)* maintenant.
    Je doute qu'il **vienne** *(will come)* demain.

- If the action of the subordinate clause took place *before* the action of the main clause, use the *past* subjunctive.

    Je doute qu'il **soit venu** *(came)* hier.
    C'est dommage qu'il **ait oublié** *(forgot)*...

Forms

As you have observed, the past subjunctive is a compound tense formed with (1) the present subjunctive of the auxiliary verb **avoir** or **être** and (2) the past participle of the main verb.

	PARLER	PARTIR	SE FACHER
...que je/j'	aie parlé	sois parti(e)	me sois fâché(e)
tu	aies parlé	sois parti(e)	te sois fâché(e)
il/elle/on	ait parlé	soit parti(e)	se soit fâché(e)
nous	ayons parlé	soyons parti(e)s	nous soyons fâché(e)s
vous	ayez parlé	soyez parti(e)(s)	vous soyez fâché(e)(s)
ils/elles	aient parlé	soient parti(e)s	se soient fâché(e)s

Essayez!

Since it is the *relationship* between the dependent clause and the main clause that determines whether to use the present or the past subjunctive, it may be helpful to analyze the following examples. For each sentence, check the box *same time, after,* or *before* to identify when the action of the dependent clause took place in relation to the action of the main clause. Afterward, translate the sentences.

	SAME TIME	AFTER	BEFORE
(1) I doubted he would call.			
(2) I doubted he had called.			
(3) I'm afraid she's sick.			
(4) I was glad you were feeling better.			
(5) I don't think he saw a psychiatrist.			

(Réponses page 303)

◆ Maintenant à vous

E. Les enfants d'autrefois. Il y a 50 ans, ou 100 ans, était-ce plus facile d'être un enfant? Exprimez des opinions, selon les indications données.

MODELE: Il se peut / les enfants d'autrefois / être plus heureux →
Il se peut que les enfants d'autrefois aient été plus heureux.

1. Il se peut / ils / avoir moins de stress
2. Il se peut / la vie / être plus simple
3. Je doute / ils / se faire autant de soucis
4. Mais je ne crois pas / l'enfance / changer beaucoup

Et vous, qu'en pensez-vous? L'enfance a-t-elle changé? Comment? Donnez votre opinion.

F. Les parents d'autrefois. En petits groupes, discutez votre opinion sur les parents d'autrefois en vous aidant des expressions données.

Il se peut que...   être de meilleurs parents
Je doute que...   communiquer davantage
Je crois que...   passer plus de temps avec leurs
Je ne crois pas que...   enfants
J'ai bien peur que...   être plus stricts
Bien que...   donner plus (moins) de respon-
A moins que...   sabilités à leurs enfants
                           avoir moins (plus) d'aide de la
                               société
                           ?

G. C'est dommage. Certaines choses se passent, qu'on regrette plus tard. En groupes de deux, parlez d'événements regrettables dans...

1. l'histoire de la civilisation occidentale
2. l'histoire de votre pays
3. l'actualité récente

Commencez vos phrases par «C'est dommage que... » et expliquez votre point de vue. Comparez ensuite vos réponses avec celles des autres groupes.

H. Jeu de rôles: Le monde idéal. You are discussing what the "ideal" world would be like. One of you believes that there would be no hate, no sorrow, no sickness, etc. The other contends that it is necessary to experience the bad in order to appreciate the good, and that a world without evil and pain would not be without problems. Define and discuss your respective positions.

Par écrit

Avant d'écrire

Paragraph Continuity. To maintain continuity and fluidity among the sentences in a paragraph—that is, to ensure the coherence of the paragraph—the key is to keep the preceding sentence in mind when you write each new sentence. Each sentence should appear to grow naturally out of the one before. There are several ways to do this, according to the point you wish to make. For example, you can respond to the topic sentence **Petite Misère se croit victime d'un père cruel** in one or more of the following ways.

1. Provide an example. **(Il l'appelle Petite Misère et dit qu'il regrette d'avoir eu des enfants.)**
2. Contradict it or object to it. **(Les actions du père, cependant, montrent beaucoup de tendresse.)**

La petite ville de St Jean,
sur l'île d'Orléans au
Québec

3. Speculate about what it means by asking a rhetorical question. (**Mais pourquoi se croit-elle victime?**)
4. Make a transition to what will follow. (**C'est peut-être vrai qu'il est dur avec elle, mais l'imagination de la petite fille n'exagère-t-elle pas les choses?**)

Before you write your essay on the following topic, write a general, one-sentence answer to the first question in **Sujet de composition**. Then write three or four numbered sentences, each of which could be the next sentence in the paragraph. (You are trying to create alternative follow-up sentences, as just described.) You may wish to use one of these three or four sentences as the basis for your essay.

Sujet de composition

Si vous appreniez que vous n'aviez plus qu'un an à vivre, qu'est-ce que vous feriez? Quels seraient vos sentiments immédiats? Comment réagiriez-vous? Et puis après, quelles décisions prendriez-vous? Est-ce que vous continueriez vos études, ou bien est-ce que vous arrêteriez tout pour faire un grand voyage, par exemple, ou retourner chez vous, ou aller vivre ailleurs? Est-ce que votre perspective de la vie serait la même? Est-ce que vos valeurs et vos relations avec les gens que vous aimez seraient affectées? Si vous appreniez que vous n'aviez plus qu'un an à vivre, qu'est-ce qui changerait et qu'est-ce qui ne changerait pas pour vous?

Réponses: Essayez!, page 298: 1. ferai 2. peux 3. aurait 4. faisait
Réponses: Essayez!, page 299: 1. sois 2. ait / fassions 3. sachions 4. commencions / puissions 5. réussisse
Réponses: Essayez!, page 301: 1. (after) Je doutais qu'il téléphone. 2. (before) Je doutais qu'il ait téléphoné. 3. (same time) J'ai peur qu'elle soit malade. 4. (same time) J'étais contente(e) que tu te sentes mieux. 5. (before) Je ne pense pas qu'il ait vu un psychiatre.

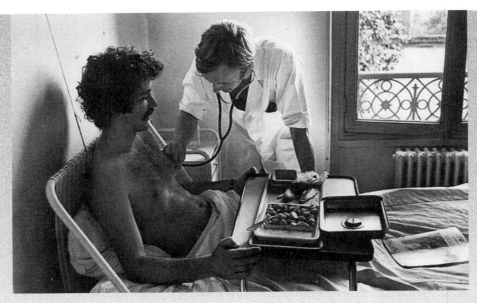

Respirez bien fort...

Le triomphe de la médecine

Paroles

Les maladies physiques

Malheureusement, il n'est pas possible d'être toujours **en bonne santé...**
Quand on a un **rhume** *(cold),* on a généralement **mal à la tête** et **à la gorge,** on **a le nez qui coule** *(has a runny nose)*—il faut donc **se moucher** *(to blow one's nose)*—, on **éternue** *(sneezes)* et on **tousse** *(coughs).* Quand on

a la **grippe** *(flu)*, on a aussi **de la fièvre** *(fever)*. Avec la **bronchite,** on tousse beaucoup. La **nausée** et la **diarrhée** sont des **symptômes** [m.] de la **grippe intestinale** *(stomach flu)*. Des **boutons** [m.] *(pimples, rash)* peuvent indiquer une **allergie.** D'autres **maladies** [f.] dont on parle beaucoup sont l'**arthrite** [f.], le **cancer** et le **Sida** (syndrome immuno-déficitaire acquis— *AIDS*). Les **crises** [f.] **cardiaques** *(heart attacks)* et les **attaques** [f.] **d'apoplexie** ou les **hémorragies cérébrales** *(strokes)* sont souvent **fatales.** Quand on est **malade,** on **prend rendez-vous** chez le **médecin,** un **généraliste** ou un **spécialiste.** Quels **remèdes** [m.] prescrit-il? Parfois un **comprimé** *(tablet)* d'**aspirine** suffit, mais il faut souvent d'autres **médicaments** [m.] *(medicine, medication)*: un **antibiotique,** du **sirop,** des **pilules** [f.] *(pills)* ou des **piqûres** [f.] *(shots)*, pour **soulager** *(to relieve)* la douleur et **guérir** *(to heal, to cure)*. L'important, c'est de **se soigner** *(to take care of oneself)*!

Les accidents

Quand on **se cogne** *(bumps, hits oneself)*, on a un **bleu** *(bruise)*. Quand on **se coupe,** la **blessure** *(wound)* **saigne** *(bleeds)* et laisse parfois une **cicatrice** *(scar)*.

Quels accidents avez-vous eus? Est-ce que vous vous êtes jamais **foulé** la cheville (**se fouler** = *to sprain*)? Vous êtes-vous **cassé** la jambe? Si oui, on vous a fait une **radio** *(x-ray)*, on a mis votre jambe dans le **plâtre** *(cast)* et vous avez dû marcher avec des **béquilles** [f.] *(crutches)*, n'est-ce pas? Dans le cas d'un accident grave, une **ambulance** transporte les **blessés** à l'**hôpital** [m.]. Dans la **salle d'opération** *(operating room)*, les **infirmières** et les **infirmiers** *(nurses)* assistent le **chirurgien** (la **chirurgienne**) *(surgeon)*.

Les soins dentaires

Pour avoir un beau sourire, il faut **se brosser les dents** [f.] régulièrement, avec un bon **dentifrice** *(toothpaste)*—n'oublions pas le **fil dentaire** *(dental floss)*! Si le **dentiste** trouve une **carie** *(cavity)*, il doit faire un **plombage** *(filling)* ou mettre une **couronne** *(cap)*. Parfois il faut même **arracher** *(pull)* la dent.

◆ Parlons-en

A. De quelles maladies avez-vous déjà souffert? Quels étaient les symptômes?

B. Avez-vous déjà eu un accident? Racontez à un(e) partenaire ce qui s'est passé.

C. En groupes de deux, créez par écrit des dialogues entre ce médecin et une dame imaginaire. Vous allez ensuite «jouer» vos dialogues devant la classe, et la classe choisira par un vote les dialogues les plus originaux.

Situation 1: la consultation. Pourquoi cette dame est-elle venue consulter le médecin? Imaginez la conversation entre le médecin et la dame à la fin de la consultation. Le médecin explique son diagnostic et prescrit un traitement. La dame demande des explications sur sa condition, etc.

Situation 2: une journée chargée. Après la consultation, le médecin explique à la dame qu'il a eu une journée très chargée: il a passé toute la matinée à l'hôpital où il était de service aux urgences *(emergency room)*. Il parle d'un(e) accidenté(e) qu'il a traité(e); il raconte l'accident et décrit les blessures. La dame, à son tour, raconte un accident qu'elle a eu il y a quelques années, depuis le moment de l'accident même jusqu'à sa sortie de l'hôpital.

Lecture

L'auteur

◆ ◆ ◆ ◆ ◆

Le texte suivant est extrait d'une pièce de théâtre de Jules Romains intitulée *Knock ou Le Triomphe de la médecine.* Né en 1885 sous le nom de Louis Farignol, il prend le pseudonyme de Jules Romains in 1904. A la fois poète, romancier, dramaturge *(playwright),* essayiste, moraliste, journaliste politique ou littéraire, Romains a écrit abondamment dans tous les genres.

Jules Romains

Avant de lire

Stratégie de la lecture

◆ ◆ ◆ ◆ ◆

Anticipation. Allez-vous souvent voir le docteur? Comment se passe une consultation typique? On entend parfois parler de docteurs qui ne sont pas très honnêtes. Pensez aux différentes façons dont une personne sans éthique pourrait développer sa clientèle.

✦ ✦ ✦ ✦ ✦ ✦

Les Français ont tendance à aller voir leur docteur plus volontiers car le coût de la visite et de l'ordonnance *(prescription)* sont souvent pris en charge par la Sécurité sociale. Le gouvernement rembourse donc une grande partie des frais médicaux à ses citoyens. Ces dernières années pourtant, le déficit de la Sécurité sociale est devenu tellement important que des réformes sont en cours pour empêcher les abus.

Knock ou Le Triomphe de la médecine est une farce satirique. Knock, le protagoniste, vient juste d'acheter le cabinet d'un petit médecin de village, le Dr Parpalaid. En se servant de diverses ruses, Knock réussit peu à peu à tromper ses patients. Sa première ruse est de proposer une consultation gratuite un matin par semaine. Le passage suivant présente l'une de ces consultations.

Knock ou Le Triomphe de la médecine
JULES ROMAINS

Scène V

Knock, la dame en violet

Elle a soixante ans; toutes les pièces de son costume sont de la même nuance de violet; elle s'appuie assez royalement sur une sorte d'alpenstock.[a]

LA DAME EN VIOLET, avec emphase.

5   Vous devez bien être étonné, docteur, de me voir ici.

KNOCK

Un peu étonné, madame.

LA DAME

Qu'une dame Pons, née demoiselle Lempoumas, vienne à une
10 consultation gratuite, c'est en effet assez extraordinaire.

KNOCK

C'est surtout flatteur pour moi.

LA DAME

Vous vous dites peut-être que c'est là un des jolis résultats du
15 gâchis[b] actuel, qu'une demoiselle Lempoumas, dont la famille
remonte sans interruption jusqu'au XIII[e] siècle et a possédé jadis[c] la
moitié du pays, et qui a des alliances avec toute la noblesse et la
haute bourgeoisie du département, en soit réduite à faire la queue,
avec les pauvres et pauvresses de Saint-Maurice? Avouez, docteur,
20 qu'on a vu mieux.

KNOCK la fait asseoir.

Hélas oui, madame.

[a]canne pour les excursions en montagne   [b]situation confuse   [c]autrefois

LA DAME

25 Mais vous attendez, sans doute, que je vous explique pourquoi j'ai fait la queue à votre consultation gratuite?

KNOCK

Quelle que soit votre raison, madame, elle est certainement excellente.

30 LA DAME

Voilà! J'ai voulu donner l'exemple. Je trouve que vous avez eu là, docteur, une belle et noble inspiration. Mais, je connais mes gens. J'ai pensé: «Ils n'en ont pas l'habitude, ils n'iront pas. Et ce monsieur en sera pour sa générosité.» Et je me suis dit: «S'ils 35 voient qu'une dame Pons, demoiselle Lempoumas, n'hésite pas à inaugurer les consultations gratuites, ils n'auront plus honte de s'y montrer.» Car mes moindres gestes sont observés et commentés. C'est bien naturel.

KNOCK

40 Votre démarche est très louable,[d] madame. Je vous en remercie.

LA DAME se lève, faisant mine[e] de se retirer.

Je suis enchantée, docteur, d'avoir fait votre connaissance. Je reste chez moi toutes les après-midi. Il vient quelques personnes. Nous faisons salon autour d'une vieille théière[f] Louis XV que j'ai hérité de mon aïeule.[g] Il y aura toujours une tasse de côté pour 45 vous. *(Knock s'incline. Elle avance encore vers la porte.)* Vous savez que je suis réellement très, très tourmentée avec mes locataires et mes titres. Je passe des nuits sans dormir. C'est horriblement fatigant. Vous ne connaîtriez pas, docteur, un secret pour faire dormir?

KNOCK

50 Il y a longtemps que vous souffrez d'insomnie?

LA DAME

Très, très longtemps.

KNOCK

Vous en aviez parlé au docteur Parpalaid?

55 LA DAME

Oui, plusieurs fois.

KNOCK

Que vous a-t-il dit?

60 LA DAME

De lire chaque soir trois pages du Code civil. C'était une plaisanterie. Le docteur n'a jamais pris la chose au sérieux.

KNOCK

Peut-être a-t-il eu tort. Car il y a des cas d'insomnie dont la 65 signification est d'une exceptionnelle gravité.

LA DAME

Vraiment?

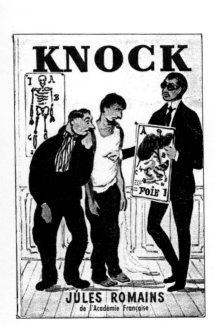

[d]admirable [e]faisant... *pretending* [f]considérez: thé [g]mon... ma grand-mère

KNOCK

70 L'insomnie peut être due à un trouble essentiel de la circulation intracérébrale, particulièrement à une altération des vaisseaux[h] dite «en tuyau de pipe[i]». Vous avez peut-être, madame, les artères du cerveau en tuyau de pipe.

LA DAME

75 Ciel! En tuyau de pipe! L'usage du tabac, docteur, y serait-il pour quelque chose? Je prise[j] un peu.

KNOCK

C'est un point qu'il faudrait examiner. L'insomnie peut encore provenir[k] d'une attaque profonde et continue de la substance grise[l] par la névroglie.

80 LA DAME

Ce doit être affreux. Expliquez-moi cela, docteur.

KNOCK, très posément.

Représentez-vous un crabe, ou un poulpe,[m] ou une gigantesque araignée[n] en train de vous grignoter,[o] de vous suçoter[p] et de vous
85 déchiqueter[q] doucement la cervelle.[r]

LA DAME

Oh! *(Elle s'effondre[s] dans un fauteuil.)* Il y a de quoi s'évanouir d'horreur. Voilà certainement ce que je dois avoir. Je le sens bien. Je vous en prie, docteur, tuez-moi tout de suite. Une piqûre, une
90 piqûre! Ou plutôt ne m'abandonnez pas. Je me sens glisser[t] au dernier degré de l'épouvante.[u] *(Un silence.)* Ce doit être absolument incurable? et mortel?

KNOCK

95 Non.

LA DAME

Il y a un espoir de guérison[v]?

KNOCK

Oui, à la longue.[w]

100 LA DAME

Ne me trompez pas, docteur. Je veux savoir la vérité.

KNOCK

Tout dépend de la régularité et de la durée du traitement.

LA DAME

105 Mais de quoi peut-on guérir? De la chose en tuyau de pipe, ou de l'araignée? Car je sens bien que, dans mon cas, c'est plutôt l'araignée.

KNOCK

On peut guérir de l'un et de l'autre. Je n'oserais peut-être pas
110 donner cet espoir à un malade ordinaire, qui n'aurait ni le temps ni les moyens de se soigner, suivant les méthodes les plus modernes. Avec vous, c'est différent.

[h]*(blood) vessels* [i]*en... like a pipe stem* [j]*use snuff* [k]considérez: venir [l]substance... le cerveau [m]*octopus* [n]*spider* [o]*nibble* [p]*suck away at* [q]mettre en pièces [r]le cerveau [s]*slumps* [t]*slide* [u]terreur [v]*cure* [w]à... après beaucoup de temps

LA DAME *se lève.*

Oh! Je serai une malade très docile, docteur, soumise[x] comme
115 un petit chien. Je passerai partout où il le faudra, surtout si ce n'est
pas trop douloureux.[y]

KNOCK

Aucunement douloureux, puisque c'est à la radioactivité que l'on
fait appel. La seule difficulté, c'est d'avoir la patience de poursuivre[z]
120 bien sagement[aa] la cure pendant deux ou trois années, et aussi
d'avoir sous la main un médecin qui s'astreigne[bb] à une surveillance incessante du processus de guérison, à un calcul minutieux
des doses radioactives—et à des visites presque quotidiennes.

LA DAME

125 Oh! moi, je ne manquerai pas de patience. Mais c'est vous,
docteur, qui n'allez pas vouloir vous occuper de moi autant qu'il
faudrait.

KNOCK

Vouloir, vouloir! Je ne demanderais pas mieux. Il s'agit de pou-
130 voir. Vous demeurez loin?

LA DAME

Mais non, à deux pas. La maison qui est en face du poids public.[cc]

KNOCK

135 J'essayerai de faire un bond[dd] tous les matins jusque chez vous.
Sauf le dimanche. Et le lundi à cause de ma consultation.

LA DAME

Mais ce ne sera pas trop d'intervalle, deux jours d'affilée[ee]? Je
resterai pour ainsi dire sans soins du samedi au mardi?

140 KNOCK

Je vous laisserai des instructions détaillées. Et puis, quand je
trouverai une minute, je passerai le dimanche matin ou le lundi
après-midi.

LA DAME

145 Ah! tant mieux! tant mieux! *(Elle se relève.)* Et qu'est-ce qu'il
faut que je fasse tout de suite?

KNOCK

Rentrez chez vous. Gardez la chambre. J'irai vous voir demain
matin et je vous examinerai plus à fond.

150 LA DAME

Je n'ai pas de médicaments à prendre aujourd'hui?

KNOCK, *debout.*

Heu... si. *(Il bâcle[ff] une ordonnance.)* Passez chez M. Mousquet[gg]
et priez-le d'exécuter aussitôt cette première petite ordonnance.

[x]docile [y]*painful* [z]considérez: suivre [aa]considérez: sage [bb]*ties himself down* [cc]poids...
public scales [dd]visite [ee]sans interruption [ff]écrit vite [gg]le pharmacien

Avez-vous compris?

A. Vrai ou faux? Si c'est faux, corrigez.

1. La dame vient voir le médecin pendant la période de consultations gratuites.
2. Elle dit qu'elle est venue à la consultation gratuite pour donner l'exemple aux habitants du village.
3. Le docteur Parpalaid (prédécesseur de Knock) avait pris son insomnie au sérieux.
4. Elle imagine un crabe, un poulpe ou une araignée en train de détruire sa cervelle.
5. Knock explique que son seul espoir de guérison est de voir un médecin célèbre à Paris.
6. Knock lui prescrit des médicaments.
7. Elle accepte tout ce qu'il propose.

B. Pendant les premiers moments de la scène, Knock se montre très attentif à ce que dit la dame sur ses problèmes d'insomnie. Pourquoi?

C. Après, il suggère certaines causes possibles de son insomnie. Parlez de sa manière de les présenter à Madame Pons. Quelles sortes d'images crée-t-il? Pourquoi? Quel effet cette présentation a-t-elle sur la dame?

D. Analysez la façon dont Knock manipule Madame Pons psychologiquement.

Et vous?

A. La dame en violet explique très clairement qu'elle se considère supérieure à la grande majorité des gens du village. Faites une liste des mots et des expressions qu'elle emploie pour donner cette impression. Que pensez-vous de ce genre de personne? Connaissez-vous quelqu'un de semblable? Si oui, décrivez cette personne.

B. Est-ce qu'il y a un peu du «malade imaginaire» en nous tous? Expliquez.

C. Imaginez que vous êtes journaliste. Vous avez fait une enquête sur le Dr Knock. Maintenant, vous allez écrire un article détaillé sur ce qu'il fait à Saint-Maurice. N'hésitez pas à exprimer vos opinions.

D. Jeu de rôles. Travaillez en groupes de deux.

Etudiant(e) A: You are the doctor. Suggest to your patient that his or her feeling of being under stress probably has very serious causes. Talk about a disease that has a long name (invent it). After the patient has asked questions about the outlook, describe what will help.

Etudiant(e) B: You are the patient who has consulted the doctor about the severe stress you are feeling. Listen to the doctor's diagnosis with great fear, and ask a lot of questions about what he or she can do for you.

Structures

L'indignation de la dame en violet

Qu'est-ce qui me **serait arrivé** si le docteur Knock **n'était pas venu** s'installer à Saint-Maurice! Cette gigantesque araignée **aurait continué** à me grignoter la cervelle sans que je le sache, et puis je **serais morte** d'une mort horrible et lente... moi, une dame Pons, née demoiselle Lempoumas, dont la famille remonte jusqu'au XIIIᵉ siècle... Quand même, le docteur Parpalaid **aurait dû** se rendre compte que mes insomnies avaient pour causes une chose en tuyau de pipe et une araignée! **S'il avait été** qualifié, il **aurait pu** prévoir que «trois pages du Code civil chaque soir» ne tueraient pas les araignées cérébrales!

More Hypotheses: The Past Conditional

If things had been different, what would have happened? This type of hypothesis no longer deals with the realm of possibilities but with the world of regrets and missed opportunities. The conditions or circumstances for such hypotheses are even further removed from reality than conditions discussed earlier. The consequences are sheer suppositions.

Déduisez

In the preceding text, find two examples of such hypotheses. What tenses are used to express (1) the conditions (**si...**) and (2) the consequences of those hypotheses? How is the latter tense formed?

Vérifiez

When hypotheses deal with regrets and missed opportunities, the conditions are expressed in the **plus-que-parfait;** their consequences are expressed in the **conditionnel passé.**

Si le Dr Knock **n'était pas venu,** qu'est-ce qui me **serait arrivé?**

If Dr. Knock hadn't come, what would have happened to me?

S'il **avait été** qualifié, il **aurait pu** prévoir...

If he had been qualified, he could have foreseen . . .

The past tense of the conditional is a compound tense formed with (1) the present conditional of the auxiliary verb **avoir** or **être** and (2) the past participle of the main verb.

FORMS OF THE PAST CONDITIONAL	
je serais mort(e) tu aurais souffert il/elle/on serait mort(e)	nous aurions souffert vous seriez mort(e)(s) ils/elles auraient souffert

Your repertoire of hypothetical sentences is now as follows.

si CLAUSE	MAIN CLAUSE
présent	**futur** **impératif**
imparfait	**conditionnel présent**
plus-que-parfait	*conditionnel passé*

Essayez!

Complétez.

1. Si je/j' _____ (savoir), je ne serais pas venu(e)!   2. Si on pouvait, on _____ (partir).   3. Si je m'étais levé(e) plus tôt, je/j' _____ (avoir) le temps de manger ce matin.

(Réponses page 319)

A. Si j'avais été conscient(e)... Vous vous êtes cassé la jambe en faisant du ski. Comme vous aviez perdu connaissance, vous n'avez pas vu ce qui s'est passé après l'accident. Mais **si** vous aviez été conscient(e)...

> MODELE: entendre l'ambulance →
> j'aurais entendu l'ambulance.

1. crier «au secours» 2. voir arriver les secouristes *(rescuers)* 3. devoir expliquer trente-six fois ce qui s'était passé 4. s'inquiéter dans l'ambulance 5. imaginer le pire 6. ?

B. Et après? Si vraiment vous vous étiez cassé la jambe, et si la fracture avait été grave, qu'est-ce qui se serait passé après votre arrivée à l'hôpital?

> MODELE: On m'admet à l'hôpital. →
> On m'aurait admis(e) à l'hôpital.

1. On me transporte dans la salle des urgences. 2. Un docteur m'examine. 3. On prend plusieurs radios. 4. On me fait une piqûre pour m'endormir. 5. On m'opère. 6. On met ma jambe dans le plâtre. 7. Plus tard, je marche avec des béquilles. 8. ?

C. Des regrets. Monsieur Malchance (vous le connaissez?) examine sa vie avec quelques regrets. Formez des phrases selon le modèle.

> MODELE: faire plus attention / être en meilleure santé →
> Si j'avais fait plus attention, j'aurais été en meilleure santé.

1. se brosser les dents plus régulièrement / avoir moins de caries 2. suivre un régime / ne pas devenir si gros 3. faire plus de sport / se sentir mieux 4. être moins inquiet / être plus heureux 5. ?

D. Et vous? En groupes de deux, discutez les hypothèses suivantes. Prenez note des réponses que vous avez en commun, pour en faire ensuite part au reste de la classe. Qu'est-ce que vous auriez fait différemment...

1. si la situation économique de votre famille avait été différente?
2. si vous aviez été enfant unique, ou au contraire, si vous aviez eu plus de frères et sœurs?
3. si, quand vous étiez au lycée, vous aviez su ce que vous savez maintenant?

E. Des hypothèses historiques. Changez de partenaire et trouvez ensemble quatre personnes de l'histoire, ou de l'actualité politique, dont vous pourrez dire: «Si j'avais été à sa place dans telle ou telle situation, j'aurais fait comme lui/elle parce que... », ou «Je n'aurais pas fait la même chose parce que... »
Après votre discussion, soyez prêts à présenter vos hypothèses et vos conclusions à la classe. Le groupe choisira par un vote les réponses les plus originales.

Difficulties with *pouvoir, vouloir, and devoir*

Pouvoir

The meaning of **pouvoir** is fairly constant. It expresses the ability to do something.

Tu **peux** partir.	*You can (may) leave.*
Tu **pourras** partir.	*You will be able to leave.*

Difficulties arise, however, when English speakers try to translate *could.* Depending on the context, four tenses are possible in French. Compare the following cases.

Nous étions toujours trop occupés; nous ne **pouvions** jamais parler.	*We were always too busy; we could never talk.*

In this context, *could* refers to *past circumstances* and is expressed in the **imparfait.**

Nous **n'avons pas pu** parler hier soir; nous n'avons pas eu le temps.	*We couldn't talk last night; we didn't have time.*

When *could* refers to a *single past success or failure to do something,* the **passé composé** is used in French. In this case, **j'ai pu = j'ai réussi; je n'ai pas pu = je n'ai pas réussi (à faire quelque chose).**

Si tu venais, on **pourrait** parler.	*If you came, we could talk.*
Si tu étais venu(e), on **aurait pu** parler.	*If you had come, we could have talked.*

In the case of hypotheses, *could* corresponds to the **conditionnel présent,** and *could have* corresponds to the **conditionnel passé.** Note that with *could have* the second verb is a past participle in English *(we could have **talked)** but an infinitive in French **(on aurait pu *parler).***

Vouloir

- Remember that the present tense of **vouloir (je veux)** is considered too blunt to express polite requests. The conditional form **(je voudrais)** is preferable.

Je voudrais un bonbon.	*I would like a candy.*

- In a past context, since **vouloir** usually expresses a state of mind, the **imparfait** is most common.

    Je **voulais** partir.   *I wanted to leave.*

- In the **passé composé, vouloir** takes on different meanings.

    J'ai **voulu** partir.   *I tried to leave.*
    Je **n'ai pas voulu** partir.   *I refused to leave.*

- **Vouloir bien** means *to be willing.*

    Je **veux bien** le faire.   *I'm willing to do it.*

- In the conditional, **bien** reinforces **vouloir;** this is a very common usage.

    Je **voudrais bien** partir.   *I would (really) like to leave.*

Devoir

When followed by a number or a noun, **devoir** means *to owe.*

    Je vous dois des excuses.   *I owe you an apology.*
    Il me devait dix dollars.   *He owed me ten dollars.*

When followed by an infinitive, **devoir** has special meanings that must be learned for each tense.

TENSE	MEANING
présent (indicatif)	→ obligation or probability
Il **doit** partir.	*He **must** leave. (or) He is **supposed to leave.***
Il **doit** être malade.	*He **must** be sick.*
passé composé	→ obligation or probability
Il **a dû** partir.	*He **had to leave.** (or) He **must have** left.*
imparfait	→ supposition or obligation
Il **devait** partir aujourd'hui.	*He **was supposed to** leave today.*
conditionnel présent	→ suggested obligation or advice
Il **devrait** partir.	*He **should (ought to)** leave.*
conditionnel passé	→ unfulfilled obligation or reproach
Il **aurait dû** partir.	*He **should have** left.*

For tenses not mentioned in this chart, such as the future or the **plus-que-parfait,** the meaning is always that of an obligation *(to have to).*

Il avait dû partir sans nous.   He had had to leave without us.

Essayez!

Traduisez.

1. My friends were supposed to come; they must have forgotten. 2. I wanted to go out, but I had to stay home to do my homework. 3. I should have listened in class; I could have answered the question. 4. I should study more . . .

(Réponses page 319)

Maintenant à vous

F. Reproches à un malade têtu. Complétez les phrases suivantes en mettant le verbe indiqué au temps correct. Pensez bien au sens avant de répondre.

1. Si tu _____ (vouloir) guérir plus vite, tu serais allé voir un médecin.
2. Mais je _____ (ne pas pouvoir)! Mon médecin était en vacances. 3. Tu _____ (pouvoir) en voir un autre; ton médecin n'est pas le seul au monde.
4. Peut-être que je/j' _____ (devoir) le faire, en effet, mais ça ne sert à rien de me faire des reproches, puisque je vais mieux.

G. Chez le dentiste. Remplacez les phrases indiquées par des phrases contenant le verbe **devoir.**

MODELE: **Il faut que j'aille chez le dentiste.** →
Je dois aller chez le dentiste.

1. J'ai mal aux dents; **j'ai sans doute une carie.** 2. J'avais déjà pris un rendez-vous chez le dentiste, **mais j'ai été obligé(e) de l'annuler.** 3. J'avais oublié que **j'avais autre chose à faire ce jour-là.** 4. D'habitude je n'ai jamais mal aux dents; **j'ai sans doute mangé trop de chocolat ces derniers temps.** 5. J'espère que **je ne serai pas obligé(e) d'attendre trop longtemps.**

H. Des conseils. Mettez-vous en groupes de deux, et avec le conditionnel présent de **devoir,** donnez des conseils qui s'appliquent aux problèmes de votre pauvre camarade de classe. Inversez les rôles après chaque phrase.

MODELE: «Personne ne m'aime.» →
Tu devrais penser un peu moins à toi-même, t'ouvrir davantage, etc.

1. «Je suis toujours fatigué(e).» 2. «J'ai un rhume depuis une quinzaine de jours.» 3. «Je viens de me cogner la tête; regarde un peu cette bosse *(bump).*» 4. «Je souffre d'insomnie.»

Maintenant, inventez chacun(e) un autre problème. N'ayez pas peur d'être fantaisistes!

I. Des reproches. Toujours avec votre pauvre camarade de classe, mais cette fois-ci avec le conditionnel passé du verbe **devoir,** formulez des reproches qui s'appliquent aux situations suivantes. Continuez à inverser les rôles toutes les deux phrases.

MODELE: «J'ai attrapé un rhume en faisant du jogging.» →
Tu aurais dû mieux te couvrir, etc.

1. «Je me suis brûlé(e) en sortant le plat du four.»
2. «J'ai failli m'évanouir en voyant mon ancien petit ami (ancienne petite amie) avec quelqu'un d'autre.»
3. «J'avais un cafard horrible, alors j'ai pris des somnifères.»
4. «J'avais oublié ma clé, alors j'ai passé la nuit dehors.»

Maintenant, inventez chacun(e) un autre problème—quelque chose que vous avez fait et que vous n'auriez peut-être pas dû faire, ou le contraire.

J. Jeux de rôles

1. L'adolescente et son père

Student A: You are a father whose teenaged daughter ran away from home to live with some friends in "the big city" and "have more freedom." After a few weeks, you find your daughter and speak with her. Uneasy at first, begin the conversation with small talk, then tell her how worried you've been, and explain that if she had given her family a chance, you could have talked this over. She shouldn't have left like that, etc.

Student B: You are the teenager who ran away from home. Life in the big city is not what you had thought it would be, but you certainly don't want to admit that to your father. Explain to him that you "had" to run away, because if you had told your parents of your desire to drop out of school, get a job, and have more freedom, they wouldn't have gone along with it. It would have created a scene, and you were tired of having to do things you didn't want to do, etc.

2. Le triomphe de la médecine?

Student A: You think that "progress" in medical science is really no progress at all in some instances, such as preserving the lives of infants who have no chance to live normally, or prolonging the lives of elderly people who would themselves prefer to die. Shouldn't doctors let nature take its course?

Student B: You think that doctors have a moral obligation to do everything they can to preserve or prolong life, no matter what that life is like.

Avant d'écrire

Transitions Between Paragraphs. Linking paragraphs is just as important as linking sentences. Here are three ways to make the transition to a new paragraph.

1. Use a transitional word or phrase: **mais, cependant, d'autre part,** etc. (See **Structures** in **Chapitre 12**).

2. Answer a question raised at the end of the preceding paragraph.

   Last sentence of paragraph 1: **Mais pourquoi n'y avais-je pas pensé?**

   First sentence of paragraph 2: **Mon ignorance venait en partie de mon manque d'expérience.**

3. Repeat a key word or recall a key idea from the preceding paragraph.

   Last sentence of paragraph 1: **Il fallait que je considère toutes les possibilités.**

   First sentence of paragraph 2: **Une de ces possibilités était bien sûr de ne rien faire.**

As you do the following writing assignment, continue to work on coherence and unity (see **Avant d'écrire, Chapitres 12, 16,** and **17**).

Sujet de composition

Racontez une mésaventure *(mishap)* que vous avez eue, et expliquez ce que vous auriez pu (ou dû) faire pour éviter certaines difficultés. Si cette même situation se représentait aujourd'hui, que feriez-vous?

Réponses: Essayez!, page 313: 1. j'avais su (**plus-que-parfait**) 2. on partirait (**conditionnel présent**) 3. j'aurais eu (**conditionnel passé**)

Réponses: Essayez!, page 317: 1. Mes amis devaient venir; ils ont dû oublier. 2. Je voulais sortir, mais j'ai dû rester à la maison pour faire mes devoirs. 3. J'aurais dû écouter en classe; j'aurais pu répondre à la question. 4. Je devrais étudier davantage...

Verb Conjugations

NOTE: Examples of English equivalents are given for the regular verb forms in this appendix. They can be misleading if taken out of context. Remember, for example, that the English auxiliary verb *would* can be expressed by the French **imparfait** or the **conditionnel.** Consult the relevant grammar sections.

The left-hand column of each chart contains the infinitive, participles, and (in parentheses) the auxiliary verb necessary to form the perfect tenses. Complete conjugations (including compound tenses) are modeled for regular verbs, verbs conjugated with **être,** and pronominal verbs (Sections I, II, III, and IV). Irregular verb conjugations (Section V) do not include compound tenses, since these can be generated from the models given in the previous sections and the past participle listed with each irregular verb.

I. Verbes réguliers: temps simples

Infinitif et participes — 1ᵉʳ groupe

parler *(to speak)*
parlé *spoken*
parlant *speaking*
ayant parlé *having spoken*
(avoir)

Indicatif

PRÉSENT	IMPARFAIT	FUTUR SIMPLE
je parle	je parlais	je parlerai
tu parles	tu parlais	tu parleras
il parle	il parlait	il parlera
nous parlons	nous parlions	nous parlerons
vous parlez	vous parliez	vous parlerez
ils parlent	ils parlaient	ils parleront

(I speak / do speak / am speaking / have been speaking; you speak; etc.)

(I spoke / was speaking / used to speak / would speak / had been speaking; you spoke; etc.)

(I will / shall speak; you will / shall speak; etc.)

Passé simple

je parlai
tu parlas
il parla
nous parlâmes
vous parlâtes
ils parlèrent

Conditionnel

PRÉSENT
je parlerais
tu parlerais
il parlerait
nous parlerions
vous parleriez
ils parleraient

(I would speak; you would speak; etc.)

Subjonctif

PRÉSENT
que je parle
que tu parles
qu' il parle
que nous parlions
que vous parliez
qu' ils parlent

([that] I speak / do speak / will speak / would speak / [for] me to speak; [that] you speak; etc.)

Impératif

parle *speak*
parlons *let's speak*
parlez *speak*

Infinitif et participes — 2ᵉ groupe

finir *(to finish)*
fini
finissant
ayant fini
(avoir)

Indicatif

PRÉSENT	IMPARFAIT	FUTUR SIMPLE
je finis	je finissais	je finirai
tu finis	tu finissais	tu finiras
il finit	il finissait	il finira
nous finissons	nous finissions	nous finirons
vous finissez	vous finissiez	vous finirez
il finissent	ils finissaient	ils finiront

Conditionnel

PRÉSENT
je finirais
tu finirais
il finirait
nous finirions
vous finiriez
ils finiraient

Subjonctif

PRÉSENT
que je finisse
que tu finisses
qu' il finisse
que nous finissions
que vous finissiez
qu' ils finissent

Impératif

finis
finissons
finissez

Passé simple

je finis
tu finis
il finit
nous finîmes
vous finîtes
ils finirent

Infinitif et participes — 3ᵉ groupe

rendre *(to return, give back)*
rendu
rendant
ayant rendu
(avoir)

Indicatif

PRÉSENT	IMPARFAIT	FUTUR SIMPLE
je rends	je rendais	je rendrai
tu rends	tu rendais	tu rendras
il rend	il rendait	il rendra
nous rendons	nous rendions	nous rendrons
vous rendez	vous rendiez	vous rendrez
ils rendent	ils rendaient	ils rendront

Conditionnel

PRÉSENT
je rendrais
tu rendrais
il rendrait
nous rendrions
vous rendriez
ils rendraient

Subjonctif

PRÉSENT
que je rende
que tu rendes
qu' il rende
que nous rendions
que vous rendiez
qu' ils rendent

Impératif

rends
rendons
rendez

Passé simple

je rendis
tu rendis
il rendit
nous rendîmes
vous rendîtes
ils rendirent

II. Verbes conjugués avec avoir aux temps composés

Indicatif

PASSÉ COMPOSÉ

j' ai	
tu as	
il a	parlé
nous avons	fini
vous avez	rendu
ils ont	

(I spoke / did speak / have spoken; you spoke; etc.)

PLUS-QUE-PARFAIT

j' avais	
tu avais	
il avait	parlé
nous avions	fini
vous aviez	rendu
ils avaient	

(I had spoken; you had spoken; etc.)

FUTUR ANTÉRIEUR

j' aurai	
tu auras	
il aura	parlé
nous aurons	fini
vous aurez	rendu
ils auront	

(I shall/will have spoken; you shall/will have spoken; etc.)

Conditionnel

PASSÉ

j' aurais	
tu aurais	
il aurait	parlé
nous aurions	fini
vous auriez	rendu
ils auraient	

(I would have spoken; you would have spoken; etc.)

Subjonctif

PASSÉ

que j' aie	
que tu aies	
qu' il ait	parlé
que nous ayons	fini
que vous ayez	rendu
qu' ils aient	

([that] I spoke / did speak / have spoken; [that] you spoke; etc.)

III. Verbes conjugués avec être aux temps composés

Indicatif

PASSÉ COMPOSÉ	PLUS-QUE-PARFAIT	FUTUR ANTÉRIEUR
suis entré(e)	étais entré(e)	serai entré(e)
es entré(e)	étais entré(e)	seras entré(e)
est entré(e)	était entré(e)	sera entré(e)
sommes entré(e)s	étions entré(e)s	serons entré(e)s
êtes entré(e)(s)	étiez entré(e)(s)	serez entré(e)(s)
sont entré(e)s	étaient entré(e)s	seront entré(e)s

Conditionnel	Subjonctif
PASSÉ	**PASSÉ**
serais entré(e)	sois entré(e)
serais entré(e)	sois entré(e)
serait entré(e)	soit entré(e)
serions entré(e)s	soyons entré(e)s
seriez entré(e)(s)	soyez entré(e)(s)
seraient entré(e)s	soient entré(e)s

IV. Verbes pronominaux aux temps simples et aux temps composés

Infinitif et participes

se laver (*to wash oneself*)

se lavant

s'étant lavé(e)(s)

lavé

(être)

Indicatif

PRÉSENT	IMPARFAIT	FUTUR SIMPLE
me lave	me lavais	me laverai
te laves	te lavais	te laveras
se lave	se lavait	se lavera
nous lavons	nous lavions	nous laverons
vous lavez	vous laviez	vous laverez
se lavent	se lavaient	se laveront

PASSÉ COMPOSÉ	PLUS-QUE-PARFAIT	FUTUR ANTÉRIEUR
me suis lavé(e)	m' étais lavé(e)	me serai lavé(e)
t' es lavé(e)	t' étais lavé(e)	te seras lavé(e)
s' est lavé(e)	s' était lavé(e)	se sera lavé(e)
nous sommes lavé(e)s	nous étions lavé(e)s	nous serons lavé(e)s
vous êtes lavé(e)(s)	vous étiez lavé(e)(s)	vous serez lavé(e)(s)
se sont lavé(e)s	s' étaient lavé(e)s	se seront lavé(e)s

Passé simple

me lavai
te lavas
se lava
nous lavâmes
vous lavâtes
se lavèrent

Conditionnel

PRÉSENT	PASSÉ
me laverais	me serais lavé(e)
te laverais	te serais lavé(e)
se laverait	se serait lavé(e)
nous laverions	nous serions lavé(e)s
vous laveriez	vous seriez lavé(e)(s)
se laveraient	se seraient lavé(e)s

Impératif

lave-toi
lavons-nous
lavez-vous

Subjonctif

PRÉSENT	PASSÉ
me lave	me sois lavé(e)
te laves	te sois lavé(e)
se lave	se soit lavé(e)
nous lavions	nous soyons lavé(e)s
vous laviez	vous soyez lavé(e)(s)
se lavent	se soient lavé(e)s

V. Verbes irréguliers

accueillir	conduire	cueillir	être	mettre	pleuvoir	rire	valoir
aller	connaître	devoir	faire	mourir	pouvoir	savoir	venir
s'asseoir	conquérir	dire	falloir	ouvrir	prendre	suivre	vivre
avoir	courir	dormir	fuir	partir	recevoir	tenir	voir
battre	craindre	écrire	lire	plaire	résoudre	vaincre	vouloir
boire	croire	envoyer					

Infinitif et participes	Indicatif PRÉSENT	IMPARFAIT	FUTUR SIMPLE	Conditionnel PRÉSENT	Impératif	Subjonctif PRÉSENT	Passé simple
accueillir (to welcome) accueilli accueillant (avoir)	accueille accueilles accueille accueillons accueillez accueillent	accueillais accueillais accueillait accueillions accueilliez accueillaient	accueillerai accueilleras accueillera accueillerons accueillerez accueilleront	accueillerais accueillerais accueillerait accueillerions accueilleriez accueilleraient	accueille accueillons accueillez	accueille accueilles accueille accueillions accueilliez accueillent	accueillis accueillis accueillit accueillîmes accueillîtes accueillirent
aller (to go) allé allant (être)	vais vas va allons allez vont	allais allais allait allions alliez allaient	irai iras ira irons irez iront	irais irais irait irions iriez iraient	va allons allez	aille ailles aille allions alliez aillent	allai allas alla allâmes allâtes allèrent
s'asseoir* (to sit down) assis asseyant (être)	m'assieds t'assieds s'assied nous asseyons vous asseyez s'asseyent	m'asseyais t'asseyais s'asseyait nous asseyions vous asseyiez s'asseyaient	m'assiérai t'assiéras s'assiéra nous assiérons vous assiérez s'assiéront	m'assiérais t'assiérais s'assiérait nous assiérions vous assiériez s'assiéraient	assieds-toi asseyons-nous asseyez-vous	m'asseye t'asseyes s'asseye nous asseyions vous asseyiez s'asseyent	m'assis t'assis s'assit nous assîmes vous assîtes s'assirent
avoir (to have) eu ayant (avoir)	ai as a avons avez ont	avais avais avait avions aviez avaient	aurai auras aura aurons aurez auront	aurais aurais aurait aurions auriez auraient	aie ayons ayez	aie aies ait ayons ayez aient	eus eus eut eûmes eûtes eurent
battre (to beat) battu battant (avoir)	bats bats bat battons battez battent	battais battais battait battions battiez battaient	battrai battras battra battrons battrez battront	battrais battrais battrait battrions battriez battraient	bats battons battez	batte battes batte battions battiez battent	battis battis battit battîmes battîtes battirent
boire (to drink) bu buvant (avoir)	bois bois boit buvons buvez boivent	buvais buvais buvait buvions buviez buvaient	boirai boiras boira boirons boirez boiront	boirais boirais boirait boirions boiriez boiraient	bois buvons buvez	boive boives boive buvions buviez boivent	bus bus but bûmes bûtes burent

*Alternate conjugation of s'asseoir in the present tense: assois, assois, assoit, assoyons, assoyez, assoient.

Infinitif et participes	Indicatif PRÉSENT	IMPARFAIT	FUTUR SIMPLE	Conditionnel PRÉSENT	Impératif	Subjonctif PRÉSENT	Passé simple
conduire (to drive; to lead) conduit conduisant (avoir)	conduis conduis conduit conduisons conduisez conduisent	conduisais conduisais conduisait conduisions conduisiez conduisaient	conduirai conduiras conduira conduirons conduirez conduiront	conduirais conduirais conduirait conduirions conduiriez conduiraient	conduis conduisons conduisez	conduise conduises conduise conduisions conduisiez conduisent	conduisis conduisis conduisit conduisîmes conduisîtes conduisirent
connaître (to be acquainted) connu connaissant (avoir)	connais connais connaît connaissons connaissez connaissent	connaissais connaissais connaissait connaissions connaissiez connaissaient	connaîtrai connaîtras connaîtra connaîtrons connaîtrez connaîtront	connaîtrais connaîtrais connaîtrait connaîtrions connaîtriez connaîtraient	connais connaissons connaissez	connaisse connaisses connaisse connaissions connaissiez connaissent	connus connus connut connûmes connûtes connurent
conquérir (to conquer) conquis conquérant (avoir)	conquiers conquiers conquiert conquérons conquérez conquièrent	conquérais conquérais conquérait conquérions conquériez conquéraient	conquerrai conquerras conquerra conquerrons conquerrez conquerront	conquerrais conquerrais conquerrait conquerrions conquerriez conquerraient	conquiers conquérons conquérez	conquière conquières conquière conquérions conquériez conquièrent	conquis conquis conquit conquîmes conquîtes conquirent
courir (to run) couru courant (avoir)	cours cours court courons courez courent	courais courais courait courions couriez couraient	courrai courras courra courrons courrez courront	courrais courrais courrait courrions courriez courraient	cours courons courez	coure coures coure courions couriez courent	courus courus courut courûmes courûtes coururent
craindre (to fear) craint craignant (avoir)	crains crains craint craignons craignez craignent	craignais craignais craignait craignions craigniez craignaient	craindrai craindras craindra craindrons craindrez craindront	craindrais craindrais craindrait craindrions craindriez craindraient	crains craignons craignez	craigne craignes craigne craignions craigniez craignent	craignis craignis craignit craignîmes craignîtes craignirent
croire (to believe) cru croyant (avoir)	crois crois croit croyons croyez croient	croyais croyais croyait croyions croyiez croyaient	croirai croiras croira croirons croirez croiront	croirais croirais croirait croirions croiriez croiraient	crois croyons croyez	croie croies croie croyions croyiez croient	crus crus crut crûmes crûtes crurent
cueillir (to pick) cueilli cueillant (avoir)	cueille cueilles cueille cueillons cueillez cueillent	cueillais cueillais cueillait cueillions cueilliez cueillaient	cueillerai cueilleras cueillera cueillerons cueillerez cueilleront	cueillerais cueillerais cueillerait cueillerions cueilleriez cueilleraient	cueille cueillons cueillez	cueille cueilles cueille cueillions cueilliez cueillent	cueillis cueillis cueillit cueillîmes cueillîtes cueillirent

Infinitive	Present	Imperfect	Future	Conditional	Imperative	Subjunctive	Passé simple
devoir (*to have to; to owe*) dû devant (avoir)	dois dois doit devons devez doivent	devais devais devait devions deviez devaient	devrai devras devra devrons devrez devront	devrais devrais devrait devrions devriez devraient	dois devons devez	doive doives doive devions deviez doivent	dus dus dut dûmes dûtes durent
dire (*to say, tell*) dit disant (avoir)	dis dis dit disons dites disent	disais disais disait disions disiez disaient	dirai diras dira dirons direz diront	dirais dirais dirait dirions diriez diraient	dis disons dites	dise dises dise disions disiez disent	dis dis dit dîmes dîtes dirent
dormir (*to sleep*) dormi dormant (avoir)	dors dors dort dormons dormez dorment	dormais dormais dormait dormions dormiez dormaient	dormirai dormiras dormira dormirons dormirez dormiront	dormirais dormirais dormirait dormirions dormiriez dormiraient	dors dormons dormez	dorme dormes dorme dormions dormiez dorment	dormis dormis dormit dormîmes dormîtes dormirent
écrire (*to write*) écrit écrivant (avoir)	écris écris écrit écrivons écrivez écrivent	écrivais écrivais écrivait écrivions écriviez écrivaient	écrirai écriras écrira écrirons écrirez écriront	écrirais écrirais écrirait écririons écririez écriraient	écris écrivons écrivez	écrive écrives écrive écrivions écriviez écrivent	écrivis écrivis écrivit écrivîmes écrivîtes écrivirent
envoyer (*to send*) envoyé envoyant (avoir)	envoie envoies envoie envoyons envoyez envoient	envoyais envoyais envoyait envoyions envoyiez envoyaient	enverrai enverras enverra enverrons enverrez enverront	enverrais enverrais enverrait enverrions enverriez enverraient	envoie envoyons envoyez	envoie envoies envoie envoyions envoyiez envoient	envoyai envoyas envoya envoyâmes envoyâtes envoyèrent
être (*to be*) été étant (avoir)	suis es est sommes êtes sont	étais étais était étions étiez étaient	serai seras sera serons serez seront	serais serais serait serions seriez seraient	sois soyons soyez	sois sois soit soyons soyez soient	fus fus fut fûmes fûtes furent
faire (*to do, make*) fait faisant (avoir)	fais fais fait faisons faites font	faisais faisais faisait faisions faisiez faisaient	ferai feras fera ferons ferez feront	ferais ferais ferait ferions feriez feraient	fais faisons faites	fasse fasses fasse fassions fassiez fassent	fis fis fit fîmes fîtes firent
falloir (*to be necessary*) fallu (avoir)	il faut	il fallait	il faudra	il faudrait		il faille	il fallut

Infinitif et participes	Indicatif PRÉSENT	IMPARFAIT	FUTUR SIMPLE	Conditionnel PRÉSENT	Impératif	Subjonctif PRÉSENT	Passé simple
fuir (*to flee*) fui fuyant (avoir)	fuis fuis fuit fuyons fuyez fuient	fuyais fuyais fuyait fuyions fuyiez fuyaient	fuirai fuiras fuira fuirons fuirez fuiront	fuirais fuirais fuirait fuirions fuiriez fuiraient	fuis fuyons fuyez	fuie fuies fuie fuyions fuyiez fuient	fuis fuis fuit fuîmes fuîtes fuirent
lire (*to read*) lu lisant (avoir)	lis lis lit lisons lisez lisent	lisais lisais lisait lisions lisiez lisaient	lirai liras lira lirons lirez liront	lirais lirais lirait lirions liriez liraient	lis lisons lisez	lise lises lise lisions lisiez lisent	lus lus lut lûmes lûtes lurent
mettre (*to put*) mis mettant (avoir)	mets mets met mettons mettez mettent	mettais mettais mettait mettions mettiez mettaient	mettrai mettras mettra mettrons mettrez mettront	mettrais mettrais mettrait mettrions mettriez mettraient	mets mettons mettez	mette mettes mette mettions mettiez mettent	mis mis mit mîmes mîtes mirent
mourir (*to die*) mort mourant (être)	meurs meurs meurt mourons mourez meurent	mourais mourais mourait mourions mouriez mouraient	mourrai mourras mourra mourrons mourrez mourront	mourrais mourrais mourrait mourrions mourriez mourraient	meurs mourons mourez	meure meures meure mourions mouriez meurent	mourus mourus mourut mourûmes mourûtes moururent
ouvrir (*to open*) ouvert ouvrant (avoir)	ouvre ouvres ouvre ouvrons ouvrez ouvrent	ouvrais ouvrais ouvrait ouvrions ouvriez ouvraient	ouvrirai ouvriras ouvrira ouvrirons ouvrirez ouvriront	ouvrirais ouvrirais ouvrirait ouvririons ouvririez ouvriraient	ouvre ouvrons ouvrez	ouvre ouvres ouvre ouvrions ouvriez ouvrent	ouvris ouvris ouvrit ouvrîmes ouvrîtes ouvrirent
partir (*to leave*) parti partant (être)	pars pars part partons partez partent	partais partais partait partions partiez partaient	partirai partiras partira partirons partirez partiront	partirais partirais partirait partirions partiriez partiraient	pars partons partez	parte partes parte partions partiez partent	partis partis partit partîmes partîtes partirent
plaire (*to please*) plu plaisant (avoir)	plais plais plaît plaisons plaisez plaisent	plaisais plaisais plaisait plaisions plaisiez plaisaient	plairai plairas plaira plairons plairez plairont	plairais plairais plairait plairions plairiez plairaient	plais plaisons plaisez	plaise plaises plaise plaisions plaisiez plaisent	plus plus plut plûmes plûtes plurent

Infinitive / Participles	Present (il pleut)	Imperfect (il pleuvait)	Future (il pleuvra)	Conditional (il pleuvrait)	Imperative	Subjunctive (il pleuve)	Passé simple (il plut)
pleuvoir *(to rain)* plu / pleuvant *(avoir)*	il pleut	il pleuvait	il pleuvra	il pleuvrait		il pleuve	il plut
pouvoir *(to be able)* pu / pouvant *(avoir)*	peux, puis / peux / peut / pouvons / pouvez / peuvent	pouvais / pouvais / pouvait / pouvions / pouviez / pouvaient	pourrai / pourras / pourra / pourrons / pourrez / pourront	pourrais / pourrais / pourrait / pourrions / pourriez / pourraient		puisse / puisses / puisse / puissions / puissiez / puissent	pus / pus / put / pûmes / pûtes / purent
prendre *(to take)* pris / prenant *(avoir)*	prends / prends / prend / prenons / prenez / prennent	prenais / prenais / prenait / prenions / preniez / prenaient	prendrai / prendras / prendra / prendrons / prendrez / prendront	prendrais / prendrais / prendrait / prendrions / prendriez / prendraient	prends / prenons / prenez	prenne / prennes / prenne / prenions / preniez / prennent	pris / pris / prit / prîmes / prîtes / prirent
recevoir *(to receive)* reçu / recevant *(avoir)*	reçois / reçois / reçoit / recevons / recevez / reçoivent	recevais / recevais / recevait / recevions / receviez / recevaient	recevrai / recevras / recevra / recevrons / recevrez / recevront	recevrais / recevrais / recevrait / recevrions / receviez / recevraient	reçois / recevons / recevez	reçoive / reçoives / reçoive / recevions / receviez / reçoivent	reçus / reçus / reçut / reçûmes / reçûtes / reçurent
résoudre *(to resolve; to solve)* résolu / résolvant *(avoir)*	résous / résous / réout / résolvons / résolvez / résolvent	résolvais / résolvais / résolvait / résolvions / résolviez / résolvaient	résoudrai / résoudras / résoudra / résoudrons / résoudrez / résoudront	résoudrais / résoudrais / résoudrait / résoudrions / résoudriez / résoudraient	résous / résolvons / résolvez	résolve / résolves / résolve / résolvions / résolviez / résolvent	résolus / résolus / résolut / résolûmes / résolûtes / résolurent
rire *(to laugh)* ri / riant *(avoir)*	ris / ris / rit / rions / riez / rient	riais / riais / riait / riions / riiez / riaient	rirai / riras / rira / rirons / rirez / riront	rirais / rirais / rirait / ririons / ririez / riraient	ris / rions / riez	rie / ries / rie / riions / riiez / rient	ris / ris / rit / rîmes / rîtes / rirent
savoir *(to know)* su / sachant *(avoir)*	sais / sais / sait / savons / savez / savent	savais / savais / savait / savions / saviez / savaient	saurai / sauras / saura / saurons / saurez / sauront	saurais / saurais / saurait / saurions / sauriez / sauraient	sache / sachons / sachez	sache / saches / sache / sachions / sachiez / sachent	sus / sus / sut / sûmes / sûtes / surent
suivre *(to follow)* suivi / suivant *(avoir)*	suis / suis / suit / suivons / suivez / suivent	suivais / suivais / suivait / suivions / suiviez / suivaient	suivrai / suivras / suivra / suivrons / suivrez / suivront	suivrais / suivrais / suivrait / suivrions / suiviez / suivraient	suis / suivons / suivez	suive / suives / suive / suivions / suiviez / suivent	suivis / suivis / suivit / suivîmes / suivîtes / suivirent

Infinitif et participes	Indicatif PRÉSENT	IMPARFAIT	FUTUR SIMPLE	Conditionnel PRÉSENT	Impératif	Subjonctif PRÉSENT	Passé simple
tenir (to hold, keep) tenu tenant (avoir)	tiens tiens tient tenons tenez tiennent	tenais tenais tenait tenions teniez tenaient	tiendrai tiendras tiendra tiendrons tiendrez tiendront	tiendrais tiendrais tiendrait tiendrions tiendriez tiendraient	tiens tenons tenez	tienne tiennes tienne tenions teniez tiennent	tins tins tint tînmes tîntes tinrent
vaincre (to beat) vaincu vainquant (avoir)	vaincs vaincs vainc vainquons vainquez vainquent	vainquais vainquais vainquait vainquions vainquiez vainquaient	vaincrai vaincras vaincra vaincrons vaincrez vaincront	vaincrais vaincrais vaincrait vaincrions vaincriez vaincraient	vaincs vainquons vainquez	vainque vainques vainque vainquions vainquiez vainquent	vainquis vainquis vainquit vainquîmes vainquîtes vainquirent
valoir (to be worth) valu valant (avoir)	vaux vaux vaut valons valez valent	valais valais valait valions valiez valaient	vaudrai vaudras vaudra vaudrons vaudrez vaudront	vaudrais vaudrais vaudrait vaudrions vaudriez vaudraient		vaille vailles vaille valions valiez vaillent	valus valus valut valûmes valûtes valurent
venir (to come) venu venant (être)	viens viens vient venons venez viennent	venais venais venait venions veniez venaient	viendrai viendras viendra viendrons viendrez viendront	viendrais viendrais viendrait viendrions viendriez viendraient	viens venons venez	vienne viennes vienne venions veniez viennent	vins vins vint vînmes vîntes vinrent
vivre (to live) vécu vivant (avoir)	vis vis vit vivons vivez vivent	vivais vivais vivait vivions viviez vivaient	vivrai vivras vivra vivrons vivrez vivront	vivrais vivrais vivrait vivrions vivriez vivraient	vis vivons vivez	vive vives vive vivions viviez vivent	vécus vécus vécut vécûmes vécûtes vécurent
voir (to see) vu voyant (avoir)	vois vois voit voyons voyez voient	voyais voyais voyait voyions voyiez voyaient	verrai verras verra verrons verrez verront	verrais verrais verrait verrions verriez verraient	vois voyons voyez	voie voies voie voyions voyiez voient	vis vis vit vîmes vîtes virent
vouloir (to wish, want) voulu voulant (avoir)	veux veux veut voulons voulez veulent	voulais voulais voulait voulions vouliez voulaient	voudrai voudras voudra voudrons voudrez voudront	voudrais voudrais voudrait voudrions voudriez voudraient	veuillez	veuille veuilles veuille voulions vouliez veuillent	voulus voulus voulut voulûmes voulûtes voulurent

Forms of the passé simple

The **passé simple** is used to refer to a completed action in the past. It is frequently used in literary works and journalistic prose instead of the **passé composé.** You do not need to use the **passé simple,** but you should learn to recognize it. Many of the forms are presented here. Pay particular attention to the highly irregular forms in Section C.

A. Regular Verbs

	-er *parler*	-ir *finir*	-re *attendre*
je	parl**ai**	fin**is**	attend**is**
tu	parl**as**	fin**is**	attend**is**
il/elle/on	parl**a**	fin**it**	attend**it**
nous	parl**âmes**	fin**îmes**	attend**îmes**
vous	parl**âtes**	fin**îtes**	attend**îtes**
ils/elles	parl**èrent**	fin**irent**	attend**irent**

B. Irregular Verbs That Follow a Pattern

Most irregular verbs follow a regular pattern in the **passé simple.** The past participle is used as the stem, and the following endings are added: **-s, -s, -t, -^mes, -^tes, -rent.**

INFINITIVE	PAST PARTICIPLE	PASSÉ SIMPLE
avoir	eu	j'eus
croire	cru	tu crus
lire	lu	il lut
prendre	pris	nous prîmes
sortir	sorti	vous sortîtes
vouloir	voulu	ils voulurent

C. Other Irregular Verbs

A few irregular verbs are irregular in the **passé simple,** too. The endings are the same, but the stem is *not* found in their past participles. The third person singular forms of the more common of these verbs are listed below.

INFINITIVE	PASSÉ SIMPLE	INFINITIVE	PASSÉ SIMPLE
(se) battre	(se) battit	naître	naquit
conduire	conduisit	ouvrir	ouvrit
écrire	écrivit	tenir	tint
être	fut	venir	vint
faire	fit	vivre	vécut
mourir	mourut	voir	vit

français-anglais

This vocabulary contains French words and expressions used in this book, with their contextual meanings. The gender of nouns is indicated by **le** or **la**; the abbreviation *m.* or *f.* is provided when the gender is not otherwise clear. Both masculine and feminine forms of adjectives are shown.

    Conjugated verb forms, present participles, and regular past participles are not included. Most exact cognates, including feminine nouns ending in **-ion** and masculine nouns used with the same meaning in English (**le caviar, le sweat-shirt**) do not appear here.

A.	archaic	*inf.*	infinitive	*pl.*	plural
ab.	abbreviation	*interj.*	interjection	*p.p.*	past participle
adj.	adjective	*intr.*	intransitive	*pref.*	prefix
adv.	adverb	*inv.*	invariant	*prep.*	preposition
conj.	conjunction	*irreg.*	irregular	*pron.*	pronoun
f.	feminine	*m.*	masculine	*s.*	singular
fam.	familiar	*n.*	noun	*trans.*	transitive
Gram.	grammar term	*pej.*	pejorative	*	aspirated *h*

A

l'abandon *m.* forsaking, abandonment
abandonné(e) *adj.* abandoned, deserted
abandonner to give up; to abandon; to desert
abîmer to ruin; **s'abîmer** to get ruined, wrecked
abondamment *adv.* abundantly
abord: d'abord *adv.* first, at first
l'abricot *m.* apricot
l'absence *f.* absence; lack
absolu(e) *adj.* absolute
absolument *adv.* absolutely
absorbant(e) *adj.* absorbing; consuming
absorber to absorb

l'abus *m.* abuse; misuse
abuser de to misuse, abuse
académique *adj.* academic
accablé(e) *adj.* overwhelmed, overcome; tired out
accabler to overwhelm, besiege
accéder (j'accède) to accede; to gain access
l'accélérateur *m.* accelerator
accélérer (j'accélère) to accelerate
l'accent *m.* accent; **prendre l'accent** to take on, assume the accent
accepté(e) *adj.* accepted
accepter to accept
l'accès *m.* attack, bout, fit; access

l'accessoire *m.* accessory
l'accident *m.* accident; **avoir un accident** to have an accident
l'accidenté(e) victim of an accident
accompagné(e) de *adj.* accompanied by
accompagner to accompany
accomplir to accomplish, fulfill, carry out
l'accord *m.* agreement; **d'accord** all right, O.K.; **être d'accord** to agree, be in agreement; **se mettre d'accord** to reconcile, come to an agreement
s'accorder sur to be in agreement
accrochant(e) *adj.* gripping, fascinating

accroché(e) à *adj.* hooked to, caught on to

accrocher to hang up; **s'accrocher** to get caught

accroître (*p.p.* **accru**) *irreg.* to increase, add to

accru(e) *adj.* increased

l'accueil *m.* greeting, welcome; **l'hôtesse** (*f.*) **d'accueil** hostess, greeter

accueillir (*p.p.* **accueilli**) *irreg.* to welcome; to greet

accuser de to accuse of

l'achat *m.* purchase; **faire des achats** to go shopping; **le pouvoir d'achat** purchasing power

acheter (j'achète) to buy

l'acheteur (-euse) buyer

l'acier *m.* steel; **d'acier** steely

l'acompte *m.* deposit, down payment

acquis(e) *adj.* acquired; **le syndrome immuno-déficitaire acquis (SIDA)** AIDS

l'acrylique *n. m., adj.* acrylic

l'acte *m.* act

l'acteur (-trice) actor (actress)

actif (-ive) *adj.* active; working; *n. m. pl.* people in the workforce

l'activité *f.* activity

actualiser to update

l'actualité *f.* present-day; *pl.* current events

actuel(le) *adj.* present, current

actuellement *adv.* now, at the present time

adapter to adapt; **s'adapter à** to adapt oneself to; to get accustomed to

l'addition *f.* bill (*in a restaurant*); addition

additionner to add up; to add to

l'adjectif *m.* adjective

admettre (*like* **mettre**) to admit

l'administrateur (-trice) administrator

administratif (-ive) *adj.* administrative

admirer to admire

l'adolescent(e) *n., adj.* adolescent, teenager

adopté(e) *adj.* adopted

adopter to adopt; to embrace

adoptif (-ive) *adj.* adoptive

adorer to adore, worship

l'adresse *f.* address; cleverness

adresser to address, speak to; **s'adresser à** to speak to, appeal to

l'adulte *m., f., adj.* adult

l'adverbe *m.* adverb

aérien(ne) *adj.* aerial; **la compagnie aérienne** airline

l'aérobic *f.* aerobics

l'aéroport *m.* airport

l'affaire *f.* affair, business matter; *pl.* belongings; business; **le chiffre d'affaires** turnover (*in commerce*); **l'homme (la femme) d'affaires** businessman (-woman)

affecté(e) *adj.* affected

affecter to affect

affectif (-ive) *adj.* affective, emotional

l'affection *f.* affection

affectueusement *adv.* affectionately

affectueux (-euse) *adj.* affectionate

l'affiche *f.* poster

afficher to display, show; **s'afficher** to be seen, be displayed

affilée: d'affilée *adv.* in a row; at a stretch

l'affinité *f.* affinity

affirmatif (-ive) *adj.* affirmative

affirmer to affirm, assert

affluer to flow (toward); to abound

affrété(e) *adj.* chartered

affreux (-euse) *adj.* horrible, frightful

afin (de) *prep.* to, in order to; **afin que** *conj.* so, so that

africain(e) *adj.* African

l'Afrique *f.* Africa

agacer (nous agaçons) to annoy, irritate

l'âge *m.* age; years; epoch; **la force de l'âge** prime of life; **le moyen âge** Middle Ages; **quel âge avez-vous?** how old are you?; **le troisième âge** senior citizens

âgé(e) *adj.* aged, old, elderly

l'agence *f.* agency; **l'agence de voyages** travel agency

l'agent *m.* agent; **l'agent de police** police officer; **l'agent immobilier** real estate agent

agir to act; **s'agir de** to be a question of

agité(e) *adj.* agitated, restless; **s'agiter** to be in movement, bustle about

l'agneau *m.* lamb; **la côtelette d'agneau** lamb chop

agréable *adj.* pleasant, nice, agreeable

agréer to accept, recognize

agressé(e) *adj.* attacked, victimized

agresser to attack, assault

agressif (-ive) *adj.* aggressive

l'agression *f.* aggression; assault

l'agriculteur (-trice) cultivator, farmer

l'agriculture *f.* agriculture, farming

agrippé(e) *adj.* clasped, grasping

s'agripper to hold on tightly

ah: ah bon? ah oui? *interj.* really?

l'aide *f.* help, assistance; helper, assistant; **à l'aide de** with the help of

l'aide-mémoire *m.* memorandum; memory aid

aider to help

l'aïeul(e) (*m. pl.* **aïeux**) ancestor

aiguiser to sharpen

l'ail *m.* garlic

ailleurs *adv.* elsewhere; **d'ailleurs** *adv.* moreover; anyway

aimable *adj.* likeable, friendly

aimer to like; to love

l'aîné(e) oldest sibling; *adj.* older

ainsi *conj.* thus, so, such as; **ainsi que** *conj.* as well as, in the same way as

l'air *m.* air; look; tune; **air conditionné(e)** *adj.* air-conditioned; **avoir l'air (de)** to seem, look (like); **en plein air** outdoors, in the open air; **l'hôtesse** (*f.*) **de l'air** flight attendant, stewardess

l'aisance *f.* ease, freedom

l'aise *f.* ease, comfort; **être à l'aise** to be at ease

ajouter to add

alarmant(e) *adj.* alarming

l'alcool *m.* alcohol

alcoolisé(e) *adj.* alcoholic

alentour *adv.* around

alerte *adj.* alert, quick

l'algèbre *f.* algebra

l'Algérie *f.* Algeria

l'aliénation *f.* alienation

l'aliment *m.* food

alimentaire *adj.* alimentary, food

l'alimentation *f.* food, feeding, nourishment; **l'alimentation générale** grocery store

alléché(e) *adj.* attracted, enticed

l'allée *f.* (action of) going; **les allées et venues** coming and going

l'Allemagne *f.* Germany

allemand(e) *adj.* German; *n. m.* German (language)

aller *irreg.* to go; + *inf.* to be going to + *inf.*; **aller à la chasse** to go hunting; **aller à la pêche** to go fishing; **aller à l'université** to attend college; **aller en vacances** to go on vacation; **l'aller simple** *m.* one-way ticket

l'allergie *f.* allergy

l'aller-retour *m.* round-trip ticket

l'alliance *f.* alliance, connection

allô *interj.* hello (phone greeting)

l'allongement *m.* lengthening, extension

allumer to light; to turn on; **s'allumer** to light up

l'allusion *f.* allusion; **faire allusion à** to allude, make allusion to

alors *adv.* then, in that case, therefore; **alors que** *conj.* while, whereas

l'alpenstock *m.* alpenstock, walking stick

alpin(e) *adj.* alpine; **le ski alpin** downhill skiing

l'alpinisme *m.* mountain climbing; **faire de l'alpinisme** to go mountain climbing

l'altération *f.* change (for the worse), impairment

alterner to alternate

altruiste *adj.* altruistic

amaigrissant(e) *adj.* thinning, slimming

amandin(e): la truite amandine trout prepared with almonds

l'amant(e) lover

l'amateur *m.* amateur

les ambages *f. pl.* circumlocution; **parler sans ambages** to speak to the point, straight out

l'ambiance *f.* atmosphere, surroundings

ambiant(e) *adj.* ambient; surrounding; **la température ambiante** room temperature

ambigu(ë) *adj.* ambiguous

ambitieux (-euse) *adj.* ambitious

l'ambulance *f.* ambulance

l'âme *f.* soul

améliorer to improve

aménagé(e) *adj.* equipped, set up

l'amende *f.* fine

amer (amère) *adj.* bitter

américain(e) *adj.* American

s'américaniser to become like the Americans (as far as taste, habits etc. are concerned)

l'Amérique *f.* America

l'ameublement *m. s.* furnishings

l'ami(e) friend; **le/la petit(e) ami(e)** boyfriend (girlfriend)

amicalement *adv.* in a friendly way; fondly

l'amitié *f.* friendship

s'amollir to soften

l'amour *m.* love (*f. in pl.*)

amoureux (-euse) *adj.* in love; **tomber amoureux (-euse) (de)** to fall in love (with)

amusant(e) *adj.* amusing, fun

amuser to entertain, amuse; **s'amuser** to have fun, have a good time

l'an *m.* year; **par an** per year, each year

l'analyse *f.* analysis

analyser to analyze

l'ananas *m.* pineapple

l'anarchie *f.* anarchy

l'ancêtre *m., f.* ancestor; ancestress

ancien(ne) *adj.* old, antique; former, ancient; *n. m. pl.* ancients

l'ancienneté *f.* seniority

ancré(e) *adj.* anchored

l'âne *m.* donkey, ass

l'ange *m.* angel

l'Angleterre *f.* England

anglophone *adj.* anglophone; *n. m., f.* anglophone

anglo-saxon(ne) *adj., n.* Anglo-Saxon

l'angoisse *f.* anguish

angoissé(e) *adj.* distressed

animé(e) *adj.* animated, motivated; **le dessin animé** (film) cartoon

l'année *f.* year; **l'année scolaire** academic year; **les années** (*f. pl.*) **cinquante** the fifties

l'anniversaire *m.* anniversary; birthday

l'annonce *f.* announcement, ad; **la petite annonce** (classified) ad

annoncer (nous annonçons) to announce, declare

annuel(le) *adj.* annual, yearly

annuler to cancel, annul

antérieur(e) *adj.* anterior, previous; **le futur antérieur** *Gram.* future perfect

l'anthologie *f.* anthology

l'antibiotique *m.* antibiotic

anticiper to anticipate, expect

l'Antillais(e) native of the West Indies (Antilles)

les Antilles *f. pl.* the West Indies

antipathique *adj.* unlikeable

antique *adj.* old: antique; classical

l'antisémitisme *m.* antisemitism

l'anxiété *f.* anxiety

anxieux (-euse) *adj.* anxious

août August; **à la mi-août** in mid-August

apercevoir (like **recevoir**) to perceive, notice; **s'apercevoir de** to become aware of, notice

aperçu(e) *adj.* noticed

l'apéritif *m.* before-dinner drink, aperitif

aplatir to flatten

l'apoplexie *f.* apoplexy, stroke

apparaître (like **connaître**) to appear

l'appareil *m.* apparatus, device; appliance; camera; **l'appareil ménager** appliance; **qui est à l'appareil?** who's speaking?

l'appareil-photo *m.* (still) camera

l'apparence *f.* appearance

apparenté(e) *adj.* related; **le mot apparenté** cognate

l'apparition *f.* (first) appearance

l'appartement *m.* apartment

appartenir (like **tenir**) **à** to belong to

apparu(e) *adj.* appeared

l'appel *m.* call; **faire appel à** to call on, appeal to

appeler (j'appelle) to call; **s'appeler** to be named, called

l'appétit *m.* appetite; **bon appétit!** *interj.* enjoy your meal!

appliqué(e) *adj.* applied

s'appliquer (à) to apply (to)

l'apport *m.* contribution

apporter to bring; to furnish

apprécier to appreciate, value

appréhender to seize, arrest; to dread

apprendre (*like* **prendre**) to learn; to teach; **apprendre à** to learn how to

l'apprenti-chauffeur *m.* student driver

l'apprêt *m.* preparation

approcher to approach; **s'approcher de** to approach, draw near

approprié(e) *adj.* appropriate, proper, suitable

s'approprier to appropriate

approuver to approve

l'approvisionnement *m.* supplying; provisions

appuyer (j'appuie) to press; to support; **s'appuyer (sur)** to lean (on); **appuyer son opinion** to stress one's opinion

après *prep.* after; **après avoir (être)...** after having. . . ; **après coup** after the event; **après que** *conj.* after; when; **après tout** after all, anyway; **d'après** *prep.* according to

après-demain *adv.* the day after tomorrow

l'après-midi *m.* afternoon

l'aptitude *f.* aptitude, fitness; **le certificat d'aptitude professionnelle (C.A.P.)** vocational diploma

arabe *adj.* Arabic; *n. m.* Arabic (*language*); **l'Arabe** *m., f.* Arab

l'Arabie Saoudite *f.* Saudi Arabia

l'araignée *f.* spider

l'arbre *m.* tree

l'arc *m.* bow (*weapon*); **le tir à l'arc** archery

l'architecte *m., f.* architect

archiver to store, archive

l'argent *m.* money; silver; **changer de l'argent** to change currency

argenté(e) *adj.* silvery; silverplated

l'argument *m.* argument; outline

Aristote Aristotle

l'arme *f.* weapon

l'armoire *f.* wardrobe; closet

arpenter to stride along

arracher to pull (off, out)

l'arrangement *m.* arrangement; **l'arrangement des pièces** layout (*of a dwelling*)

arranger (nous arrangeons) to arrange; to accommodate; *fam.* to fix

l'arrestation *f.* arrest

l'arrêt *m.* stop

arrêter (de) to stop; to arrest; **s'arrêter de** to stop (*oneself*)

arrière *adv.* back; **faire marche arrière** to back up; **la poche arrière** back pocket

l'arrière-grand-mère *f.* great-grandmother

l'arrière-grand-parent *m.* great-grandparent

l'arrière-grand-père *m.* great-grandfather

l'arrivée *f.* arrival

arriver to arrive, come; to happen; **arriver à** to manage to, succeed in

l'arrondissement *m.* district (*division of Paris*)

l'arrosage *m.* watering; **l'arrosage automatique** sprinkling system

l'art *m.* art; **l'objet** (*m.*) **d'art** piece of art

l'artère *f.* artery

l'arthrite *f.* arthritis

l'artichaut *m.* artichoke; **le fond d'artichaut** artichoke heart

l'article *m.* article

articuler to articulate

artificiel(le) *adj.* artificial

l'artiste *m., f.* artist

artistique *adj.* artistic

l'ascenseur *m.* elevator

l'aspect *m.* aspect; appearance

les asperges *f. pl.* asparagus

l'aspirateur *m.* vacuum cleaner

l'aspirine *f.* aspirin

assaisonner to season

l'assemblée *f.* assembly

asseoir (*p.p.* **assis**) *irreg.* to seat; **s'asseoir** to sit down

assez (de) *adv.* enough; rather; quite

l'assiette *f.* plate

l'assimilation *f.* assimilation

s'assimiler to assimilate

assis(e) *adj.* seated

l'assistance *f.* assistance; social welfare

assister to help, assist; **assister à** to attend

l'associé(e) associate, partner; *adj.* associated

s'associer avec to be associated with

assorti(e) *adj.* assorted; matching

assumer to assume

l'assurance *f.* assurance; insurance; **l'assurance-vie** life insurance

assurer to insure; to assure

asthmatique *adj.* asthmatic

l'astre *m.* star; planet

astreindre (*like* **craindre**) to compel; to tie down; **s'astreindre à** to commit oneself to

l'astronaute *m., f.* astronaut

l'atelier *m.* workshop; (*art*) studio

athlétique *adj.* athletic

l'athlétisme *m.* athletics; track and field

l'Atlantique *m.* the Atlantic Ocean

l'atmosphère *f.* atmosphere; feeling

atroce *adj.* atrocious, awful

attaché(e) *adj.* attached, buckled

l'attaque *f.* attack

attaquer to attack

atteindre (*like* **craindre**) to reach; to affect

attendre to wait

attendu(e) *adj.* expected, anticipated

l'attentat *m.* (*terrorist*) attack

attentif (-ive) *adj.* attentive

l'attention *f.* attention; **faire attention à** to pay attention to

atterrir to land (*plane*)

l'attirail *m.* pomp, show

attirer to attract; to draw

attiser to fuel, stir up

l'attitude *f.* attitude

attraper to catch; **attraper une contravention** to get a traffic ticket

l'aube *f.* dawn

l'auberge *f.* inn; **l'auberge de jeunesse** youth hostel

aucun(e) *adj., pron.* none; no one, not one, not any; anyone; any

aucunement *adv.* not at all, not in the least

l'audace *f.* audacity; **avoir l'audace de** to have the audacity to

l'auditoire *m.* audience

l'augmentation *f.* increase; **l'augmentation de salaire** raise

augmenter to increase

aujourd'hui *adv.* today; nowadays

auparavant *adv.* previously

auprès de *prep.* close to; with

aussi *adv.* also; so; as; consequently; **aussi bien que** as well as

aussitôt *conj.* immediately, at once, right then; **aussitôt que** as soon as

l'Australie *f.* Australia

autant *adv.* as much, so much, as many, so many; **autant de** as many . . . as; **autant que** *conj.* as much as, as many as; **d'autant** proportionally; **d'autant mieux** all the better; **d'autant plus** especially, particularly

l'auteur *m.* author; perpetrator

authentique *adj.* authentic, genuine

l'auto *f.* car, auto

l'autobus *m.* bus

l'auto-école *f.* driving school

automatique *adj.* automatic; *n. f.* automatic *(car)*

automatiquement *adv.* automatically

l'auto-médication *f.* self-medication

l'automobile *f.* automobile, car

l'autorisation *f.* authorization

l'autorité *f.* authority

l'autoroute *f.* freeway

l'auto-stop *m.* hitchhiking; **faire de l'auto-stop** to hitchhike

autour de *prep.* around

autre *adj., pron.* other; another; *m., f.* the other; *pl.* the others, the rest; **d'autre part** on the other hand; **personne d'autre** no one else; **quelqu'un d'autre** someone else

autrefois *adv.* formerly, in the past

autrement *adv.* otherwise

avaler to swallow

l'avance *f.* advance; **à l'avance** beforehand; **d'avance** in advance, earlier; **en avance** early; **faire des avances** to make advances

avancer (nous avançons) to advance

avant *adv.* before *(in time); prep.* before, in advance of; **avant de** *prep.* before; **avant que** *conj.* before

l'avantage *m.* advantage, benefit

avantageux (-euse) *adj.* advantageous

avec *prep.* with

l'avenir *m.* future

l'aventure *f.* adventure

l'avenue *f.* avenue

avertir to warn

aviné(e) *adj.* drunk *(with wine)*

l'avion *m.* airplane; **en avion** by plane; **prendre l'avion** to take a plane

l'avis *m.* opinion; **à son (mon, votre) avis** in his/her (my, your) opinion

l'avocat(e) lawyer

avoir *(p.p.* **eu)** *irreg.* to have; *n. m.* holdings, assets; **avoir (20) ans** to be (20) years old; **avoir besoin de** to need; **avoir confiance** to have confidence; **avoir de la chance** to be lucky; **avoir de la peine** to have a problem, trouble; **avoir droit à** to be entitled to; **avoir du mal à** to have a hard time; **avoir envie de** to feel like; to want to; **avoir faim** to be hungry; **avoir froid** to be cold; **avoir hâte (de)** to be in a hurry, be eager (to); **avoir honte (de)** to be ashamed (of); **avoir horreur de** to hate; **avoir l'air de** to look like; **avoir le cafard** to be depressed, have the blues; **avoir le droit de** to have the right to; **avoir le mal de mer** to be seasick; **avoir le temps (de)** to have the time (to); **avoir l'habitude (de)** to have the custom, habit (of); **avoir l'honneur de** to have the honor of; **avoir lieu** to take place; **avoir l'intention de** to have the intention to; **avoir l'occasion de** to have the opportunity to; **avoir mal à la tête (aux dents)** to have a

headache (a toothache); **avoir peur (de)** to be afraid (of); **avoir pitié de** to have pity on; **avoir raison** to be right; **avoir tort** to be wrong; **avoir un accident** to have an accident; **il y a** there is, there are; ago

l'azur *m.* azure, blue; **la Côte d'Azur** the French Riviera

B

le baccalauréat (le bac) baccalaureate; secondary school degree

bâcler to hurry over; to botch

les bagages *m. pl.* luggage

la bagnole *fam.* car, jalopy

la bague ring *(jewelry)*

la baguette loaf of French bread, baguette

baigner to bathe; **se baigner** to bathe *(oneself);* to go for a swim

le bain bath; **le maillot de bain** swimsuit, bathing suit; **la salle de bains** bathroom

le baiser kiss

baisser to lower; to go down

la balade stroll; outing; **faire une balade** to take a stroll

la balançoire *(child's)* swing

le balcon balcony

ballant(e) *adj.* swinging, dangling

la balle ball; **jouer à la balle** to play ball

le ballon large *(inflated)* ball; balloon; **jouer au ballon** to play ball

banal(e) *adj.* commonplace, trite

la banalité banality

la banane banana

la bande band; group; gang; **la bande dessinée** cartoon *(strip)*

la banlieue suburbs; **en banlieue** in the suburbs

la banque bank

le/la banquier (-ière) banker

baptiser to baptize; to name

la baraque barrack, hut, shed; *fam.* house

la barbaresque Berber style

le barbouillage smearing; scribbling

bariolé(e) *adj.* gaudy, splashed with color

la barrière barrier; fence

bas(se) *adj.* low; *n. m.* stocking(s); bottom; *adv.* low, softly; **au bas de** at the bottom of; **là-bas** *adv.* over there; **parler bas** to speak softly

basané(e) *adj.* tanned, dark-skinned

la base base; basis; **à la base de** at the source of

basé(e) (sur) *adj.* based (on)

baser to base

le basket basketball; **faire du basket** to play basketball

les baskets *m. pl.* tennis shoes

basque *adj.* Basque, from the Basque region

le bastion bastion, stronghold

le bateau boat; **en bateau** by boat, in a boat

le bâtiment building

le battant leaf; flap; door

battre (*p.p.* **battu**) *irreg.* to beat; **se battre** to fight

battu(e) *adj.* beaten; **en terre battue** clay (*court*)

bavard(e) *adj.* talkative

le bavardage talk, conversation, chat

bavarder to chat; to talk

bd. *ab.* **boulevard** *m.* boulevard

béarnais(e) *adj.* from the Béarn region

beau (bel, belle, beaux, belles) *adj.* beautiful; handsome; **faire beau** to be nice outside; **porter beau** to have a fine presence

beaucoup *adv.* much, many

le beau-frère brother-in-law

le beau-père father-in-law; stepfather

la beauté beauty

le bébé baby

le bec beak

bégayer (je bégaie) to stammer, stutter

belge *adj.* Belgian

la belle-mère mother-in-law; stepmother

la belle-sœur sister-in-law; stepsister

la béquille crutch

berbère *adj.* Berber

la berline sedan (*car*)

besogner to work hard, slave

le besoin need; **avoir besoin de** to need

le bêta-bloquant beta blocker

bête *adj.* silly; stupid; *n. f.* beast; animal

la bêtise foolishness; foolish thing; **faire une bêtise** to do something stupid

la betterave beet

le beurre butter

beurré(e) *adj.* buttered

beurrer to butter

le bibelot knickknack

la Bible Bible

la bibliothèque library

biblique *adj.* biblical

la bicyclette bicycle

le bidon can; large drum (*container*)

bien *adv.* well, quite; comfortable; *n. m.* good; *pl.* goods, belongings; **aimer bien** to like; **aussi bien que** as well as; **bien d'autres** many others; **bien élevé(e)** *adj.* well-behaved; **bien que** *conj.* although; **bien sûr** *interj.* of course; **eh bien** *interj.* well!; **être bien chez soi** to be comfortable at home; **merci bien** thanks a lot; **noter bien** to pay attention to; **ou bien** or else; **s'amuser bien** to have a good time; **s'entendre bien** to get along; **tout va bien** all is well

le bien-être well-being; welfare

bientôt *adv.* soon; **à bientôt!** *interj.* see you soon!

la bière beer

le bifteck steak

le bijou jewel

le bilan statement of account; schedule of assets and liabilities; **faire le bilan (de)** to take stock (of)

bilingue *adj.* bilingual

la bille marble (*for games*)

le billet ticket; **composter son billet** to punch one's ticket; **prendre un billet** to buy, obtain a ticket

la biographie biography

la biologie biology

le/la biologiste biologist

bis *adv.* twice, repeat

le bistrot (*fam.*) café

la blague joke

blâmé(e) *adj.* blamed

blanc (blanche) *adj.* white

le blé wheat; **la farine de blé** wheat flour

blême *adj.* pale

blessé(e) *adj.* wounded, injured; *n.* wounded person

la blessure wound

bleu(e) *adj.* blue; *n. m.* blue cheese; bruise, contusion; *pl.* workclothes; **bleu clair** light blue; **bleu marine** navy blue; **cordon bleu** blue ribbon; first-rate cook(ing); **en bleus** in work clothes

blond(e) *adj.* blond

bloqué(e) *adj.* stopped, halted; blocked

bloquer to block

le blouson (*bomber-style*) jacket

le blue-jean jeans

le boa boa; boa constrictor; **le serpent boa** boa constrictor

le bœuf beef; ox; **le bouillon de bœuf** beef bouillon; **le rôti de bœuf** beef roast

bof! *interj. and gesture of skepticism*

boire (*p.p.* **bu**) *irreg.* to drink

le bois wood; forest; woodworking; **la cheminée à feu de bois** wood-burning fireplace

la boisson drink; **la boisson gazeuse** carbonated drink; **le débit de boisson** government-licensed liquor store; pub

la boîte box; can; *fam.* workplace; **la boîte à gants** glove compartment; **la boîte aux lettres** mailbox; **la boîte de conserve** can (*of food*); **la boîte de nuit** nightclub

le bol bowl; wide coffee cup; **en avoir ras-le-bol** *fam.* to have had it up to here

bon(ne) *adj.* good; charitable; right, correct; *n. f.* maid, chambermaid; **ah bon?** *interj.* really?; **bon appétit!** enjoy your meal!; **bon marché** *adj. inv.* cheap, inexpensive; **le bon train** a good pace; **de bon ton** in good taste; **de bonne humeur** in a good mood; **elle est bonne** that's a good one *(joke);* **en bonne santé** in good health; **être en bonne forme** to be physically fit

le bonbon piece of candy

le bond jump, leap; **faire un bond** to stop by, make a short visit

le bonheur happiness

le bonhomme fellow

bonjour *interj.* hello

le bord edge; windowsill; *(river)* bank; **à bord de** on board; **au bord de la mer** at the seashore

la borne road marker *(for kilometers)*

la bosse lump; bump

la botte boot

la bouche mouth

la bouchée mouthful

la boucherie butchershop

bouclé(e) *adj.* curly

bouder to pout

boudeur (-euse) *adj.* sulky, pouting

la bouffe *fam.* food

bouger (nous bougeons) to move

bouillir to boil; **faire bouillir** to boil, bring to a boil

le bouillon broth

le/la boulanger (-ère) baker

la boulangerie bakery

la boule ball; lump

le boulet cannonball; projectile; **le boulet-wagon** rocket-ship

le boulot *fam.* job

la boum *fam.* party

la bourgeoisie middle-class, bourgeoisie; **la haute bourgeoisie** the upper middle class; **la petite bourgeoisie** the lower middle class

bourguignon(ne) *adj. from the Burgundy region*

la bousculade shoving and pushing

bousculé(e) *adj.* pushed, jostled

bousculer to push and shove

le bout end; **à bout d'arguments** at wit's end; **à bout de forces** exhausted; **au bout (de)** at the end (of)

la bouteille bottle

la boutique shop, store; **fermer boutique** to close the store

le bouton button; pimple

boutonné(e) *adj.* buttoned

boutonner to button (up)

la boutonnière buttonhole

la braise charcoal; embers; **le feu de braise** charcoal fire

la branche branch; sector

brancher to plug in

le bras arm

le brasero brazier, charcoal-pan

bref (brève) *adj.* short, brief; **(en) bref** in short

le Brésil Brazil

la Bretagne Brittany

les bretelles *f. pl.* suspenders

breton(ne) *adj.* from Brittany

le breuvage drink; brew

le brevet certificate

bricoler to putter around the house

le brie Brie *(cheese)*

brièvement *adv.* briefly

la brièveté brevity

le brigand bandit, brigand

briguer to seek

brillant(e) *adj.* brilliant

le brin shoot, blade *(grass);* **un brin de** a bit of

la brique brick

la broche brooch

la brochure pamphlet; leaflet

broder to embroider; to create

la bronchite bronchitis

bronzer to tan

la brosse brush; **la brosse à dents** toothbrush

brosser to brush; **se brosser les dents** to brush one's teeth

le bruit noise

brûler to burn

la brûlure burn, scald; **la brûlure d'estomac** *fam.* heartburn

brun(e) *adj.* brown; dark-haired

brusquement *adv.* abruptly, bluntly

bu(e) *adj.* drunk *(refers to beverages)*

buissonnière: faire l'école buissonnière to play hooky

la Bulgarie Bulgaria

le bureau office; desk; **l'employé(e) de bureau** office worker

la bureautique office, data processing equipment

le but goal

C

C.A.P. (Certificat d'aptitude professionnelle) *French vocational certificate*

ça this, that; it; **comme ça** that way, like that

la cabine cabin

le cabinet *(doctor's)* office

le cabriolet cabriolet, convertible

caché(e) *adj.* hidden

le cache-cache hide-and-seek; **jouer à cache-cache** to play hide-and-seek

cacher to hide

le cadavre cadaver, corpse

le caddy shopping cart, basket

le cadeau present, gift

le cadre frame; setting; *(business)* executive, manager

le cafard cockroach, bug; the blues, depression; **avoir le cafard** to be depressed

le café coffee; café; **le café au lait** coffee with milk; **une (demi-) cuillerée à café** a (half) teaspoonful

le cahier notebook, workbook

le caillou pebble

Le Caire Cairo

la caisse cash register; cashier's desk; box, crate

le/la caissier (-ière) cashier

le calcul calculation; arithmetic; calculus

la calculatrice calculator

calculer to calculate, figure

caler to steady, provide stability

la Californie California

calme *adj., n. m.* calm

calmement *adv.* calmly

calmer to calm; **se calmer** to quiet down

la calorie calorie

le/la camarade friend, companion; **le/la camarade de chambre** roommate; **le/la camarade de classe** classmate, schoolmate

le **Cambodge** Cambodia
cambré(e) *adj.* arched; shapely
le **camembert** Camembert cheese
la **caméra** movie camera
le **caméscope** camcorder, video camera
le **camion** truck
la **camionnette** pickup truck
le **camp** vacation camp
la **campagne** countryside, country; campaign; **à la campagne** in the country
le **camping** camping; campground; **faire du camping** to go camping
canadien(ne) *adj.* Canadian
le **Canada** Canada
le **canapé** sofa, couch
le **canard** duck; **le canard à l'orange** duck with orange sauce
le **caneton** *(male)* duckling
la **canne** cane, walking stick; **la canne à sucre** sugar-cane
le **canoë** canoe
le **caoutchouc** rubber
capable *adj.* capable, able; **être capable de** to be capable of
la **capacité** ability; **la capacité de résistance** resistance
capillaire *adj.* capillary
le **capitaine** captain
la **capitale** capital *(city)*
le **capot** hood *(of car)*
le **caprice** whim
capricieux (-euse) *adj.* capricious; flighty
car *conj.* for, because
la **carabine** carbine
le **caractère** character; typeface, font
la **caractéristique** characteristic, trait
la **carafe** pitcher; decanter
les **Caraïbes** *f. pl.* Caribbean islands
le **caramel** caramel; **la crème caramel** caramel custard
la **caravane** *(camping)* trailer
cardiaque *adj.* cardiac; **la crise cardiaque** heart attack
caresser to caress
la **caricature** caricature
la **carie** *(dental)* cavity
le **carnet** notebook, booklet; **le carnet d'adresses** address book

la **Caroline du Nord (du Sud)** North (South) Carolina
la **carotte** carrot
carré(e) *adj.* square; *n. m.* square; silk scarf
le **carreau** small square; tile; **la chemise à carreaux** checkered shirt
le **carrefour** intersection, crossroad
le **carrelage** tiling; tiles
se carrer to loll (back), recline
la **carrière** career
carriériste *adj.* career-oriented
le **carrosse** coach; **rouler carrosse** *fam.* to live in great style
le **cartable** school bag
la **carte** card; map; menu; **à la carte** à la carte, off the menu; **la carte d'assistance** social services ID card; **la carte de crédit** credit card; **la carte d'embarquement** boarding pass; **la carte postale** postcard; **jouer aux cartes** to play cards
le **carton** cardboard
le **cas** case; **en cas de** in case of, in the event of; **en tout cas** in any case; **selon le cas** as the case may be
Casablanca Casablanca
la **caserne** barracks
le **casque** helmet
la **casquette** cap
cassé(e) *adj.* broken; broken-down
casser to break; **se casser la jambe** to break one's leg
la **casserole** pan
la **cassette** video- or audiocassette
la **catastrophe** catastrophe, disaster
la **catégorie** category, class
catégoriser to categorize
la **cathédrale** cathedral
la **cause** cause; **à cause de** because of
causé(e) *adj.* caused
causer to cause
la **caverne** cave, cavern
ce (cet, cette, ces) *pron.* this, that
ceci *pron.* this, that
céder (je cède) to give in; to give up; to give away
le **cédérom** CD-ROM
la **ceinture** belt; seat, safety belt; **la**

ceinture de sécurité seat belt, safety belt
cela *pron.* this, that
célèbre *adj.* famous
la **célébrité** celebrity
le/la **célibataire** single, unmarried person; *adj.* single
celui (ceux, celle, celles) *pron.* the one, the ones, this one, that one, these, those
la **cendre** ash
le **cendrier** ashtray
Cendrillon Cinderella
cent one hundred
la **centaine** about one hundred
le **centimètre** centimeter
la **centrale** center; headquarters
le **centre** center; **le centre commercial** shopping center, mall; **le centre hospitalier** medical center
centriste *adj., n. m., f.* centrist
cependant *adv.* in the meantime; meanwhile; *conj.* yet, still, however, nevertheless
les **céréales** *f. pl.* cereals; grains
cérébral(e) *adj.* cerebral
la **cerise** cherry
certain(e) *adj.* sure; particular; certain; **depuis un certain temps** for some time
certainement *adv.* certainly
le **certificat** certificate; diploma; **le certificat d'aptitude professionnelle (C.A.P.)** vocational diploma
la **certitude** certainty
le **cerveau** brain
la **cervelle** brain
la **cesse** ceasing; **sans cesse** ceaselessly
cesser de to stop, cease
chacun(e) *pron.* each, each one, every one
le **chagrin** sorrow, sadness
la **chaîne** channel; chain; **la chaîne stéréo** stereo system; **changer de chaîne** to change the channel
la **chair** flesh; **bien en chair** plump
la **chaise** chair
le **chalet** chalet; cottage
la **chaleur** heat; warmth

chaleureusement *adv.* warmly

la chambre bedroom, chamber; **le/la camarade de chambre** roommate

le champ field

le champagne champagne; **sabler le champagne** to swig, toss off champagne

le champignon mushroom

le/la champion(ne) champion

la chance luck; possibility; opportunity; **avoir de la chance** to be lucky

le change currency exchange; **le bureau de change** foreign currency exchange office

le changement change

changer (nous changeons) (de) to change; **changer de chaîne** to change the channel; **se changer en** to change into

la chanson song

le chant song

chanter to sing

le/la chanteur (-euse) singer

le chantier work area, building site

le chapeau hat

le chaperon hood

chaque *adj.* each, every

la charcuterie deli; cold cuts; pork butcher

la charge load; **prendre en charge** to cover, insure; **la prise en charge** coverage

chargé(e) de *adj.* in charge of, responsible for; heavy, loaded; busy; **une journée chargée** a busy day

le chariot *(shopping)* cart

le charme charm

la chasse hunting; **partir (aller) à la chasse** to go hunting

chassé(e) *adj.* chased, pursued

chasser to hunt; to chase away

le/la chasseur (-euse) hunter

châtain(e) *adj.* chestnut, auburn *(hair)*

le château castle

le chateaubriand porterhouse steak

chaud(e) *adj.* warm; hot; **il fait chaud** the weather is hot

chaudement *adv.* warmly

le chauffage heat; heating system

chauffer to heat *(up)*

le chauffeur chauffeur, driver

la chaussée pavement

chausser to put shoes on

les chaussettes *f. pl.* socks

les chaussures *f. pl.* shoes

chauve *adj.* bald, bald-headed

le/la chauvin(e) chauvinist

le chef leader; head; **le chef de l'équipage** crew, team leader; **le chef d'équipe** group leader

le chef-d'œuvre masterpiece

le chemin way; road; path; **aller mon chemin** to do as I please; **le chemin de fer** railroad

la cheminée chimney; fireplace; hearth; **la cheminée à feu de bois** wood-burning fireplace

la chemise shirt

la chemisette tee shirt; short-sleeved shirt

le chemisier blouse

le chêne oak *(tree)*; **en chêne massif** solid oak

le chèque check

cher (chère) *adj.* dear; expensive; **coûter cher** to be expensive

chercher to look for; to pick up

le/la chercheur (-euse) seeker; researcher

le cheveu *(strand of)* hair; **les cheveux** *m. pl.* hair

la cheville ankle; **se fouler la cheville** to sprain one's ankle

la chèvre goat; **le fromage de chèvre** goat cheese

chez *prep.* at, to, in *(the house, family, business or country of)*; among, in the works of

le chic chic; style; *adj. inv.* chic, stylish

le/la chien(ne) dog

chiffonné(e) *adj.* rumpled, crumpled

le chiffre number, digit; **le chiffre d'affaires** turnover *(in commerce)*

la chimie chemistry

le/la chimiste chemist

la Chine China

chinois(e) *adj.* Chinese

le/la chirurgien(ne) surgeon

le choc shock

le chocolat chocolate

choisir (de) to choose (to)

le choix choice; **au choix** of your choosing

le cholestérol cholesterol

le chômage unemployment; **être au chômage** to be out of work, unemployed

le/la chômeur (-euse) unemployed person

choquer to shock

la chose thing; **autre chose** something else; **quelque chose** something

le chou cabbage; **le chou à la crème** cream puff

chouette *adj. inv. fam.* super, neat, great

chromé(e) *adj.* chrome-plated

chronique *adj.* chronic

chronologique *adj.* chronological

la chute fall, descent; scrap *(in sewing)*

chuter to fall

la cicatrice scar

le cidre *(apple)* cider

le ciel sky, heaven

le cigare cigar

la cigarette cigarette

le cil eyelash

le ciment cement

le cimetière cemetery

le/la cinéaste film director, movie maker

le cinéma movies; cinema

la cinquantaine about fifty

cinquante *adj.* fifty

la circonlocution circumlocution

la circonstance circumstance; occurrence

la circulation traffic

circuler to circulate

le cirque circus

les ciseaux *m. pl.* scissors

la cité *(area in a)* city

citer to cite, quote

le/la citoyen(ne) citizen

la citoyenneté citizenship

le citron lemon; *adj. inv.* lemon-colored

la citronnade lemonade

civil(e) *adj.* civil; **le code civil** civil law; **l'état** (*m.*) **civil** civil, marital status

la civilisation civilization

civilisé(e) *adj.* civilized

clair(e) *adj.* light-colored; clear; evident; **le clair de lune** moonlight

clairement *adv.* clearly

clandestin(e) *adj.* illicit, clandestine; **passager clandestin** stowaway

claquer to snap; to slam

clare light

la classe class; classroom; **le/la camarade de classe** classmate; **la première (deuxième) classe** first (second) class

classer to classify; to sort

le classeur classifier; binder

classique *adj.* classical; classic

le clavier keyboard

la clé key; **fermer à clé** to lock

le cliché cliché

le/la client(e) customer, client

le clignotant turn signal, blinker

le climat climate

la clinique clinic; private hospital

cliquer to click

le/la clochard(e) hobo

la cloche bell

le clou nail

le coca Coca-Cola

cocher to check off

le cochon pig

le cocotier coconut tree

le code code; **le code civil** civil law

le cœur heart

le coffre chest

se cogner to hit oneself, bump (*one's head*)

le coin corner; **le coin repas** breakfast nook

la coïncidence coincidence

le col collar

la colère anger; **se mettre en colère** to get angry

le/la collaborateur (-trice) collaborator

la collation light meal

la colle glue

collé(e) *adj.* glued, stuck

collectif (-ive) *adj.* collective

collectionner to collect

la collectivité collectivity

le collège French lower secondary school; college

le/la collègue colleague

le collier necklace

la colombe dove

colonial(e) *adj.* colonial

la colonie colony; **la colonie de vacances** summer camp

la colonisation colonization

la colonne column

coloré(e) *adj.* colorful

colorier to color

colporté(e) *adj.* spread; broadcast; peddled

le combat fight, battle

combatif (-ive) *adj.* pugnacious

combattre (*like* **battre**) to fight

combien (de) *adv.* how much; how many

la combinaison combination

combiner to combine

combler to fill (up); to fulfill

la comédie comedy

le/la comédien(ne) actor (actress); comedian

comique *adj.* funny, comical, comic

le comité committee

commandé(e) *adj.* ordered, commanded

le commandement leadership; command; commandment

commander to order (*a meal*); to give orders

comme *adv.* as, like, how

le commencement beginning

commencer (nous commençons) to begin

comment *adv.* how; **comment êtes-vous?** what do you look like?; **comment se fait-il que... ?** how is it that. . . ?

le commentaire commentary

commenté(e) *adj.* commented upon

commenter to comment

le commerce business

commercial(e) *adj.* commercial, business; **le centre commercial** shopping center, mall

commercialisé(e) *adj.* sold, marketed

commercialiser to commercialize

commettre (*like* **mettre**) to commit

le commissariat police station

la commission commission; errand; **faire les commissions** to do the grocery shopping

la commode dresser; chest of drawers; *adj.* convenient; comfortable

commun(e) *adj.* ordinary, common, usual; popular; **en commun** in common

la communauté community

communiqué(e) *adj.* communicated, conveyed

communiquer to communicate

communiste *adj.* communist; *n. m., f.* communist

compact(e) *adj.* compact; **le disque compact** compact disk

la compagnie company; **la compagnie aérienne** airline

le compagnon (la compagne) companion

la comparaison comparison

le comparatif *Gram.* comparative

comparer to compare

le compartiment compartment

le compère fellow, associate; *fam.* crony

la compétence competence, ability

la compétition competition

la complainte complaint

complet (-ète) *adj.* complete; filled; *n. m.* suit (*of clothes*); **le pain complet** whole grain bread; **le complet-veston** (*business*) suit

complètement *adv.* completely

compléter (je complète) to complete, finish

le complexe complex

complexé(e) *adj.* affected by complexes

le compliment compliment

compliqué(e) *adj.* complicated

se compliquer to become complicated

le comportement behavior

comporter to conduct (*oneself*); to include; **se comporter** to behave

composé(e) *adj.* composed; **le passé composé** *Gram.* present perfect

composer to compose; to make up

composter to stamp (date); to punch (ticket)

le composteur (automatic) ticket puncher

compréhensif (-ive) adj. understanding

la compréhension understanding

comprendre (like **prendre**) to understand; to comprise, include

le comprimé tablet; adj. compressed

compris(e) adj. included; **le service compris** tip included; **y compris** prep. including

compromettre (like **mettre**) to compromise

le compromis compromise

le/la comptable accountant

comptant: payer comptant to pay cash

le compte account; **faire un compte** to tally; **se rendre compte de** to realize; **tenir compte de** to take into account

compter to plan on; to intend; to count

le comptoir counter

la comtesse countess

concentrer to concentrate

concerner to concern; **en ce qui concerne** with regard to, concerning

concilier to conciliate

conclure (p.p. **conclu**) irreg. to conclude

le concombre cucumber

la concordance Gram. agreement

le concours competition; contest

concret (concrète) adj. concrete, tangible

le/la concubin(e) concubine; common-law spouse

le concubinage cohabitation; common-law marriage

le/la concurrent(e) competitor

condamné(e) adj. condemned, convicted

condescendant(e) adj. condescending

le/la condisciple fellow student, schoolmate

conditionné(e) adj. conditioned; **air conditionné(e)** adj. air-conditioned

le conditionnel Gram. conditional

le/la conducteur (-trice) driver

conduire (pp. **conduit**) irreg. to drive; to take; to conduct; **le permis de conduire** driver's license

la conduite behavior; driving; guidance

confectionner to make (up)

la confiance confidence; **avoir confiance en** to have confidence in; **faire confiance à** to trust

confiant(e) adj. confident

confier to confide; to give

confirmer to strengthen; to confirm

confisquer to confiscate

la confiture jam

confondre to confuse

confondu(e) adj. confused, mingled

conformer to conform

le conformisme conformism

le confort comfort

confortable adj. comfortable

le confrère colleague, fellow-member

confus(e) adj. confused; troubled

le congé leave, vacation; **le jour de congé** holiday, day off

le congélateur freezer

la congrégation congregation

le/la conjoint(e) spouse

la conjonction Gram. conjunction

la conjugaison Gram. conjugation

conjugué(e) Gram. adj. conjugated

conjuguer Gram. to conjugate

la connaissance knowledge; acquaintance; consciousness; **enchanté(e) d'avoir fait votre connaissance** delighted to have met you; **perdre connaissance** to faint

connaître (p.p. **connu**) irreg. to know; to be acquainted with

connu(e) adj. known

la conquête conquest

consacré(e) adj. consecrated, devoted

consacrer to consecrate; to devote

la conscience conscience

conscient(e) adj. conscious

le conseil advice; council

conseiller to advise; to counsel

le/la conseiller (-ère) advisor, counselor

la conséquence consequence; **en conséquence** accordingly, as a result

conséquent: par conséquent conj. therefore, accordingly

conservateur (-trice) adj. conservative

la conserve preserve(s); **la boîte de conserve** can of food; **en conserve** canned

conservé(e) adj. preserved, kept; bottled, canned

conserver to conserve

considérable adj. considerable

la considération consideration

considéré(e) adj. considered, deemed

considérer (je considère) to consider; **se considérer** to consider oneself, each other

la consigne orders; **à la consigne** (in the) baggage room, check room

consistant(e) adj. solid, substantial

consister to consist

le/la consommateur (-trice) consumer

la consommation consumption; consumerism

consommé(e) adj. consumed

consommer to consume

constamment adv. constantly

constant(e) adj. constant, unceasing

constater to notice; to remark

constituer to constitute

construire (like **conduire**) to construct, build

construit(e) adj. constructed, built

la consultation consultation

consulter to consult

se consumer to burn out; to be consumed

le contact contact; **perdre contact avec** to lose contact with

contacter to contact

contaminé(e) adj. contaminated

le conte tale, story; **le conte de fées** fairy tale

contempler to contemplate, meditate upon

contemporain(e) adj. contemporary

contenir (like **tenir**) to contain

content(e) adj. content; happy; **être content(e) de** to be happy about

le contenu contents

conter to tell, retell

le contexte context

contingent(e) *adj.* contingent, fortuitous

continuellement *adv.* continually, constantly

continuer to continue

la contrainte constraint

contraire *adj.* opposite; *n. m.* opposite; **au contraire** on the contrary; **sauf indication contraire** except where otherwise indicated

contrairement (à) *adv.* contrarily, contrary (to)

le contrat contract; **le contrat de location** rental contract

la contravention traffic ticket; minor violation; **attraper une contravention** to get a traffic ticket

contre *prep.* against; **par contre** on the other hand; **le pour et le contre** the pros and cons

contredire (*like* **dire**, *except* **vous contredisez**) to contradict

la contrefaçon counterfeiting; fraudulent imitation

le contrôle control; **le contrôle de soi** self-control

contrôler to check, verity; to stamp

le/la contrôleur (-euse) ticket collector

la controverse controversy

convaincant(e) *adj.* convincing

convaincre (*like* **vaincre**) to convince

convaincu(e) *adj.* sincere, earnest; convinced

convenable *adj.* proper; appropriate

convenir (*like* **venir**) to fit; to be suitable

la convivialité conviviality, friendliness

la coopération cooperation

le copain (la copine) friend, pal

la copie copy; imitation

copié(e) *adj.* copied, imitated

copier to copy

le/la copieur (-euse) copier

copieux (-euse) *adj.* copious, abundant

le coq rooster

coquet(te) *adj.* coquettish; stylish

la coquille seashell; **la coquille Saint-Jacques** scallops

le corbeau crow

le cordon ribbon; string; **cordon bleu** first-rate cook, cordon bleu

coranique *adj.* koranic

le corps body

correct(e) *adj.* correct

la correspondance correspondence; transfer, change (*of trains*)

le/la correspondant(e) correspondent; pen-pal

correspondre to correspond

corriger (nous corrigeons) to correct

la cosmétique cosmetic

le costume suit (*of clothes*)

la côte coast; **la Côte d'Azur** French Riviera

le côté side; **à côté (de)** *prep.* by, near, next to; at one's side; **de côté** put by; **laisser de côté** to set aside, give up

la côtelette cutlet; **la côtelette d'agneau (de veau)** lamb (veal) chop

le coton cotton; **en coton** (*made of*) cotton

le cou neck

la couche layer, coat

coucher to put to bed; **se coucher** to go to bed; to set (*sun*)

la couchette couchette; bunk (*on a train*)

le coude elbow; **jouer des coudes** to jostle for position

coudre (*p.p.* **cousu**) *irreg.* to sew

couler to flow; to run (*nose*)

la couleur color; **le crayon de couleur** colored pencil; **en couleur(s)** *adj.* color; colored

le couloir hall(way)

le coup blow; coup; (*gun*) shot; influence; **à coup sûr** certainly, surely; **après coup** too late, after the event; **le coup de cafard (de colère)** attack of depression (of anger); **le coup de pied** kick; **le coup de soleil** sunstroke; sunburn; **le coup d'œil** glance; **faire le coup à** to do a dirty trick on; **rouer de coups** to beat (up); **sous le coup de** under the (heavy) influence of;

tout d'un coup *adv.* at once, all at once

coupable *adj.* guilty

coupé(e) *adj.* cut (up); divided; *n. m.* coupé, brougham (*car*)

couper to cut; to censor; **se couper** to cut oneself

le couple couple; married couple

courageusement *adv.* courageously, bravely

courant(e) *adj.* frequent; general; *n. m.* current, tide; course; **la prise de courant** electric outlet

courbé(e) *adj.* leaning (*over*), bent (*over*)

le/la coureur (-euse) runner; promiscuous person

courir (*p.p.* **couru**) *irreg.* to run

la couronne crown

couronner to crown; to finish off

le courrier mail

le cours course; **au cours de** *prep.* during; **laisser (donner) libre cours à** to give free rein to; **sécher un cours** to skip class, play hooky; **suivre un cours** to take a class

la course race; **faire les courses** to do the shopping (*errands*)

court(e) *adj.* short (*not used for persons*); *n. m.* (*tennis*) court; **le court-circuit** short circuit; **le court en terre battue** clay (*tennis*) court

le couscous dish from the Maghreb, composed of semolina, meat or fish and vegetables

le/la cousin(e) cousin; **le/la cousin(e) germain(e)** first cousin

le coussin cusion

le couteau knife

coûter to cost; **coûter cher** to be expensive

la coutume custom

la couture sewing; clothes design; **la *haute couture** high fashion

le/la couturier (-ière) fashion designer; dressmaker

couvert(e) *adj.* covered; *n. m.* table setting; **mettre le couvert** to set the table

la couverture blanket

couvrir (*like* **ouvrir**) to cover; **se couvrir** to cover oneself (up); to dress warmly

le crabe crab

la craie chalk

craindre (*p.p.* **craint**) *irreg.* to fear

la crainte fear

craquer to crack; to break down, go mad

la cravate tie

le crayon pencil; **le crayon de couleur** colored pencil

le/la créateur (-trice) creator

la création creation

la créature creature

le crédit credit; **acheter à crédit** to buy on credit; **la carte de crédit** credit card

créer to create

la crème cream; *m.* white coffee; coffee and cream; **le chou à la crème** cream puff; **la crème caramel** caramel custard

le créneau crenel; battlement; specialty; market; **faire un créneau** to reverse into a parking place

la crêpe crepe, French pancake

creuser to excavate; to go deeply into

creux (-euse) *adj.* hollow

la crevasse crevice; crack; crevasse

crevé(e) *adj.* punctured; **le pneu crevé** flat tire

la crevette shrimp; **les crevettes** (*f. pl.*) **à la marinière** *shrimp with onion and parsley sauce;* **le filet à crevettes** shrimp net

le cri shout; **pousser un cri** to utter a cry

crier to cry out; to shout

la crise crisis; **la crise cardiaque** heart attack; **la crise économique** recession; depression

crispé(e) *adj.* rigid; on edge

critique *adj.* critical

croire (*p.p.* **cru**) *irreg.* to believe

croiser to cross; to run across

la croisière cruise

la croissance growth, development

le croissant crescent *(moon);* croissant *(roll);* **croissant(e)** *adj.* increasing

cru(e) *adj.* believed; raw

la crudité raw vegetable; *pl.* plate of raw vegetables

cruel(le) *adj.* cruel

la cuillère, la cuiller spoon; **la cuillère à café (à soupe)** teaspoon; tablespoon; **la petite cuillère** teaspoon

la cuillerée spoonful

cuire (*p.p.* **cuit**) *irreg.* to cook; to bake; **faire cuire** to cook

cuisant(e) *adj.* cooking; burning *(regret)*

la cuisine cooking; kitchen; **faire la cuisine** to cook; **la grande cuisine** fine cooking; **le livre de cuisine** cookbook; **la nouvelle cuisine** light, low-fat cuisine

le/la cuisinier (-ière) cook; *f.* stove; **le cuisinier en chef** head cook, chef

la cuisse thigh; leg

la cuisson cooking *(process)*

cuit(e) *adj.* cooked; **bien cuit(e)** well done *(meat)*

le cuivre copper

culinaire *adj.* culinary

le culte cult

cultivé(e) *adj.* educated; cultured

la culture education, culture

culturel(le) *adj.* cultural

cumuler to cumulate; to pluralize

la cure treatment

curieux (-euse) *adj.* curious

la curiosité curiosity

CV *ab.* **chevaux** horsepower

le cyclisme bicycle riding

le/la cycliste bicycle rider

D

le/la dactylographe (le/la dactylo) typist

dactylographié(e) *adj.* typed

Dakar Dakar

la dame lady, woman; *pl. (game of)* checkers

le Danemark Denmark

dangereux (-euse) *adj.* dangerous

Danois(e) *adj., n. m., f.* Danish

dans *prep.* within, in

la danse dance; dancing

danser to dance

la date date *(time)*

dater de to date from

le dauphin crown prince

davantage *adv.* more

le dé dice

le débat debate

se débattre (*like* **battre**) to fight; to struggle

le débit *(retail)* sales outlet; **le débit de boisson** *(licensed)* liquor store

le débouché opening, demand; market for

debout *adv.* standing; **être debout** to be standing

débrancher *fam.* to relax, rest

débrouiller to disentangle; **se débrouiller** to manage, get along

le début beginning; **au début (de)** in, at the beginning (of)

débuter to begin

décapotable *adj.* convertible

décédé(e) *adj.* deceased, dead

décembre Decembre

la déception disappointment

décevoir (*like* **recevoir**) to disappoint

la décharge discharge; unloading

le déchet *(industrial)* waste; **les déchets nucléaires** nuclear waste

déchiffrer to decipher

déchiqueter (**je déchiquète**) to tear apart

déchirant(e) *adj.* tearing; excruciating; **le choix déchirant** agonizing choice

déchiré(e) *adj.* torn; divided

décider de to decide to; **se décider à** to make up one's mind to

la décision decision; **prendre une décision** to make a decision

déchu(e) *adj.* deposed; fallen

déclarer to declare

déclencher to trigger

le déclic click

décoller to take off *(airplane)*

décommander to cancel *(an order)*

décompenser to lose emotional equilibrium

décontracté(e) *adj.* relaxed
le décor decor; scenery
la décoration decoration
découragé(e) *adj.* discouraged
décourageant(e) *adj.* discouraging
découvert(e) *adj.* discovered
la découverte discovery
découvrir (*like* **ouvrir**) to discover
le décret decree
décrire (*like* **écrire**) to describe
décrit(e) *adj.* described
déçu(e) *adj.* disappointed
dedans *prep., adv.* within, inside
dédier to dedicate
déduire (*like* **conduire**) to deduce
défaillant(e) *adj.* failing, weakening
le défaut bad quality, fault; **faire
    défaut** to fail
défectueux (-euse) *adj.* defective; lack-
    ing
défendre to defend; **défendre de** to
    forbid; **se défendre** to fight back
défenestré(e) *adj.* thrown out of the
    window
la défense defense
la déferlante unfurling, outpouring
le déficit deficit
déficitaire *adj.* deficient; **le syndrome
    immuno-déficitaire acquis (SIDA)**
    AIDS
définir to define
la définition definition
le dégât damage
dégénératif (-ive) *adj.* degenerative
dégonfler to deflate
dégoûté *adj.* disgusted
le degré degree
déguster to taste; to relish; to eat
dehors *adv.* out-of-doors, outside; **en
    dehors de** outside of, besides
déjà *adv.* already; **d'ores et déjà** *adv.*
    from now on
déjeuner to lunch; *n. m.* lunch; **le
    petit déjeuner** breakfast
déjouer to thwart, foil
delà: au delà de *prep.* beyond
le délai delay
délicat(e) *adj.* delicate; touchy; sensitive
la délicatesse tact
le délice delight

délicieux (-euse) *adj.* delicious
délié(e) *adj.* slender; fine; sharp
demain *adv.* tomorrow
la demande request; application; **la
    demande d'emploi** job application
demander to ask; **se demander** to
    wonder
la démarche walk, air; *(necessary)* step;
    **faire une démarche auprès de
    quelqu'un** to approach someone
    (about something)
démarrer to start *(a car)*
le déménagement moving *(out of a
    house)*
déménager (nous déménageons) to
    move *(house)*
le/la déménageur (-euse) mover, furni-
    ture mover
le/la dément(e) mad person, lunatic
demeurer to stay; to live, to reside
demi(e) *adj.* half
la demi-cuillerée half-spoonful
le demi-frère half brother; stepbrother
la demi-livre half pound
la demi-sœur half sister; stepsister
la démission resignation *(from a job)*
le demi-tour U-turn; **faire demi-tour**
    to make a U-turn
la démocratie democracy
démographique *adj.* demographic,
    pertaining to population
la demoiselle young lady; single,
    unmarried woman
démontrer to demonstrate
démouler to unmold; to remove from
    pan *(cake)*
démystifier to explain, demystify
dénicher to find, uncover
la dent tooth; **arracher une dent** to
    pull a tooth; **avoir mal aux dents**
    to have a toothache; **la brosse à
    dents** toothbrush; **se brosser les
    dents** to brush one's teeth
dentaire *adj.* dental; **le fil dentaire**
    dental floss
le dentifrice toothpaste
le/la dentiste dentist
le départ departure
le département department;
    district

dépasser to go beyond; to pass, surpass;
    se dépasser to surpass one's limits
le dépaysement desorientation, feeling
    of strangeness
se dépêcher (de) to hurry (to)
dépeint(e) *adj.* depicted
dépendre (de) to depend (on)
dépens: aux dépens de at the expense
    of
la dépense expense
dépensé(e) *adj.* spent
dépenser to spend
le dépit spite
déplacer (nous déplaçons) to displace;
    to shift; **se déplacer** to move
    around
déplier to unfold
déployer (je déploie) to deploy; to
    spread out
déporté(e) *adj.* deported
déporter to deport
dépressif (-ive) *adj.* depressive
la dépression depression; breakdown
déprimé(e) *adj.* depressed
depuis (que) *prep.* since; **depuis com-
    bien de temps?** how long?
déranger (nous dérangeons) to dis-
    turb; to bother
déraper to skid *(in car)*
dernier (-ière) *adj.* last, most recent;
    past
derrière *prep.* behind; *n. m.* back, rear
désagréable *adj.* disagreeable, unpleas-
    ant
la désapprobation disapproval
désargenté(e) *adj.* destitute, penniless
le désastre disaster
le désavantage disadvantage
descendant(e) descendant
descendre *intr.* to go down; *trans.* to
    take down
le déséquilibre imbalance
le désert desert; wilderness
désespéré(e) *adj.* desperate
le désespoir despair
se déshabiller to get undressed
se déshumaniser to become dehuman-
    ized
désigné(e) *adj.* designated, named
désigner to designate

le désir desire

désirer to desire

désobéir à to disobey

la désobéissance disobedience

désobéissant(e) *adj.* disobedient

la désolation desolation; grief

désolé(e) *adj.* desolate; very sorry

désormais *adv.* henceforth

le dessin drawing; **le dessin animé** (*film*) cartoon

dessiné(e) *adj.* drawn, sketched; **la bande dessinée** comics; comic strip

dessiner to draw; **dessiner à la craie** to draw with chalk

dessous *adv.* under, underneath; **ci-dessous** *adv.* below

dessus *adv.* above; over; **au-dessus de** *prep.* above; **ci-dessus** *adv.* above, previously

le destin fate

destiné(e) *adj.* designed, aimed

la destinée destiny

se destiner à to intend to enter (*a career*)

destructeur (-trice) *adj.* destructive

détachable *adj.* removable

le détail detail; **en détail** in detail

détaillé(e) *adj.* detailed

le détective detective

détendre to relax; **se détendre** to relax

la détente relaxation

le/la détenteur (-trice) holder, possessor

la détention detention; imprisonment

déterminer to determine

détestable *adj.* hateful

détester to detest; to hate

le détour detour

détourner to divert; to distract

la détresse distress

détriment au détriment de to the detriment of

détruire (*like* **conduire**) to destroy

la dette debt

deux *adj.* two; **tous (toutes) les deux** both (*of them*)

deuxième *adj.* second

devant *prep.* before, in front of

dévastateur (-trice) *adj.* devastating

développé(e) *adj.* developed, industrialized

le développement development

développer to spread out; to develop; **se développer** to expand; to develop

devenir (*like* **venir**) to become

deviner to guess

devoir (*p.p.* **dû**) *irreg.* to be obliged to; to have to; to owe; *n. m.* duty; *n. m. pl.* homework; **faire ses devoirs** to do one's homework

dévolu(e) *adj.* reserved for

le diable devil

le diagnostic diagnosis

les Diallobé *people from Senegal*

la diapositive (la diapo) (*photographic*) slide

la diarrhée diarrhea

la diatribe diatribe

le dictionnaire dictionary

la dichotomie dichotomy

la diction diction

didactique *adj.* didactic

le dieu god; **Dieu soit loué!** praise be to God!

différemment *adv.* differently

la différence difference

différent(e) *adj.* different

différer (je diffère) to differ

difficile *adj.* difficult

la difficulté difficulty

digérer (je digère) to digest

la dignité dignity

dim. *ab.* **dimanche** *m.* Sunday

le dimanche Sunday

diminuer to lessen, diminish

la dinde turkey

dîner to dine; to have dinner; *n. m.* dinner

diplomatique *adj.* diplomatic

le diplôme diploma

diplômé(e) *adj.* graduated; *n.* graduate; holder of a diploma

dire (*p.p.* **dit**) *irreg.* to tell; to say; to speak; **c'est-à-dire** that is to say, namely; **vouloir dire** to mean

direct(e) *adj.* direct, straight; through, fast (*train*)

directement *adv.* directly

le/la directeur (-trice) director

directif (-ive) *adj.* directing, guiding

la direction direction; management; leadership

se diriger (nous nous dirigeons) vers to go, make one's way, toward

la discothèque discothèque

le discours discourse; speech

discret (discrète) *adj.* discreet; considerate; unobtrusive

la discrétion discretion

se disculper to clear oneself

discuter (de) to discuss

le disjoncteur circuit breaker; switch

disparaître (*like* **connaître**) to disappear

disparu(e) *adj.* missing; dead

disponible *adj.* available

disposé(e) *adj.* prone, inclined

disposer de to have (available)

la dispute quarrel

se disputer to quarrel

le disque record, recording; **le disque compact** compact disk

la disquette diskette

disséminé(e) *adj.* scattered, spread (out)

la dissertation essay, term paper

la distance distance

distillé(e) *adj.* distilled, condensed

distinct(e) *adj.* distinct, separate

distingué(e) *adj.* distinguished; **croyez... à l'assurance de ma considération distinguée** yours very truly

se distraire (*pp.* **distrait**) *irreg.* to amuse oneself

distribuer to distribute

le/la distributeur (-trice) distributor

dit(e) *adj.* called; so-called

divers(e) *adj.* changing; varied; **le fait divers** news item, incident

divisé(e) *adj.* divided

diviser to divide

divorcé(e) *adj.* divorced

la dizaine about ten

docile *adj.* docile, submissive; manageable

le docteur doctor

le doctorat doctoral degree, Ph.D.

documentaire *adj., n. m.* documentary;

dodu(e) *adj.* plump

le doigt finger

le domaine domain; specialty

le domicile place of residence, home; **à domicile** at home

dominé(e) *adj.* dominated, ruled

dominant(e) *adj.* leading; main

le dommage damage; pity; **c'est dommage! quel dommage!** it's too bad! what a pity!

donc *conj.* then; therefore

donné(e) *adj.* given, supplied

donner to give; **donner à manger** to feed *(animals);* **donner libre cours à** to give free rein to; **donner sur** to open out onto

dont *pron.* whose, of which, of whom, from whom, about which

dorer to brown; to glaze *(in cooking)*

d'ores et déjà *adv.* from now on

dormir *irreg.* to sleep

le dortoir dormitory

le dos back; **le sac à dos** backpack

la dose amount; dose

doté(e) de *adj.* endowed with

doter to endow

la douane customs

le/la douanier (-ière) customs officer

doublé(e) *adj.* lined *(clothing)*

doublement *adv.* doubly

doubler to pass *(a car);* to double

doucement *adv.* gently, softly; sweetly; slowly

la douceur softness; gentleness; sweetness; **la douceur de vivre** easy, gentle way of life

la douche shower *(bath)*

doué(e) *adj.* talented, gifted, bright

la douleur pain

douloureux (-euse) *adj.* painful

le doute doubt; **sans doute** probably, no doubt

douter to doubt

douteux (-euse) *adj.* doubtful, uncertain, dubious

doux (douce) *adj.* sweet, kindly, pleasant; soft, gentle

dr *ab.* **docteur** *m.* doctor

draconien(ne) *adj.* severe, very strict

dramatique *adj.* dramatic

le/la dramaturge playwright

le drame drama

le drap *(bed)* sheet

dresser to set (up); to arrange; to draw up *(list);* to hold up, lift *(head)*

droit *adv.* straight on; **à droite** on the right; **avoir droit à** to have a right to; **droit(e)** *adj.* straight; right; *n. m.* law; right; fee; *n. f.* right hand; right

drôle (de) *adj.* funny, amusing

dû (due) *adj.* due, owing to

la dune dune

dur(e) *adj.* hard; difficult; **l'œuf dur** hardboiled egg; **travailler dur** to work hard

durable *adj.* lasting

la durée duration

durer to last, continue; to endure; to last a long time

dynamique *adj.* dynamic

E

l'eau *f.* water; **l'eau minérale** mineral water; **la salle d'eau** bathroom

s'ébrécher (il s'ébrèche) to chip *(crockery)*

échanger (nous échangeons) to exchange

l'échappée *f.* passage, close

échapper (à) to escape; **s'échapper** to escape, break free

l'écharpe *f.* scarf

l'échec *m.* failure; **jouer aux échecs** to play chess

l'échelle *f.* scale; ladder

échouer to fail

l'éclair *m.* flash of lightning; éclair *(pastry)*

éclairé(e) *adj.* lit, lighted

l'éclat *m.* outburst, blaze, display; **l'éclat de rire** burst of laughter

éclater to break out

l'école *f.* school; **l'école maternelle** preschool, kindergarten; **l'école primaire (secondaire)** elementary (secondary) school; **faire l'école buissonnière** to skip school, play

hooky; **les grandes écoles** *(state-run)* graduate schools

l'écologiste *m., f.* ecologist *(political)*

l'économie *f.* economy

économique *adj.* economic, financial

économiser to save

l'économiste *m., f.* economist

l'écorce *f.* bark; crust; **l'écorce terrestre** the earth's crust

s'écorner to chip off a corner

écouter to listen

l'écran *m.* screen

écraser to crush; to run over

s'écrier to cry out, exclaim

écrire *(p.p. écrit) irreg.* to write; **la machine à écrire** typewriter

écrit(e) *adj.* written; **par écrit** in writing

l'écriture *f.* writing; handwriting

l'écrivain *m.* writer, author

l'édifice *m.* building, edifice

l'édition *f.* publishing; edition

l'éducation *f.* upbringing; breeding; education

éduqué(e) *adj.* educated; brought up

effacer (nous effaçons) to erase

effectuer to perform

l'effet *m.* effect; **en effet** as a matter of fact, indeed

efficace *adj.* efficacious, effective, effectual

l'efficacité *f.* efficiency

s'effondrer to collapse

effrayé(e) *adj.* scared

effréné(e) *adj.* unbridled, unrestrained

l'effroi *m.* fright, fear

égal(e) *adj.* equal; all the same

également *adv.* equally; likewise, also

l'égard *m.* consideration; **à l'égard de** with respect to

égaré(e) *adj.* lost

l'église *f.* church

égoïste *adj.* selfish

l'Egypte *f.* Egypt

eh *interj.* hey!; **eh bien!** well!; now then!

élaboré(e) *adj.* elaborate; complex

élaborer to elaborate

élastique *adj.* elastic

l'électricité *f.* electricity

électrique *adj.* electric; **le fil électrique** electrical wire; **la prise électrique** electrical outlet

l'électrocution *f.* electrocution

l'électronique *f.* electronics; *adj.* electronic

élégant(e) *adj.* elegant, stylish; *n. m., f.* elegant person

l'élément *m.* element

l'éléphant *m.* elephant

l'élève *m., f.* pupil, student

élevé(e) *adj.* high; raised; brought up

élever (j'élève) to raise; to lift up; to erect

éliminer to eliminate

l'élite *f.* elite

éloigné(e) *adj.* distant; remote

éloigner to remove to a distance; **s'éloigner** to move off, go away

l'émanation *f.* emanation; product

l'émancipation *f.* liberation

s'emballer to get carried away

l'embarquement *m.* embarcation; **la carte d'embarquement** boarding pass

embarrassant(e) *adj.* embarrassing

embarrassé(e) *adj.* embarrassed

embauché(e) *adj.* hired

embêté(e) *adj., fam.* annoyed, bothered

emboîter to encase; **emboîter le pas à quelqu'un** to follow someone

l'embouteillage *m.* traffic jam

embrasser to kiss; to embrace; **s'embrasser** to embrace or kiss each other

émettre (*like* **mettre**) to emit; to utter

l'émeute *f.* riot

éminemment *adv.* eminently, to a high degree

l'émission *f.* show; program

emménager (nous emménageons) to move in

emmener (j'emmène) to take (*someone somewhere*)

emmerder *fam.* to plague, annoy

émotif (-ive) *adj.* emotive; emotional

l'émotion *f.* emotion

émotionnel(le) *adj.* emotional

émouvoir (*p.p.* **ému**) *irreg.* to touch (*emotionally*)

empêcher to prevent; **s'empêcher de** to prevent oneself from

l'emphase *f.* emphasis

l'emploi *m.* use; job; **l'emploi du temps** schedule; **faire une demande d'emploi** to apply for a job; **le marché de l'emploi** job market; **le mode d'emploi** directions for use

l'employé(e) employee

employer (j'emploie) to use; to employ

l'employeur (-euse) employer

empoigner to grasp, seize; **empoigner la vie à pleines mains** to take on life wholeheartedly

emporter to take (*something somewhere*)

emprisonné(e) *adj.* imprisoned

l'emprisonnement *m.* imprisonment

l'emprunt *m.* loan

emprunter to borrow

ému(e) *adj.* moved, touched (*emotionally*)

en *prep.* in; to; within; into; at; like; in the form of; by; *pron.* of him, of her, of it, of them; from him, by him, etc.; some of it; any

l'encadrement *m.* framework; frame

encaisser *fam.* to take, put up with

encercler to circle, encircle

enchanté(e) *adj.* enchanted; pleased; **enchanté(e) d'avoir fait votre connaissance** delighted to have met you

encombré(e) *adj.* laden; encumbered; filled

l'encombrement *m.* litter; confusion; (*traffic*) congestion

encore *adv.* still; again; yet; even

encourager (nous encourageons) to encourage

encouru(e) *adj.* incurred; taken, run (*a risk*)

l'encrier *m.* inkwell

endetté(e) *adj.* in debt

endommager (nous endommageons) to damage, do damage to

s'endormir (*like* **dormir**) to fall asleep

l'endroit *m.* place, spot

l'enduit *m.* (*outer*) coating; glaze

l'énergie *f.* energy

énergique *adj.* energetic

énervé(e) *adj.* irritated, upset

énerver to irritate; **s'énerver** to get upset

l'enfance *f.* childhood

l'enfant *m., f.* child; **le/la garde d'enfant** babysitter, childcare worker

enfin *adv.* finally, at last

enfoui(e) *adj.* buried

enfreindre (*like* **craindre**) to infringe, transgress

s'enfuir (*like* **fuir**) to run away, escape

engagé(e) *adj.* hired

engendrer to generate; to create

l'engouement *m.* infatuation, fancy

enlever (j'enlève) to take away; to take off (*clothing*)

l'ennui *m.* trouble, worry

ennuyer (j'ennuie) to bother; to bore; **s'ennuyer** to be bored

ennuyeux (-euse) *adj.* boring; annoying

énoncer (nous énonçons) to state

énorme *adj.* huge, enormous

l'enquête *f.* inquiry; investigation

enregistré(e) *adj.* recorded; stored

enregistrer to record; to register (*luggage*)

enrubanné(e) *adj.* beribboned

l'enseignant(e) teacher, instructor

enseigner to teach

ensemble *adv.* together; *n. m.* suit (*clothing*)

ensuite *adv.* next; then

l'entendement *m.* understanding, judgment

entendre to hear; **entendre dire que** to hear it said that; **entendre parler de** to hear about; **s'entendre avec** to get along with

l'enthousiasme *m.* enthusiasm

enthousiaste *adj.* enthusiastic

entier (-ière) *adj.* entire, whole, complete

l'entrain *m.* liveliness, high spirits

l'entraînement *m.* training

entre *prep.* between, among

l'entrée *f.* entrance, entry; admission; first course; **la porte d'entrée** entrance

s'entremêler to mix, mingle, intermingle

l'entreprise *f.* enterprise, business

entrer (dans) to go into, enter

entretenir (*like* **tenir**) to maintain, keep up

s'entretuer to kill each other

entrouvrir (*like* **ouvrir**) to half-open; to set ajar

énumérer (j'énumère) to enumerate; to count up

envahir to invade

envers *prep.* to; toward; in respect to

l'envie *f.* desire; **avoir envie de** to want; to feel like

environ *adv.* about, approximately; *n. m. pl.* neighborhood, surroundings; outskirts

l'environnement *m.* environment; milieu

envisager (nous envisageons) to envision

envoyer (j'envoie) to send

épais(se) *adj.* thick

épargné(e) *adj.* spared, exempt

épargner to spare; to save

l'épaule *f.* shoulder

épeler (j'épelle) to spell

l'épice *f.* spice

épicé(e) *adj.* spicy

l'épicerie *f.* grocery store

les épinards *m. pl.* spinach

épineux (-euse) *adj.* thorny, ticklish

l'épisode *m.* episode

l'époque *f.* epoch, period, era; time; **à l'époque de** at the time of

épouvantable *adj.* frightful, terrible

l'épouvante *f.* terror

l'époux (l'épouse) spouse; husband; wife

l'épreuve *f.* test; trial; examination

éprouver to feel; to experience; to test

l'équilibre *m.* balance

l'équipage *m.* crew

l'équipe *f.* team; working group; **le chef d'équipe** group leader

l'équipement *m.* equipment; gear

l'équitation *f.* horseback riding

l'équivalent *m.* equivalent

l'erreur *f.* error; mistake

l'escalier *m.* stairs, stairway

l'escargot *m.* snail; escargot

l'espace *m.* space

l'espadrille *f.* espadrille, sandal

l'Espagne *f.* Spain

espagnol(e) *adj.* Spanish; *n. m.* Spanish (*language*)

l'espèce *f.* species; **une espèce de** a kind of

espéré(e) *adj.* hoped for, expected

espérer (j'espère) to hope

espiègle *adj.* mischievous

l'espoir *m.* hope

l'esprit *m.* mind, spirit; wit

esquinter *fam.* to spoil; to ruin

essayer (j'essaie) de to try to

l'essayiste *m., f.* essayist, someone who write essays

l'essence *f.* gasoline; essence; **être en panne d'essence** to be out of gas; **prendre de l'essence** to get gas

essentiel(le) *adj.* essential; *n. m.* the important thing

essuyer (j'essuie) to wipe

l'estaminet *m.* pub, café

estimer to value; to esteem

l'estomac *m.* stomach; **les brûlures** (*f. pl.*) **d'estomac** heartburn

estomper to soften

estudiantin(e) *adj.* student

et *conj.* and

établi(e) *adj.* established, set up

établir to establish, set up; **s'établir dans** to settle in

l'étage *m.* floor (*of building*)

étaler to spread

étanche *adj.* impervious, tight; separate

l'étape *f.* stage, stopping place

l'état *m.* state; **l'état civil** civil status; marital status

les Etats-Unis *m. pl.* United States (*of America*)

l'été *m.* summer

éteindre (*like* **craindre**) to put out; to turn off

éteint(e) *adj.* extinguished; dead

éternel(le) *adj.* eternal

éternuer to sneeze

l'éthique *f.* ethics

l'étiquette *f.* label; etiquette

étirer to stretch, spread out

l'étoile *f.* star

étonnant(e) *adj.* astonishing, surprising

étonné(e) *adj.* astonished

étonner to surprise, astonish

étouffer to smother

étrange *adj.* strange

étranger (-ère) *adj.* foreign; *n. m., f.* stranger, foreigner

être (*p.p.* **été**) *irreg.* to be; *n. m.* being; **être à l'aise** to be comfortable; **être au chômage** to be unemployed; **être au régime** to be on a diet; **être capable de** to be capable of, able to; **être d'accord** to agree; **être debout** to be standing; **être en (bonne) forme** to be in shape; **être en retard** to be late; **être en rodage** being broken in (*car*); **être en train de** to be in the process of; **être en vacances** to be on vacation; **être fier (fière) de** to be proud of; **être obligé(e) de** to be obligated to; **être pressé(e)** to be in a hurry

étroitement *adv.* closely; narrowly

l'étude *f.* study; **faire des études** to study

l'étudiant(e) student

étudié(e) *adj.* studied

étudier to study

l'Europe *f.* Europe

européen(ne) *adj., n. m., f.* European

eux *pron., m. pl.* them

s'évader to escape

évalué(e) *adj.* appraised; evaluated

s'évanouir to faint

l'événement *m.* event

l'éventail *m.* fan

éventer to fan

évidemment *adv.* evidently, obviously

l'évidence *f.* evidence

évident(e) *adj.* obvious, clear

l'évier *m.* (*kitchen*) sink

éviter to avoid

l'évocation *f.* evocation; recalling

évoluer to evolve

l'évolution *f.* evolution, development

évoquer to evoke

exact(e) *adj.* exact, correct

exactement *adv.* exactly

exagérément *adv.* exaggerately
exagérer (j'exagère) to exaggerate
l'examen *m.* test, exam; **passer un examen** to take a test; **réussir à un examen** to pass a test
l'examinateur (-trice) examiner
examiner to examine
l'excellence *f.* excellence; **par excellence** pre-eminently, particularly
excellent(e) *adj.* excellent
l'exception *f.* exception; **par exception** exceptionally
exceptionnel(le) *adj.* exceptional
l'excès *m.* excess
excessif (-ive) *adj.* excessive
exclure (*like* **conclure**) to exclude
l'excuse *f.* excuse
s'excuser to excuse oneself
exécuter to execute; to carry out
l'exemple *m.* example; **par exemple** for example
exercer (nous exerçons) to exercise; **s'exercer (à)** to practice; to be practiced
l'exercice *m.* exercise; **faire de l'exercice** to do exercise(s)
exigé(e) *adj.* demanded, required
l'existence *f.* life, existence
exister to exist
exorbitant(e) *adj.* exorbitant, outrageous
exotique *adj.* exotic
l'expansion *f.* expansion
expér. *ab.* **l'expérience** *f.* experience
l'expérience *f.* experience; experiment
expérimental(e) *adj.* experimental
expérimenté(e) *adj.* experienced
l'explication *f.* explanation
expliquer to explain
l'exploit *m.* feat
explorer to explore
exposé(e) *adj.* shown, displayed
l'exposition *f.* exhibition; show
exprès *adv.* on purpose; **le faire exprès** to do it on purpose
exprimer to express
expulser to expel
l'extérieur *m.* exterior; outside
extérioriser to exteriorize, externalize
l'extrait *m.* excerpt; extract
extraordinaire *adj.* extraordinary

extrême *adj.* extreme
l'extrémiste *m., f.* extremist

F

la fable fable; story
la fabrication manufacture
fabriquer to fabricate; to manufacture
le fabuliste someone who writes fables
la façade façade, frontage
la face face; façade; **en face (de)** *prep.* opposite, facing; **faire face à** to confront
la facette facet
fâché(e) *adj.* angry, annoyed
se fâcher to get angry
fâcheux (-euse) *adj.* troublesome, annoying
facile *adj.* easy; **facile à vivre** easy to get along with
facilement *adv.* easily
la facilité aptitude, talent; easiness
la façon way, manner; **de façon (bizarre)** in a (funny) way; **de toute façon** anyhow, in any case
le facteur factor; mail carrier
factice *adj.* artificial, forced
la facture bill *(to pay)*
facturé(e) *adj.* billed, charged
faible *adj.* weak; small
la faïence earthenware
faillir + *inf.* to be on the point of; to almost do something
la faim hunger; **avoir faim** to be hungry
faire to do; to make; to form; to be; **ça fait (un an)** it's been (a year); **faire allusion à** to allude, make allusion to; **faire appel à** to appeal to, call upon; **faire attention** to pay attention; **faire beau** to be nice out; **faire confiance à** to trust; **faire cuire** to cook; **faire de l'alpinisme** to go mountain climbing; **faire de l'auto-stop** to hitchhike; **faire de la planche à voile** to go windsurfing; **faire de la vitesse** to speed; **faire de la voile** to sail; **faire demi-tour** to make a U-turn; **faire des achats** to go shopping; **faire**

des avances to make a pass; **faire des bêtises** to do silly things; **faire des courses** to do the shopping; **faire des études** to study; **faire des excuses** to make excuses; **faire des progrès** to make progress; **faire des remarques** to criticize; **faire du camping** to camp; **faire du gringue** *fam.* to make a pass; **faire du jogging** to jog; **faire du mal à** to hurt; **faire du shopping** to go shopping; **faire du ski** to ski; **faire du ski de fond** to go cross-country skiing; **faire du sport** to do sports; **faire du stop** to hitchhike; **faire exprès** to do something on purpose; **faire face** to face, confront; **faire faire** to have done, make someone do something; **faire frais** to be cool out; **faire froid** to be cold; **faire l'école buissonnière** to play hooky; **faire l'expérience** to do an experiment; **faire l'inventaire** to draw up an inventory; **faire la cuisine** to cook; **faire la grimace** to make a face; **faire la lessive** to do the laundry; **faire la queue** to stand in line; to queue up; **faire le bilan** to strike the balance; to review; **faire le ménage** to do housework; **faire le plein (d'essence)** to fill up (with gas); **faire le tour du monde** to go around the world; **faire les commissions** to do the grocery shopping; **faire les courses** to do errands; **faire les valises** to pack one's bags; **faire marche arrière** to back up; **faire mine de** to pretend to; **faire part de** to inform; **faire partie de** to belong to; **faire peur** to scare, frighten; **faire place** to make room; **faire plaisir** to please; **faire ses devoirs** to do one's homework; **faire ses preuves** to prove oneself; **faire sombre** to be dark; **faire un bond** *fam.* to stop by, pay a short visit; **faire un créneau** to parallel park; **faire un détour** to make a detour; **faire un**

pique-nique to go on a picnic; **faire un plombage** to put in a filling; **faire un sondage** to take a poll; **faire un voyage** to take a trip; **faire une balade** to take a stroll; **faire une demande d'emploi** to apply for a job

le faire-part *(wedding, birth)* announcement

le fait fact; **le fait divers** event, incident; **tout à fait** completely, entirely

falloir (*p.p.* **fallu**) *irreg.* to be necessary; to be lacking

fameux (-euse) *adj.* famous

familial(e) *adj.* family

familier (-ière) *adj.* familiar

familièrement *adv.* familiarly

la famille family

le/la fan fan, fanatic

fanatique *adj.* fanatical

fané(e) *adj.* faded, wilted

la fantaisie fantasy

fantaisiste *adj.* imaginative; whimsical

fantastique *adj.* fantastic

la farce practical joke

la farine flour

fascinant(e) *adj.* fascinating

fasciner to fascinate

fatal(e) *adj.* fatal

fatigant(e) *adj.* tiring

la fatigue tiredness, fatigue

fatigué(e) *adj.* tired

fatiguer to tire; **se fatiguer** to get tired

la faute fault, mistake; **faute de quoi** for lack of which

le fauteuil armchair

le fauve wild animal; big game

faux (fausse) *adj.* false; *n. m.* counterfeit *(item)*

favori (-ite) *adj.* favorite

favoriser to favor

la fée fairy; **le conte de fée(s)** fairy tale

féminin(e) *adj.* feminine

féministe *adj.* feminist

la femme woman; wife; **la femme au foyer** homemaker; **la femme de ménage** cleaning woman

la fenêtre window

le fer iron; **le chemin de fer** railroad; **le fer à repasser** *(pressing)* iron

ferme *adj.* firm; *n. f.* farm

fermé(e) *adj.* closed

fermer to close; **fermer à clé** to lock; **fermer boutique** to close the shop; **se fermer** to close; to be closed

la fermeture closing; closure

férocement *adv.* ferociously

la fesse buttock

la fessée spanking

le festin feast; banquet

la fête celebration, holiday

fêter to celebrate; to observe a holiday

le feu fire; stoplight; **la cheminée à feu de bois** wood-burning fireplace; **le feu de braises** charcoal fire

la feuille leaf; **la feuille de papier** sheet of paper

feuilleter (je feuillette) to leaf through

le feuilleton *(radio, TV)* serial

le feutre felt

février February

le/la fiancé(e) fiancé(e), betrothed

se ficher de *fam.* not to give a damn

fidèle *adj.* faithful

fier (fière) *adj.* proud; **être fier (fière) de** to be proud of

se fier à to trust

la fierté pride

la fièvre fever

la figure face

figuré: au propre et au figuré literally and figuratively

figurer to appear

le fil thread; cord; **le fil dentaire** dental floss; **le fil électrique** electrical wire

la file file, line; lane

le filet net; fillet *(of fish);* thin strip; **le filet à crevettes** shrimp net

la filière channel, path

la fille girl; daughter; **la jeune fille** girl, young woman

la fillette little girl

filmer to film

le fils son

fin(e) *adj.* fine; thin; *n. f.* end; purpose; **mettre fin à** to put an end to

final(e) *adj.* final

finalement *adv.* finally

financier (-ière) *adj.* financial

finir (de) to finish; **finir par** to finish up by

fixe *adj.* fixed; **le menu à prix fixe** prix fixe meal

flambé(e) *adj.* flambé; set on fire

la flamme flame

flâner to stroll; to dawdle

flatter to flatter, compliment

la flatterie flattery

flatteur (-euse) *adj.* flattering; *n. m., f.* flatterer

la flèche arrow; turn signal; **démarrer en flèche** to start fast

fléchir to weaken, flag

la fleur flower; **en fleur** flowering

fleurir to flower, flourish

le fleuve river

le flic *fam.* cop, police officer

flirter to flirt

la Floride Florida

flotter to float

le flux flood; flux

la foi faith

le foie liver; **le foie gras** goose liver pâté

la fois time, occasion; **à la fois** at the same time; **il était une fois** once upon a time; **une fois** once

la folie madness

foncés(e) *adj.* dark *(in color)*

la fonction function; use, office; **en fonction de** as a function of; according to; **le logement de fonction** company housing

le fonctionnement working order, functioning

fonctionner to function

le fond bottom; back, background; *(artichoke)* heart; **à fond** thoroughly; **au fond** basically; **le ski de fond** cross-country skiing

fondamentalement *adv.* fundamentally

le fondateur founder

fondre to melt

fondu(e) *adj.* melted; *n. f. Swiss melted cheese dish*

la fonte melting, thawing; **en fonte** cast-iron

le football (le foot) soccer

la force strength; **à bout de forces** exhausted; **à force de l'entendre** by hearing it constantly; **la force de l'âge** prime of life

forcé(e) *adj.* forced, obliged

forcément *adv.* necessarily

forcer (nous forçons) to force, compel

la forêt forest

le forfait contract

la formation formation; education, training

la forme form; shape; **en bonne forme** physically fit; **prendre forme** to take shape; **sous (en) forme de** in the form of

formé(e) *adj.* formed, shaped

former to form

formidable *adj.* great; wonderful; formidable

le formulaire form *(to fill out)*

la formule formula

formuler to formulate

fort *adv.* loudly; very, very much; hard; **fort(e)** *adj.* loud; heavy-set; strong

la fortune fortune

le fossé ditch; gap

fou (fol, folle) *adj.* crazy, mad

fouiller to search; to go through *(suitcase)*

le foulard scarf

la foule crowd

la foulée stride; tread; track

fouler to press; to trample; to crush; **se fouler la cheville** to sprain one's ankle

le four oven; **le four à micro-ondes** microwave oven

la fourchette fork

fourmiller to swarm; to teem

fournir to furnish, supply

les fournitures *f. pl.* supplies, equipment

foutre *irreg. fam.* to do, make; **qu'est-ce que je fous avec une valise?** what am I doing with a suitcase?

le foyer hearth; home; **la femme au foyer** homemaker

la fracture fracture

fragmenté(e) *adj.* fragmented

frais (fraîche) *adj.* fresh; cool; *n. m. pl.* expenses; **il fait frais** it's cool out

la fraise strawberry

la framboise raspberry

franc (franche) *adj.* frank; truthful; honest; *n. m. franc (currency)*

français(e) *adj.* French; **le/la Français(e)** Frenchman (-woman)

la France France

franchement *adv.* frankly

franchir to cross

la franchise freedom, exemption; openness, candor

francophone *adj.* French-speaking, of the French language

la frange fringe; bangs *(hair style)*

frapper to strike; to knock

la fraternité fraternity; brotherhood

le frein brake

freiner to brake

frêle *adj.* frail, weak

fréquemment *adv.* frequently

fréquent(e) *adj.* frequent

fréquenté(e) *adj.* much visited, popular

fréquenter to frequent, visit frequently

le frère brother

fricoter *fam.* to stew; to cook

le frigo fridge

frimer to show off

fringant(e) *adj.* spirited, frisky

frire *(p.p. frit)* to fry; **faire frire** to fry

frisé(e) *adj.* curly

les frites *f. pl.* French fries

frivole *adj.* frivolous

froid(e) *adj.* cold; *n. m.* cold; **avoir froid** to be cold; **il fait froid** it's cold out

frôler to skim; to brush against

le fromage cheese

le front forehead; front

la frontière frontier; border

frs. *ab.* **francs** *m. pl.* francs *(currency)*

frugal(e) *adj.* frugal, thrifty

le fruit fruit; **le fruit de mer** seafood; **le jus de fruit** fruit juice

le fuel fuel oil *(for heating)*

fuir *(p.p. fui)* *irreg.* to flee, run away; to shun

fumé(e) *adj.* smoked

la fumée smoke

fumer to smoke

le/la fumeur (-euse) smoker

funèbre *adj.* funereal, gloomy

fur: au fur et à mesure *adv. (in proportion)* as, progressively

la fureur furor

furieux (-euse) *adj.* furious

la fusée rocket; spaceship

le fusible fuse; cut-out

le fusil gun

futil(e) *adj.* futile

futur(e) *adj.* future; *n. m.* future; **le futur antérieur** *Gram.* future perfect; **le futur simple** *Gram. (simple)* future

G

la gabardine gabardine *(textile)*

le gâchis *fam.* mess

gagner to win; to earn

gai(e) *adj.* gay, cheerful

la gaieté gaiety; cheerfulness

la galerie gallery; balcony

le gant glove; **la boîte à gants** glove compartment

le garage garage

garanti(e) *adj.* guaranteed

la garantie warranty, guarantee; safeguard

garantir to warrant

le garçon boy

le/la garde watch; guard; **en garde à vue** under close watch; **le/la garde d'enfants** babysitter; **mettre en garde contre** to warn against

garder to keep; **garder rancune à** to hold a grudge against

la garde-robe wardrobe

le/la gardien(ne) guardian

la gare station, train station

se garer to park

garni(e) *adj.* garnished

le/la gastronome gourmet; *adj.* food-loving

la gastronomie gastronomy

gâté(e) *adj.* spoiled *(child)*

le gâteau cake; **le moule à gâteau** cake pan, mold; **le petit gâteau** cookie

gâter to spoil

la gauche left; **à gauche** on the left; **de gauche** on the left side

gaulois(e) *adj.* Gallic (*of Gaul*)

le gaz gas

gazeux (-euse) *adj.* carbonated

géant(e) *adj.* giant

les gencives *f. pl.* gums

le gendarme (*state*) police officer

généalogique *adj.* genealogical

général(e) *adj.* general; **le/la directeur (-trice) général(e)** CEO; **en général** in general

généralement *adv.* generally

généraliser to generalize

le/la généraliste general practitioner (*M.D.*)

la généralité generality

la génération generation

généreux (-euse) *adj.* generous

la générosité generosity

Genève (*f.*) Geneva

génial(e) *adj.* brilliant, inspired

le génie genius; genie

le genou (*pl.* **-oux**) knee

le genre gender; kind, type

les gens *m. pl.* people; **les jeunes gens** young men; young people

gentil(le) *adj.* nice, kind

la gentillesse kindness, niceness

gentiment *adv.* nicely, prettily

la géographie geography

géographique *adj.* geographic

la géométrie geometry

la Géorgie Georgia

le géranium geranium

gériatrique *adj.* geriatric

germain(e): le/la cousin(e) germain(e) first cousin

le/la gérontologue gerontologist

le geste gesture; movement

la gestion management

gestionnaire *adj.* administrative; *n. m., f.* administrator, manager

gigantesque *adj.* gigantic

le gîte lodging(s)

la glace ice cream; ice; mirror

glacé(e) *adj.* chilled; frozen

le glaçon ice cube

glissant(e) *adj.* slippery

glisser to slide; to slip

global(e) *adj.* global

la gloire glory, fame

glorifier to glorify; to praise

goguette: les militaires (*m. pl.*) **en goguette** *fam.* soldiers making merry on leave

le golfe gulf

gonfler to inflate; to swell

la gorge throat

la gorgée mouthful; gulp

gourmand(e) *adj.* gluttonous; *n. m., f.* glutton, gourmand

la gourmandise treat, sweets

le goût taste

goûter to taste

la gouttelette droplet

le gouvernement government

gouvernemental(e) *adj.* governmental

g *ab.* **gramme** *m.* gram

grâce à *prep.* thanks to

la grammaire grammar

le gramme gram

grand(e) *adj.* great; large, big; tall; **de grand luxe** high luxury; **le grand magasin** department store; **la grande cuisine** high-quality cooking; **la grande personne** adult; **la grande surface** mall; superstore; **la grande vie** the good life; **les grandes écoles** state-run graduate schools; **le train à grande vitesse (TGV)** high-speed train

grand-chose: pas grand-chose *pron.* not much

grandiose *adj.* grand, imposing

grandir to grow (up)

la grand-mère grandmother

le grand-oncle great-uncle

le grand-père grandfather

les grands-parents *m. pl.* grandparents

la grand-tante great-aunt

gras(se) *adj.* fat; **en gras** in boldface type; **le foie gras** goose liver pâté

gratiné(e) *adj.* sprinkled with cheese and browned

le gratte-ciel skyscraper

gratter to scratch; to overtake, pass

gratuit(e) *adj.* free (*of charge*)

grave *adj.* serious

la gravité seriousness

gré: à son gré to his/her liking, taste

grec (grecque) *adj.* Greek

la Grèce Greece

le grelot small bell, sleigh-bell

le grenier attic

le grès sandstone

la grève strike, walk-out

la griffe designer label, brand

grignoter to nibble

grillé(e) *adj.* toasted; grilled; broiled

griller to burn out

la grimace grimace; **faire la grimace** to make a face

le gringue *fam.* pass, flirting; **faire du gringue** to make a pass

la grippe flu

gris(e) *adj.* gray; **la matière grise** gray matter, intelligence

grogner to grumble, complain

gronder to scold, reprimand

gros(se) *adj.* big; stout; loud; **les gros titres** *m. pl.* (*newspaper*) headlines

grossier (-ière) *adj.* vulgar, gross

le groupe group

le gruyère Gruyère (*Swiss cheese*)

la Guadeloupe Guadeloupe

guadeloupéen(ne) *adj.* of, from Guadeloupe

guère *adv.* but little; **ne... guère** scarcely, hardly

guérir to cure

la guérison cure; recovery

la guerre war

le/la guerrier (-ière) warrior

la gueule mouth of an animal; **faire la gueule** *fam.* to sulk

le guichet (*ticket*) window, counter, booth

le/la guide guide; *m.* guidebook; instructions

guider to guide

le guidon handlebar (*bicycle*)

les guillemets *m. pl.* quotation marks

la guise manner, way; **en guise de** in place of

la gymnastique (la gym) gymnastics; exercise; **faire de la gymnastique** to do exercises; to do gymnastics

H

habile *adj.* clever, skilful
habillé(e) *adj.* dressed
habiller to dress; **s'habiller** to get dressed
l'habit *m.* clothing
l'habitant(e) inhabitant; resident
l'habitation *f.* lodging, housing; **habitation à loyer modéré (HLM)** *French public housing*
habité(e) *adj.* inhabited
habiter to live
l'habitude *f.* habit; **avoir l'habitude de** to be accustomed to; **d'habitude** *adv.* usually, habitually
habitué(e) *adj.* accustomed to
habituel(le) *adj.* habitual
habituer to familiarize; **s'habituer à** to get used to
***haché(e)** *adj.* ground *(meat);* chopped up
la *haine hatred
le *hall entrance hall; hotel lounge
les *halles *f. pl.* covered market
la *halte stop, halt
la *hantise obsession; haunting memory
le *harcèlement harassment; pestering
le *haricot bean
l'harmonie *f.* harmony
le *hasard chance, luck; **par hasard** by accident, by chance
la *hâte haste; **avoir hâte (de)** to be in a hurry (to)
se *hâter to hurry
la *hausse augmentation, increase
***haut(e)** *adj.* high, tall; *n. m.* top; height; **à haute voix** in a loud voice; **la haute bourgeoisie** upper middle class; **la haute saison** high *(tourist)* season
les hébreux *m. pl.* Hebrews
***hein** *interj.* eh? what?; **on ne sait jamais, hein?** one never knows, right?
***hélas** *interj.* alas!
l'hémorragie *f.* hemorrhage, bleeding
l'herbe *f.* grass
l'héritage *m.* inheritance; heritage

hériter (de) to inherit
l'héroïne *f.* heroine
le *héros hero
l'hésitation *f.* hesitation
hésiter to hesitate
la *hêtraie, la *hêtrée beech grove
l'heure *f.* hour; time; **à quelle heure** what time; **à toute heure** at any time; **ça fait une heure** it's been an hour since, for an hour; **de l'heure** an hour, per hour; **dix heures d'affilée** ten hours in a row; **les heures de pointe** rush hour; **il y a une heure** an hour ago; **tout à l'heure** in a little while; a little while ago
heureusement *adv.* fortunately
heureux (-euse) *adj.* happy
hier *adv.* yesterday
la *hiérarchie hierarchy
***hiérarchique** *adj.* hierarchical
l'histoire *f.* history; story
historique *adj.* historical
l'hiver *m.* winter
***hollandais(e)** *adj.* Dutch
le *homard lobster
l'hommage *m.* homage, respects
l'homme *m.* man; **l'homme d'affaires** businessman; **l'homme des cavernes** cave man
honnête *adj.* honest
l'honnêteté *f.* honesty
l'honneur *m.* honor; **avoir l'honneur de** to have the honor of
la *honte shame; **avoir honte de** to be ashamed of
***honteux (-euse)** *adj.* shameful; ashamed
l'hôpital *m.* hospital
l'horaire *m.* schedule
hormonal(e) *adj.* hormonal
l'hormone *f.* hormone
l'horreur *f.* horror; **avoir horreur de** to hate, detest
horriblement *adv.* horribly
***hors de** *prep.* out of, outside of
le *hors-d'œuvre appetizer
hospitalier (-ière) *adj.* pertaining to hospitals

l'hostilité *f.* hostility
l'hôte (l'hôtesse) host (hostess); guest; **l'hôtesse** *(f.)* **d'accueil** *(restaurant, hotel)* hostess; **l'hôtesse** *(f.)* **de l'air** flight attendant, stewardess
l'hôtel *m.* hotel
hôtelier (-ière) *adj.* pertaining to hotels
l'hôtellerie *f.* inn; hotel trade
l'hôtesse *f.* hostess; guest; **l'hôtesse** *(f.)* **d'accueil** hostess, greeter
l'huile *f.* oil; **l'huile alimentaire** cooking oil
***huit** *adj.* eight
l'huître *f.* oyster
humain(e) *adj.* human
l'humanité *f.* humanity
l'humeur *f.* temperament, disposition; **être de bonne (mauvaise) humeur** to be in a good (bad) mood
l'humour *m.* humor
hydraulique *adj.* hydraulic
hydrofuge *adj.* waterproof
l'hypermarché *m.* big supermarket, superstore
l'hypothèse *f.* hypothesis
hystérique *adj.* hysterical

I

ici *adv.* here
idéal(e) *adj.* ideal; *n. m.* ideal
idéaliste *adj.* idealistic; *n. m., f.* idealist
l'idée *f.* idea
identifier to identify
identique *adj.* identical
l'identité *f.* identity
idéologique *adj.* ideological
idiot(e) *adj.* idiotic, foolish
l'ignorance *f.* ignorance
ignorer to not know; to be ignorant of
l'île *f.* island
illégal(e) *adj.* illegal, unlawful
illimité(e) *adj.* unlimited, limitless
illusoire *adj.* illusory; illusive
illustré(e) *adj.* illustrated
l'image *f.* picture
imaginaire *adj.* imaginary
imaginer to imagine
imiter to imitate

immatériel(le) *adj.* immaterial
immédiat(e) *adj.* immediate
immédiatement *adv.* immediately
immense *adj.* huge
immergé(e) *adj.* immersed, sunk
l'immeuble *m. (apartment or office)* building
l'immigrant(e) immigrant
l'immigré(e) immigrant
immigrer to immigrate
immobile *adj.* motionless
immobilier (-ière) *adj. (pertaining to)* real estate; **l'agent** (*m.*) **immobilier** real estate agent
immortel(le) *adj.* immortal
impalpable *adj.* intangible
l'imparfait *m., Gram.* imperfect *(verb tense)*
l'impatience *f.* impatience
impatient(e) *adj.* impatient
impénétrable *adj.* unfathomable
l'impératif *m., Gram.* imperative; command
impérieux (-euse) *adj.* pressing; urgent
l'imperméable *m.* raincoat
impersonnel(le) *adj.* impersonal
impitoyablement *adv.* pitilessly, unmercifully
l'implantation *f.* site
s'implanter to settle
impliquer to imply
l'importance *f.* importance
important(e) *adj.* important
importé(e) *adj.* imported
importer to matter; **n'importe où** anywhere; **n'importe quel(le)** any, no matter which; **n'importe qui** anyone
imposant(e) *adj.* imposing
l'imposition *f.* imposition
impressionnant(e) *adj.* impressive
impressionné(e) *adj.* impressed
impressionner to impress
l'imprimante *f. (electronic)* printer
imprimé(e) *adj.* printed
l'inadaptation *f.* maladjustment
l'inaptitude *f.* inaptitude, unfitness
inattendu(e) *adj.* unexpected
inaugurer to usher in, inaugurate
incarner to incarnate; to play the part of

incessant(e) *adj.* unending
s'incliner to bow; to yield to
inclure (*p.p.* **inclus**) *irreg.* to include
l'incohérence *f.* incoherence
incomber à to rest with
incommode *adj.* uncomfortable
inconscient(e) *adj.* unconscious
incontesté(e) *adj.* undisputed
l'inconvénient *m.* disadvantage
incorporer to incorporate; to add
incrédule *adj.* unbelieving
inculquer to inculcate
l'indépendance *f.* independence
indépendant(e) *adj.* independent
indéterminé(e) *adj.* undetermined
l'indicatif *m., Gram.* indicative
les indications *f. pl.* instructions
l'indice *m.* evidence
indien(ne) *adj.* Indian
l'indifférence *f.* indifference
indifférent(e) *adj.* indifferent
l'indigène *m., f.* native; *adj.* native, indigenous
indigeste *adj.* indigestible
s'indigner to become indignant
indiqué(e) *adj.* indicated
indiquer to indicate
indirect(e) *adj.* indirect
l'indispensable *m.* essential
l'individu *m.* person
l'individualisme *m.* individualism
individuel(le) *adj.* individual
individuellement *adv.* individually
indulgent(e) *adj.* indulgent
l'industrie *f.* industry
l'inégalité *f.* inequality
inexistant(e) *adj.* nonexistent
inextinguible *adj.* unquenchable
inférieur(e) *adj.* inferior; lower
l'infériorité *f.* inferiority
infini(e) *adj.* infinite
infiniment *adv.* infinitely
l'infinitif *m., Gram.* infinitive
l'infirmier (-ière) nurse
l'influence *f.* influence
influencé(e) *adj.* influenced
influencer (nous influençons) to influence
l'informatique *f.* computer science
l'ingénieur *m.* engineer

l'ingénierie *f.* engineering
l'ingrédient *m.* ingredient
inhérent(e) (à) *adj.* inherent (in)
injuste *adj.* unjust, unfair
innocemment *adv.* innocently
innovateur (-trice) *adj.* innovative
l'innovation *f.* innovation
inoffensif (-ive) *adj.* harmless
inoubliable *adj.* unforgettable
inquiet (-ète) *adj.* worried
inquiéter (j'inquiète) to worry; **s'inquiéter** to be worried
l'inquiétude *f.* worry
l'inscription *f.* matriculation; registration; inscription; **les frais** (*m. pl.*) **d'inscription** university fees
s'inscrire (*like* **écrire**) **(à)** to join; to enroll; to register
insister to insist
l'insomnie *f.* insomnia
inspecter to inspect
inspiré(e) *adj.* inspired
inspirer to inspire; **s'inspirer de** to take inspiration from
installé(e) *adj.* settled
s'installer to settle down, settle in
instantanément *adv.* instantly
l'institut *m.* institute
l'instituteur (-trice) elementary school teacher
l'instructeur(-trice) instructor
l'insuccès *m.* failure
l'insulte *f.* insult
insulté(e) *adj.* insulted
s'intégrer (je m'intègre) to integrate oneself, get assimilated
intellectuel(le) *adj.* intellectual
l'intelligence *f.* intelligence
intelligent(e) *adj.* intelligent
intentionnellement *adv.* intentionally
interdire (*like* **dire**, *except* **vous interdisez**) to forbid
intéressant(e) *adj.* interesting
intéressé(e) *adj.* interested
intéresser to interest; **s'intéresser à** to take an interest in
l'intérêt *m.* interest, concern
intérieur(e) *adj.* interior; *n. m.* interior; **à l'intérieur** inside
intérieurement *adv.* internally

l'interlocuteur (-trice) interlocutor; speaker

l'intermédiaire *m.* intermediary; **par l'intermédiaire** through

international(e) *adj.* international

l'internet *m.* internet

l'interprétation *f.* interpretation

interpréter to interpret

interrogatif (-ive) *adj., Gram.* interrogative

interroger (nous interrogeons) to question

interrompre (*like* **rompre**) to interrupt

l'intervalle *m.* interval

intervenir (*like* **venir**) to intervene

l'interview *f.* interview

interviewer to interview

intestinal(e) *adj.* intestinal

intime *adj.* intimate; private

intimider to intimidate

intitulé(e) *adj.* titled

intolérable *adj.* unbearable

l'intolérance *f.* intolerance

intracérébral(e) *adj.* within the brain

intraduisible *adj.* untranslatable

l'intrigue *f.* plot

introduire (*like* **conduire**) to introduce

l'intrus(e) intruder

inutile *adj.* useless

l'inventaire *m.* inventory

inventer to invent

inverser to reverse; to invert

investir to invest

l'investissement *m.* investment

l'invité(e) guest

inviter to invite

ironique *adj.* ironic(al)

irrégulier (-ière) *adj.* irregular

l'irrigateur *m.* irrigator

irrité(e) *adj.* irritated, annoyed

irriter to irritate

isolé(e) *adj.* isolated; detached

isoler to isolate

Israël *m.* Israel

l'issue *f.* exit; way out; outcome

l'Italie *f.* Italy

italien(ne) *adj.* Italian

l'italique *m.* italic; **en italique** in italics

l'itinéraire *m.* itinerary

ivre *adj.* drunk

J

jadis *adv.* once; formerly

la jalousie jealousy

jaloux (-ouse) *adj.* jealous

jamais *adv.* never, ever

la jambe leg

le jambon ham

le Japon Japan

le jardin garden

le/la jardinier (-ière) gardener

jaune *adj.* yellow; **le jaune d'œuf** egg yolk

jeter (je jette) to throw

le jeu game; **le jeu de société** parlor game; board game

le jeudi Thursday

jeune *adj.* young; **la jeune fille** girl; **les jeunes** *m. pl.* young people; youth; **les jeunes gens** *m. pl.* young men; young people

la jeunesse youth; **l'auberge** (*f.*) **de jeunesse** youth hostel

le jogging jogging

la joie joy

joindre (*like* **craindre**) to join

joint(e) *adj.* joined, linked

joli(e) *adj.* pretty

la joue cheek

jouer to play; **jouer à** to play (*a sport or game*); **jouer aux cartes** to play cards; **jouer aux échecs** to play chess; **jouer des coudes** to jostle, jockey for position

le jouet toy

jouir to enjoy

le jour day

le journal newspaper; journal

journalier (-ière) *adj.* daily

le/la journaliste reporter, newscaster, journalist

la journée day; **toute la journée** all day long

la jouvence *A.* youth

le juge judge

juger (nous jugeons) to judge

juif (juive) *adj., n.* Jewish; Jew

juil. *ab.* **juillet** July

juillet July

juin June

le jumeau (la jumelle) twin

la jungle jungle

la jupe skirt

jurer to swear

le jus juice; **le jus de raisin** grape juice

jusqu'à *prep.* until, up to; **jusqu'à ce que** *conj.* until

juste *adj.* just; *adv.* precisely

justement *adv.* justly; exactly

la justice justice

justifier to justify

K

kaki *adj.* khaki (*color*)

le kilo kilogram

le kilométrage measuring (*of road, etc.*) in kilometers; marking (*of road*) with milestones

le kilomètre kilometer

km. *ab.* **kilomètre** *m.* kilometer

L

là-bas *adv.* over there

le laboratoire (le labo) laboratory

le lac lake

lâche *adj.* cowardly

lâcher to release, let go; **ses nerfs ont lâché** he/she broke down

la lâcheté cowardice

laid(e) *adj.* ugly

la laine wool

laisser to let, allow; **laisser à désirer** to leave something to be desired; **laisser libre cours à** to give free rein to; **laisser tomber** to drop

le lait milk; **le café au lait** coffee with hot milk

la laitue lettuce

lancé(e) *adj.* thrown, tossed

lancer (nous lançons) to launch; to throw, hurl; **se lancer** to plunge; to dash off; to launch oneself

le langage language; jargon

la langue language; tongue

le **lapin** rabbit

large *adj.* wide

la **larme** tear, teardrop

le **lavabo** *(bathroom)* sink

laver to wash; **la machine à laver** washing machine; **se laver** to wash *(oneself)*, get washed; **se laver les mains** to wash one's hands

le **lave-vaisselle** dishwasher

la **leçon** lesson

le/la **lecteur (-trice)** reader; *m.* disk drive; *(compact disk)* player

la **lecture** reading

légal(e) *adj.* legal

léger (-ère) *adj.* light; slight; mild

léguer to bequeath

le **légume** vegetable

le **lendemain** next day, day after, following day

lent(e) *adj.* slow

lentement *adv.* slowly

la **lentille** contact lens

lequel (laquelle) *pron.* which one, who, whom, which

la **lessive** laundry; **faire la lessive** to do the laundry

la **lettre** letter; *pl.* literature; humanities; **la boîte aux lettres** mailbox

leur *adj.* their; *pron.* to them

levé(e) *adj.* raised

lever (je lève) to raise, lift; **se lever** to get up

la **lèvre** lip

la **liaison** liaison; love affair

le **Liban** Lebanon

la **libération** releasing; liberation

libérer (je libère) to free

la **liberté** freedom

libre *adj.* free; available; vacant; **donner (laisser) libre cours à** to give free rein to; **en vente libre** over-the-counter

la **licence** bachelor's degree; license; permission

licencié(e) *adj.* fired *(from job)*; graduated *(with a diploma)*

lié(e) *adj.* linked, tied

se lier à to link oneself, attach oneself to

le **lieu** place; **au lieu de** *prep.* instead of, in the place of; **avoir lieu** to take place

la **lieue** A. league *(approx. 2.5 miles)*

la **ligne** line; figure; **faire attention à sa ligne** to watch one's figure

la **limitation** limit; restriction

la **limite** limit; boundary

limité(e) *adj.* limited, restricted

le **linge** *(household)* linen; clothes; le **sèche-linge** clothes-dryer

le **linoléum** linoleum

la **liquéfaction** liquefaction

la **liqueur** liquor

liquide *adj.* liquid; *n. m.* liquid; cash; **en liquide** in cash

lire *(p.p.* **lu)** *irreg.* to read

la **liste** list

le **lit** bed; **faire son lit** to make one's bed

le **litre** liter

littéraire *adj.* literary

la **littérature** literature

la **livraison** delivery

le **livre** book; *f.* pound *(half-kilo)*

livré(e) *adj.* delivered; supplied

se livrer to surrender; to give oneself up

local(e) *adj.* local

le/la **locataire** renter, tenant

la **location** rental

la **locomotive** locomotive

logé(e) *adj.* housed, put up

le **logement** housing; **le logement de fonction** company housing

le **logiciel** software

logique *adj.* logical

logiquement *adv.* logically

le **logis** home, dwelling

la **loi** law

loin *adv.* far, at a distance; **loin de** *prep.* far from

lointain(e) *adj.* distant

le **loisir** leisure, spare time; *pl.* spare-time activities; **à loisir** at one's leisure

Londres *f.* London

long(ue) *adj.* long; slow; **à la longue** in the long run; **à long terme** long term; **le long de** *prep.* along

longtemps *adv.* long time

la **longueur** length

lors de *prep.* at the time of

lorsque *conj.* when

le **lot** batch *(of goods, etc.)*; set

le **loto** lottery; **gagner au loto** to win the lottery

louable *adj.* praiseworthy, admirable

louanger (nous louangeons) to praise, glorify

louer to rent; to reserve; to praise; **Dieu soit loué!** praise be to God!

la **Louisiane** Louisiana

lourd(e) *adj.* heavy

le **loyer** rent; **habitation** *(f.)* **à loyer modéré (HLM)** French public housing

lucide *adj.* lucid

la **lueur** gleam; glistening

la **lumière** light

lunaire *adj.* lunar

le **lundi** Monday

la **lune** moon; **le clair de lune** moonlight

les **lunettes** *f. pl.* eyeglasses

la **lutte** struggle

lutter to fight; to struggle

le **luxe** luxury; **de luxe** luxury; first-class

le **lycée** French secondary school

le **lys** lily

M

ma *adj. f.* my

mâcher to chew

le **machin** *fam.* thing

machinalement *adv.* mechanically

la **machine** machine; **la machine à écrire** typewriter; **la machine à laver** washing machine; **taper à la machine** to type

la **mâchoire** jaw

Madame (Mme) *(pl.* **Mesdames)** madam; lady

la **madeleine** madeleine *(shell-shaped pastry)*

Mademoiselle (Mlle) *(pl.* **Mesdemoiselles)** Miss

le magasin store; **le grand magasin** department store

le magazine *(illustrated)* magazine

le/la Maghrébin(e) North African *(person)*; *adj.* from French-speaking North Africa

la magie magic

magique *adj.* magic

le magnésium magnesium

le magnétoscope videocassette recorder (VCR)

magnifique *adj.* magnificent

mai May

maigre *adj.* thin

maigrir to grow thin

le maillot jersey, tee-shirt; **le maillot de bain** bathing suit

la main hand; **à la main** by hand; **empoigner la vie à pleines mains** to take on life wholeheartedly; **se serrer la main** to shake hands

maintenant *adv.* now

maintenu(e) *adj.* maintained, upheld

mais *conj.* but; *interj.* why

la maison house; firm; **à la maison** at home; **l'employé(e) de maison** domestic servant

le maître (la maîtresse) master (mistress); teacher, mentor

la maîtrise master's degree; mastery; control

majoritaire *adj.* majority

la majorité majority

mal *adv.* badly; *n. m. (pl.* **maux**) evil; pain; **avoir du mal** to have a hard time; **avoir le mal de mer** to be seasick; **avoir mal à la tête** to have a headache; **avoir mal aux dents** to have a toothache; **le mal du siècle** world weariness; typical ailment; **mal élevé(e)** *adj.* ill-bred; ill-mannered; **pas mal (de)** quite a few (of)

malade *adj.* sick; *n. m., f.* sick person

la maladie illness, disease; **en faire une maladie** to make a song and dance about it

maladroit(e) *adj.* unskillful; clumsy

la malchance bad luck, misfortune

malchanceux (-euse) *adj.* unlucky

la malédiction curse

le malentendu misunderstanding

malgré *prep.* in spite of

le malheur misfortune, calamity

malheureusement *adv.* unfortunately

malheureux (-euse) *adj.* unhappy; miserable

le/la Malien(ne) person from Mali; *adj.* from Mali

malin (maligne) *adj.* sly, clever

malmené(e) *adj.* mistreated, abused

malmener (je malmène) to handle roughly; to maul

le/la malotru(e) boor; uncouth person

malpoli(e) *adj.* impolite

maltraiter to mistreat, abuse

maman *f.* mom, mommy

mamy *f. fam.* grandma

la manche sleeve

le manganèse manganese

manger (nous mangeons) to eat; **la salle à manger** dining room

le manguier mango tree

le/la maniaque maniac

la manière manner, way

la manifestation *(political)* demonstration; manifestation

Manille Manila *(Philippines)*

manipuler to manipulate

le Manitoba Manitoba

le manque lack

manqué(e) *adj.* missed; failed

manquer to miss; to fail; to be lacking; **manquer (de)** + *inf.* to almost, nearly do something

le manteau coat, overcoat; **le manteau de pluie** raincoat

manuel(le) *adj.* manual; *n. m.* manual

le/la marchand(e) merchant, shopkeeper

la marche walking; gait; running; movement; step; stair tread; **en marche** in motion, moving; **faire marche arrière** to back up

le marché market; **bon marché** *adj. inv.* cheap, inexpensive; **le marché de l'emploi** job market; **meilleur marché** better buy, less expensive

marcher to walk; to work, function *(device)*

le mardi Tuesday

la margarine margarine

marginal(e) *adj.* marginal

le mari husband

le mariage marriage

le/la marié(e) groom (bride); *adj.* married; **les (nouveaux) mariés** *m. pl.* newlyweds, newly married couple

se marier to get married

la marine navy; **le bleu marine** navy blue

marinière: moules *(f. pl.)* **à la marinière** *mussels with onion and parsley sauce*

la marmite *(stew)* pot

le Maroc Morocco

marocain(e) *adj.* Maroccan

la marque trade name; brand

marquer to mark; to indicate; **marquer le pas** to mark time

marron *adj. inv.* brown; maroon

mars March

masculin(e) *adj.* masculine

le massacre massacre

massacré(e) *adj.* massacred

massif (-ive) *adj.* massive, bulky; solid

le matérialisme materialism

matérialiste *adj.* materialist; materialistic

le matériau *(pl.* -aux) building material

matériel(le) *adj.* material; *n. m.* material, working stock

maternel(le) *adj.* maternal; **l'école** *(f.)* **maternelle** nursery school, preschool

les mathématiques (les maths) *f. pl.* mathematics

la matière academic subject; matter; **en matière de** in the matter of; **la matière grise** "gray matter," intelligence

le matin morning

la matinée morning

maudit(e) *adj.* cursed, damn(ed)

mauvais(e) *adj.* bad; wrong; **être de mauvaise humeur** to be in a bad mood; **le mauvais sens** wrong direction

le/la mécanicien(ne) mechanic

mécanique *adj.* mechanical; **la remontée mécanique** *(ski)* lift

le mécanisme mecanism

méchant(e) *adj.* naughty, bad; wicked

mécontent(e) *adj.* dissatisfied; unhappy

le médecin doctor

la médecine medicine *(study, profession)*

les médias *m. pl.* media

médical(e) *adj.* medical

le médicament medication; drug

la médication medical treatment

médiocre *adj.* mediocre

la méditation meditation

la Méditerranée Mediterranean *(sea)*

meilleur(e) *adj.* better; **le/la meilleur(e)** best; **meilleur marché** better buy, less expensive

le mélange mixture; blend

mélangé(e) *adj.* mixed

mélanger (nous mélangeons) to mix

mêlé(e) *adj.* mixed; mingled

le membre member

même *adj.* same; itself; very same; **quand même** anyway; **tout de même** all the same, for all that

la mémoire memory; thesis, term paper

mémorable *adj.* memorable, eventful *(trip)*

la menace threat

menacé(e) *adj.* threatened

menacer (nous menaçons) to threaten; **menacer de** to threaten to

le ménage housekeeping; married couple; **faire le ménage** to do the housework; **la femme de ménage** housekeeper

ménager (-ère) *adj.* pertaining to the home; **l'appareil** *(m.)* **ménager** household appliance; **les taches** *(m. pl.)* **ménagères** housework

mené(e) *adj.* guided, directed

mener (je mène) to take; to lead

le/la meneur (-euse) leader, driver

mental(e) *adj.* mental

mentalement *adv.* mentally

la mentalité mentality

le/la menteur (-euse) liar

la mention mention; **avec mention** with distinction

mentionné(e) *adj.* mentioned

mentionner to mention

mentir *(like* **partir***)* to lie

le menton chin

la menuiserie woodwork; carpentry

le mépris scorn

mépriser to despise, scorn

la mer sea; **au bord de la mer** at the seashore; **avoir le mal de mer** to be seasick; **le fruit de mer** seafood; **la grosse mer** heavy, high sea

merci *interj.* thanks

le mercredi Wednesday

merde *interj., fam.* shit

la mère mother

la meringue meringue

mériter to deserve

merveilleux (-euse) *adj.* marvelous

mes *pl. adj., m., f.* my

la mésaventure misadventure

la messe *(Catholic)* mass

la mesure measure; extent; **au fur et à mesure** *(in proportion)* as, progressively; **dans une certaine mesure** to a certain extent; **prendre des mesures** to take measures

mesurer to measure

le métal metal

la métallurgie metallurgy

se métamorphoser to be transformed

la métaphore metaphor

la méthode method

méticuleux (-euse) *adj.* meticulous

le métier trade, profession, occupation

le métro subway *(train, system)*

mettre (*p.p.* **mis**) *irreg.* to put; to put on; to take *(time)*; **mettre à la porte** to fire, dismiss; **mettre au point** to put into shape; **mettre en garde** to warn; **mettre en page** to format *(printing)*; **mettre en pièces** to pull to pieces; **mettre fin (à)** to end, put an end (to); **mettre le couvert** to set the table; **mettre sa flèche** to put on one's turn signal; **se mettre à** to begin; **se mettre à l'aise** to relax; **se mettre en colère** to get angry; **se mettre en groupes** to get into groups

le meuble piece of furniture

meunière: la sole meunière *sole sautéed in light batter*

le Mexique Mexico

mi: à la mi-août in the middle of August; **à mi-chemin** halfway; **à mi-temps** part-time

le micro *fam.* personal computer

le microcosme microcosm

la micro-informatique use of personal computers

la micro-onde microwave; **le four à micro-ondes** microwave oven

le midi noon; **à midi** at noon

le/la mien(ne) *pron.* mine

la miette crumb

mieux *adv.* better; **d'autant mieux** all the better; **de mieux en mieux** better and better; **le mieux** the best; **tant mieux** so much the better; **valoir mieux** to be better

mignon(ne) *adj.* cute

la migraine migraine *(headache)*

migratoire *adj.* migratory

le milieu environment; milieu; **au milieu de** in the middle of; **en plein milieu** right in the middle

le militaire serviceman, soldier

le militarisme militarism

mille *adj.* thousand

le mille-feuilles *s.* flaky pastry; napoleon

le milliard billion

le millier (around) a thousand

mince *adj.* thin; slender; **mince alors!** *interj. fam.* that's fantastic!

la mine appearance, look; **faire mine de** to make as if to

minéral(e) *adj.* mineral; **l'eau** *(f.)* **minérale** mineral water

la minéralité level of minerals

minime *adj.* minor; minimal

le ministère ministry

le ministre minister

la minorité minority

la minute minute

minutieux (-euse) *adj.* meticulous

le miroir mirror

la mise putting; **de mise** proper, suitable; **la mise en page** formatting

(printing); **la mise en scène** production, staging, setting; direction
la misère misery, poverty
la mission mission
le mixeur mixer, blender
mixte *adj.* interracial; coed
mn. *ab.* **minute** *f.* minute
la mobylette moped, scooter
moche *adj. fam.* ugly; rotten
la mode fashion, style; *m. Gram.* mood; mode; method; **à la mode** in style; **le mode d'emploi** directions for use; **le mode de vie** lifestyle
le modèle model; pattern
le modem modem
la modération moderation, temperance
modéré(e) *adj.* moderate; **habitation** *(f.)* **à loyer modéré (HLM)** *French public housing*
moderne *adj.* modern
moderniser to modernize
modeste *adj.* modest, humble
modifier to modify, transform
moi *stressed pron.* I; **à moi** mine
moindre *adj.* less, smaller, slighter; **la moindre chose** the least thing
le moine monk
moins *adv.* less; **à moins que** *conj.* unless; **de moins en moins** less and less; **du moins** at least; **moins de/que** fewer
le mois month
la moitié half; **à moitié** half(way)
moka *adj. inv.* mocha-, coffee-flavored
mollement *adv.* weakly; indolently
le moment moment; **au moment de** at the time of
momentanément *adv.* temporarily
mondain(e) *adj.* worldly
le monde world; people; society; **le tiers monde** third world, developing countries; **tout le monde** everybody; **venir au monde** to be born
mondial(e) *adj.* world; worldwide
le/la moniteur (-trice) coach; instructor; supervisor
la monnaie change; coins
Monsieur (M.) (Messieurs) mister (Mr.); gentleman; sir

le monstre monster
montagnard(e) *adj.* in the mountains
la montagne mountain; **à la montagne** in the mountains
monter *intr.* to climb into; to get in; to go up; *trans.* to take up; to climb
la montre watch; wristwatch
montrer to show
se moquer de to make fun of; to mock
la moquette wall-to-wall carpet
moqueur (-euse) *adj.* derisive. mocking
la morale moral
le morceau piece
morne *adj.* gloomy; *n. m.* hillock, knoll
la morphologie morphology
la mort death
mortel(le) *adj.* mortal; fatal
Moscou *m.* Moscow
le mot word
le moteur motor; engine
motiver to motivate
le mot-lien connecting word
la moto *fam.* motorbike
mou (molle) *adj.* soft; flabby
la mouche fly; housefly
se moucher to wipe or blow one's nose
le mouchoir handkerchief
le moule mold; **le moule à gâteaux** cake pan
moulé(e) *adj.* molded
mourir *(p.p.* **mort)** *irreg.* to die
la moutarde mustard
le mouton mutton; sheep
le mouvement movement
moyen(ne) *adj.* average; mean, middle, medium; *n. m.* means; way; **de taille moyenne** of average height; **le moyen âge** Middle Ages; **le Moyen Orient** Middle East
moyennant *prep.* on condition, in return for which
mû (mue) *adj.* driven, moved
muet(te) *adj.* silent
mugir to bellow *(of cattle);* to moan
se multiplier to be multiplied
le mur wall
musclé(e) *adj.* muscular
musculaire *adj.* muscular

la musculation muscle development
le musée museum
musical(e) *adj.* musical
la musique music
musulman(e) *adj.* Moslem
le mystère mystery
mystérieux (-euse) *adj.* mysterious
le mythe myth
mythologique *adj.* mythological

N

nager (nous nageons) to swim
naïf (naïve) *adj.* naïve; simple-minded
la naissance birth
naître *(p.p.* **né)** to be born
nantais(e) *adj.* of the Nantes region
la nappe tablecloth
narguer to taunt
le/la narrateur (-trice) narrator
natal(e) *adj.* native
la natation swimming
national(e) *adj.* national
la nationalité nationality
la nature nature; **le yaourt nature** plain yoghurt
naturel(le) *adj.* natural
naturellement *adv.* naturally
la nausée nausea
nautique *adj.* nautical; **le ski nautique** water skiing
la navette (space) shuttle
le navire ship
né(e) *adj.* born
nécessaire *adj.* necessary
nécessairement *adv.* necessarily
la nécessité need
nécessiter to need
négatif (-ive) *adj.* negative
négativement *adv.* negatively
négliger (nous négligeons) to neglect
négocier to negotiate
le nègre (la négresse) negro (negress)
la négritude negritude
la neige snow
le nerf nerve
nerveux (-euse) *adj.* nervous; **la dépression nerveuse** nervous breakdown
la nervosité irritability

nettoyer (je nettoie) to clean

neuf (neuve) *adj.* new, brand-new; *m.* nine

la neuropsychiatrie neuropsychiatry

neutre *adj.* neuter

le neveu nephew

la névralgie neuralgia

le nez nose

ni neither; nor

la nièce niece

nier to deny

le niveau level

la noblesse nobility

la noce wedding; **le voyage de noces** honeymoon trip

nocturne *adj.* nocturnal

le Noël Christmas

le nœud knot

noir(e) *adj.* black

le nom noun; name

le nombre number; quantity

nombreux (-euse) *adj.* numerous

nommer to name

le nord north; **la Caroline du Nord** North Carolina

nord-africain(e) *adj.* North African

normal(e) *adj.* normal

normand(e) *adj.* of the Normandy region

la Normandie Normandy

la norme norm

nos *pl. adj., m., f.* our

la nostalgie nostalgia

nostalgique *adj.* nostalgic

notable *adj.* notable; noteworthy

notamment *adv.* notably; especially

la note note; grade; bill; **prendre note de** to note down

noté(e) *adj.* noted

noter to notice; **à noter** worth remembering

notre *pron. m., f., s.* our

la nouille noodle

nourri(e) *adj.* fed, nourished

se nourrir to eat, nourish oneself

la nourriture food

nous *subj. pron., stressed pron.* we; us

nouveau (nouvel, nouvelle) *adj.* new; **la nouvelle cuisine** light, low-fat cooking

la nouveauté novelty

la nouvelle news; short story

la Nouvelle-Angleterre New England

noyé(e) *adj.* drowned

nu(e) *adj.* naked; bare

la nuance shade of meaning

nucléaire *adj.* nuclear

la nuit night; **la boîte de nuit** nightclub; **de nuit** at night

nul(le) *adj., pron.* no, not any; **nulle part** *adv.* nowhere

le numéro number

le nymphéa white water lily

O

obéir (à) to obey

obéissant(e) *adj.* obedient

l'objectif *m.* goal, objective

l'objet *m.* objective; object; **l'objet d'art** piece of artwork

l'obligation *(f.)* obligation; **avoir l'obligation de** to be obliged to

obligatoire *adj.* obligatory; mandatory

obligé(e) *adj.* obliged, required; **être obligé(e) de** to be obliged to

obliger (nous obligeons) to oblige; to compel; to do a favor

obscur(e) *adj.* dark; obscure

obsédé(e) *adj.* obsessed

observé(e) *adj.* observed

observer to observe

obstiné(e) *adj.* stubborn, obstinate

s'obstiner to persevere, persist

obtenir (*like* **tenir**) to obtain

obtenu(e) *adj.* gotten, obtained

l'occasion *f.* opportunity; occasion; bargain; **avoir l'occasion de** to have the chance to; **la voiture d'occasion** second-hand car

occidental(e) *adj.* western, occidental

occupé(e) *adj.* occupied; held; busy

s'occuper de to look after, be interested in

l'océan *m.* ocean

octobre October

l'octogénaire *m., f.* octogenarian

l'odeur *f.* odor, smell

odieux (-euse) *adj.* odious, hateful

l'œil *m.* (*pl.* **yeux**) eye; look; **jeter un coup d'œil à** to glance at

l'œuf *m.* egg; **le jaune d'œuf** egg white

l'œuvre *f.* work; artistic work; **le chef-d'œuvre** masterpiece; **le *hors-d'œuvre** hors-d'œuvre, appetizer

offert(e) *adj.* offered

officiel(le) *adj.* official

l'officier *m.* officer

offrir (*like* **ouvrir**) to offer; **s'offrir** to buy for oneself

l'oignon *m.* onion

l'oiseau *m.* bird

l'oligo-élément *m.* trace mineral

l'olivier *m.* olive tree

l'ombre *f.* shadow

l'omelette *f.* omelet

l'oncle *m.* uncle

l'onde *f.* wave; **la micro-onde** microwave

ondulé(e) *adj.* wavy

l'ongle *m.* (*finger*) nail

onze *adj.* eleven

l'opérateur (-trice) operator

l'opération *f.* operation; **la salle d'opération** operating room

opérer (j'opère) to operate; to perform

oppressif (-ive) *adj.* oppressive

opprimant(e) *adj.* oppressive

optimiste *adj.* optimistic

l'option *f.* option

or *conj.* now; well; *n. m.* gold

oralement *adv.* orally

l'oralité *f.* oral tradition

orange *adj. inv.* orange; *n. f.* orange

l'orchestre *m.* orchestra

ordinaire *adj.* ordinary

l'ordinateur *m.* computer

l'ordonnance *f.* prescription

ordonner to order, command

l'ordre *m.* order

l'oreille *f.* ear

ores: d'ores et déjà *adv.* from now on

l'organe *m.* organ

l'organisateur (-trice) organizer

l'organisation *f.* organization

organisé(e) *adj.* organized; **le voyage organisé** guided tour

organiser to organize
l'organisme *m.* organism
l'orient *m.* Orient, East; **le Moyen Orient** Middle East
oriental(e) *adj.* oriental, eastern
original(e) *adj.* eccentric; original
l'originalité *f.* originality
l'origine *f.* origin
l'orphelin(e) orphan
l'orteil *m.* toe
l'orthographe *f.* spelling
l'os *m.* bone
oser to dare
ostensiblement *adv.* ostensibly
ostentatoire *adj.* ostentatious
l'oubli *m.* forgetfulness; forgetting
oublié(e) *adj.* forgotten
oublier (de) to forget (to)
l'ouest *m.* west; **le sud-ouest** southwest
oui *interj.* yes
l'outil *m.* tool
l'outrage *m.* outrage, insult; **l'outrage des ans** the ravages of time
outre *prep.* beyond, in addition to
ouvert(e) *adj.* open; frank
ouvertement *adv.* openly
l'ouverture *f.* opening
l'ouvrage *m.* (*piece of*) work; literary work
l'ouvre-boîtes *m. inv.* can-opener
l'ouvrier (-ière) worker, factory worker
ouvrir (*p.p.* **ouvert**) *irreg.* to open; **s'ouvrir** to open (up)
l'oxygène *m.* oxygen

P

le Pacifique Pacific Ocean
la pagaille *fam.* disorder; confusion; mess
la page page
la paille straw
le pain bread
la paire pair
paisible *adj.* peaceful, tranquil
la paix peace
le palais palace; palate
pâle *adj.* pale
pâlir to grow pale
pallier to extenuate, palliate

le palmarès prize list
le palmier palm tree
la pancarte sign, notice; placard
le panier basket
paniquer to panic
la panne (*mechanical*) breakdown; **la panne d'essence** out of gas; **tomber en panne** to have a breakdown
le panneau road sign; panel
panoramique *adj.* panoramic
le pantalon (*pair of*) pants
la pantoufle slipper
papa *m. fam.* dad, daddy
le papier paper
le papillon butterfly
papy *m. fam.* grandpa
le paquet package
par *prep.* by, through; **par cœur** by heart; **par conséquent** consequently; **par contre** on the other hand; **par écrit** in writing; **par exemple** for example; **par hasard** by chance; **par rapport à** with regard to, in relation to; **par terre** on the ground
le paradis paradise
le paradoxe paradox
le paragraphe paragraph
paraître (*like* **connaître**) to appear
le parallélisme parallelism
le parapluie umbrella
le parc park
parcourir (*like* **courir**) to travel through; to skim (*in reading*)
le parcours route, course, distance to cover
pardon *interj.* pardon me; *n. m.* pardon, forgiveness; **demander pardon** to apologize
pardonner to pardon
le parebrise windshield
pareil(le) *adj.* like, similar
le parent parent; relative
la parenthèse parenthesis
paresseux (-euse) *adj.* lazy
parfait(e) *adj.* perfect
parfois *adv.* sometimes; now and then
le parfum perfume
la parfumerie perfume factory

le parfumeur perfume manufacturer, perfumer
parisien(ne) *adj.* Parisian; **le/la Parisien(ne)** Parisian (*person*)
le parka parka, coat
le parking parking lot
parlementaire *adj.* parliamentary
parler to speak; to talk; **parler à** to speak to; **parler de** to talk about
parmi *prep.* among
la parole word
la part share, portion; **nulle part** nowhere; **quelque part** somewhere
partager (nous partageons) to share
le/la partenaire partner
le parti (*political*) party
le/la participant(e) participant, person taking part
le participe *Gram.* participle
participer (à) to participate (in)
la particularité particularity; peculiarity
particulier (-ière) *adj.* particular
particulièrement *adv.* particularly
la partie part (*of a whole*); **en partie** in part; **faire partie de** to be part of
partir to leave; **à partir de** *prep.* starting from
le/la partisan(e) partisan
partout *adv.* everywhere
parvenir (*like* **venir**) **à** to attain; to succeed in
le passage passage; passing; **le passage-piéton** crosswalk
le/la passager (-ère) passenger
passé(e) *adj.* past, gone, last; spent
le passeport passport
passer *intr.* to pass; *trans.* to pass; to cross; to spend; **passer par** to pass through; **passer un examen** to take an exam; **se passer** to happen; to take place; **se passer de** to do without
le passe-temps pastime, hobby
passionné(e) *adj.* passionate; **passionné(e) de** very fond of
la passivité passivity, passiveness
la pastèque watermelon
la pâte dough; *pl.* pasta
le pâté liver paste, pâté

la **patience** patience
patient(e) *adj.* patient
le **patinage** skating
la **patinoire** skating rink
la **pâtisserie** pastry; pastry shop
le/la **pâtissier (-ière)** pastry chef
la **patrie** homeland
le **patriarche** patriarch
le **patrimoine** patrimony
patrimonial(e) *adj.* patrimonial
le/la **patron(ne)** boss
la **paupière** eyelid
la **pause** pause, break
pauvre *adj.* poor, needy; wretched,
    unfortunate; *n. m. pl.* the poor; **le
    pauvre (la pauvresse)** poor person
pauvrement *adv.* poorly
la **pauvreté** poverty
le **pavillon** pavilion
payer (je paie) to pay; **payer comptant**
    to pay cash
le **pays** country; land
le **paysage** landscape, scenery
la **peau** skin
la **pêche** fishing; peach; **aller à la
    pêche** to go fishing
pêcher to fish
le/la **pêcheur (-euse)** fisherman
    (-woman)
pédagogique *adj.* pedagogical,
    teaching
la **pédale** pedal
se **peigner** to comb one's hair
peindre (*like* **craindre**) to paint
la **peine** bother, trouble; punishment,
    sentence; **à peine** hardly; **avoir de
    la peine** to have trouble, difficulty;
    to be unhappy; **ce n'est pas la
    peine** it's not worth the bother; **la
    peine de mort** death penalty; **sans
    peine** painlessly
le **peintre** painter
la **peinture** paint; painting
péjoratif (-ive) *adj.* pejorative, negative
penché(e) *adj.* leaned, bent
pencher to lean, bend; **se pencher** to
    bend down, lean over
pendant *prep.* during; **pendant que**
    conj. while
pendu(e) *adj.* hanging

pénétrer (je pénètre) to penetrate,
    reach
la **pénibilité** *(physical)* difficulty
la **Pennsylvanie** Pennsylvania
la **pensée** thought
penser to think; to reflect; to expect;
    penser à to think of *(something);*
    penser de to thing about, have an
    opinion about
pensif (-ive) *adj.* pensive, thoughtful
la **percée** opening; breakthrough
la **perceuse** drill
percevoir (*like* **recevoir**) to perceive
perché(e) *adj.* perched
perdre to lose; **perdre connaissance** to
    lose consciousness; **perdre du
    temps** to waste time; **se perdre** to
    get lost
perdu(e) *adj.* lost
le **père** father
perfectionner to perfect
performant(e) *adj.* performing
le **péril** danger
la **période** period *(of time)*
le **périple** long journey, odyssey
permanent(e) *adj.* permanent
permettre (*like* **mettre**) to permit,
    allow, let; **se permettre** to permit
    oneself; to take the liberty
le **permis** license; **le permis de con-
    duire** driver's license
perplexe *adj.* perplexed, confused
persécuté(e) *adj.* persecuted; *n. m., f.*
    persecuted person
persécuter to persecute
le/la **persécuteur (-trice)** persecutor
persévérer (je persévère) to persevere
le **persil** parsley
persistant(e) *adj.* persistent
le **personnage** *(fictional)* character;
    personage
la **personnalisation** personalization
la **personnalité** personality; personal
    character
la **personne** person; **la grande per-
    sonne** adult; **ne... personne**
    nobody, no one
personnel(le) *adj.* personal
la **personnification** personification
la **perspective** view; perspective

persuasif (-ive) *adj.* persuasive
perturber to disturb
peser (je pèse) to weigh
pessimiste *adj.* pessimistic
la **pétanque** game of bowling *(south of
    France)*
petit(e) *adj.* little; short; very young;
    m. pl. young ones; little ones; **le
    petit déjeuner** breakfast; **les petites
    annonces** *f. pl.* classified ads
la **petite-fille** granddaughter
le **petit-fils** grandson
pétrolier(-ère) *adj.* petroleum; oil
peu *adv.* little, not much; few, not
    many; not very; **à peu près** *adv.*
    nearly; **il y a peu** a little while ago
le **peuple** nation; people *(of a country)*
peupler to populate
la **peur** fear; **avoir peur (de)** to be
    afraid (of); **faire peur à** to scare,
    frighten
le/la **pharmacien(ne)** pharmacist
la **pharmacopée** pharmacopoeia
le **phénix** phoenix
le **phénomène** phenomenon
Philadelphie Philadelphia
le/la **philosophe** philosopher
la **philosophie** philosophy
la **photo** picture, photograph
le/la **photographe** photographer
la **photographie** photography
photographier to photograph
la **phrase** sentence
physiologique *adj.* physiological
le/la **physiologiste** physiologist
physique *adj.* physical; *n. m.* physical
    appearance; *n. f.* physics
physiquement *adv.* physically
le/la **pianiste** pianist
le **pichet** *(water)* pitcher
la **pièce** *(theatrical)* play; piece; coin;
    room *(of a house);* **mettre en pièces**
    to pull to pieces
le **pied** foot; **à pied** on foot; **au pied
    de** at the foot of; **le coup de pied**
    kick; **pieds nus** barefoot
piéger (je piège, nous piégeons) to
    trap
la **pierre** stone
le/la **piéton(ne)** pedestrian

la pile pile; battery
le/la pilote pilot
piloter to pilot
la pilule pill
la pincée pinch
le/la pionnier (-ière) pioneer
la pipe pipe
le pique-nique picnic; **faire un pique-nique** to go on a picnic
la piqûre shot
pire *adj.* worse; **de pire en pire** worse and worse; **le/la pire** the worst
pis *adv.* worse; **le/la pis** the worst; **tant pis** too bad
la piscine swimming pool
la piste path, trail; course; slope
la pitié pity; **avoir pitié de** to have pity on
pittoresque *adj.* picturesque
le placard cupboard
la place place; position; seat; public square; **faire place à** to make room for
placé(e) *adj.* situated; placed
placer (nous plaçons) to find a seat for; to place
la plage beach
se plaindre (*like* **craindre**) to complain
plaire (*p.p.* **plu**) *irreg.* to please; **s'il te (vous) plaît** *interj.* please
plaisant(e) *adj.* pleasant
la plaisanterie joke; trick
le plaisir pleasure; **faire plaisir (à)** to please; **prendre plaisir à** to take pleasure in
le plan plan; diagram, map
la planche board; **la planche à voile** sailboard, windsurfer
le plancher (*wood*) floor
planer to hover
la planète planet
planifier to plan
la plaque (*liquor*) license; **la plaque en fonte** cast-iron plate
le plastique plastic
plat(e) *adj.* flat; *n. m.* dish; course; **le plat garni** entrée with vegetables
le plateau tray; plateau
Platon Plato
le plâtre plaster; cast

plein(e) *adj.* full; **à plein temps** full-time; **empoigner la vie à pleines mains** to take on life wholeheartedly; **en plein** fully, precisely; **en plein air** in the open air, outdoors; **en plein milieu** right in the middle; **faire le plein (d'essence)** to fill up (with gasoline); **plein de gens** *fam.* a lot of people
pleurer to cry
pleuvoir (*p.p.* **plu**) *irreg.* to rain
le pli pleat; fold
le plomb lead (*metal*); (*electric*) fuse
le plombage filling (*in tooth*)
plonger (nous plongeons) to dive; to dip
la pluie rain
le plumage plumage; feathers
la plupart (de) most (of); the majority of
le pluriel *Gram.* plural
plus *adv.* more; **de plus en plus** more and more; **ne... plus** no longer, not anymore; **non plus** neither, not . . . either
plusieurs *adj., pron.* several
le plus-que-parfait *Gram.* pluperfect, past perfect
plutôt *adv.* more; rather; sooner
le pneu tire
la poche pocket; **le livre de poche** paperback
la poêle frying pan
le poème poem
le poète poet
le poids weight; **prendre du poids** to gain weight
poignant(e) *adj.* poignant, touching
le poignet wrist
le poil hair, bristle
le point point; period (*punctuation*); **en tous points** in every respect; **mettre au point** to restate, focus; **ne... point** not at all; **le point de vue** point of view
la pointe peak; touch, bit; **les heures** (*f. pl.*) **de pointe** rush hour(s)
pointu(e) *adj.* pointed
la poire pear

le pois pea; **les petits pois** *m. pl.* green peas
le poisson fish
la poissonnerie fish market
la poitrine chest; breasts
le poivre pepper
la polémique polemic
poli(e) *adj.* polite; polished
la police police; **l'agent (m.) de police** police officer
policier (-ière) *adj.* (*pertaining to the*) police; *n. m.* police officer
la politesse politeness; good breeding
le/la politicien(ne) *pej.* politician
politique *adj.* political; *n. f.* politics; policy; **l'homme (la femme) politique** politician
le polo polo shirt; sweatshirt
la Pologne Poland
la pomme apple
la pompe (*gasoline*) pump; **à toute pompe** *fam.* at full speed
le pompier firefighter
le/la pompiste service station attendant
la ponctuation punctuation
ponctuel(le) *adj.* punctual
le pont bridge
populaire *adj.* popular; common
le porc pork
la porcelaine porcelain; china
le port port; harbor
la porte door; **mettre à la porte** to fire, dismiss (*an employee*); **la porte d'embarquement** departure gate; **la porte d'entrée** entrance
porté(e) *adj.* worn; carried
la portée reach; **se mettre à la portée de quelqu'un** to get down to someone's level
le portefeuille wallet
le porte-monnaie change purse, coin purse
porter to carry; to wear; **porter beau** to have a noble bearing; **le prêt-à-porter** ready-to-wear; women's clothing
la portière (*car*) door
le/la Portugais(e) Portuguese (*person*)
posément *adv.* soberly, deliberately

poser to put (down); to state; to pose; to ask; **se poser des questions** to ask one another questions

positif (-ive) *adj.* positive

la position position; stand; **prendre position contre (pour)** to take sides against (for)

posséder (je possède) to possess

le possesseur owner

possessif (-ive) *adj.* possessive

la possession possession; **être en possession de** to possess, be in possession of

la possibilité possibility

postal(e) *adj.* postal, post; **la carte postale** postcard

le poste position; employment

le/la postulant(e) applicant; postulant

le pot pot; jar; pitcher

le potage soup

le pote *fam.* buddy, pal

le potentiel potential

la poubelle garbage can

le pouce thumb; inch; **se tourner les pouces** to twiddle one's thumbs

la poudre powder; **en poudre** powdered

le poulet chicken

le poulpe octopus

le poumon lung

la poupée doll

pour *prep.* for; on account of; in order; for the sake of; **pour que** *conj.* so that, in order that

le pourboire tip, gratuity

le pourcentage percentage

pourquoi *adv., conj.* why

poursuivre (*like* **suivre**) to pursue

pourtant *adv.* however, yet, still, nevertheless

pourvoir (*like* **voir,** *except* **je pourvoirai**) to fill (*a vacancy*)

pousser to push; to utter, emit

pouvoir (*p.p.* **pu**) *irreg.* to be able; *n. m.* power, strength; **le pouvoir d'achat** purchasing power

pr. *ab.* **professeur** *m.* professor

la prairie prairie

pratique *adj.* practical; *n. f.* practice

pratiquer to practice

précaire *adj.* precarious

précédent(e) *adj.* preceding

préchauffer to preheat

précieux (-euse) *adj.* precious

précis(e) *adj.* precise, fixed, exact

la précision precision

précoce *adj.* precocious

le prédécesseur predecessor

la prédiction prediction

prédisposé(e) *adj.* predisposed

la prédisposition predisposition

la préface preface

préférable *adj.* preferable, more advisable

préféré(e) *adj.* preferred, favorite

la préférence preference; **de préférence (à)** in preference (to)

préférer (je préfère) to prefer; to like better

le préjugé prejudice

premier (-ière) *adj.* first; principal; former; **à première vue** at first glance

prendre (*p.p.* **pris**) *irreg.* to take; to catch, capture; to choose; to begin to; **prendre forme** to take shape; **prendre note de** to make a note of; **prendre plaisir (à)** to take pleasure (in); **prendre rendez-vous** to make an appointment, a date; **prendre un pot** *fam.* to have a drink; **prendre une décision** to make a decision

le prénom first name, Christian name

la préoccupation preoccupation, worry

préoccupé(e) *adj.* preoccupied; concerned

les préparatifs *m. pl.* preparations

la préparation preparation

préparatoire *adj.* preparatory

préparé(e) *adj.* prepared

préparer to prepare; **se préparer à** to prepare oneself, get ready for

la préposition *Gram.* preposition

près *adv.* by, near; **à peu près** around, approximately; **près de** *prep.* near, close to

prés. *ab.* **présenter** to present

préscrire (*like* **écrire**) to prescribe

la présence presence

présent(e) *adj.* present; *n. m.* present

la présentation presentation

présenter to present; to introduce; to put on; **se présenter** to present oneself; to appear

préserver to preserve

le/la président(e) president

présider to preside

presque *adv.* almost, nearly

la presse press (*media*)

pressé(e) *adj.* in a hurry; squeezed

pressentir to sense, anticipate

presser to squeeze

la pression pressure; tension

la prestation benefit; loan(ing) (*of money*)

prestigieux (-euse) *adj.* prestigious

prêt(e) *adj.* ready; **le prêt-à-porter** ready-to-wear; women's clothing

la prétention pretension, claim

la preuve proof; **faire preuve de** to prove

prévenir (*like* **venir**) to warn

la prévention prevention

prévisionnel(le) *adj.* estimated

prévoir (*like* **voir,** *except* **je prévoirai**) to foresee; to anticipate

prier to pray; to ask (*someone*); **je vous (t')en prie** please

la prière prayer

primaire *adj.* primary

principal(e) *adj.* principal, most important

principalement *adv.* principally, mainly

le principe principle

pris(e) *adj.* taken

la prise setting; grasp; **la prise de courant** electric wall outlet; **la prise en charge** taking over, takeover

priser to take snuff

la prison prison

le/la prisonnier (-ière) prisoner

privé(e) *adj.* private; deprived of

le privilège privilege

privilégier to favor

le prix price; **le menu à prix fixe** fixed price meal(s)

probablement *adv.* probably

le problème problem

le **processus** process
le **procès-verbal** report; minutes *(of meeting)*
prochain(e) *adj.* next; near; immediate
proche *adj., adv.* near, close; **proche de** *prep.* near, on the verge of
procurer to procure; to provide
produire *(like* **conduire***)* to produce
le **produit** product
le **professeur** professor; teacher
professionnel(le) *adj.* professional
professionnellement *adv.* professionally
le **profil** profile; outline; cross-section
profiter (de) to take advantage of
profond(e) *adj.* deep
profondément *adv.* deeply
le **programme** program; course program; design, plan
le **progrès** progress; **faire du (des) progrès** to make progress
la **progression** progress, advancement
la **proie** prey
le **projet** project; plan
prolonger (nous prolongeons) to prolong, extend
la **promenade** walk; stroll; drive; excursion, pleasure trip
promener (je promène) to take out walking *(for exercise);* **se promener** to go for a walk, drive, ride
la **promesse** promise
promettre *(like* **mettre***)* to promise
le/la **promoteur (-trice)** promoter, originator
promouvoir *(p.p.* **promu***) irreg.* to promote
prôner to praise, extol; to recommend
le **pronom** *Gram.* pronoun
prononcer (nous prononçons) to pronounce; **se prononcer** to be pronounced
prophétiser to prophecy, foresee
propice *adj.* propitious; favorable
la **proportion** proportion
le **propos** talk; utterance; **à propos de** *prep.* with respect to
proposer to propose
propre *adj.* own; proper; clean; **au propre et au figuré** literally and figuratively

le/la **propriétaire** owner
la **propriété** property
la **prose** prose
prosécuter to prosecute
le **protagoniste** protagonist
le **protectorat** protectorate
protéger (je protège, nous protégeons) to protect
protestant(e) *adj.* protestant; protesting
la **protestation** protest; objection
protester to protest
prouver to prove
provençal(e) *adj.* from Provence
provenir *(like* **venir***)* to arise, come
la **province** province
le **proviseur** headmaster
la **provision** supply; **les provisions** *f. pl.* groceries
provisoire *adj.* temporary, provisional
provoquer to provoke
la **proximité** proximity, closeness; **à proximité de** near
le **pseudonyme** pen name; assumed name
le/la **psychanalyste** psychoanalyst
le/la **psychiatre** psychiatrist
la **psychologie** psychology
psychologique *adj.* psychological
psychologiquement *adv.* psychologically
le/la **psychologue** psychologist
public (publique) *adj.* public; *n. m.* public; audience
le/la **publicitaire** person in advertising; *adj.* advertising, ad
la **publicité (la pub)** publicity; advertising
publier to publish
puer *fam.* to stink
puis *adv.* then afterward, next; besides; **et puis** and then; and besides
puisque *conj.* since, as, seeing that
puissant(e) *adj.* powerful, strong
le **pull(over)** pullover
punir to punish
punitif (-ive) *adj.* punitive
la **punition** punishment
pur(e) *adj.* pure
la **purée** purée
purement *adv.* purely, exclusively

la **pureté** purity
le **pyjama** pajamas
les **Pyrénées** *f. pl.* Pyrenees

Q

le **quai** quai; *(railroad)* platform
qualifié(e) *adj.* qualified
la **qualité** quality; virtue
quand *adv., conj.* when; **quand même** even though; all the same; nevertheless
quant à *prep.* as for
la **quantité** quantity
la **quarantaine** about forty
quarante *adj.* forty
le **quart** quarter; fourth *(part)*
le **quartier** neighborhood
quatre *adj.* four
quatrième *adj.* fourth
quel(le) *adj.* what, which; what a
quelque(s) *adj.* some, any; a few; **quelque chose** *pron.* something; **quelque part** somewhere
quelquefois sometimes
quelqu'un *pron.* someone, somebody; **quelques-un(e)s** *pron.* some, a few
la **querelle** quarrel
questionner to question, ask questions
la **queue** tail; line *(of people);* **faire la queue** to stand in line
la **quiche** quiche *(egg custard pie)*
quiconque *pron.* whoever, anyone who
la **quinzaine** about fifteen
quinze *adj.* fifteen
quitter to leave; to abandon, leave behind
quoi *pron.* which; what
quotidien(ne) *adj.* daily, quotidian; *n. m.* daily *(newspaper)*

R

la **race** race; ancestry; stock
le **rachat** repurchase, takeover
racial(e) *adj.* racial
la **racine** root
le **racisme** racism
raciste *adj.* racist

la **raclette** *melted cheese with boiled potatoes (Swiss)*
raconter to tell; to recount, narrate
le **radiateur** radiator
le **radical** *Gram.* stem; root; radical *(chemistry)*
la **radio** radio; x-ray
radioactif (-ive) *adj.* radioactive
la **radioactivité** radioactivity
se **raffoler de** to dote on, be very fond of
raide *adj.* stiff; straight
la **raideur** stiffness
rainuré(e) *adj.* grooved, fluted
le **raisin** grape(s)
la **raison** reason; **avoir raison** to be right
raisonnable *adj.* reasonable; rational
rajeunir to rejuvenate
ralentir to slow down
le **ralentissement** slow down
le **ramage** chirping, warbling *(of birds, children)*
ramollir to soften
la **rancune** rancour, spite; **garder rancune à** to harbor resentment against
la **randonnée** tour, trip; ride
ranger (nous rangeons) to put in order; to arrange
le **rapatriement** repatriation
rapide *adj.* rapid, fast
rappeler (je rappelle) to remind; **se rappeler** to recall; to remember
le **rapport** connection, relation; report; **par rapport à** concerning, regarding; **les rapports** *m. pl.* relations
rapporter to bring back; to report; **se rapporter à** to fit
rarement *adv.* rarely
raser to shave; to graze, brush
ras-le-bol *adv., fam.* up to here
le **rassemblement** gathering
rassurant(e) *adj.* reassuring
rassuré(e) *adj.* reassured
raté(e) *adj.* missed; failed
rater to miss; to fail
le **ravage** devastation
ravi(e) *adj.* delighted
la **ravine** ravine, gully

se **raviser** to change one's mind
le **rayon** department
la **rayure** stripe
le **raz** tidal wave
la **réaction** reaction
réadapter to reajust
réagir to react
réalisé(e) *adj.* carried out, executed
réaliser to realize; to carry out, fulfill
réaliste *adj.* realist
la **réalité** reality
se **rebeller** to rebel, rise up
récapituler to sum up
récemment *adv.* recently, lately
récent(e) *adj.* recent, new, late
le **récepteur** receptor, receiver
la **réception** entertainment, reception; lobby desk
le/la **réceptionnaire** receiving agent
le/la **réceptionniste** receptionist
la **recette** recipe
recevoir *(p.p.* **reçu)** *irreg.* to receive; to entertain *(guests)*
rech. *ab.* **rechercher** to look for
réchauffer to warm up
la **recherche** research; search
rechercher to seek; to search for
le **récit** account, story
la **réclame** advertisement, commercial
réclamer to demand; to clamor for; to claim
recommandable *adj.* to be recommended
la **recommandation** recommendation
recommandé(e) *adj.* recommended; registered *(letter)*
recommander to recommend
recommencer (nous recommençons) to start again
reconnaissant(e) *adj.* grateful
reconnaître *(like* **connaître)** to recognize
reconnu(e) *adj.* recognized
reconsidérer (je reconsidère) to reconsider
reconstituer to reconstitute
la **reconstruction** reconstruction
reconstruire *(like* **conduire)** to rebuild
recouvert(e) *adj.* covered, recovered
la **récréation** recess *(at school)*
recréer to recreate

recruter to recruit
le **recruteur** recruiter, recruiting agent
rectifier to rectify
le **reçu** receipt
le **recueil** collection *(book)*
recueillir *(pp.* **recueilli)** *irreg.* to collect, to gather; to shelter
récupérer (je récupère) to recuperate; to recover
le/la **rédacteur (-trice)** writer; editor
redemander to ask for something again
rédiger (nous rédigeons) to draft *(writing)*
redonner to give back
se **redresser** to straighten (up)
la **réduction** reduction
reduire *(like* **conduire)** to diminish
réduit(e) *adj.* reduced
réel(le) *adj.* real, actual
réellement *adv.* really
réexpédié(e) *adj.* sent back
refaire *(like* **faire)** to make again; to redo
la **référence** reference
refermer to shut, close again
réfléchir to reflect; to think
refléter (je reflète) to reflect
refleurir to flourish again
la **réflexion** reflection, thought
la **réforme** reform
reformuler to reformulate
le **réfrigérateur** refrigerator
refroidi(e) *adj.* cooled (down)
refroidir to cool
se **réfugier** to take refuge
le **refus** refusal
refuser (de) to refuse (to)
le **regard** glance; gaze
regarder to look at
le **régime** diet; **être au régime** to be on a diet
la **région** region
régional(e) *adj.* local, of the district
réglable *adj.* adjustable
la **règle** ruler *(measuring)*; rule
réglé(e) *adj.* ruled
le **règlement** regulation; statute
régler (je règle) to regulate, adjust
régner (je règne) to reign
la **régression** regression
regretter to regret; to be sorry for

la **régularité** regularity; steadiness
régulier (-ière) *adj.* regular
régulièrement *adv.* regularly
le **rein** kidney
la **reine** queen
réinventer to reinvent
rejeté(e) *adj.* rejected
rejeter (je rejette) to reject
rejoindre (*like* **craindre**) to join; to rejoin
relancer (nous relançons) to start again
relatif (-ive) *adj.* relative
relaxer to relax
relever (je relève) to raise; to bring up; **se relever** to get up
relié(e) *adj.* tied, linked
religieux (-euse) *adj.* religious
relire (*like* **lire**) to reread
remâcher to chew again; to turn over in one's mind
remarquable *adj.* remarkable
la **remarque** remark; **faire des remarques** to make remarks, criticize
remarquer to remark; to notice
rembourser to repay
le **remède** remedy; treatment
remédier à to remedy something; to cure
remercier to thank
remettre (*like* **mettre**) to put back; **se remettre à** to start again
la **remontée** climb; la **remontée mécanique** *(ski)* lift
remonter to go back (up); to get back in; to revive; to repair
la **remorque** *(camping)* trailer
le **remplacement** replacement
remplacer (nous remplaçons) to replace
remplir to fill (in, out)
remuer to stir
le **renard** fox
la **rencontre** meeting, encounter
rencontrer to meet, encounter; **se rencontrer** to meet each other
le **rendez-vous** meeting, appointment; date; meeting place
rendre to render; to make; to give (back); **rendre un service** to do a

favor; **rendre visite à** to visit *(a person)*; **se rendre (à, dans)** to go to; **se rendre compte** to realize
renforcer (nous renforçons) to reinforce
renoncer (nous renonçons) to give up, renounce
renouveler (je renouvelle) to renew
rénover to renovate, restore
le **renseignement** *(piece of)* information
renseigner to inform, give information; **se renseigner sur** to find out, get information about
rentable *adj.* profitable
la **rentrée** beginning of the school year
rentrer *intr.* to go home; *trans.* to put away, take in
renverser to reverse
renvoyé(e) *adj.* dismissed; expelled
renvoyer (je renvoie) to reflect; to send back
reparaître (*like* **connaître**) to reappear
réparer to repair
repartir (*like* **partir**) to leave (again)
le **repas** meal
le **repassage** ironing
repasser to iron; le **fer à repasser** *(pressing)* iron
répéter (je répète) to repeat
répétitif (-ive) *adj.* repetitive
la **répétition** repetition
la **réplique** replica, counterpart
répliquer to respond, reply
se replonger (nous nous replongeons) to dive in again
répondre to answer, respond
la **réponse** answer, response
le **repos** rest
reposer to put down again; **se reposer** to rest
repousser to push back
reprendre (*like* **prendre**) to take (up) again; to continue; **s'y reprendre à plusieurs fois** to make several attempts
le/la **représentant(e)** traveling salesperson
représenté(e) *adj.* presented; represented; played
représenter to represent; to present again; **se représenter** to imagine

réprimander to scold, reprimand
la **reprise** retake; round
le **reproche** reproach; **faire des reproches à** to reproach someone
reprocher to reproach
reproduire (*like* **conduire**) to reproduce
repu(e) *adj.* full
la **république** republic
la **réputation** reputation
requis(e) *adj.* required
le **réseau** network
la **réservation** reservation
réservé(e) *adj.* reserved
réserver to reserve; **se réserver** to reserve *(for oneself)*
la **résidence** residence; apartment building
le/la **résident(e)** resident
résider to live; to reside
la **résistance** resistance; rheostat
le/la **résistant(e)** resistant
résister to resist; to participate in the Resistance movement
résolu(e) *adj.* solved; resolved
la **résolution** resolution
résonner to resonate
se résorber to reabsorb; to diminish
résoudre *(p.p.* **résolu)** *irreg.* to resolve
respecter to respect, have regard for
respectivement *adv.* respectively
la **respiration** breathing
respirer to breathe
la **responsabilité** responsibility
le/la **responsable** supervisor; *adj.* responsible
la **ressemblance** resemblence
ressembler à to resemble
le **ressentiment** resentment
ressentir (*like* **partir**) to feel, sense
le **ressort** spring *(piece of metal)*
la **ressource** resource; funds
la **restauration** restaurant *(business)*
le **reste** rest, remainder
resté(e) *adj.* remaining
rester to stay, remain
le **résultat** result
le **résumé** summary; resumé
résumer to summarize
rétablir to reestablish
le **retard** delay; **en retard** late

retenir (*like* **tenir**) to retain; to keep

se retirer to withdraw

retomber to come down on

le retour return; **au retour de** upon returning from; **de retour** back (*from somewhere*)

retourner to return; **se retourner** to turn over, around

retracer (**nous retraçons**) to retrace

la rétraction retraction; shrinking

le retrait retreat; withdrawal

la retraite retreat; retirement; **la maison de retraite** retirement home

le/la retraité(e) retired person

retrousser to turn up, roll up (*sleeves*)

retrouver to find (again); to regain; **se retrouver** to find oneself again

le rétroviseur rear view mirror

la réunion meeting; reunion

réunir to unite, reunite

réussi(e) *adj.* successful

réussir (à) to succeed (in)

la réussite success

la revalorisation revaluation

la revanche revenge; **en revanche** on the other hand; in return

le rêve dream

rêvé(e) *adj.* dreamed of; **une neige de rêve** ideal snow

se réveiller to wake up

révélateur (-trice) *adj.* revealing

révéler (je révèle) to reveal

la revendication claim; demand

revendre to resell; **avoir de quelque chose à revendre** *fam.* to have enough and to spare

revenir (*like* **venir**) to return, come back; **en revenir à** to revert, hark back to

rêver to dream

le revêtement facing, coating

revivre (*like* **vivre**) to relive; to come to life, revive

revoir (*like* **voir**) to see (again); **au revoir** goodbye, see you soon

la révolte revolt, rebellion

se révolter to revolt, rebel

la révolution revolution

la revue review; journal; magazine

le rez-de-chaussée ground floor, first floor

la rhubarbe rhubarb

le rhume cold

ricaner to snicker; to smirk

riche *adj.* rich

rien (ne... rien) *pron.* nothing

rigide *adj.* strict, inflexible

la rigidité stiffness

rigoler *fam.* to laugh; to have fun

rigolo *adj. inv., fam.* funny

la rigueur rigor; harshness

rire (*p.p.* **ri**) *irreg.* to laugh; *n. m.* laughter; **le fou rire** uncontrollable laughter

le risque risk

risquer to risk

le rituel ritual

la rivière river

le riz rice

la robe dress

le roc rock

le rocher rock, crag

le rodage breaking in; **en rodage** breaking-in (*new car*)

rodé(e) *adj.* broken-in (*new car*)

roder to break in (*new car*)

le roi king

le rôle part, character, role; **à tour de rôle** in turn

le roman novel

rond(e) *adj.* round; *n. f.* round (*dance, song*); rounds, watch; *n. m.* ring; slice, round; **le rond de fumée** smoke ring

le roquefort roquefort

rose *adj.* pink

rosé(e) *adj.* rosé (*wine*)

le rôti roast

la roue wheel; **la roue de secours** spare tire

rouer to break (*someone*); **rouer de coups** to thrash

rouge *adj.* red

rougir to blush, redden

rouler to drive; to travel along: to roll (*up*)

la route road

la routine routine

routinier (-ère) *adj.* routine; habitual

roux (rousse) *adj.* red-haired

royal(e) *adj.* royal

royalement *adv.* royally

le royaume realm, kingdom

la rubrique heading; column

la ruche beehive

rude *adj.* harsh, difficult

la rue street

rugueux (-euse) *adj.* rugged; rough

la ruine collapse

rural(e) *adj.* rural; **le gîte rural** lodging in the country

la ruse ruse, trick

rusé(e) *adj.* cunning

la Russie Russia

rustique *adj.* rustic

le rythme rhythm

S

le sable sand

sabler to sand, spread with sand; **sabler le champagne** to celebrate with champagne

le sablier hourglass

le sac sack; bag; handbag; **le sac à dos** backpack

sacré(e) *adj.* sacred, holy; *fam.* cursed, damned

sage *adj.* good, well-behaved; wise

sagement *adv.* docilely

la sagesse wisdom

saharien(ne) *adj.* Saharan

saignant(e) *adj.* rare (*meat*); bloody

saigner to bleed

le saindoux lard

le/la saint(e) saint

Saint-Jacques: coquille (*f.*) **Saint-Jacques** (*sea*) scallop

saisir to seize, grasp, grab

la saison season; **la haute saison** high tourist season

la salade salad

le salaire salary; paycheck

sale *adj.* dirty

salé(e) *adj.* salted

se salir to get dirty

la salle room; auditorium; **la salle à manger** dining room; **la salle de bains** bathroom, washroom; **la**

salle d'eau washroom; **la salle de séjour** living room; **la salle des urgences** emergency room; **la salle d'opération** operating room

le salon salon; drawing room; **faire salon** to gather to converse; **le salon de l'automobile** auto show

le salopard *fam.* bastard

salut! *interj.* hi! bye!

la salutation greeting

sam. *ab.* **samedi** *m.* Saturday

le samedi Saturday

la sandale sandal

le sang blood

sanitaire *adj.* sanitary; plumbing; *m. pl. fam.* plumbing fixtures; **le vide sanitaire** septic tank

sans *prep.* without; **sans ambages** to the point, straight out; **sans cesse** ceaselessly; **sans doute** doubtless, for sure; **sans peine** painlessly; **sans que** *conj.* without

la santé health; **en bonne (mauvaise) santé** in good (bad) health

saoudite: l'Arabie Saoudite *f.* Saudi Arabia

le sapin fir *(tree)*

le sarcasme sarcasm

satirique *adj.* satirical

satisfaisant(e) *adj.* satisfying

satisfait(e) *adj.* satisfied; pleased

la sauce sauce; gravy; salad dressing

la saucisse sausage

le saucisson hard salami

sauf *prep.* except

sauter to jump; **les plombs sautent** [you] blow a fuse

sauvage *adj.* wild; uncivilized

sauver to save

le/la savant(e) scientist

la saveur flavor

savoir *(p.p. su) irreg.* to know; to know how to

le savon soap

savourer to savor; to relish

scandinave *adj.* Scandinavian

sceller to seal

le scénario scenario, script

la scène stage; scenery; scene; **la mise en scène** setting, staging *(of a play)*

le/la sceptique skeptic; *adj.* skeptical

schizophrène *adj.* schizophrenic

la science science

scientifique *adj.* scientific

scolaire *adj.* of schools, academic; **l'année** *(f.)* **scolaire** school year; **la rentrée scolaire** the beginning of fall classes

la sculpture sculpture

sec (sèche) *adj.* dry

le sèche-linge clothes dryer

sécher (je sèche) to dry; to avoid; **sécher un cours** to cut class

le séchoir hairdryer

secondaire *adj.* secondary

la seconde second gear; second *(unit of time)*; *adj.* second

secouer to shake

le secourisme first-aid

le/la secouriste first aid worker

le secours help; **au secours!** help!; **la roue de secours** spare tire; **la sortie de secours** emergency exit

le/la secrétaire secretary

le secteur sector

la sécurité security; safety; **la ceinture de securité** safety belt; **la Sécurité Sociale** Social Security

le Seigneur Lord

seize *adj.* sixteen

le séjour stay; **la salle de séjour** living room

le sel salt

selon *prep.* according to

la semaine week

semblable *adj.* like, similar, such

les semblables *m. pl.* fellow men, fellow beings

le semblant semblance; **faire semblant** to pretend

sembler to seem; to appear

semer (je sème) to sow

la semoule semolina (cream of wheat)

le Sénégal Senegal

la sénescence old age, senescence

sénile *adj.* senile

le sens meaning; sense; way, direction; **à sens unique** one-way *(road)*; **le mauvais sens** the wrong way

la sensibilité sensitivity

sensible *adj.* sensitive

le sentier path

le sentiment feeling

sentimentalement *adv.* sentimentally

sentir *(like* **partir***)* to feel; to smell; to smell of; **se sentir** to feel

séparé(e) *adj.* separated

sept *adj.* seven

septembre September

septième *adj.* seventh

le/la septuagénaire seventy-year-old person

la sépulture tomb; interment

la série series

sérieux (-euse) *adj.* serious; **prendre au sérieux** to take seriously

sérieusement *adv.* seriously

le serpent snake

serré(e) *adj.* tight

serrer to tighten; to close, close up; **se serrer la main** to shake hands

la serrure lock *(of door)*

le/la serveur (-euse) barman; waiter (waitress)

le service service; service charge; favor; **être de service** to be on duty; **service compris** tip included

la serviette napkin; towel; briefcase

servir *(like* **partir***)* to serve; to be useful; **à quoi ça sert?** what's the use of that?; **servir à** to be of use in; **servir de** to serve as, take the place of; **se servir** to help oneself; **se servir de** to use

le seuil threshold; limit

seul(e) *adj.* alone; only

seulement *adv.* only

la sève sap

sévère *adj.* severe, stern, harsh

le sexe sex

sexuel(le) *adj.* sexual

sexuellement *adv.* sexually

le short *(pair of)* shorts

le SIDA AIDS

le siècle century

le siège seat; place

le/la sien(ne) *pron.* his/hers

la sieste nap

le sifflet whistle; **le coup de sifflet** whistle (blast)

signaler to signal

la signalisation system of road signs

le signe acronym; abbreviation; sign, gesture

signé(e) *adj.* signed

la signification meaning

signifier to mean

silencieux (-euse) *adj.* silent

similaire *adj.* similar

la similarité similarity, likeness

la similitude resemblance

simple *adj.* simple; **l'aller** (*m.*) **simple** one-way ticket

simplement *adv.* simply

la simplicité simplicity

singulier (-ière) *adj.* singular

le sinistre fire; disaster

sinon *conj.* otherwise

la sirène siren

le sirop syrup

sixième *adj.* sixth

le ski skiing; **faire du ski** to ski; **le ski alpin** downhill skiing; **le ski de fond** cross-country skiing; **la station de ski** ski resort

le/la skieur (-euse) skier

le snobisme snobbery

le sobriquet nickname

social(e) *adj.* social

socialiste *adj.* socialist; *n. m., f.* socialist

la société society; firm; **le jeu de société** board game; parlor game

la sociologie sociology

la sœur sister

soi (soi-même) *pron.* oneself

la soie silk

la soif thirst; **avoir soif** to be thirsty

soigné(e) *adj.* finished, carefully done

soigner to take care of; to treat

soigneusement *adv.* carefully

le soin care

le soir evening

la soirée party; evening

la soixantaine about sixty; sixty (years old)

soixante *adj.* sixty

le sol soil; ground

la sole sole (*fish*)

le soleil sun; **le bain de soleil** sunbath; **le coup de soleil** sunburn; sunstroke

solide *adj.* sturdy

la solidité solidity, strength

solitaire *adj.* solitary; single; alone

la solitude solitude, loneliness

solliciter to request

la sollicitude care, concern

sombre *adj.* dark; **faire sombre** to be dark, dull outside

sombrer to founder, sink

la somme sum, total; amount; **en somme** all things considered

le sommet summit, top

le somnifère sleeping pill

le son sound; bran

le sondage opinion poll; **faire un sondage** to conduct a survey

sonner to ring

la sophistication sophistication

le sorbet sorbet, sherbet

le/la sorcier (-ière) wizard (witch); **ce n'est pas sorcier** there is no magic about that

la sorte sort, kind; manner

la sortie exit; going out; end; **la sortie de secours** emergency exit

sortir *intr.* to go out, come out; *trans.* to take out

le sou sou (*copper coin);* cent

la souche origin; stump

le souci care, worry

se soucier to worry

soucieux (-euse) *adj.* worried

la soucoupe saucer

soudain(e) *adj.* sudden; **soudain** *adv.* suddenly

le soufflé soufflé, raised omelet

souffler to blow (*wind);* to breathe

souffrir (*like* **ouvrir**) to suffer

le souhait wish

souhaitable *adj.* desirable

souhaiter to desire, wish for

le souk souk, Arab market

soulager (nous soulageons) to relieve

soulever (je soulève) to raise

le soulier shoe

souligné(e) *adj.* underlined

souligner to underline; to emphasize

soumis(e) *adj.* submissive, docile

soupçonneux (-euse) *adj.* suspicious

la soupe soup; **la cuillère à soupe** tablespoon

le souper supper

le soupir sigh

souple *adj.* flexible; supple

le sourcil eyebrow

sourdement *adv.* secretly, sotto voce

souriant(e) *adj.* smiling

sourire (*like* **rire**) to smile; *n. m.* smile; **se sourire** to smile at each other

la souris mouse

sous *prep.* under, beneath; **sous forme de** in the form of

le sousmarin submarine

le sous-sol basement, cellar

le sous-titre subtitle

les sous-vêtements *m. pl.* underwear

soutenir (*like* **tenir**) to support; to assert

le souvenir memory, remembrance, recollection

se souvenir de (*like* **venir**) to remember

souvent *adv.* often

spatial(e) *adj.* spatial

spécial(e) *adj.* special

la spécialisation specialization; **le domaine de spécialisation** major (*subject*)

spécialisé(e) *adj.* specialized

se spécialiser to specialize

le/la spécialiste specialist

la spécialité speciality (*in restaurant*)

spécifique *adj.* specific

spécifiquement *adv.* specifically

le spectacle show, performance; spectacle

spéctaculaire *adj.* spectacular

spirituel(le) *adj.* spiritual

spontanément *adv.* spontaneously

le sport sports; **faire du sport** to do, participate in sports; **la voiture de sport** sports car

sportif (-ive) *adj.* athletic

stabiliser to stabilize

le stage training course; practicum

stagner to stagnate

la stance stanza

le/la standardiste switchboard operator

la station resort; station; **la station de ski** ski resort; **la station-service** gas station

sté. *ab.* **société** *f.* business, firm

stéréo *adj. m., f.* stereo(phonic); **la chaîne stéréo** stereo system

le stéréotype stereotype

stéréotypé(e) *adj.* stereotyped

le steward flight attendant

stipuler to stipulate

le stop hitchhiking; stoplight, stop sign; **faire du stop** to hitchhike

la stratégie strategy

stressant(e) *adj.* stressful

stressé(e) *adj.* stressed

strict(e) *adj.* strict; severe

la structure structure

studieux (-euse) *adj.* studious

stupide *adj.* stupid; foolish

la stupidité stupidity, foolishness

le stylo pen

subir to undergo

le subjonctif *Gram.* subjunctive (*mood*)

subsister to subsist; to remain

la substance substance

succéder (je succède) to follow after, succeed

succulent(e) *adj.* succulent, tasty

suçoter to suck away at

le sucre sugar; **la canne à sucre** sugarcane

la sucrerie sugar refinery

le sud south

le sud-ouest southwest

la Suède Sweden

suer to sweat, perspire

la sueur sweat, perspiration

suffire (*like* **conduire**) to suffice

suffisamment (de) *adv.* sufficient, enough

suffisant(e) *adj.* sufficient

suggéré(e) *adj.* suggested

suggérer (je suggère) to suggest

la Suisse Switzerland; *adj. m., f.* Swiss

la suite continuation; series; **de suite** at once; **tout de suite** immediately

suivant(e) *adj.* following; **suivant** *prep.* according to

suivre (*p.p.* **suivi**) *irreg.* to follow; to take; **suivre des cours** to take classes

le sujet subject; topic; **à ce sujet** in this matter; **au sujet de** concerning

la superette small supermarket

supérieur(e) *adj.* superior; upper; **les études** (*f. pl.*) **supérieures** advanced studies

le superlatif *Gram.* superlative

le supermarché supermarket

le supplément supplement, addition; **en supplément** additional

supplémentaire *adj.* supplementary, additional

supporter to tolerate, put up with

supposer to suppose

supprimer to suppress; to delete

suprême *adj.* supreme, uppermost

sur *prep.* on upon; concerning; about; **donner sur** to open out onto

le surcroît addition, increase; **de surcroît** additionally, besides

sûrement *adv.* certainly, surely

la surface surface; **la grande surface** large supermarket, superstore; **refaire surface** to surface again

surgelé(e) *adj.* frozen

le surmenage overwork, overexertion

surmené(e) *adj.* overworked

surmonté(e) *adj.* overcome, conquered

surprendre (*like* **prendre**) to surprise

surpris(e) *adj.* surprised

la surprise surprise

surtout *adv.* above all, chiefly, especially

la survalorisation overvaluing, excessive value

survaloriser to value excessively, overvalue

la surveillance supervision

surveiller to watch over

survivre (*like* **vivre**) to survive

susciter to create, give rise to

suspendre to suspend, hang up

la suspense suspense

le symbolisme symbolism

sympathique *adj.* nice, likeable

sympathiser to sympathize

la symphonie symphony

le symptôme symptom

le syndicat labor union

le synonyme synonym

la Syrie Syria

systématiquement *adv.* systematically

le système system

T

ta *adj. f. s.* your

le tabac tobacco

la table table; **mettre la table** to set the table

le tableau picture; painting; chart; chalkboard

la tablette tablet; shelf

la tâche task

la taille waist; size

le taille-crayon pencil sharpener

tailler to carve; to sharpen

le tailleur woman's suit; tailor

se taire (*like* **plaire**) to be quiet; **tais-toi** be quiet

le talon heel

tandis que *conj.* while; whereas

tant *adv.* so much; so many; **tant de** so many; **tant mieux** so much the better; **tant pis** too bad; **tant que** as long as

la tante aunt

la tape tap, slap

taper to hit, strike; **taper à la machine** to type

le tapis rug

tard *adv.* late

tarder to delay

tardivement *adv.* tardily, belatedly

le tarif tariff; fare, price

la tarte tart; pie

la tartine bread and butter

le tas lot, pile; **un tas de** a lot of

la tasse cup

le taux rate

la taxe tax

le/la technicien(ne) technician

la technique technique; *adj.* technical

la technologie technology

tel(le) *adj.* such

la télé *fam.* T.V.

la télécommande remote control device

la télécommunication telecommunications

le téléfilm film for television

télégraphique *adj.* telegraphic

le téléphone telephone

téléphoner to phone, telephone

téléphonique *adj.* telephonic, by phone

le/la téléspectateur (-trice) telespectator

télévisé(e) *adj.* televised, broadcast

la télévision television

tellement *adv.* so; so much

le tempérament temperament; constitution

la température temperature; la température ambiante room temperature

la tempête tempest, storm

temporaire *adj.* temporary

le temps *Gram.* tense; time; weather; à plein temps full-time; à temps in time; avoir le temps de to have time to; de temps en temps from time to time; l'emploi (*m.*) du temps schedule; quel temps fait-il? what's the weather like?

la tendance tendency; trend

tendre *adj.* sensitive; soft; *v.* to stretch; to tend (to)

la tendresse tenderness

tendu(e) *adj.* stretched; outstretched (*arms*)

les ténèbres *f. pl.* darkness

tenir (*p.p.* tenu) *irreg.* to hold; oh, tiens! by the way! well!; tenir à to cherish; to be anxious to; tenir en place to hold still

la tente tent

tenté(e) *adj.* tempted

tenter to tempt; to try, attempt

tenu(e) *adj.* held; operated

le terme term; à terme eventually, in good time; le but à long terme long-term goal

terminer to end; to finish; se terminer to finish, end

le terrain ground; land; du terrain land

la terrasse terrace, patio

la terre land; earth; le court en terre battue clay (*tennis*) court

terrestre *adj.* terrestrial, of the earth

la terreur terror

terrifiant(e) *adj.* terrifying

tertiare *adj.* tertiary

tes *pl. adj., m., f.* your

la tête head; avoir mal à la tête to have a headache; coûter les yeux de la tête to be horribly expensive

têtu(e) *adj.* stubborn

le texte text; passage; le traitement de texte word processor

T.G.V. *ab.* train à grande vitesse *m.* French high-speed train

la Thaïlande Thailand

le thé tea

le théâtre theater

la théière teapot

le thème theme

la théorie theory

thermal(e) *adj.* thermal; pertaining to spas

thermique *adj.* thermic, heat-sensitive

le thon tuna

tiède *adj.* lukewarm; mild

le tiers one-third; *adj.* third; le tiers monde third world

le tilleul lindenflower tea; linden tree

timide *adj.* shy

le tir: le tir à l'arc archery

tirer to draw (out); to shoot; to fire at; to pull; tirer des conclusions to draw conclusions

le tiroir drawer

le tissu material, fabric

le titre title; le gros titre (*newspaper*) headline; à juste titre rightly so

le toc imitation goods; en toc imitation

la toile cloth; canvas; painting

la toilette lavatory; la trousse de toilette toiletry kit

le toit roof

la tolérance tolerance

toléré(e) *adj.* tolerated

tolérer (je tolère) to tolerate

la tomate tomato

la tombe tomb

tomber to fall; laisser tomber to drop; tomber amoureux (-euse) to fall

in love; tomber en panne to have a (*mechanical*) breakdown

le tome tome, volume

le ton color; shade; tone; *adj. m. s.* your

tordre to twist

la tornade tornado

le torrent torrent; mountain stream

le tort wrong; avoir tort to be wrong

tôt *adv.* early

total(e) *adj.* total; *n. m.* total; au total on the whole, all things considered

toucher to touch

touffu(e) *adj.* bushy, thick; involved

toujours *adv.* always; still

Toulouse *town in southern France*

la tour tower; *n. m.* turn; tour; à son (votre) tour in his/her (your) turn; à tour de rôle in turn, by turns; faire le tour du monde to go around the world

le tourisme tourism

le/la touriste tourist

le tourment torment; se faire un tourment de to torture oneself over

tourmenté(e) *adj.* uneasy, agitated

le tournedos filet mignon

tourner to turn; se tourner les pouces *fam.* to twiddle one's thumbs

tousser to cough

tout(e) (*pl.* tous, toutes) *adj.* all; whole, the whole of; every; each; any; à toute heure at all hours, anytime; de toute façon anyhow, in any case; en tout cas in any case; tous (toutes) les deux both (of them); tout *adv.* wholly, entirely, quite, very, all; tout à fait completely, entirely; tout à l'heure presently, in a little while; a little while ago; tout de même all the same, for all that; tout de suite immediately; tout d'un coup at once, all at once; tout le monde everybody

tout-terrain *adj. inv.* all-terrain

la trace trace; impression

tracer (nous traçons) to draw; to trace out; to lay out; to outline

traditionnel(le) *adj.* traditional

traduire (*like* **conduire**) to translate
la tragédie tragedy
tragique *adj.* tragic
le train train; **être en train de** to be in the process of; **râter le train** to miss one's train
traînant(e) *adj.* dragging, shuffling
le trait feature; drawing
traité(e) *adj.* treated
le traitement treatment
traiter to treat
le traiteur caterer, deli owner
le trajet journey, distance *(to travel)*
la tranche slice
tranquille *adj.* tranquil, quiet, calm
tranquillement *adv.* tranquilly, calmly
le tranquillisant tranquilizer
tranquillisé(e) *adj.* tranquilized, calmed
transformable *adj.* convertible
transformer to transform; to change
la transhumance movement of live-stock
transi(e) *adj.* (be)numbed, paralyzed
le transport transportation
transporter to carry, transport
traqué(e) *adj.* chased, pursued
traquer to track down
le travail work
travailler to work
le/la travailleur (-euse) worker; *adj.* hardworking
travers: à travers *prep.* through; **de travers** crooked
traverser to cross
le tremblement shaking, trembling
trembler to shake, tremble
trempé(e) *adj.* dipped, soaked
tremper to dunk; to dip
trente *adj.* thirty
très *adv.* very; most; very much
tressaillir to shudder; to be startled
la tribu tribe
tricher to cheat
le triomphe triumph
triompher to triumph
triste *adj.* sad
tristement *adv.* sadly
la tristesse sadness
troglodytique *adj.* troglodytic, pertaining to cave dwellers

troisième *adj.* third
tromper to deceive; **se tromper** to be mistaken; to err
le trône throne
trop *adv.* too much, too many; **trop de** too much (of), too many (of)
trotter to trot, scamper
le trottoir sidewalk
le trou hole
troublant(e) *adj.* disturbing
le trouble disturbance; trouble; *adj.* uneasy; murky
troubler to muddy; to disturb, interfere
la trousse case; **la trousse de toilette** dressing case, toilet case
la trouvaille (lucky) find; windfall
trouvé(e) *adj.* found
trouver to find; to deem; to like; **se trouver** to be; to be located
le truc *fam.* thing; gadget
le truffe truffle
la truite trout; **la truite amandine** trout prepared with almonds
tuer to kill
la tuile tile
la Tunisie Tunisia
tunisien(ne) *adj.* Tunisian
la Turquie Turkey
le tuyau pipe
le type type; *fam.* guy
typique *adj.* typical
le tyran tyrant
la tyrannie tyranny

U

uni(e) *adj.* plain *(material);* united
l'uniforme *m.* uniform
unique *adj.* only, sole; **l'enfant** *(m.)* **unique** only child; **la rue à sens unique** one-way street
unisexe *adj.* unisex
l'univers *m.* universe
universel(le) *adj.* universal
universitaire *adj.* of or belonging to the university
l'université *f.* university
urbain(e) *adj.* urban
l'urgence *f.* emergency; **la salle des urgences** emergency room

urgent(e) *adj.* urgent
l'usage *m.* use
usé(e) *adj.* used; used up
l'usine *f.* factory
l'ustensile *m.* utensil
utile *adj.* useful
l'utilisation *f.* utilization, use
utilisé(e) *adj.* used
utiliser to use
utopique *adj.* utopic

V

les vacances *f. pl.* vacation; **(aller) partir en vacances** to leave on vacation; **passer des vacances** to spend one's vacation; **prendre des vacances** to take a vacation
le/la vacancier (-ière) vacationer
la vague *(ocean)* wave
vain(e) *adj.* vain; **en vain** in vain
vaincre *(p.p.* **vaincu)** *irreg.* to vanquish, conquer
le vainqueur winner
le vaisseau vessel; ship
la vaisselle dishes; **faire (essuyer) la vaisselle** to wash (wipe) the dishes
valable *adj.* valid, good
la valeur value; worth; **mettre en valeur** to show to advantage
la valise suitcase; **faire la valise** to pack one's bag
la vallée valley
valoir *(p.p.* **valu)** *irreg.* to be worth; **il vaut mieux** it is better
valoriser to promote
la valve valve
la vanille vanilla
la vanité vanity
varié(e) *adj.* varied
varier to vary; to change
la variété variety; *pl.* variety show
Varsovie Warsaw *(Poland)*
vaste *adj.* vast, wide
le veau veal; calf
vécu(e) *adj.* lived; real-life
la vedette star, celebrity
végétarien(ne) *adj.* vegetarian
la végétation vegetation
le véhicule vehicle

la veille the day (night) before; eve
la veillée evening gathering
la veine *fam.* (good) luck
le vélo *fam.* bike; **faire du vélo** to bike, go cycling
velu(e) *adj.* hairy
le/la vendeur (-euse) salesperson
vendre to sell
le vendredi Friday
vendu(e) *adj.* sold
la vengeance revenge, vengeance
venir (*p.p.* **venu**) *irreg.* to come; **venir de** + *inf.* to have just
le vent wind
la vente sale; selling; **en vente libre** over-the-counter
le ventilateur fan
le ventre abdomen, belly
verbal(e) *adj.* verbal; oral; **le procès verbal** report; minutes *(of meeting)*
le verbe verb; language
verdoyant(e) *adj.* verdant, green
vérifier to verify
véritable *adj.* genuine; true
la vérité truth
vermeil(le) *adj.* bright red, vermilion
le verre glass
vers *prep.* toward, to; about
vert(e) *adj.* green
la vertu virtue
la veste jacket
le veston jacket; **le complet-veston** *(man's)* suit
le vêtement garment; *pl.* clothes, clothing
le/la vétérinaire veterinary, veterinarian
le veuf (la veuve) widower (widow)
la viande meat
vichyssois(e) *adj.* pertaining to Vichy; *n. f.* leek and potato soup
la vicissitude vicissitude, change
la victime victim *(of either sex)*
victorieusement *adv.* victoriously
vide *adj.* empty; *n. m.* empty space; tank; vacuum
la vidéo *fam.* video (cassette); **faire de la vidéo** to make videos
la videocassette videocassette, video
vider to empty
la vie life; **mener sa vie** to lead one's

life; **le mode de vie** lifestyle; **prendre vie** to come to life
le vieillard (la vieille) old man (old woman); *m. pl.* old people, elderly
la vieillesse old age
vieillir to grow old
le vieillissement aging
vierge *adj.* virgin; **la forêt vierge** virgin forest
vieux (vieil, vieille) *adj.* old; **vivre vieux** to live to an old age
vif (vive) *adj.* lively, bright
vilain(e) *adj.* ugly; naughty
la villa bungalow; single-family house; villa
la ville city; **aller en ville** to go to town; **en pleine ville** in the center of town
le vin wine
la vinaigrette vinegar and oil dressing
vingt *adj.* twenty
vingtième *adj.* twentieth
violent(e) *adj.* violent
violet(te) *adj.* purple, violet; *n. m.* violet *(color)*
le virage curve *(in road)*
la Virginie Virginia
la virgule comma
le visage face, visage
vis-à-vis *prep.* opposite, relative to
viser to aim
visiblement *adv.* visibly
la visite visit; **être en visite** to be visiting; **rendre visite à** to visit *(people)*
visiter to visit *(a place)*
le/la visiteur (-euse) visitor
la vitamine vitamin
vite *adv.* quickly, fast, rapidly
la vitesse speed; **changer de vitesse** to switch gears; **faire de la vitesse** to speed; **la limitation de vitesse** speed limit; **le train à grande vitesse (TGV)** French high-speed train
la vitrine display window, store window
vivace *adj.* vivacious
vivant(e) *adj.* living; alive
vivre (*p.p.* **vécu**) *irreg.* to live

le vocabulaire vocabulary
la vogue fashion, vogue; **en vogue** in fashion, in vogue
voilà *prep.* there, there now, there is, there are, that is
la voile sail; **faire de la voile** to sail; **la planche à voile** windsurfer, sailboard
voir (*p.p.* **vu**) *irreg.* to see
le/la voisin(e) neighbor
la voiture car, auto
la voix voice; **à haute voix** out loud, aloud
le vol flight; burglary
la volaille poultry, fowl
le volant steering wheel; ruffle
voler *intr.* to fly; *trans.* to steal; **voler sur** to fly down upon
le volet shutter
le volley-ball (le volley) volleyball
volontiers *adv.* willingly
volubile *adj.* talkative; glib
vomir to spew out; to vomit
voter to vote
vouloir (*p.p.* **voulu**) *irreg.* to wish, want; **vouloir dire** to mean
le voyage trip; journey; **faire un voyage** to take a trip; **le voyage de noces** honeymoon, wedding trip
voyager (nous voyageons) to travel
le/la voyageur (-euse) traveler
vrai(e) *adj.* true, real
vraiment *adv.* truly, really
vu(e) *adj.* seen
la vue view; sight; **en garde à vue** under close watch; **le point de vue** point of view
vulnérable *adj.* vulnerable; sensitive

W–Z

le wagon train car
les W.-C. *m. pl. fam.* toilet, restroom
le week-end weekend
y: il y a there is, there are; ago
le yaourt yoghurt
les yeux (*m. pl. of* œil) eyes
le zigzag zigzag
la zoologie zoology

Index

377

Grateful acknowledgment is made for use of the following.

Realia *Pages 6–7* © *Figaro Magazine*, 1985; *31 Le Point; 38 L'Express/NYTSS; 40 Plaisir de la Maison; 41* folio/Editions Denoël; *59* Copyright J. Tisne. Reprinted with permission of *Madame Figaro; 63* © Editions du Club de L'Honnête Homme, Paris; *Oeuvres complètes de Saint-Exupéry en 7 volumes; 110* Key Services International; *128, 129,* and *131* Reprinted with permission of Club Med; *141* Photo JOS; *142* © Editions Cap-Theojac. Photo by D. Faure; *206* Illustration © *Fables Choisies de la Fontaine*, Librairie Larousse; *235* Carrefour; *236 Ciné-Télé-Révue; 237* Irmeli Jung; *246 L'Express*/NYTSS; *281* Cartoon by Piem. © *Le cherche midi editeur; 285* © 1997 Les Editions Albert René/Goscinny-Uderzo; *291* Detail from *Vue depuis une fenêtre à l'étage en hiver* by L. L. Fitzgerald. Musée des Beaux-Arts, Montreal.

Readings *Page 5* From *La Place* by Annie Ernaux. © Editions Gallimard; *8–9* QUID, Editions Robert Laffont; *Francoscopie 1993*, Gerard Mermet, ©Larrouse, 1992; *Francoscopie 1997*, Gerard Mermet, © Larousse-Bordas, 1996; *42–43* From *La Civilisation, ma mère!* by Driss Chraibi, © Editions Denoël; *63–65* Excerpt and illustration from *Le Petit Prince* by Antoine de Saint-Exupèry, copyright 1943 by Harcourt Brace & Company and renewed 1971 by Consuelo de Saint-Exupéry, reprinted by permission of the publisher; *80–81* "Prière d'un petit enfant nègre" by Guy Tirolien from *Anthologie de la nouvelle poésie nègre de langue française* by Léopold Sèdar. Presses universitaires de France, Paris; *94–96* From "La Grande Vie" from *La ronde et autres faits divers* by J. M. G. Le Clézio; *112–114* From *Les Stances à Sophie* by Christiane Rochefort, Editions Bernard Grasser, Paris; *132–134* "Gilbert Trigano; L'homme qui a reinventé les vacances," © *Madame Figaro*/ G. de Sairigné; *148–151* From *Les vacances du petit Nicolas* by René Goscinny and Jean-Jacques Sempé. © Editions Denoël, 1962; *169–170* "Ce que mangent les Français," *France-Amérique; 188–189* From *A la recherche du temps perdu* by Marcel Proust; *205–206* «Le corbeau et le renard» by Jean de La Fontaine; *208* "Déjeuner du matin" from *Paroles* by Jacques Prévert. © Editions Gallimard; *223–224* "Femmes: Les longs chemins de l'ambition" by Marie-Anne Lecourret. *L'Express*/NYTSS; *238–239* From *L'Aventure amibuë* by Cheikh Hamidou Kane. Reprinted with permission of Editions Julliard, Paris; *257–259* From "La France est-elle toujours 'terre d'accueil'?" by Patrick van Roekehem and "La France ferme-t-elle ses portes" by Violaine Dolliver, *Le Journal Français d'Amérique; 275–278* "Le stress," © *Madame Figaro*/ Geneviève Doucet; © *291–294* "Petite Misère" from *Rue Deschambault* by Gabrielle Roy; © Fonds Gabrielle Roy; *307–310* From *Knock, ou le triomphe de la medécine* by Jules Romains. © Editions Gallimard.

About the Authors

Chantal Péron Thompson is a native of Quimper (France). She holds a degree in French, English, and Russian from the *Université de Rennes,* and an M.A. from Brigham Young University. She currently directs the first- and second-year French programs and serves as Associate Chair of the Department of French and Italian at Brigham Young University, where she has received several teaching awards, including the Karl G. Maeser Distinguished Teaching Award. Chantal Thompson is a certified ACTFL Oral Proficiency Tester and Trainer, and conducts workshops worldwide on teaching and testing for proficiency. Her speaking engagements have included keynote addresses at major conferences from Salem, Oregon to Manila and Kuala Lumpur.

Bette G. Hirsch is Dean of Transfer Education at Cabrillo College (Aptos, California). She holds an M.A. and a Ph.D. in French Literature from Case Western Reserve University. A member of the original group of instructors to be trained by the American Council on the Teaching of Foreign Languages (ACTFL) as Oral Proficiency Testers and Trainers, Professor Hirsch has conducted proficiency workshops in Australia, Finland, and Canada as well as the United States. She was the 1988 President of the Association of Departments of Foreign Languages and served on the Modern Language Association Advisory Council from 1995 to 1998.

Chantal Thompson and Bette Hirsch are also the authors of *Moments Littéraires: Anthologie pour cours intermédiaires* (1992). Other publications by Chantal Thompson include a first-year text, *Mais oui!* (1996).